PREFACE.

& des Libraires dans le temps de son Origine; leurs Impressions, leurs Devises, leurs Marques, leurs Epitaphes, tout ce que j'ay pû apprendre de leurs Vies, le nom des Villes où l'Imprimerie a commencé, & son accroissement jusqu'au commencement du dernier siécle.

Dans le second, je fais connoître ceux qui ont attiré cet Art à Paris, & qui l'ont exercé; ceux qui dans la suite ont mis cet Art si avantageux à la Republique des Lettres dans ce haut point de perfection où nous le voyons aujourd'huy. Vous y connoîtrez combien de grands Hommes cet illustre Corps de l'Imprimerie & de la Librairie a produit: vous y remarquerez que plusieurs d'entr'eux se sont distinguez tant par la beauté de leurs Impressions, que par l'exacte Correction des meilleurs & des plus sçavans Livres: vous en admirerez d'autres qui se sont fait estimer par leur profonde érudition, par la science parfaite des Langues, & même par les Ouvrages sçavans & tres-utiles qu'ils ont eux-mêmes composez ou traduits; entre lesquels j'ay choisi ceux qui m'ont paru les plus considerables, & les plus rares, suivant l'ordre des temps, afin de faire connoître les Imprimeurs & les Libraires qui se sont rendus celebres sous chaque Regne de nos Roys, qui en ont esté les Protecteurs, & qui luy ont accordé de grandes prérogatives.

Quoy que mes Recherches finissent en l'année 1643. neanmoins pour satisfaire au désir de la plûpart de mes Confreres, qui ont souhaité sçavoir les Noms de ceux qui ont été receus Imprimeurs & Libraires depuis 1643. jusqu'à present, & qui se sont acquis de la réputation: j'en donne une Liste avec le temps de leurs Receptions.

Il se trouvera des gens qui pourront se plaindre que j'auray peut-être obmis dans cette Histoire quelques Noms, soit de Villes ou d'Imprimeurs & Libraires, & que je n'auray pas toûjours marqué le premier Livre qu'ils auront imprimé ou fait imprimer: mais quelques exactes qu'ait été mes Recherches, il échape toûjours quelque chose: j'ay déja dit, & je l'avoüe encore, que je ne suis pas assez temeraire pour me flater d'avoir épuisé cette matiere. J'espere cependant qu'on ne me condamnera pas si facilement, quand on considerera que je suis le premier qui en ait donné au Public un Traité Historique, & qu'il n'y en a point qui apprenne plus de particularitez que celuy-cy.

HISTOIRE
DE
L'IMPRIMERIE,
ET
DE LA LIBRAIRIE,
Divisée en deux Livres.

LIVRE PREMIER.

Contenant son origine & son progrés dans toutes les Villes de l'Europe, jusqu'en 1500.

I les ignorans regardent l'Imprimerie sans l'admirer, c'est qu'ils la voyent sans la connoistre : les Sçavans en ont toûjours jugé tout autrement ; & ils ont estimé avec raison, que depuis prés de trois siecles que cette Merveille s'est fait voir dans l'Europe, l'esprit humain n'avoit jamais rien inventé de plus heureux, ny de plus utile pour l'instruction des Hommes.

Cette verité est si universellement reconnuë, qu'elle n'a pas besoin de preuves : chacun sçait que sans cet Art merveilleux, les études, les veilles & les travaux des grands Hommes auroient esté inutiles à la Posterité. C'est donc à cet Art divin que nous sommes uniquement redevables de la connoissance des Ouvrages des anciens Philosophes, des Medecins, des Astronomes, des Historiens, des Orateurs, des Poëtes, des Jurisconsultes, des Theologiens, en un mot de tout ce qu'on a écrit sur tous les Arts & Sciences. C'est par le secours de l'Imprimerie que les Theologiens penetrent les sacrez Mysteres de nostre Religion : que les Jurisconsultes enseignent ces Loix admirables, qui reglent la societé des Hommes : que les Historiographes nous fournissent des exemples à suivre, & d'autres à fuïr : que les Astronomes font tous les jours de si belles découvertes dans les Cieux. C'est ce mesme Art qui fournit aux Medecins les moyens de conserver, & de rétablir la santé du corps humain ; qui découvre aux Philosophes les secrets les plus cachez de la Nature; qui donne aux Geometres les facilitez de mesurer la Terre, & aux Arithmeticiens celles de donner à chacun ce qui luy appartient. Enfin que sçauroient les Modernes dans toutes les Sciences & dans tous les Arts, si l'Imprimerie ne leur representoit pas tout ce qu'ont trouvé les Anciens ? Tous ces éloges que nous faisons de l'Imprimerie, & ces honneurs que nous luy rendons, n'ont rien qui excede son merite ; & l'on en demeurera aisément d'accord, pour peu que l'on considere les dépenses immenses que nos Anciens estoient obligez de faire pour avoir des Manuscrits, dont je raporteray icy quelques preuves. Galien dit en son Commentaire sur le troisiéme des Epidymies, & sur le premier Livre de la Nature de l'Homme, rapporté par Ptoloméc Philadelphe, qu'il donna aux Atheniens 15. talens avec exemption de tout tribut, & un grand convoy de vivres & de rafraischissemens, pour les Autographes & Originaux des Tragedies d'Eschyle, de Sophocles & d'Euripide. Mais il n'est pas besoin de prendre les choses de si loin, puisque nous en avons assez d'exemples dans nos Auteurs modernes, entre lesquels Jacques Picolomini Cardinal de Pavie, ayant prié Donat Acciaiolus de luy acheter un Josephe, il s'excusa de le prendre,

parce qu'il estoit trop cher: *Josephus de quo scribis, cariusculus*   pag. 114. veter. edit.
meo judicio est, hoc præsertim anno quo non multum abundo, itaque
ille valeat. Mais ce qu'Acciaiolus luy récrivit ensuite touchant
le grand prix de quelques autres Livres est encore bien plus
remarquable: *De tribus voluminibus Plutarchi, in quibus paral-*   apud Papl ens. citato.
lela viginti quatuor continentur, titulos sumpsit, ut mones, pretium
minus lxxx. aureis esse non potest; ex tractatibus Senecæ jam epi-
stolas invenimus, pro quibus xvj. aut saltem xv. petuntur aurei.
Les Rois mesmes n'ont pas dédaigné de s'employer à ce
negoce, & le prix des maisons n'estoit presque pas capable
d'égaler la valeur d'un Manuscrit, comme on le voit dans
cette Epistre d'Antonius Bononia Becatellus, surnommé Panorme, à Alphonse Roy de Naples & de Sicile, que je raporteray tout au long, à cause de ces deux notables circonstances
que l'on y peut remarquer. *Significasti mihi nuper ex Florentia*   lib. 5. epist.
extare Titi-Livii opera venalia, libris pulcherrimis, libro pretium
esse cxx. aureos. Quare Majestatem tuam oro, ut Livium, quem
Regem librorum appellare consuevimus, emi meo nomine, ac deferri
ad nos facias. Interim ego pecuniam procurabo, quam pro libri pre-
tio tradam. Sed illud à prudentia tua scire desidero, uter ego an Pog-
gius melius fecerit; is ut villam Florentiæ emeret, Livium vendidit,
quem sua manu pulcherrimè scripserat: ego ut Livium emam, fun-
dum proscripsi. Hæc ut familiariter à te peterem suasit humanitas
& modestia tua. Vale, & triumpha. Et afin que l'on ne croye
pas que cette cherté n'estoit qu'en Italie, voicy ce que dit
Gaguin, d'un livre qu'il cherchoit à Paris pour un de ses amis
qui luy écrivoit de Rome. *Concordantias in hanc diem nullas*   epist. 20. ad Guil. Fi-chetium.
omnino inveni, nisi quod Paschasius Bibliopola nobis pretiosissimas
unas scire se venales dixit, sed dominum abesse, easque liceri aureis
centum. Et à ce sujet Paul Jove remarque assez plaisamment,
que Jason Mainus étudiant à Pavie, tomba en telle necessité
par ses débauches, que *Juris Codicem in membranis scriptum ma-*   in elogiis.
gno emptum pretio fœneratori tradere coactus est. Ce que Petrar-
que raporte de son Maistre de Grammaire & de Rhetorique
Tuscus, qui engagea pour la mesme cause deux petits volumes   in epist. ad Lucam Petrinam.
de Ciceron. Et Brassicanus dit que l'Empereur Frederic III.
ne sceut mieux gratifier Jean Capnion, dit Reuchlin, qui luy   præfat. in Salvian. de Pro. ident.
avoit esté envoyé en Ambassade par Evvrard de Vvitemberg,
qu'en luy faisant present d'une vieille Bible Hebraïque. Aussi

A ij

estoient-ils laissez par testament comme quelque grand heritage, suivant que Nostradamus dit l'avoir remarqué dans un vieil Instrument d'environ l'an 1393. par lequel il estoit porté, *Que Ala Zacie de Blevis Dame de Romolles, femme du magnifique Boniface de Castellane, Baron d'Allemagne, faisant son dernier testament, laissa à une jeune Damoiselle sa fille certaine quantité de Livres, où estoit écrit tout le Corps de Droit, formé & peint en belle lettre de main sur parchemin, l'enchargeant que au cas qu'elle vinst à se marier, elle eust à prendre un homme de Robe longue, Docteur, Jurisconsulte, & qu'à ces fins elle luy laissoit ce beau & riche thresor, ces exquis & precieux volumes en diminution de son dot.* De maniere que qui donnoit en ce temps-là un livre ne faisoit pas un petit present, puisque quatre ou cinq Manuscrits faisoient partie de la dot de la fille d'un grand Seigneur. On lit ces mots sur la fin d'un vieux livre composé par Guillaume de Guilleville Religieux de Chaalis, & intitulé *le Pelerinage de la vie humaine*, qui est en la Bibliotheque de M^r. Moreau Docteur en Medecine, lequel ne doit estre obmis en ce lieu, eu égard à la petite valeur du livre, & au grand cas que celuy qui l'a donné en faisoit: *Prés le Lantimer l'aisné de Gisors natif de S. Paingny, a baillé ce Livre à Guillaume Tuleu Bourgeois de Gisors, Procureur de l'Hostel-Dieu de Paris, pour y demeurer & apartenir perpetuellement, sans estre transporté ailleurs, par accord & composition faite avec ledit Procureur, afin d'avoir le pardon à l'ayde & grace de Dieu octroyé de nostre saint Pere le Pape audit Hostel-Dieu pour la somme necessaire ...... contenuë és Bulles, & en intention sous la misericorde de Dieu, que luy, sa femme & enfans, son pere, mere, amis, bien-faicteurs, presens, defunts & à venir, & en especial son parrain feu Maistre Nicole Ducar, jadis Chirurgien du Roy Charles, que Dieu absoille, qui luy delaissa ce livre, soient accompagnez & participans és bons pardons, prieres, aumosnes, indulgences & oraisons fait & à faire en dit Hostel-Dieu, & à ce apartenant. Ecrit audit Gisors l'an 1447. le jour des Trépassez en Novembre. Tuleus Lantimer.* Enfin ces manuscrits, ou plûtost ces livres, estoient si rares en ce temps-là, qu'ils ne se vendoient que par contrats aussi bien conditionnez & circonstanciez que ceux d'une maison de vingt mille livres, témoin celuy qui est encore gardé au College de Laon en cette Ville, cotté par du Breüil, & passé pardevant deux

En la cinquième partie de l'Histoire de Provence, page 516.

Notaires l'an 1332. dans lequel il est porté que *Geoffroy de saint* *Liger l'un des Clercs Libraires, & qualifié tel, reconnoist & confesse avoir vendu, cedé, quitté & transporté, vend, cede, quitte & transporte sous hypotheque de tous & chacun ses biens, & garentie de son corps mesme, un livre intitulé* Speculum historiale in Consuetudines Parisienses, *divisé & relié en quatre tomes couverts de cuir rouge, à noble homme Messire Girard de Montagu Avocat du Roy au Parlement, moyennant la somme de quarante livres parisis, dont ledit Libraire se tient pour content & bien payé.* Il n'y avoit donc pour lors que les Rois, les Souverains, ou les gens tres-riches, qui pouvoient pretendre aux Sciences, les pauvres en estant entierement exclus par le prix excessif des manuscrits : au lieu qu'aujourd'huy par le moyen de cette digne & noble invention de l'Imprimerie chacun peut avoir des Livres de toutes Sciences pour une somme tres-modique.

De sçavoir à qui nous avons obligation d'un si bel Art, & comment il a commencé, ce sont des questions, sur lesquelles il y a diverses opinions que je rapporteray icy.

Boxhornius dans son Theatre de la Hollande l'attribuë à LAURENT COSTER, Garde ou Concierge du Palais Royal de la Ville de Harlem en Hollande, & voicy comme il prouve son sentiment. Il dit qu'il se voit encore à present sur la Maison de LAURENT COSTER à Harlem ces paroles.

Livre 2. des Antiquit. de Paris, pag. 608.

MEMORIÆ SACRUM
TYPOGRAPHIA
ARS ARTIUM OMNIUM
CONSERVATRIX
HIC PRIMUM INVENTA
CIRCA ANNUM M. CCCC. XL.

Et sous sa Statuë cette inscription.

VIRO CONSULARI
LAURENTIO COSTERO HARLEMENSI,
ALTERI CADMO,
ET ARTIS TYPOGRAPHICÆ

HISTOIRE DE L'IMPRIMERIE

CIRCA ANNUM DOMINI M. CCCCXXX.
INVENTORI, PRIMO,
BENE DE LITTERIS AC TOTO ORBE MERITO,
HANC Q. L. Q. C. STATUAM,
QUIA ÆREAM NON HABUIT PRO MONUMENTO,
POSUIT CIVIS GRATISSIMUS.

Ne vous étonnez pas de la difference de ces dattes de 1440. & 1430. dit Boxhornius qui en fait l'invention plus ancienne de dix ans : COSTER en jetta, dit-il, les premiers fondemens dés l'année 1420, & pour preuve il se sert d'un Livre en Hebreu, intitulé *Schylcan Aruch*, *Mensa Instructa*, tiré par un Rabin nommé Josephe Karro, d'un autre Livre appellé *Arbaturim*, *quatuor Ordines*, *qui Liber est Ritualis ac Iuridicus*. Boxhornius dit encore que ce Livre *Schylcan Aruch*, fut imprimé à Venise dés l'an 1428. ce qui ne pouvoit estre, que l'impression de Harlem n'eût precedé celle de Venize de quelques années. Il se sert encore du témoignage d'Adrian Junius, Medecin & Historien de Hollande, qui dans son Livre *De Batavia*, dit que LAURENT COSTER étant à la campagne, & se promenant dans les bois, s'avisa de faire des caracteres de bois de hêtre, avec lesquels il imprima quelques vers sur du carton, aprés quoy il inventa une sorte d'encre comme de la glû, qui pût s'attacher sur le papier sans pocher. Il dit outre cela, qu'il a veu un Livre en Langue vulgaire, intitulé *Speculum nostræ salutis*, sans nom d'Auteur, qui n'estoit marqué ou imprimé que d'un costé, & dont les feüillets avoient esté colez l'un contre l'autre, afin qu'il n'y eût point de pages blanches ; que ce Livre avoit esté imprimé par COSTER : qu'ensuite il fit des caracteres de plomb, ou d'estain, au lieu de ceux de bois qu'il avoit inventez auparavant ; & que voyant qu'il y avoit à gagner à mettre en pratique son invention, il prit des gens pour travailler sous luy, entre lesquels il se trouva un nommé JEAN FAUSTE, ou FUST, qui ayant demeuré avec luy quelque temps, luy enleva la nuit de Noël, pendant que COSTER & tous ceux de sa maison estoient à la Messe de Minuit, tous ses caracteres, & s'enfuit à Amsterdam, de là à Cologne, & enfin à Mayence, où il tint Boutique & Imprimerie en 1442. Ce que Junius rapporte luy avoir esté dit, & certifié estant jeune, par des vieillards dignes de foy, dont mesme un avoit esté compagnon dudit FAUSTE. A quoy il ajoûte, qu'il a veu un Livre imprimé en ce temps-là avec les caracteres de COSTER, intitulé *Alexandri Galli Doctrinale*, avec les Traittés de la Dialectique de *Petrus Hispanus*. On pourroit encore prouver que l'Impression est encore plus ancienne que de l'année 1440. & qu'elle est de l'invention de LAURENT COSTER par deux petits volumes in-folio, que Monsieur Malinchrot Doyen de Munster dit avoir dans sa Bibliotheque, l'un de l'ancien & du nouveau Testament, & l'autre de l'Apocalypse, où il y a des figures en taille de bois, avec des vers au dessous, imprimez en lettres Gothiques, & le Portrait de COSTER au commencement, au bas duquel on voit que ces figures & ces vers sont des années 1428. 1430. & 1440. Mais Monsieur Malinchrot dit dans son Livre *de Arte Typographicâ*, que ces premieres feüilles ont esté ajoûtées, & que par consequent l'invention de l'Imprimerie appartient à ceux de Mayence, & non à ceux de Harlem. Et aprés avoir refuté tout ce que dessus, tant de l'impression du Livre de Josephe Karro Rabin, que du témoignage d'Adrian Junius, dont je viens de parler, il rapporte que cette invention vient de JEAN GUTTEMBERG, de Strasbourg, qui fut aidé par JEAN FUST, ou FAUSTE, en 1440. ou bien selon d'autres, de FAUSTE luy-mesme, qui fut aidé à Mayence en la dépense qu'il falloit faire pour mettre cet Art en pratique, par JEAN GUTTEMBERG, & PIERRE SCHOEFFER, gendre de FAUSTE. Il remarque là-dessus, que les premiers Livres qu'ils imprimerent furent ce *Speculum salutis*, que ceux de Harlem pretendent avoir déja esté imprimé en langue vulgaire par COSTER, comme il est dit cy-devant, & encore pour la seconde fois à Mayence, des caracteres que JEAN FAUSTE avoit enlevez à COSTER, avec cette Grammaire intitulée *Alexandri Galli Doctrinale*, & *Tractatus Dialectici Petri Hispani*: Aprés quoy la Grammaire de Donat, & les Confessions de Saint Augustin furent imprimées.

Cap. 2. pag. 5. cap. 6. & 7.

Mais ce que rapporte Berthius en son troisième Livre de la Description de l'Allemagne, en parlant de Mayence, peut terminer, ce semble, ce differend. Il dit que Petrus Scriverius luy avoit fait voir ce *Speculum salutis* (dont il y a un semblable en la Bibliotheque des Celestins de Paris, que m'a fait voir le R. P. Becquet Bibliothecaire, aussi bien que plusieurs autres Livres des premieres Editions, qui sont une des principales curiositez de cette Bibliotheque) imprimé par COSTER, où il avoit observé que chaque page avoit esté imprimée sur une forme ou table gravée, & comme burinée, & non pas avec des caracteres separez. D'où l'on peut juger que JEAN COSTER avoit trouvé à Harlem l'invention d'imprimer avec cette forme ou table, comme on dit que font les Chinois ; & que GUTTEMBERG, FAUSTE & SCHOEFFER avoient inventé à Mayence les caracteres mobiles & separez les uns des autres pour composer les syllabes, les mots, les pages, comme il se pratique presentement. Mais la plus commune opinion, & suivant le sentiment de Tritéme en sa Chronique, de Polydore Vergile chap. 7. du Livre 2. de Bruschius au Catalogue des Evesques de Mayence, de Salmuth sur Pancirole, & de Sabellic en ses Enneades, où il assure que *Commentum Teutonicum fuit inventi Auctor Joannes Guttembergius, Equestri vir dignitate: Moguntiaeque res primùm tentata est.* Et Wimphelingus qui écrivoit en 1511. dit que *Joannes Guttemberg Argentinensis primus Artem impressoriam in urbe Argentinensi invenit, inde Moguntiam veniens, eamdem feliciter complevit.* C'est là l'opinion que nous devons suivre comme la plus veritable, & dont Serrarius semble demeurer d'accord dans sa Description de la Ville de Mayence, avec plusieurs autres que Naudé cite dans son Addition à l'Histoire de Loüis XI. qui tiennent tous que ce fut JEAN GUTTEMBERG, Chevalier Allemand de la Ville de Strasbourg, lequel ayant tasché, quoy qu'en vain, de faire réüssir cet Art en sa perfection dans la Ville de Strasbourg, fut enfin obligé d'aller à Mayence, où il demeura le reste de ses jours. Il y obtint le droit de Bourgeoisie, d'où vient qu'il est appellé *Moguntinus* dans beaucoup d'Auteurs, & mesme en cette inscription qui fut mise sur sa Maison en 1507.

Ad annum 1450.

Lib. 6. Ennead. 10.

Chap. VII. pag. 224.

JOANNES

JOANNI GUTTEMBERGENSI
MOGUNTINO, QUI PRIMUS OMNIUM
LITTERAS ÆRE IMPRIMENDAS INVENIT,
HAC ARTE DE ORBE TOTO BENE MERENTI,
YVO VINTIGENSIS
HOC SAXUM PRO MONUMENTO POSUIT.

MAYENCE 1450.

GUTTEMBERG ne pouvant soûtenir les frais & les dépenses qu'il falloit faire pour mettre cet Art en pratique, à cause que la plûspart de ces premiers Livres s'imprimoient sur du velin, afin de les faire passer pour Manuscrits, ce qui coûtoit extrémement; il fut obligé de s'associer avec le nommé JEAN FUST, ou FAUSTE, aidé de son gendre PIERRE SCHOEFFER, ou OPILIO de Gernshein (que l'on croit estre le premier qui trouva la fabrique des poinçons & des matrices) ausquels il communiqua son dessein, qui mirent enfin au jour quantité d'épreuves de cet Art; ce qu'Arnoldus Bergellanus a exprimé en ces vers:

Addidit huic operi lucem sumptumque laboris
 Faustus Germanus munera fausta ferens.
Et levi ligno sculpunt hi grammata prima,
 Quæ poterat variis quisque referre modis.
Materiam bibulæ supponunt inde papyri,
 Aptam quam libris littore Nilus alit.
Insuper aptabant mitti quas sepia guttas
 Reddebat pressas sculpta tabella notas.
Sed quia non poterat propria de classe character
 Tolli, nec variis usibus aptus erat,
Illis succurrit Petrus cognomine Schoëffer,
 Quo vix cælando promptior alter erat.
Ille sagax animi præclara toreumata finxit,
 Quæ sanxit Matris nomine Posteritas.
Et primus vocum fundebat in ære figuras,
 Innumeris cogi quæ potuere modis.

Et un peu après en parlant de cette societé, il nous apprend par ce Distique:

Illo primus erat tunc Guttembergus in albo,
Alter erat Fauſtus, tertius Opilio.

MAYENCE. 1450.

Bibliotheque des quatre Nations.

Ils commencerent à imprimer des Livres en l'année 1450. ſuivant ce qui ſe lit à la fin du *Trithemianarum Hiſtoriarum Breviarium*, en ce ſens.

Ce preſent Ouvrage de Chronique a eſté achevé d'imprimer en 1515. en la noble & fameuſe Ville de Mayence, où l'Art de l'Imprimerie a eſté premierement inventé par Ican Schoëffer, petit-fils d'honneſte homme Iean Fuſt, Citoyen de Mayence, premier Auteur de cet Art, qui le trouva par ſon invention, & qu'il commença d'exercer en 1450. Indiction treiziéme, eſtant pour lors Empereur Frederic III. & Archeveſque de Mayence Thierry Pincerna de Erbach, Prince & Electeur. En 1452. il perfectionna cet Art par l'aide de Dieu, & de Pierre Schoffer de Gernshein, qui trouva pluſieurs choſes neceſſaires pour l'augmentation de cet Art, auquel pour recompenſe de tous ſes travaux & inventions il donna ſa fille Chriſtine Fuſt en mariage. Ainſi ces deux perſonnes cy-deſſus nommées, ſçavoir Iean Fuſt, & Pierre Schoëffer, conſerverent cet Art en ſecret, faiſant faire ſerment à tous leurs ouvriers & domeſtiques, de ne le divulguer en quelque maniere que ce fut. Cet Art neanmoins fut divulgué en 1462. en differens endroits de la terre par ces meſmes Ouvriers.

Ajouſtez à tous ces témoignages celuy d'Eraſme rapporté en la Preface de Tite-Live in fol. 2. vol. 1519. imprimé à Mayence par JEAN SCHOEFFER, fils de PIERRE SCHOEFFER, & petit fils de JEAN FAUST, où l'on voit à la fin un Privilege de l'Empereur Maximilien, donné à ce JEAN SCHOEFFER, portant défenſes de contrefaire non ſeulement ce Livre, mais encore tous ceux qu'il imprimeroit, en conſideration de ce que ſon grand-pere FAUST avoit trouvé l'invention de l'Imprimerie. Voila ce qu'Eraſme dit : *Si ceux qui ont fourny des Scribes & du parchemin à Origene & à S. Hieroſme, ont merité des eloges, quelle loüange ne devons-nous point donner aux Imprimeurs & Libraires, qui nous donnent tous les jours pour peu de choſes des volumes entiers ? Si Ptolomée Philadelphe s'eſt acquis une grande reputation par l'amas d'une grande Bibliotheque, quelle recompenſe pouvons-nous donner à ceux qui nous fourniſ-*

sent tous les jours des mondes entiers de Livres de toutes sortes de Langues ? Mais parmy tous ces gens à qui nous avons tant d'obligation, il faut reconnoistre les premiers qui ont trouvé ce secret, que l'on peut appeller divin, qui fut IEAN FUST grandpere de IEAN SCHOEFFER.

MAYENCE. 1459.

Ils imprimerent ensuite le *Rationale divinorum Officiorum Guillelmi Durandi* en 1459. à la fin duquel sont ces mots : *Præsens Rationalis divinorum Codex Officiorum, venustate Capitalium decoratus, rubricationibusque distinctus artificiosâ adinventione imprimendi & characterizandi, quanti absque calami exaratione sic effigiatus, & ad eusebiam Dei industriâ est consummatus per JOAN. FUST Civem Mogunt. & Petrum Gernshein Clericum Diœcesis ejusdem, anno 1459.* Mr Malinkroc dit avoir ce Livre en sa Bibliotheque, & le cite dans son Livre *De Arte Typographicâ* page 67. *Regula Pastoralis Gregorii Papæ ad Ioannem Archiepiscopum Ravennensem in quarto,* au commencement duquel Livre est écrit de la main de feu Monsieur Naudé, que ce Livre est imprimé en l'année 1459. Un Vocabulaire, ou Prosodie Latine, qui estoit le Calepin de ce temps-là, in folio, en 1460. où est à la fin ce qui suit, sans nom d'Imprimeur ; mais il est à presumer que ce fut de nos trois premiers Imprimeurs, & Libraires.

Bibliotheque du Roy.

Bibliotheque des RR. PP. Feüillans.

Altissimi præsidio, cujus nutu infantium linguæ fiunt disertæ, quique nimis sæpe parvulis revelat quod sapientibus celat, hic Liber egregius Catholicon Dominicæ Incarnationis anno 1460. alma in urbe Moguntina Nationis inclytæ Germanicæ (quam Deus clementiâ tam alto ingenii lumine donoque gratuito cæteris Terrarum Nationibus præferre illustrareque dignatus est) non calami, styli, aut pennæ suffragio, sed mirâ patronarum formarumque concordiâ, proportione & modulo impressus atque confectus est.

Hic tibi, sancte Pater, nato cum Flamine sacro,
Laus & honor Domino trino tribuatur & uno,
Ecclesiæ laude libro hoc Catholice plaude,
Qui laudare piam semper non linque Mariam.
Deo gratias.

Aprés parut la grande Bible in folio, qui fut achevée l'an 1462. à al fin de laquelle on voit ces mots :

Præsens hoc opus finitum ac completum, & ad eusebiam Dei industriâ in civitate Moguntinâ per IOANNEM FUST *civem, &* PETRUM SCHOEFFER *de Gernshein Clericum Diœcesis ejusdem, est consummatum anno Incarnationis Dominicæ 1462. in Vigiliâ Assumptionis Gloriosæ Virginis Mariæ.*

Cette Bible estoit si semblable à l'écriture, que JEAN FAUSTE en ayant apporté à Paris plusieurs exemplaires, dont la plufpart eftoient en velin, ornez de grandes lettres & vignettes en or faites à la main, que l'on peut voir dans les Bibliotheques du Roy, de Saint Victor, du College Royal de Navarre, & du Cardinal Mazarin; imprimez fur du papier, il les vendit pour Manuscrits à un prix considerable: mais les acheteurs s'eftant apperçus qu'il en avoit un nombre, intenterent action contre FAUSTE, l'accufant de magie, ce qui l'obligea de retourner à Mayence, où ne se trouvant pas en feureté, il paffa à Strasbourg, où il demeura quelque temps; & y montra son Art à JEAN METELIN, ou MENTEL, qui fut un des premiers qui l'exerça à Strasbourg. Cependant le Parlement de Paris rendit un Arreft, qui déchargea FAUSTE de toutes les pourfuites qui avoient efté faites contre luy au fujet de la vente de ses Bibles, parce qu'on reconnut depuis que c'eftoit par le moyen de l'Art admirable de l'Imprimerie qu'elles avoient efté faites.

Aprés que cette Bible fut achevée, on croit que ces trois premiers Inventeurs d'un si grand Art se separerent, ou moururent, n'ayant pû découvrir d'autres Livres imprimez par eux, que ceux dont j'ay parlé cy-deffus, & les Offices de Ciceron, à la fin defquelles eft ce Dictum

Præsens Marci Tullii clarissimum Opus JOANNES FUST *Moguntinus Civis, non attramento plumali, cannâ, neque æreâ, sed arte quadem perpulchrâ, manu* PETRI *de* GERNSHEIN *pueri mei feliciter effeci, finitum anno* M. CCCC. LXVI. *die* IV. *Februarii.*

Il y a de femblables Dictums aux cinq Livres fuivans, qui font:

ET DE LA LIBRAIRIE, Liv. I.

MAYENCE. 1468.

Inſtitutiones Iuris Imp. Iuſtiniani Clementinæ, cn 1468. *Thomæ de Aquino*, *Quæſt. ſcript.* 1469. *Conſtitutiones Juris Clementis Papæ V.* 1471. *Decretalium lib.* 6. *Bonifacii Papæ VIII.* 1473. *& Speculum Hiſtoriæ Vincenti in folio* 1474.

Il ne faut pas s'étonner ſi dans tous ces Dictums il n'eſt point parlé de GUTTEMBERG ; il eſtoit pourtant aſſocié avec eux, comme vous l'avez pû remarquer par les vers que j'ay rapportez cy-devant. Les Livres ſuivans ſont au nom de PIERRE SCHOEFFER ſeul, ainſi que les Epiſtres de S. Jeroſme en Latin in fol. 2. vol. 1470. dont il y en a d'imprimées ſur du velin, que l'on peut voir dans les Bibliotheques de S. Victor, & de Sorbonne, à la fin deſquels il y a :

> *Jam decet ut noſtris concordent ultima primis.*
> *Sit decus illi qui dedit hoc opus initiare,*
> *Et qui finire dedit ipſum ſit decus illi.*
> *Eſt decus Eccleſiæ pugilis tot ſcripta tenere :*
> *Si quibus intendas, eſt decus Eccleſiæ.*

Igitur Sophronii Euſebii Ieronymi, Orthodoxi Eccleſiæ Chriſti propugnatoris clariſſimi, liber Hieronymianus, aut ſi mavis, quod & ipſe velim, Liber Epiſtolaris explicit, ut dignitas nominis Ieronymiani egregio Viro Ioh. Andreæ permaneat, qui hoc ipſum zelo devotionis erga Virum ſanctum effectus tempore priſco vulgavit in orbem. Eſt autem opus præſens arte impreſſoriâ feliciter conſummatum per PETRUM SCHOEFFER *de Gernſhein in civitate Moguntinâ, cujus nobilitati Vir beatus Ieronymus ſcribens ad Ageruntiam de Monogamiâ, teſtimonium perhibet ſempiternum multis millibus incolarum ejuſdem in Eccleſia pro fide Catholicâ ſanguine proprio laureatis.*

> *Huic Laudatori reddit Moguntia vicem,*
> *Tot ſua ſcripta parans uſibus Eccleſiæ.*

> *Anno Domini M. CCCC. LXX.*
> *die ſeptima menſis Septembris,*
> *quæ eſt Vigilia Nativitatis Mariæ.*
> *Da gloriam Deo.*

PIERRE SCHOEFFER, JEAN FUST, & CONRAD

HENLIF, Imprimeurs & Libraires de Mayence, donnerent à Messieurs de l'Abbaye de Saint Victor un exemplaire moyennant la somme de douze écus d'or, & un Annuel pour le repos de leurs ames, & de celles de leurs amis, qui se dit tous les ans, comme il est porté au Tome 7. des Annales de Saint Victor en ces termes.

Anniversarium honorabilium virorum PETRI SCHOEFFER & CONRADI HENLIF, ac JOAN. FUST. Civium de Moguntiâ impressorum, nec non uxorum, filiorum, parentum, amicorum & benefactorum: qui Petrus & Conradus dederunt nobis Epistolas Beati Hieronymi impressas in pergameno exceptâ tamen summâ duodecim scutorum auri, quam præfati impressores receperunt per manus Domini Ioannis Abbatis hujus Ecclesiæ 3. Kalendas Novembris 1471.

Il en fut pareillement donné un exemplaire en velin à la Bibliotheque de Saint Germain des Prez par le Cardinal Brissonnet pour lors leur Abbé: & un autre aussi qui fut donné en 1477. aux Celestins de Paris, par Arturus de Montauban Archevesque de Bourdeaux, qui avoit esté Religieux chez eux.

On voit aussi sur la fin de Valere Maxime en Latin in folio, en velin, que m'a fait voir M. Moëtte Libraire, à qui j'ay l'obligation de plusieurs remarques & avis qu'il m'a donnez, ce qui suit:

Præsens Valerii Maximi opus præclarissimum in nobili urbe Moguntinâ Rheni anno 1471. per egregium PETRUM SCHOEFFER de Gensheim Artis impressoriæ Magistrum feliciter est consummatum.

Et sur la fin du Livre de la Cité de Dieu en Latin in folio, avec des Commentaires de Thomas de Valois, & Nicolas Triveth, l'on voit ces mots:

Igitur Aurelii Augustini civitatis Orthodoxæ Syderis præfulgidi, de Civitate Dei opus præclarissimum, binis sacræ Paginæ Professoribus eximiis id commentantibus, rubricis tabulaque discretum, celsâ in urbe Moguntinâ partium Alemaniæ, non calami per phrasim, characterum autem apicibus artificiosè elementatum, ad laudem Trinitatis individuæ Civitatis Dei præsidio, operosè est consummatum per PETRUM SCHOEFFER de Gensbein anno 1473.

Sur la fin du Livre intitulé *Henrici Herp. Speculum aureum decem præceptorum in fol.* 1474. sont aussi ces mots:

Speculi aurei decem præceptorum Dei Fratris Henrici Herp. Ord.

Min. de Observan. Opus præclarum in nobili urbe Moguntinâ, quam imprimendi de arte ingeniosâ gratuitoque dono gloriosus Deus plus cæteris Terrarum nationibus præferens illustrare dignatus est, non atramento plumali, arcáve, pennâ cannáve, sed adinventione quadam perpulchrâ per honorabilem virum PETRUM SCHOEFFER de Gernshein feliciter est consummatum. Anno D. Incarn. 1474.

MAYENCE.
1474.

Ce mesme Livre fut imprimé aussi à Basle par JEAN FROBIN en 1596. dont nous parlerons ensuite.

SCHOEFFER imprima aussi *Codex Iustiniani* en 1474. *Sancti Bernardi Sermones in folio* en 1475. *Institutiones Iustiniani cum notis Accursii* en 1476. *Turrecremata in Psalmos folio* en 1478. *Scrutinium Scripturarum auctore Paulo de Sanctâ Mariâ Episcopo Burgensi in fol.* 1478. à la fin duquel sont ces mots avec les armes dudit Scoëffer. *Anno Domini 1478. ad VII. Idus Ianuarias R. in Christo Pat. D. D. Diethero Archipræsule Moguntino, in nobili civitate Moguntiâ, domicilio Minervæ firmissimo, Petrus Schoëffer de Gernshein Arte Magistrâ suis consignando scutis feliciter finivit. Sextus Decretalium fol.* 1476. *Decretales in folio* 1479. & plusieurs autres Livres.

Ce Pierre Scoëffer eut un fils nommé JEAN SCHOEFFER, qui imprima à Mayence *Apologetici libri pro Carolo V. Romanorum Imperatore*, in 4. 1507. le Tite-Live en Latin en 1518. & 1519. comme nous l'avons dit cy-devant : *Chronica sive Annales Regiminis Pruniensis Cœnobii Abbatis, &c. in folio* 1521. *Dionysii Exigui Codex Canonum Ecclesiasticorum contra hæreticos, in quarto*, en 1529. & plusieurs autres Livres.

Naudé jug. des Escrits cont. le Card. Mazarin, page 170.

Il est à remarquer que les premiers Livres que l'on imprima tant en Allemagne qu'en Italie & en France, estoient nuds, & sans aucun ornement : c'est à dire, sans premieres pages, sans titres, sans chapitres, ny grandes lettres. On les laissoit en blanc pour les faire faire à la main, ou en mignature, afin que par ce moyen ces Livres passassent toûjours pour des Manuscrits. Ils n'estoient pas mesme chiffrez ny signaturez au bas des pages par les lettres de l'alphabeth, comme on s'avisa de faire quelques années aprés, & comme nous faisons encore au jourd'huy ; ce qui donnoit bien de la peine aux Relieurs, qui sans une tres-grande exactitude transposoient fort souvent les feüilles des Livres en les reliant.

Cet Art que l'on avoit caché avec de si grands soins,

tant de precautions, commença enfin à se divulguer après l'impression de la Bible, & des autres Livres dont nous avons parlé, par les serviteurs & les ouvriers des Inventeurs, qui pour profiter de la nouveauté de cet Art, allerent s'établir en diverses villes.

ROME. 1467.

ROME fut une des premieres villes où l'on commença à exercer cet Art, vers l'an 1467. sous le Pontificat de Paul II. par le moyen de CONRADUS SUVENHEIN, & ARNOLDUS PARMARTZ, qui furent se loger en la maison de PIERRE, & FRANÇOIS MAXIMIS, où ils y commencerent à imprimer le Livre de Saint Augustin de la Cité de Dieu in folio en Latin (ce qui a donné le nom au caractere que l'on appelle de saint Augustin) à la fin duquel sont ces vers :

Hoc Conradus opus SUVEYNHEYN ordine miro,
Arnoldusque simul PARMARTZ, unâ æde colendi,
Gente Theotonicâ, Romæ expediere sodales.
In domo Petri de Maximo
M. CCCC. LXVII.

Les Epistres Familieres de Ciceron in fol. en Latin (d'où vient aussi le nom du caractere du Cicero,) où est le mesme dictum, & la mesme année 1467. Ensuite le *Speculum vitæ humanæ Roderici Zamorensis*, dedié au Pape Paul II. *Ovidii Elegia : Lucani Pharsalia* in fol. 1469. les Offices & Epistres diverses de Ciceron in fol. en Latin en 1469. & 1470. *Suetonius* in folio 1470. *Leonis Magni opera* fol. à la fin duquel sont ces vers :

Aspicis illustres Lector quicumque libellos,
Si cupis Artificum nomina nosse, lege.
Aspera ridebis cognomina Teutona forsan,
Mitiget Ars Musis inscia verba virum.
CONRADUS SUVEYNHEYN, Arnoldus Parmartzque Magistri
Romæ impresserunt talia multa simul.
Petrus cum Fratre Francisco Maximus, ambo
Huis operi aptatam contribuere domum.
M. CCCC. LXX.

Ce grand Ouvrage de Nicolas de Lira, que l'on appelle *Glossa ordinaria in Univers. Biblia sacra in folio* 3. vol. 1471. imprimé en la maison de Pierre Maxime, où est à la fin le mesme dictum : *Ciceronis de Officiis, de Finibus*, &c. in fol. 1471. *Sermones in Quadrages. Auct. Robert. de Litii*, in folio 1472. *Terentii Comœdiæ*, in folio 1472. & les Epistres de Saint Jerosme en Latin in folio, qu'ils dedierent au Pape Paul II. dans l'Epistre dedicatoire duquel Livre ils congratulent ce Pape de ce que de son temps l'Art de l'Imprimerie avoit esté apporté d'Allemagne à Rome, en ces termes. *Hoc est quod semper gloriosa illa & cælo digna anima Nicolai Eusebii Cardinalis peroptabat, ut hæc sancta Ars, quæ oriri tunc videbatur in Germania, Romam deduceretur.*

ROME 1468.

Au mesme temps Uldaric le Cocq vint aussi à Rome, ce qui donna sujet à l'Evesque de Torano nommé *Joannes Antonius Campanus*, qui avoit esté son Correcteur, de faire à sa loüange cette Epigramme, qui est rapportée par *Faërnus*, & inserée à la fin des Philippiques de Ciceron imprimées par Uldaricus avant l'an 1470.

> *Anser Tarpeii custos Jovis, unde quod alis*
> *Obstreperes, Gallus cecidit, ultor adest.*
> *Uldaricus Gallus, ne quem poscantur in usum,*
> *Edocuit pennis nil opus esse tuis :*
> *Imprimit ille die quantum vix scribitur anno,*
> *Ingenio haud noceas, omnia vincit homo.*

Cet Uldaric le Cocq estoit de Vienne en Austriche, que Volaterran dit avoir esté celuy qui imprima Saint Augustin de la Cité de Dieu en Latin in folio, & le Lactance in folio en 1468. ensuite dequoy il imprima Tite-Live, Quintilien, les Tusculanes, les Philippiques & les Oraisons de Ciceron en 1468. Il imprima aussi environ l'an 1470. l'Histoire universelle de Roderic Santius, Espagnol de nation, que le Pape Paul II. fit Gouverneur du Chasteau S. Ange, & Evesque de Palentine, à la fin de laquelle est ce Dictum :

> *Ego Uldaricus Gallus sine calamo*
> *aut pennis eundem Librum impressi.*

Il imprima encore *Expositio super Psalterium, Sixti Cardinalis in folio*, en 1470. *Virgilii Opera in folio* en 1473. & en 1474. *Sanctus Augustinus de Civitate Dei in fol.* en societé avec SIMON NICOLAS DE LUCA.

LEONARD PFLUGL, & GEORGE LAVER, imprimerent ensemble *Sextus Decretalium in folio* en 1472.

JEAN GENSBERG imprima *Valerius Martialis cum Commentariis Domitii Calderini in fol.* en 1474. & plusieurs autres Livres.

GEORGE SACHSEL de Reinhembat, & BARTHOLOME' GOLSCH de Hohembart, imprimerent *Juvenalis Satyræ in folio* en 1474. *Ammiani Marcellini opera in folio* en 1474. *S. Athanasii opera Latinè in folio* en 1477. qui est la premiere edition, & plusieurs autres Livres.

ESTIENNE PLANNCK de Padoüe imprima *Ægidius Romanus de Regimine Principum in folio* en 1482.

EUCHER SILBER, ou FRANCK, Allemand, imprima *Summa Joann. Turrecremata in folio* 1489.

Cet Art passa de Rome à STRASBOURG, où commença à l'exercer JEAN MENTELEN, ou MENTEL, à qui JEAN FAUSTE en avoit découvert le secret comme nous l'avons dit cy-devant ; qui quelques années aprés alla s'establir à Venise, où il s'associa avec JEAN de COLOGNE, comme nous le dirons cy-aprés. Cependant JACQUES MENTEL Docteur en Medecine à Paris, qui se dit petit-fils de JEAN MENTELEN, prétend prouver que non seulement Strasbourg a esté la premiere Ville où l'on a imprimé, mais que c'est mesme où l'on a trouvé cet Art, & que son ayeul en a esté l'Inventeur ; & pour le prouver il allegue cette inscription qui fut mise avec ses armes à la premiere page de *l'Ostomalticon Othonis Brunsfelsii*, imprimé à Strasbourg par JEAN SCHOT en 1543. *Insigne Schottorum familiæ ab Frederico Romanorum Imperatore III. IOANNI MENTELIN primo Typographiæ Inventori ac suis concessum 1466.* & dans son Livre de *verâ Typographiæ origine* page 15. ces vers suivans, dont il a changé le premier en mettant,

Plura licet summæ dederis tu Argentina laudi :

au lieu qu'il y a dans l'original, à la place du mot *Argentina, Alemania*, comme il se voit à la fin des Epistres Cyniques du Philosophe Crates, imprimées à Paris par MARTIN CRANTZ

ET DE LA LIBRAIRIE, Liv. I.

STRASBOURG. 1470.

& ses Associez en 1470. où est cette Epigramme suivante, que je rapporte entiere, afin de faire connoistre que Mr Mentel s'est éloigné de la verité, & qu'il a fait tout son possible pour en attirer l'honneur à sa famille.

ERHARDI VVINDSBERG EPIGRAMMA
ad Germanos Librarios egregios Michaëlem
Martinum, atque Udalricum.
Plura licet summæ dederis tu Alemania laudi;
 At reor hoc majus te genuisse nihil :
Quæ propè divinam summa ex industria fingis
 Scribendi hanc Artem, multiplicans studia.
Felices igitur Michaël, Martineque semper,
 Vivite, & Vlrice hoc queis opus imprimitur,
Erhardum vestro & non dedignemini amore,
 Cui fido semper pectore clausi eritis.

Mais tous ces témoignages ne persuaderont point le public qu'il ait esté le premier qu'il a trouvé l'Art de l'Imprimerie, ne trouvant aucun Livre imprimé par ledit MANTEL tant à Strasbourg qu'à Mayence avant l'an 1459. n'en trouvant à son nom qu'en 1473. sans mesme marquer la ville, comme on le voit au *Speculum Morale, Auct. Vincentii in folio*.

HENRY EGGESTEIN, imprima en 1471. *Decretum Gratiani*, dont le commencement & la fin sont en rouge & noir, & d'une grandeur extraordinaire plus que *Carta magna*.

Ensuite NICOLAS PISTORIS de Bensheim, & MARC REMHARDI associez, imprimerent *Manipulus Curatorum Auct. Guidonis de Monte Rocherii*, *in quarto* en 1480. & ensuite au nom de NICOLAS PHILIPPI, qui vint quelque temps après à Paris avec MARC REMHARDI, ils imprimerent ensemble à Strasbourg *Biblia Sacra in folio* en 1482. à la fin de laquelle sont ces vers :

Fontibus ex Græcis, Hebræorum quoque libris,
 Emendata satis & decorata simul
Biblia sum præsens, superos ego testor & astra;
 Est impressa nec in orbe mihi similis :
Singula quæque loca cum concordantibus extant,
 Orthographia simul quàm bene pressa manet.

MARTIN FLACCUS, ou FLACH, dont fait mention Vvimphelingus, vint à Strasbourg, & y imprima *Thesaurus novus*

C ij

Sermonum, sous le nom de Palude, *in folio* 2. vol. 1485. *S. Bonaventuræ Tractatus & lib. quamplurimi. in folio* 1489. *Thom. Argentinæ ex Ordine Eremitarum S. Augustini Comment. in quatuor libros Sententiarum in folio* 2. vol. 1490.

JEAN KNOBLOUCHI imprima *Gersonis opera in fol.* 4. vol. 1514. qui furent aussi imprimez en la mesme ville sans nom d'Imprimeur en 1494. en quatre vol. in fol. qui est la premiere edition.

On imprima aussi à Strasbourg en 1476. sans nom d'Imprimeur, le *Nider*, à la fin duquel sont ces mots : *Joannis Nider S. Pag. Doct. Ord. Præd. Conventualis Nurembergensis Præceptoris, præclarissimum opus, quodam dignæ admirationis modo, non pennis, ut prisci quidem, sed litteris sculptis artificiali certè conatu ..... remota nempe indagine, ingeniique diversa inquitatione illustre figuratum, accuratè denique correctum per providum Leorium Husner civem urbis famosæ Argentinensis, completum & terminatum est Idus Februarii* 1476.

JEAN REMHARDI y imprima en 1498. *Horatii opera in folio.*

Dans le mesme temps elle passa à VENISE par JEAN VVINDELINUS de Spire, qui imprima *Ciceronis Epistolæ ad Familiares in folio* en 1469. à la fin duquel sont ces vers.

> *Primus in Adriaca formis impressit acutis*
> *Urbe libros Spiræ genitus de stirpe Ioannes.*
> *In reliquis sit quanta vides spes, Lector habenda,*
> *Quam labor hic primis calami superaverit artem.*

& qui commença aussi d'imprimer la Cité de Dieu de Saint Augustin, qui fut achevé par son frere, comme il est porté par ces vers qui sont à la fin.

> *Qui docuit Venetos exscribi posse Ioannes*
> *Mense fere trino centena volumina Plini,*
> *Et tandem magni Ciceronis Spira libellos*
> *Cœperat Aureli, subita sed morte peremptus*
> *Non potuit cœptum Venetis finire volumen.*
> *Uvindelinus adest ejusdem frater, & arte*
> *Non minor, Hadriacaque morabitur vrbe.* 1470.

Celuy-cy aprés la mort de son frere imprima plusieurs ouvrages à Venise comme *Plauti Comœdia in folio* 1472. *Repe-*

titiones Lanfranci in fol. 1472. & autres. Ce VVINDELINUS estoit homme d'esprit & de grande entreprise, qui aprés avoir exercé cet Art en Italie, se retira en Allemagne, où il imprima la pluspart de ces grands Ouvrages de Droit qui sont illustrez de ses Notes. Il mettoit ordinairement ces deux vers qui se lisent au Barthole in folio de 1471. & au Panorme 1472.

VENISE. 1472.

Hos Vvindelinus clarâ virtute Magister
Transcripsit celeri formula pressa pede.

Il a esté un de ceux qui ont le plus imprimé & fait imprimer de son temps, & on s'empressoit à luy donner des Epigrammes pour mettre à la fin de ses Livres: en voicy une qui servira de preuve pour les autres.

Abbatis pars prima notis quæ fulget ahenis,
Est Vvindelini pressa labore mei.
Cujus ego ingenium de vertice Palladis ortum
Credideram, veniam tu mihi Spire dabis.
M. CCCC. LXXIV.

Il y passa aussi de France NICOLAS JANSON, François de nation, qui s'y establit du temps du Duc Barbarigo, & qui imprima de tres-grands ouvrages, & d'un caractere fort beau. Ce fut luy qui rétablit dans sa perfection le caractere qui estoit devenu Gothique, comme on peut le voir par *Ciceronis Epistola ad Brutum in folio* 1470. *Iul. Cæsaris Comment. in fol.* en 1471. *Plinii Opera* en 1472. *Decretum in folio* 1474. *Biblia Sacra in folio* 1476. & plusieurs autres ouvrages, qui luy ont attiré une tres-grande reputation; en quoy il fut secondé (à ce que disent quelques-uns) par JEAN RUBEIS François de nation, qui imprima seul *Ovidii Metamorphosis in folio* en 1474. *Virgilii opera cum Commentariis Servii in folio* en 1475. *Lectura Dominici Geminiani super sextum Decretalium in folio* en 1476.

Ce JEAN de RUBEIS alla quelques années aprés s'établir à Pignerol, où il imprima *Iuvenalis Satyricon in fol.* en 1479. En 1475. on imprima une Bible en Italien in folio.

ANTOINE de BOLOGNE y imprima *Ioannes Scotus in Sententias in folio* en 1472.

VENISE.
1473.

PHILIPPE PINZIUS de Mantoüe imprima *Apuleii opera in folio* 1473.

JEAN de COLOGNE, & JEAN MANTHEN, ou MENTELEN de *Geretzen*, y imprimerent *Martialis Epigrammata cum Commentariis Domitii Calderini in fol.* 1474. & 1475. *Sanctus Augustinus de Excommunicationibus in quarto* 1474. *Panorme in folio* 1476. *Nicolaus Abbas super Decretales in folio* 1475. *Bartholi super ff. Nov.* 1476. *Ejusd. de Lectura* 1477. *Lucani Pharsalia in folio* 1477. *Ioann. Duns Scoti in librum Sententiarum in fol.* 2. vol. 1477. & *S. Thomas in 2. lib. secundæ partis in fol.* 1480.

Et au nom seul de JEAN DE COLOGNE *Summa D. Thomæ Alensis in folio* 1475.

ANTOINE BARTHELEMY imprima *Hieronymi Epistolæ fol.* 2. vol. en 1476.

FRANÇOIS RENNER de Hailbrun & NICOLAS de FRANKFORDIA, imprimerent ensemble *Pisani Supplementum* 1474. *Biblia Sacra in folio* 1478. & au nom seul de RENNER, *Sermones Michaëlis de Mediolano* en 1477. *Pomponius Mela de Cosmographia in quarto* 1478. *Nicolai de Lyra Postilla in vetus, & novum Testamentum cum Opuscul. ad Iudaic. persid. in fol.* 1482. & au nom de FRANKFORDIA *Missale ad usum Ord. Prædicatorum in octavo* 1484. en rouge & noir, qui est la premiere édition.

JACQUES de ROSSY, François de nation, habile Imprimeur, alla aussi s'établir à Venise, où il imprima *Historia Fiorentina compost. per Lionardo Aretino in folio* 1476.

JACQUES de FIVIZANO imprima aussi *Ciceronis Epistolæ ad Familiares in folio* 1477.

LEONARD VILD imprima pour NICOLAS de FRANKFORDIA *Biblia Sacra in folio* 1478.

OCTAVE SCOTI natif de Monza, fit imprimer *Biblia Sacra in quarto* 1480. & par BENOIST LOCATEL, *Sancti Isidori Hispalensis Episc. Etymolog. & de summo Bono fol.* 1493. & à son nom seul *Augustini Triumphi de Ancona Ord. Eremit. S. Augustini Summa de Ecclesiastica potestate in quarto.* Ce SCOTI s'est distingué d'avec les autres Imprimeurs de son temps, par la grande quantité de Livres qu'il a fait imprimer, & particulierement de Medecine.

JEAN HERBOT, dit LE GRAND, de Siligenstat, qui avoit imprimé à Parme, vint à Venise en 1482. où il imprima

ET DE LA LIBRAIRIE, Liv. I.   23

VENISE.
1483.

Gratiani Decretum cum Apparatu Bartholomæi Brixiensis in folio. & Biblia Sacra in fol. 2. vol. 1483.

ANTOINE DE STRATA de Cremone imprima *Sancti Antonini Summula Confessionis in quarto* 1483.

PLATON DE BENEDICTIS imprima *Dion. de Regno in quarto* 1483. Il alla s'établir quelques années aprés à Bologne.

PAGANINUS DE PAGANINIS imprima *Petrus de Ausmo, Supplem. Summæ Pisannellæ, &c. quarto* 1485. & *Alphonsi Lectura super primum Librum Sententiarum fol.* 1490.

PEREGRINUS DE PASQUALIBUS imprima avec DOMINIQUE DE BERTOCHIS de Bologne, *Vita Sancti Hieronymi in quarto* 1485. & au nom seul de PASQUALIBUS, *Ægidius in primum librum Sententiarum in fol.* 1492.

GUILLAUME DE TRIDINO de Montferrat imprima *Clavis Sanationis Auct. M. Simone Senuensi in fol.* 1486.

ANDRÉ DE ASALA, & THOMAS ALEXANDRIA, imprimerent ensemble *S. Thomæ Aquinatis in quatuor Evangelia in fol.* 1486.

JEAN VERCELLENSIS imprima *Flavii Josephi opera ex versione Ruffini fol.* 1486.

JEAN HAMMAM de Landoia, & JEAN EMERICH de Udenhem, imprimerent pour Messieurs de l'Eglise de Paris en 1487. *Missale ad usum Ecclesiæ Parisiensis in fol.* qui est la premiere edition du Missel de Paris.

MARTIN SARACENI imprima *Opus Pandectarum Medicinæ fol.* 1488.

GEORGES ARINABENO de Mantouë imprima *Prisciani Opera fol.* 1488.

JEAN DE FORLIVIO imprima *Alberti Magni Comment. in lib. Physicorum in folio* 1488. & avec son frere GEORGE, *Liber de Medicina Averrois, &c. in folio* 1490. *Boëtii Opera in folio* 1497.

BERNARDIN DE RENATIS imprima *S. Hieronymi Epistolæ in folio* 1490.

THEODORE DE RAGAZONIBUS de Asula imprima *Lactantii Divinarum Institutionum libri septem, & alia Opuscula in fol.* 1490.

BENOIST LOCATEL imprima *Petrus de Palude in Sententias in fol.* 1493. & *Alaberti Rhasis Opera in fol.* 1497. qui est la premiere édition.

PERRIN MAISON, BONIFACE JEAN, & JEAN VILLE-VIEILLE, imprimerent ensemble *Durandi Rationale Divinorum Officiorum, &c. in folio* 1494. à la fin duquel sont ces mots :

Fuit Rationale divinorum Officiorum, quod anteà mille locis depravatum, obnixa elucubratione Magistri Boneti de Locatellis Bergomensis correctum, est impressum per egregium Virum Dominum Perrinum Lathomi, Bonifacium Ioannis, & Ioannem de Villa-veteri Socios, anno salutiferæ Incarnationis M. CCCC. XCIV. die XXIV. Aprilis.

SIMON BEVILAQUA imprima *D. Bernardi Opuscula castigata per V. P. de Brixia in octavo* 1495. *Ægidius de Regimine Principum libri tres in fol.* 1498.

ALDE MANUCE, Romain de naissance, Restaurateur des Langues Grecque & Latine, à qui nous avons l'obligation de la lettre couchée, que nous appellons *Italique, Character cursivus seu cancellarius* dont il eut le Privilege du Pape pour s'en servir luy seul, vint à Venise & commença à travailler à la perfection des Auteurs Grecs & Latins ; il composa une Grammaire ; fit des Notes sur Horace, sur Homere, & sur d'autres Auteurs ; & imprima plusieurs Poëtes Grecs & Latins, comme *Hesiodi Opera Græca in fol.* en 1495. qui n'avoient esté imprimez que grossierement par les autres, comme on le peut voir par le Psautier Grec & Latin imprimé à Milan en 1483. par l'ETYMOLOGICUM MAGNUM, à Venise chez NICOLAS BLASTUS de Crete en 1499. & par la Methode de Galien en 1500. que l'on tient estre le premier Livre imprimé en Grec de cet Autheur. Toutes les editions d'ALDE MANUCE sont fort recommandables, tant pour la beauté de l'impression, que pour la correction, plusieurs ayant esté corrigées par Erasme son Correcteur. Il mourut en 1516. Sa grande reputation, & sa profonde capacité obligerent un des plus ceebres Poëtes à faire ces vers tant à sa loüange qu'à celle de l'Imprimerie.

Quod si credere fas Deos Poëtas,
Vitam reddere, quod queant sublatam,
Quanto est justius æquiusque quæso,
Aldum Manutium Deum vocare ;

Ipsis

Ipsis qui potuit suo labore,
Vitam reddere mortuis Poëtis?

HENRY ESTIENNE composa aussi plusieurs Epitaphes à la loüange de Manuce, tant en Grec qu'en Latin, qui se trouvent dans son Livre *de Artis Typographicæ Querimonia.*

Cet ALDE MANUCE eut un fils nommé PAUL, Imprimeur & Libraire, homme sçavant, & entendu dans les belles Lettres, & grand Antiquaire de Rome. Le Pape Pic II. le fit Bibliothequaire, & Imprimeur du Vatican. Il imprima en 1545. le Songe de Poliphile en Italien. Ce Livre est singulier pour la matiere dont il traite ; il a aussi cela de particulier que l'on ne connoît son Auteur que par les premieres lettres de chaque chapitre, lesquelles assemblées ensemble composent, M. POLIAM FRATER FRANCISCUS COLUMNA PERAMAVIT. Ce Livre a esté traduit en François, & imprimé plusieurs fois. Nous avons aussi de MANUCE un ample Commentaire sur les Oeuvres de Ciceron, qui fut imprimé par son fils és années 1578. 1579. & 1583. en cinq volumes in folio, qui passe pour une des meilleures éditions. C'est aussi à luy que nous sommes redevables de l'édition du Concile de Trente in folio 1564. qui l'a redigé, & mis en l'ordre comme nous l'avons aujourd'huy, & qui est tres-recherché des Curieux : Comme aussi les Antiquitez Romaines, que l'on tient estre tres-necessaires pour les Antiquaires. Il imprima aussi avec ANDRE' son beau-pere *Biblia sacra* des LXX. en Grec in folio 1518. qui passe pour la meilleure de toutes les éditions, au sentiment des Sçavans, ayant le plus de rapport qu'aucune autre à ce fameux Manuscrit d'Alexandrie envoyé à Charles I. Roy d'Angleterre, par Cyrille Lucaris Patriarche de Constantinople. Cependant le R. P. Simon estime plus celle de Rome de 1587. Gesner dédia à Manuce l'onziéme Livre de ses Pandectes, comme à un tres-habile & tres-sçavant homme, & y a joint le Catalogue des Livres qu'il a imprimez. Il mourut à Rome en 1574. & fut enterré en l'Eglise de la Minerve. Il eut un fils nommé ALDE, qui demeura à Venise quelque temps, où il imprima quantité de bons Livres. Il regenta quelques années à Boulogne ; mais se voyant méprisé & maltraité de ses Ecoliers, & accablé de dettes, il se retira à

Rome sous le Pontificat de Sixte V. Restaurateur, ou plûtost Fondateur de l'Imprimerie du Vatican. Le Pape Clement VIII. en donna la direction à cet ALDE MANUCE, en consideration du merite de son ayeul, & particulierement de son pere: il y imprima cette Bible Latine par l'ordre du Pape Sixte V. en 1590. qui fut supprimée. aussi-tost ; ce qui fait qu'elle est tres-rare ; mais elle fut r'imprimée l'année suivante avec les changemens que le Pape Clement VIII. y fit faire. On y imprima ensuite *Epistolæ Decretales Summorum P.P. in folio*, trois volumes. Ce Livre est tres-rare, & recherché des Sçavans. Il mourut à Rome en 1597. âgé de cinquante ans ou environ.

JEAN, & GREGOIRE DE GREGORIIS freres imprimerent *Sancti Hieronymi Opera in fol.* 1498. *Sabellici Enneades* 1498.

A PARIS, au mesme temps qu'à Venise, cet Art fut attiré par les soins de JEAN DE LA PIERRE, Prieur de Sorbonne, qui fit venir d'Allemagne environ l'an 1469. MARTIN CRANCZ, ULRIC GERING, natif de Constance, & MICHEL FRIBURGER, qui imprimerent en la Maison de Sorbonne les Epistres de *Gasparinus Pergamensis in quarto*, & autres, dont nous parlerons amplement dans le second Livre cy-aprés.

A REUTLINGE, JEAN DE AMERBACH imprima *Biblia Sacra in folio* 1469. & quelque temps aprés il alla à Basle où il imprima, comme nous le dirons cy-aprés.

JEAN ZEINER y imprima *Rationale divinorum Officiorum in folio* en 1473. *Simonis de Cremona Postilla* en 1484.

JEAN OTHMAR y imprima *Joannis Friburgensis Summa Confessariorum* en 1487. Il y fut aussi imprimé en 1487. *Ruperti de Victoria Verbi Dei lib. 13. Ejusdem Summa rudium, &c.*

Et en 1488. y a esté imprimé sans nom de l'Imprimeur, du temps de Maximilien Roy des Romains *Petri de Harentalis Prioris Florensis Ord. Præmonstratensis Expositio super Psalterium in folio.*

A COLOGNE fut imprimé en 1470. *Leonis I. Pontif. Romani opera in folio.*

JEAN KOELHOF y imprima *Thomasini de Ferraria opus Quadragesimale* en 1474.

HENRY QUENTEL imprima *Ioannis de Turre Crmata Tractatus notabilis de Potestate Papæ & Concilii generalis, in folio,*

1480. *Summula Raymundi Metroprosaïca in quarto*, en 1495. *Ejusdem Raymundi Sebund. Dialogus de naturâ hominis* en 1501. & autres. Ce QUENTEL laissa un fils nommé PIERRE, qui luy succeda, & s'est rendu celebre par l'impression des Oeuvres de Denis à RIKEL Chartreux, en plusieurs volumes in folio en 1530. & *Dionysii Areopagitæ opera in folio* 1536. Ce PIERRE QUENTEL laissa aussi un fils nommé ARNOLD, qui demeura quelque temps en sa boutique avec JEAN KREPSIUS, où ils firent imprimer *Liturgia Latinorum Jacobi Pamelii in quarto* deux volumes en 1571. qui est un Livre tres-rare, & recherché des sçavans.

COLOGNE.
1480.

JEAN KOELHOSS de Lubach y imprima *Bernardi opera in folio* en 1482. *Gersonis Cancellarii Parisiensis opera in folio*, en quatre volumes en 1484.

JEAN GULDENSCHAYFF imprima *Petri de Harentalis Collectarii expositio super Psalterium in folio* en 1484.

JEAN GULDEM imprima *Goschalci Holen Præceptorium novum de præceptis divinis in folio* en 1484. Il y fut aussi imprimé en 1487. *S. Vincentii Sermones in folio*, en quatre volumes.

Quelques années après un nommé FRANÇOIS BRICKMAN, qui avoit esté à Paris en 1500. y vint, & imprima en cette ville de Cologne *Ruperti opera in folio*, cinq volumes, en 1526. & 1529. lequel eut un fils nommé ARNOLD, qui imprima en 1567. *Athenagoræ Atheniensis Philosophi Apologia, &c. in octavo.*

Il est à remarquer que la plus grande partie de ces Libraires estoient fort considerables, non seulement par le rang de Conseillers qu'ils tenoient, & par les premieres Charges de Magistratures qu'ils exerçoient dans la ville de Cologne, mais encore par les Livres qu'ils imprimoient, qui n'estoient que pour l'utilité de l'Eglise Catholique, & pour la défendre.

A NUREMBERG fut imprimé dés l'année 1470. *Franc. de Retza Comestorium vitiorum in folio: Eusebii Pamphili de præparatione Evangelica in folio* en 1473.

NUREMBERG.
1470.

ANTOINE KOBERGER y imprima *Antonini de virtutibus in folio* 1472. *Rayneri Pisani Pantheologia in folio*, trois volumes 1474. qui est la premiere édition, *Biblia Sacra in fol.* 1475. 1478. 1480. & 1520. *Summa Antonini Ord. Præd. in fol.* quatre volumes 1478. & 1486. *Æneæ Sylvii Epistolæ in folio*

D ij

28 HISTOIRE DE L'IMPRIMERIE

NUREMBERG. 1481.

en 1481. *Alexandri de Ales Summa Theolog. in folio*, en quatre volumes, en 1482. *Vitæ Patrum in folio* en 1483. *Concord. Bibliorum in folio* 1485. *S. Bonaventuræ in Sentent. &c. in folio*, en quatre volumes en 1491. *Chronicon Chronicorum in folio magn. cum figuris* en 1493. L'on peut dire de luy, qu'il a imprimé plus qu'aucun autre de son temps.

JEAN SENSENSCHMID de Egra, & HENRY KOLER de Mayence imprimerent *Raineri Summa in folio* 1473.

ANDRE' FRISNER de VVunsidel, & JEAN SENSENSCHMID, imprimerent *Thomæ Aquinatis Quodlibita XII. in folio* 1474. *Petri Lombardi in Davidis librum Hymnorum* en 1478. il y fut aussi imprimé en 1487. *Thomæ à Kempis de Imitatione Christi*.

FREDERIC CREUSNER imprima *S. Bernardini Ordin. Minor. de Festivitatibus Virg. gloriosæ* 1473.

GASPARD HOCHFEDER imprima *Thomæ à Kempis opera in folio* 1494.

AUGSBOURG. 1471.

A AUGSBOURG JEAN SCHUSLER imprima *Pauli Orosii Chronographia in folio* 1471. *Iacob. de Taramo Comment. in lib. Sententiarum M. Petr. Lombardi in octavo* 1472. *Historia Tripartita ex Sozomeno, &c. in folio* 1472. *Iacobi de Tharamo Consolatio peccatorum* 1472.

GONTIER ZAIMER de Reutlinge imprima *Speculum vitæ humanæ in folio* 1471. & 1473. *Isidori Etymologia in folio* 1472.

Il fut aussi imprimé en ladite ville *Occo numismata Imperatorum Romanorum a Pompejo magno ad Heraclium in quarto*, en 1601. quoy que ce Livre soit réimprimé in folio, cela n'empesche pas qu'il ne soit recherché des curieux à cause des familles Grece qui y sont.

SPIRE. 1471.

A SPIRE fut imprimé en 1471. *Epistolæ Cypriani in folio*, Ce Livre est fort rare, & tres-recherché.

PIERRE DRACH imprima *Sancti Antonini opera in fol.* quatre volumes 1477. *Parati Sermones de Tempore ; & Sanctis* 1481. & pour BERNARD DE BREYDEMBACH, *Transmarina peregrinatio in folio* 1502.

RATISBONNE. 1471.

A RATISBONNE fut imprimé *Servii Commentarius in Virgilium, &c. in folio* 1471.

ET DE LA LIBRAIRIE, Liv. I.

A NAPLES fut imprimé par le moyen de SIXTE RUSINGER natif de Strasbourg, qui commença d'y travailler en 1471. lequel s'estoit rendu si celebre, à ce que rapporte *V. Vimphelingus*, que le Roy le voulut honorer de plusieurs Charges & Benefices pour l'obliger à rester, mais il aima mieux preferer à toutes ses faveurs son retour en sa patrie.

NAPLES. 1471.

Ensuite il y vint MATHIEU MORAN, qui y imprima *Iuniani Maii de Priscor. verborum proprietate* 1475. *Caii Plinii Epistolæ in folio* 1476.

A COLLA fut imprimé par GALLUS BONUS *Oppianus de Naturâ & Venatione Piscium lib.* 5. *in quarto Gr. Lat.* 1471.

COLLA. 1471.

A PARME fut imprimé les Oeuvres de Balde Jurisconsulte in folio 1472. & 1473.

PARME. 1472.

ESTIENNE CORALLUS natif de Lion imprima *Baldi opera in folio* 1475. *Caii Plinii Historiæ mundi lib.* 37. *in folio* 1476.

MICHEL MANZOLIN imprima *Titi Livii Decades in folio* 1480.

MATHIEU CAPRASO imprima *Franc. Ferrariensis opuscula de immortalitate animæ, de naturâ animæ rationalis, de inferno & cruciatu animæ, de Paradiso & felicitate animæ in fol.* 1494.

A BOULOGNE fut imprimé en 1472. les Oeuvres de Barbatias Jurisconsulte in folio.

BOULOGNE. 1472.

BALDASERUM DE AZZOGUIDIS imprima *Speculum Duranti in folio* quatre volumes en 1474. *Ovidii opera in folio* en 1480. *Nicolaus Orbellus de Scientiâ Mathematicâ lib. unus*, en 1473.

HENRY DE COLOGNE imprima *Joan. de Anania super Quinto Decretal.* en 1479. *Concordantiæ Bibliorum & Canonum in folio* 1486.

HENRY DE HARLEM, & JEAN VVALBECH, imprimerent *Michaëlis Savanorlæ Medici opus de pulsibus, urinis, &c. in folio* en 1487. *Christophori Georgii de honestis Med. Florentini super Antidotariis Mesuæ clara expositio in folio* en 1488.

ABRAHAM ZARZIA de Pise imprima une Bible en Hebreu en 1488. in folio.

BENOIST HECTORIS Boulonnois imprima *Compendium Aromatariorum Saladini Medici in folio* en 1488. *Præclaris-*

fimi D. M. Christophori Georgii de honestis super Antidotariis Mesuæ clara & maxime necessaria Expositio in folio en 1488. *Opera Theologica, Philosophica & Astronomica Ioannis Pici Mirandulæ Concordiæ Comitis in folio* en 1496. A la fin de ce Livre sont ces mots : *Opuscula hæc Ioannis Pici Mirandulæ Concordiæ Comitis, diligenter impressit Benedictus Hectoris Bononien. adhibita pro viribus solertia & diligentia ne ab Archetypo aberraret. Bononiæ anno salutis* 1496.

PLATON DE BENEDICTIS imprima en 1489. *Ioan. Damasceni Aphorismorum liber in quarto. Flavi Vigetii lib. 1. in folio* en 1495. *Ejusdem de arte militari in folio* 1496. Il avoit aussi exercé l'Imprimerie à Venise, comme nous l'avons dit cy-devant.

BALTHAZARD DE BAZALER imprima *Herodiani Historiæ in quarto* en 1493.

A VERONNE fut imprimé en 1472. *Valturini Liber de Re militari in folio*.

PIERRE MAUFER François de nation qui avoit déja imprimé à Padouë, imprima en 1480. *Ioseph de bello Iudaico Explicit. fœliciter in folio* sur du velin, à la fin duquel sont ces mots :

Impressum in inclyta civitate Veronæ
per M. PETRUM MAUFER Gallicum
1480. 8. Januarii, Pontifice Maximo
Sixto quarto, & Illustrissimo Venetorum
Duce JOAN. MOCENIGO.

A LOUVAIN fut imprimé par JEAN DE VVESTPHALIA dés l'année 1473. plusieurs Ouvrages, comme *Petr. Crescentius de omnibus Agriculturæ partibus, &c. in folio*. Les Morales d'Aristote, à la fin desquelles on voit ce qui suit : *Præsens liber Aristotelis de moribus ad Eudemium per Leonardum Aretinum de Græco in Latinum translatus exitit, per Ioannem de Vvestphalia in florentissimâ Universitate Lovaniensi residentem, non fluviali calamo, sed arte quadam caracterizandi modernissimâ feliciter consummatus anno Domini 1475.*

Quelques années aprés s'y vint aussi établir REUTGER RESCIUS sçavant dans les Langues Hebraïque, & Grecque,

ET DE LA LIBRAIRIE, Liv. I.

& qui occupoit la premiere Chaire des Professeurs en Grec. Il s'appliqua à imprimer & à corriger les Auteurs Grecs, qu'il imprima en grand nombre ; Et quoy que ces éditions ne soient pas des plus belles, elles ne laissent pas d'estre estimées. Il mourut en 1545.

GILLES VENDER HEERSTRATEN imprima *Expositio in Decalogum Auct. Ioanne de Bettis Ord. Carmelit. in folio* en 1486. *Petr. de Aliaco de septem Sacramentis in quarto* en 1487.

LOUVAIN. 1496.

A ULME en Allemagne JEAN ZEINER de Ruittengen imprima *Alvarius de Planctu Ecclesiæ in folio* deux volumes 1473. carta magna. *Leonard de Vtino Ord. Præd. Tractatus ad locos communes Concionatorum* en 1478.

ULMI. 1473.

A PADOUE fut imprimé *Francisci de Platea, de Restitutionibus, usuris & excommunicationibus in folio* en 1473.

PADOÜE. 1473.

PIERRE MAUFER François de nation, dont nous avons déja parlé, *page 30*. y imprima la Physionomie du Concillator de Pierre d'Apono en 1474. les Commentaires de Caïetanus de Themis sur les quatre Livres des Meteores en 1476. *Digestum novum in folio* en 1479. qui quelques années après fut à Roüen, & de là à Veronne.

ANTOINE DE CARCANO imprima *Mundini Anatome omnium humani corporis interiorum Membrorum in folio* en 1478.

JEAN HEBERT y imprima *Avicenna Canones, &c. in folio* 1476.

MATTHIEU CERDONIS de Vvindischgrez imprima *Barth. Montagnanæ de Vrinarum judiciis Tractatus in quarto* en 1487.

MOÏSE DE CASTELLO natif de Como imprima *Ioann. Hadesden Anglici Rosa Anglica dicta quat. lib. distincta, de morbis, de febribus, de Chirurgia, de Pharmacopia in folio* en 1492.

ALOÏS COMENSEM, & BARTHELEMY DE TROSSIS imprimerent *Ioann. Math. de Grad. practicæ Medicæ in folio* en 1497.

A MILAN, ANTOINE ZORAT de Parme imprima *Cicero. De Officiis. De Sanct. Amicitia & Parad. in folio* en 1474.

MILAN. 1474.

PHILIPPE de LAVAGNIA imprima *Suetonii opera in folio* en 1475. *Horatii opera in folio* 1476.

CHRISTOPHLE VALDARPHER de Ratisbonne im-

HISTOIRE DE L'IMPRIMERIE

MILAN.
1475.

prima *Satyræ Francisci Philelphi in folio* 1476.
LEONARD PACHEL, & ULDERIC SCIZENZELER imprimerent *Pauli Florentini de Quadragesimali in folio* en 1479.

Ce PACHEL imprima seul plusieurs Ouvrages de Droit, & *Ambrosii opera in folio* en 1490. & au nom seul de ULDERIC SCIZENZELER *Albicii Sermones Quadragesimales de contemptu Mundi in quarto* en 1488. *Sidonii opera Apollinaris Poëma aureum, &c. in folio* en 1498.

BENING & JEAN ANTOINE de Bonase freres, imprimerent ensemble *S. Thomæ opuscula castigata & correcta per P. Soncinatem Ord. Præd. in folio* en 1488.

ESSLINGEN.
1475.

A ESSLINGEN, CONRAND FYNER imprima *Petri Nigri de Iudæorum perfidia Tractatus* en 1475. Traité contre les Juifs par Frére Pierre Bruder de l'Ordre des Fr. Prescheurs en Allemand, en 1477.

BASLE.
1475.

A BASLE fut imprimé *Roberti de Licio opus Quadragesimale* en 1475. *Panormitanus alias Abbas Siculus dictus super v. lib. Decretal. in folio* cinq volumes en 1477.

MICHEL WENSLER imprima *Bonifacii VIII. opera quæ sextum Decretalium appellatur, in folio* en 1477. *Mich. de Mediolano Sermones, & aliud Quadrages.* en 1479.

BERNARD RICHEL imprima *Petrus de Pergamo super omnia Thomæ Aquinatis opera* en 1478. *Hugonis Cardinalis Postillæ in IV. Evang. in folio* trois volumes en 1482.

JEAN AMERBACH fut un des premiers, qui imprima en caracteres ronds & parfaits. Il estoit sçavant, & corrigeoit luy-mesme ses Livres. Il obligea FROBEN de venir à Basle pour s'associer avec luy en l'impression des Peres Latins. Il imprima les Opuscules de Vincent de Beauvais in folio en Latin en 1481. *Cassiodorus in Psalmos* en 1491. *in folio. S. Ambrosii opera in folio* trois volumes en 1492. *Sancti Augustini opera in folio* six volumes, tant in folio qu'in quarto en 1495. que l'on tient estre la premiere édition qu'on ait faite en corps & tout de suite. *Statuta & privilegia Ord. Cartusiensis in folio* en 1510. & plusieurs autres Ouvrages. Voicy son Epitaphe rapportée par Tonjola dans son Livre *de Basilea Sepulta*.

EPITAPHIUM

EPITAPHIUM.

JOANNES AMERBACHIUS hic cubat
Cum Barbara Ortenbergia singul. pudicit. fœmina,
Ac BRUNONE BASILIOque, filiis,
Præproperè quidem hinc ereptis.
Sed ante tamen eruditione sua trilingui
Per laboriosiss. Hieronym. operum recognitionem
Quibus nunc Docti ubique gentium fruuntur,
Orbi toto commendata.
BONIFACIUS AMERBACHIUS
Parentibus & fratribus optimis,
Sed & MARTHÆ FUCHSIÆ
Uxori suæ Christianarum virtutum dotibus incomparabili,
Cum Ursula ac Hertere duabus filiolis
Hic quiescenti.
Item sibi ipsi liberis suis superstitibus
FAUSTINÆ, BASILIO, IULIANÆ,
Posterisque in humanæ fragilitatis memoriam
F. C.

Parentibus, fratribusque jam olim, uxore verò in ipso ætatis flore cum filiolis audita dudum expectandi censorii novissimique dici ergo collocatis. Anno M. D. XLII.

NICOLAS KELLERS imprima *Petrus Lombardus in Sententias in folio* en 1489. *Gersonii Cancellarii Paris. opera in folio* trois volumes en 1489. — 1489.

JEAN FROBEN de Hammerburg fut un des premiers avec AMERBACH, qui apporterent dans toute l'Allemagne la delicatesse en l'Art de l'Imprimerie, & qui faisoient le meilleur choix des bons Auteurs. Ils avoient aussi cela de particulier, de ne point souffrir l'impression de ces Libelles ou meschans Livres, dont les Imprimeurs de Hollande ne font point aujourd'huy de scrupule, & qui par un sordide interest impriment aveuglément, & sans distinction tout ce qui peut les enrichir. — 1498.

Ce JEAN FROBEN imprima en 1495. *Biblia Sacra in*

octavo. *Speculum aureum Henrici Herp. in quarto* en 1496. Les Ouvrages de Saint Hierosme in folio cinq volumes en 1516. & 1524. ceux d'Erasme in folio neuf volumes en 1519. de Saint Hilaire in folio en 1523. Ces éditions sont estimées estre les meilleures & les plus correctes, ayant esté corrigées par Jean Reuchlin de Capnion, par Erasme, & par les freres Amerbach. Aprés avoir imprimé les Peres Latins, il se rendit aussi recommandable par les premieres éditions qu'il commença des Peres Grecs, qui jusqu'alors n'avoient point parû dans toute l'Allemagne. Il eut plusieurs enfans, & donna en mariage une de ses filles nommée Justine, à Nicolas Levesque aussi Imprimeur à Basle. Froben eut deux fils Jerosme, & Jean Froben, dont nous parlerons cy-aprés. Il mourut en 1527. Ce Froben pere imprima avec Jean Pierre Lancendorf *Concordantiæ Bibliorum in folio* en 1596. *Glossa ordinaria in Bibl. auct. de Lyra in folio* en 1506. Voicy une Epitaphe faite à sa loüange, tirée du Livre *de Artis Typographicæ Querimoniâ* d'Henry Estienne.

EPITAPHIUM JOANNIS FROBENII
PER DESIDERIUM ERASMUM ROT.

Arida Ioannis tegit hic lapis ossa Frobeni,
  Orbe vivet toto, nescia fama mori.
Moribus hanc niveis meruit studiisque juvandis,
  Quæ nunc mæsta jacent orba parente suo.
Rettulit, ornavit veterum Monumenta Sophorum,
  Arte, manu, curis, ære, favore, fide.
Huic vitam in cœlis date Numina justa perennem:
  Per nos in terris fama perennis erit.

C'est à Jerosme & Jean Froben freres, tous deux habiles Imprimeurs, à qui nous sommes redevables de plusieurs éditions des Peres Grecs & Latins qu'ils imprimerent, & firent corriger, tant par Sigismond Gelenius, que par Erasme, qui traite Jerosme Froben, *d'alter meus* dans une Lettre de remerciment qu'il écrivit à Paracelse pour l'avoir guery d'un mal de costé. Ils commencerent tous deux à imprimer Saint Basile in folio en 1532. & 1551. Saint Augustin in folio huit volumes en 1529. Saint Jerosme in folio, les Oeuvres d'Erasme en neuf volumes in folio en 1540. Saint Chrysostome en six volumes in folio en 1530. & 1547. & plusieurs autres Peres Grecs & Latins. Voicy son Epitaphe rapportée par Tonjola dans son Livre *de Basilea Sepulta*.

D. O. M. S.

HIERONYMO FROBENIO JOANNIS F.
Typographo Clariss.
Inter initia Fed. Helveti Basileæ nato,
Sinceræ Relig. & æquitatis observantiss.
De Rep. Litter. optimis Auctoribus
Emendatè atque eleg. edend. præclarè merito,
Humanitate ac beneficientiâ
Domi, forisque omnibus charo,
In acerbiss. ac diurnis stomachi quibus & extinctus est,
Supra fidem ad extr. usque patientiss.
M. S. ergo
AMBROSIUS & AURELIUS FF.
M. P. P.
Parenti longè chariss.
B. annos LVI. menses VII. dies VII.
θ Christi anno M. D. LXIII. III. Eid. Martii.

Le Distique suivant est gravé sur son Tombeau.

Gentem expectamus nostram, spes altera vitæ
Frobenii quondam, nunc gelidi cineres.

On imprima encore à Basle en 1491. *Historia Antonini Archiepiscopi Florentini de Pontificibus & Imperatoribus ab anno 1208. ad annum 1491. in folio* trois volumes.

NICOLAS LEVESQUE natif de Forest, fut associé avec JEROSME FROBEN fils, dont il avoit épousé la sœur nommée Justine, avec lequel il continua d'imprimer plusieurs Peres Grecs & Latins. Il remit en tres-grande reputation la famille des FROBENS, & imprima en 1538. *Biblia Sacra in folio* deux volumes. GESNER luy a dédié comme à un tres-habile homme, les Partitions Theologiques, qui est le vingt-

HISTOIRE DE L'IMPRIMERIE

[BASLE.] un & dernier Livre de ses Pandectes imprimées en 1549. Voicy son Epitaphe rapportée par Tonjola dans son Livre *de Basilea Sepulta*.

CHRISTO S.

NICOLAO EPISCOPIO
Clariss. viro Opt. Typograph.
& IVSTINÆ FROBENIÆ IO. F.
Matronæ honestiss.
Cùm per septem lustra in sacrosancto
Conjugio fortunati vixissent,
Pietate Deum, æquitate homines
Sibi conciliassent,
Mortis vinculis exolutis Liberi superstites
Par desideratiss.
M. C. L. P.
Obiit Pater ex atrophia ætat. suæ LXIII.
Mater verò cum IV. libb. ex pestilentiâ,
Ætatis suæ LII. V. Kal. Octob. anno Christi M. D. LXIV.

Viximus unanimes CHRISTO, nunc carne soluti
Viximus æternùm victuri, vivite nati.

Il eut un fils qui luy succeda, dont voicy l'Epitaphe rapportée par le mesme Tonjola.

TRINITATIS.

EPISCOPIO NICOLAI F.
Typographo Basil.
Uti nominis, ita & artis, industriæ,
Fidei, erudit. patern. heredi.
In medio ætatis cursu
Magno cum Reipubl. Litt. incomm.
Bonorum omnium cum luctu
Humanis exemplo
Marito incomparabili
ELIZABETHA BAVARA vxor infœliciss.
Animæ suæ dimidio
Extremum hocce Conjug. fid. & observ.

Munus contra votum persolvit.
Migravit V. vitæ septennario,
Anno Sal. M. D. LXVII. IV. Kal. Jan.
H. M. H. S.

Ce NICOLAS LEVESQUE eut un frere nommé EUSEBE, avec lequel il imprima *Cisneri Oratio de Friderico II. Imperatore* en 1555. & plusieurs autres Livres. Voicy son Epitaphe rapportée par Tonjola dans son Livre *de Basilea Sepulta*.

S.S.
Publicum bonum
Opt. quorumvis Autor. Typograph.
Lucubrat. privatæ util. prætul.
EUSEBIUS EPISCOPUS *Basileensis*
Ita
Quod volebas conjux
Propr. sed & alienos libb.
Geminatâ curâ complexus,
Sexagenario major
Optatis tuis Manib. associor.
Anno CIƆ. IƆ. XCLX. *Octob. V.*

JEAN OPORIN de Basle, fils de JEAN HERPST Peintre, qui parce que le nom de sa famille en *Allemnda* signifie *Autonne*, fut appellé Oporin du mot Grec Οπωρα. Il fut Professeur és Langues Grecque & Latine; il s'associa avec FROBEN en l'impression des Auteurs Grecs, & aprés la mort de FROBEN il imprima seul plusieurs Ouvrages considerables qu'il corrigeoit luy-mesme. Il imprima en 1545. *Joannes Rivius de Mysterio Redemptionis humanæ*. Il mourut en 1568. âgé de plus de soixante ans. Les Officiers de l'Université par reconnoissance le porterent sur leurs épaules dans la grande Eglise de Basle, où il fut enterré auprés des Sepulcres de DIDIER ERASME, de SIMON GRYNE'E, de JEAN ECOLAMPADE, & de SEBASTIEN MUNSTER. Voicy son Epitaphe rapportée par Tonjola.

ÆTERNITATI.
IOANNES OPORINVS
Basil. Typographus,
Doctus, Operosus, Elegans,
Libris innumeris
Virtutum herede ex IV. Conjuge
unico relicto,
Publicis lachrymis priv.
Sexagenar. major.
Heic cond.

Frugifer AVTUMNUS periit, Dis notus & orbi:
Othion elapsus Nautis meditatur Arion.
Quantula sint hominum corpuscula, disce Viator.
Magnus OPORINVS conditur hoc Tumulo.

Un de ses amis luy fit encore l'Epitaphe suivante :

Operosus OPORINVS
Heic situs est.
Ergo requiescit Arion.
Dixisse plura fas nefast.
Anno Sal. M.D.LXIX. Pr. Eid. Jul.
Ætat. LX.

HENRY ESTIENNE en fit aussi une en Grec, qui est rapporté dans son Livre de *Artis Typographicæ Querimoniâ*.

JOANNIS OPORINI EPITAPHIUM.

Hic dum Librorum donat tot millia luce,
Poscat ut his orbem Bibliotheca novum.
Luci etiam dum dat nigris magè digna tenebris
Doctrinæ haud rudis est, inditione caret.
Sed cum delectu libros committere prælis,
Et cum judicio, judicat esse nefas.

Il avoit pour devise, & pour marque un Arion sur un Dauphin, tenant un violon dans une main, & un archet dans l'autre, au milieu de la mer, avec ces mots:

Invia virtuti nulla est via, fata viam invenient, Arion.

A ROUEN, PIERRE MAUFER natif de Normandie, qui avoit déja exercé l'imprimerie à Padouë, imprima *Albertus Magnus de lapidibus & mineralibus, &c. in folio* en 1476.

MARTIN MORIN demeurant devant Saint Lo, imprima *Profectuum Religiosorum in octavo* en 1494. *Postilla super Evangelia & Epistol. totius Quadragesimæ, cum expositione morali, nec non quæstionibus F. Anton. Betontini ejusdem Ord. &c.* in douze en 1497. *Nicolas de Lyra Ord. Min. Postilla seu Sermones in Epist. & Evang. Quadrages. in octavo* en 1497.

JEAN LE BOURGEOIS imprima en 1498. l'Imitation de JESUS traduit du Latin en François, avec le Livre du Mépris du Monde *in quarto*. Il avoit pour devise ces paroles: *Sit nomen Domini benedictum*, avec les armes de la ville de Roüen.

PIERRE OLIVIER, & JACQUES LE FORESTIER, imprimerent pour JEAN PETIT Libraire à Paris, *Expositio in Psalterium R. D. Joan. Ysani de Turrecrematâ in octavo*, sans datte.

A VICENCE fut imprimé par PIERRE DE HARLEM, & HERMAND DE LEVILAPIDE Imprimeurs, *Antonius Andreas de principiis rerum naturalium &c. in folio* en 1477. & sans nom d'Imprimeur: *Mapheus Vegius de significatione verborum in Iure Civili.* en 1477. & *Durandi Rationale Divinorum Officiorum in folio* en 1480.

ESTIENNE KOBLINGER de Vienne imprima *Tortetii Aretini Comment. Grammaticarum opus* en 1479. *Sermones de Utino sup. Quadragesimal.* en 1479.

HERMAN LICHTENSTEIN imprima *Hubertini Clerici Cisterciensis in Epistol. Ciceronis Comment. in folio* en 1479.

On y imprima encore en 1482. *Sancti Athanasii opera Lat. in folio.*

HENRY LIBRARIUS imprima *Leonardi de Nogarolo Liber de Beatitudine in folio* en 1485.

JEROSME à SANCTO VISIO imprima *Gaëtani Thienensis Philosophi Artium & Med. Doct. Exp. in lib. Aristotelis de*

BASLE.

ROÜEN.
1476.

VICENCE.
1477.

animâ in folio en 1486. *Franc. Maturantius. Perufinus in* M. T. *Ciceronis Philippicas in folio* en 1488.

<small>VICENCE.</small>

<small>TREVISI. 1477.</small>

A TREVISI fut imprimé *Tortelli Aretini Comment. Grammat. & Dictionarium nominum propriorum in folio* en 1477. & *Seneca opera* en 1478.

MICHEL MANZOLO y imprima *Ameto vera Comedia de Nimphe Fiorentine di Ioanni Boccacio in folio* en 1479.

<small>PAVIE. 1478.</small>

A PAVIE fut imprimé par FRANÇOIS DE S. PIERRE en 1478. *Fred. de Senis super permutatione Beneficiorum in folio.*

ANDRÉ BONETIS imprima *Ioannis Michaëlis Savonarolæ Practica de Ægritudinibus à capite usque ad pedes in folio* en 1486.

JEAN ANTOINE DE BIRRETIS, & FRANÇOIS de GYRARDONGHIS, imprimerent ensemble *Rosella Casuum per Fr. Bapt. Tromalam Ord. Min. in quarto* en 1489.

GABRIEL DE GRASSIS imprima *Petr. de Apono Conciliator. Differentiarum Philosophorum, & præcipuè Medicorum, in fol.* en 1490.

<small>LYON. 1478.</small>

A LYON, on imprima en 1478. les Pandectes en Medecine de Matheus Sylvaticus.

GUILLAUME LE ROY y imprima le Traité des Eaux artificielles, & les vertus & proprietez d'icelles profitant au corps humain en 1483.

JANON CARCAIGNI imprima *Rosarium Beatæ Mariæ Virginis in quarto* en 1488.

JEAN TRECHSEL Allemand, beau-pere de BADIUS, dont nous parlerons cy-après, imprima le premier volume des Oeuvres de Saint Augustin en Latin *in folio* en 1487. qui furent achevées à Basle par AMERBACH, dont il est parlé cy-devant page 32. Ensuite il imprima *Tractatus venerabilis Magistri Ioan. Gerson. de Meditatione Cordis in quarto* en 1489. & *de Imitatione Christi Thomæ de Kempis; Præclarum opus Valesci de Tharanta Medici, quod Philonium dicitur, in folio* en 1490. à la fin duquel sont ces rimes :

Laus & honor sint nostro Creatori,
Qui finem imposuit præsenti labori,
Completum est Philonium jussu Salvatoris,
Liber utilissimus & magni valoris.

Ensuite

Ensuite il imprima *Guido Iuvenalis Cenomanus in Terentium in quarto* en 1493. *Ioan. Ganiveti opera Medica*, *in quarto* en 1496. *Rob. Holkot in quat. lib. Sententiarum & in ejusdem questiones* en 1497. *Questiones D. Augustini*, *in quarto* en 1497. & plusieurs autres Livres.

MICHELET TOPIE de Pyémont, & JACQUES HERENBEDT Allemans, imprimerent en 1488. le Voyage de la Terre Sainte, avec les Cartes geographiques des lieux principaux, & la representation des Villes, par F. Nicole le Huen Religieux Carme, *in folio*.

JEAN DUPRÉ imprima *Actores cum glossa octo libros subscriptos continentes, videlicet Catonis, Theodoti, Haceti, Cartulæ, alias de contemptu mundi; Thebiadis parabolarum Anati: fabulæ Æsopi, nec-non Floreti*, *in quarto* en 1489. *Boëtius Severinus de Consolatione Philosophiæ, nec non de disciplina Scholarium cum Comment. S. Thomæ in octavo* en 1493.

JEAN CLEIN Allemand imprima *Sermones funebres Magistri Ioannis de sancto Geminiano in quarto* en 1489.

PIERRE MARESCHAL fit imprimer en 1490. *Opus Tripartitum*, contenant trois Traitez des Commandemens de Dieu, de la Confession, & l'Art de bien mourir, traduit de Jean Gerson.

JEAN DE LA FONTAINE fit imprimer la Chirurgie d'Alanfranc, traduit du Latin par Guillaume Yvoire, *in quarto* en 1490.

ANTOINE LABILLONIS imprima avec MARIN SARRACENI *Medicinæ Bernardi de Bordonio in folio* en 1491.

JEAN DE VINGLE imprima *Speculum Regiminis de hominis reformat. in quarto* en 1497. *Vocabularium Juris pro communi omnium utilitate & faciliori aditu ad notitiam utriusque Juris in folio* en 1499.

JEAN DYAMANTIER fit imprimer le Proprietaire des choses, traduit de Latin en François par le commandement du Roy, par Frere Jean Corbichon de l'Ordre de S. Augustin, Chapelain de Charles V. Roy de France en 1500.

GASPARD ORTUM, & PIERRE SCHENCK, imprimerent l'Histoire de Lusignan, ou de Melusine, par Jean d'Arras en 1500.

BARTHOLOMÉ BUYER natif de Lyon, imprima le

Nouveau Testament, traduit par Julien Macho, & Pierre Farget in folio en 1500.

LYON. 1500.

JEAN BACHELIER imprima *Ioan. de Tornamira Tractatus de Febribus in quarto* en 1500.

A BRUXELLES fut imprimé en 1478. *Carlerii Consultationes in folio.*

BRUXELLES. 1478.

A GENEVE fut imprimé en 1478. le Traité des Anges du Cardinal Ximenes. Le Fasciente, ou Fardelet Historial des temps, traduit du Latin en François par le R. P. Pierre Farget de l'Ordre des Augustins, in folio en 1495.

GENEVE. 1478.

JACQUES ARNOLLET imprima *Passionale CHRISTI* en 1490. Les sept Sages de Rome en 1498.

A MANTOÜE, PAUL JEAN DE BUTSCHBACH imprima *Albertus Magnus Philosophus de Annalibus in folio* en 1479. à la fin duquel on lit ces paroles : *Finit feliciter opus Alberti Magni Philosophi de Annalibus, & impressum Mantuæ per Paulum Ioannem de Butschbach Alemanum Moguntinensis Diæcesis, sub anno Domini 1479. die 12. Januarii, regnante ibidem felicissimè Illustrissimo Domino D. Federico D. Gonzaga Marchione tertio.*

MANTOÜE. 1479.

Plus il imprima *Postillæ Morales Nicolai de Lyra Ord. Minor. in folio* en 1481. où l'on voit aussi ces mots :

Impressum hoc opus Mantuæ per Paulum Ioan. de Butschbach anno 1481. regnante ibidem felicissimè Illustrissimo D. Domino Federico de Gonzaga Marchione tertio.

VINCENT BERTHOCHUS y vint ensuite, qui imprima *Matthæi Bossi Epistolæ familiares in folio* en 1490. & 1493.

A PIGNEROL fut imprimé par JEAN DE RUBEIS François de nation, qui avoit esté cy-devant associé avec JANSON à Venise, *Juvenalis Satyricon in folio* en 1479.

PIGNEROL. 1479.

A ZVVOL en Hollande fut imprimé en 1479. *S. Bonaventuræ Sermones de Tempore, & de Sanctis, in folio, & Joan. de Mandeville Itinerarium in quarto* en 1483.

ZVVOL. 1479.

A GOUDE GIRARD LEEU imprima *Ex gestis Romanorum Historiæ notabiles moralizatæ in quarto* en 1480. *Dialogus Creaturarum in quarto* en 1481. Il alla quelques années après à Anvers, où il imprima, comme nous le dirons cy-après.

GOUDE. 1480.

A BRIXEN, ou BRESSE en Italie, BONIMAN DE BONINIS de Raguse imprima *Solinus de mirabilibus*

BRESSE. 1480.

mundi en 1480. *Macrobii Aurelii Theodosii Saturnalior. lib.* en 1483.

JACQUES BRITANNICUS natif de Bretagne, imprima *Abuchare Mugamel insignis Medici Opera in folio* en 1486. *Consilia Raphaëlis de Raymundis de Cunis, & Raphaëlis Fulgosi de Placentiâ in folio* en 1490. *S. Ephrem Opera in folio* en 1490. (qui est la premiere édition de cet Auteur.) Et avec son frere ANGE *Biblia Sacra in quarto* en 1496.

BERNARD MISINTAM y imprima *Baptistæ Mantuani de Patientia libri tres* en 1497.

A LIGNIS en Allemagne fut imprimé *Fr. Hermanni Dialogus* en 1481.

A LANGRES on imprima en 1482. *Expositio super Psalterium Ioann. de Turrecremata.*

A REGIO en Italie prés Boulogne BARTHELEMY BRUSCHIUM imprima *Lucii Iunii Moderati Columellæ de Re rusticâ lib. 12. in folio* en 1482. *M. Terentii Varonis de Re rusticâ liber in folio* en 1482. Le mesme Livre fut aussi imprimé au mesme lieu par FRANÇOIS MAZALUM *in folio* en 1498. Les mesmes ont imprimé ensemble en 1482. & 1498. *Palladii Rutilii Tauri de Re rustica lib. 13. de Incisionibus liber. Extant cum Catonis, Varonis & Columellæ lib. de Re rusticâ in folio.* Et au nom de FRANÇOIS MAZALUM seul *Junius Pomponius Fortunatus ad Hortalum Columellæ Interp. in folio* en 1498.

A PISE fut imprimé en 1482. *Concilia Francisc. de Accoltis in folio*, *Laur. de Rodulphis Repetitiones & disputat. in fol.* en 1489.

A FLORENCE on imprima en 1482. *Marcilii Ficini Platonica Philosophia de Immortalitate animorum: Homerus Græcè* en 1488. Il y fut aussi imprimé en 1527. le Decameron de Bocace en Italien, qui passe pour la meilleure de toutes les éditions, & est tres-rare & recherché des curieux.

ANTOINE MISCHOMINI imprima *Tabula della salute in quarto* en 1494.

LAURENT MORGIANI imprima *Savonarolæ Tract. de Simplicitate vitæ Christianæ in quarto* en 1496. qui est la premiere édition des Ouvrages de cet Auteur.

LAURENT FRANÇOIS DE ALOPA de Venise, imprima *Anthologium Græcum Florentinum in folio* sur du velin. Ce

LIGNIS. 1481.

LANGRES. 1482.

REGIO. 1482.

PISE. 1482.

FLORENCE. 1482.

44 L'HISTOIRE DE L'IMPRIMERIE

FLORINCE. 1482. Livre est singulier, estant imprimé tout de caractere de capitales de Grec, on le peut voir en la Bibliotheque de Ste Geneviefve.

ERFORD. 1482. A ERFORD en Thuringe fut imprimé en 1482. *Lutreus de Animâ*, &c.

VIENNE. 1484. A VIENNE en Dauphiné fut imprimé par PIERRE SCHENCK la *Buse de Cour in folio* en 1484.

LEIPSIC. 1484. A LEIPSIC fut imprimé par MARC BRANDT *Albeci Archiepisc. Pragensis Praxis medendi*, &c. *in quarto* en 1484. *Ulricus Molitor de Lamii : Ejusdem de Constantia* en 1489. *Simon Pistoris de Malo Franco in quarto* en 1498.

BRUGES. 1484. A BRUGES fut imprimé par COLART MANSTON l'Ovide de Salmon, ou *Metamorphose in folio* en 1484. Quelques années aprés vint aussi s'y établir HUBERT GOLTZIUS de Venloo du Duché de Gueldres, qui avoit la reputation de sçavoir les Humanitez, l'Histoire & l'Antiquité, & d'avoir une rare connoissance des Medailles, comme on le peut voir par les Livres suivans qu'il a composez, sçavoir, *C. Julius Cæsar. Hist. Imperatorum in fol.* en 1563. *Julius Cæsar de Festis & Triumphis Rom. in folio* en 1566. *Cæsar Augustus in folio* en 1574. *Sicilia & magna Græcia*, à la fin duquel il y a *Siciliæ Hist. posterior in folio* en 1576. en plusieurs volumes qu'il imprima luy-mesme, dans l'apprehension qu'on laissât glisser dans l'impression de ses Ouvrages quelques fautes ; & pour avoir cet œuvre entier il y fit joindre le volume que l'on appelle vulgairement *les Iaunes*, qu'il fit imprimer à Anvers en 1557. lequel Ouvrage est tres-recherché des curieux, & la meilleure édition ; il a esté réimprimée depuis à Anvers par PLANTIN. Ce Gotzius mourut en 1583.

VALENCE. 1484. A VALENCE fut imprimé en 1484. *Franc. Ximerius de vita Christiana, in quatuor partes distincta*. DICQUE DE GUMIEF imprima *Ars Raymundi Lulli in folio* en 1503. qui est la premiere édition de cet Auteur.

CREMONE. 1485. A CREMONE fut imprimé *Hermol. Barbari Castigatio Plinii Natural. Historiæ*, en 1485. *Constantii Appalani Soliloquia de humani Arbitrii libertate & potestate in quarto* en 1496. *Sylvestri Prioritatis Additiones in Ioan. Capreolam* en 1497.

HEIDELBERG. 1485. A HEIDELBERG fut imprimé en 1485. *F. Gugonis de Prato Florido Ord. S. Dominici Sermones de Sanctis, Ioannes de Magistris Quæstiones veteris Artis in quarto* en 1488.

Quelque temps aprés JEROSME COMELIN François de HEIDELBERG.
nation, Imprimeur & Libraire y vint, lequel estoit sçavant dans 1485.
les Langues Grecque & Latine, comme il paroît par toutes
les éditions des Peres Grecs & Latins qu'il a corrigez, & où il
a fait des notes qui sont fort estimées. Il imprima dés l'année
1560. en Suisse *Sanctus Chrysostomus in N. Testamentum in fol.*
quatre volumes en 1596. laquelle édition jointe à celle du vieil
Testament imprimée à Paris en 1614. rend cet Ouvrage complet, & la meilleure édition. *S. Athanasii Opera Gr. Lat. in folio,*
S. Iustini Martyris opera in fol. Gr. Lat. & plusieurs autres Ouvrages considerables, qui sont fort recherchez. Il faisoit sa demeure ordinaire à Heidelberg à cause de la Bibliotheque Palatine, dont il tiroit de trés-bons Manuscrits. Il se trouve plusieurs Livres de son impression sans son nom; mais on les connoist par sa marque qui represente la Verité assise. Il mourut en
1597. *Gruteri Inscriptiones, in fol.* 1616. fut aussi imprimé en cette
ville.

A FERRARE, ANDRÉ GALLUS imprima *Divi de* FERRARE.
Garbo Chirurgia cum Tractatu ejusdem de Ponderibus in folio en 1485.
1485. *Tractatus de Urinis & pulsibus Auct. Bernardo de Gordonio*
in folio 1486.

LAURENT LE ROUGE de Valence, en Latin *Rubeus,*
imprima *Opus de claris mulieribus Philippi Bergomensis in folio*
1497. C'est dans ce Livre où est representée la figure de la Papesse Jeanne, & où on lit son Histoire, ce qui fait que ce Livre
est recherché des curieux, & assez rare.

A ABBEVILLE JEAN DUPRE', & PIERRE GERARD, ABBEVILLE.
imprimerent les vingt-deux Livres de la Cité de Dieu de Saint 1486.
Augustin, traduits par Raoul de Bruxelles en 1486.

A MEMININGE fut imprimé en 1486. *Paulini Flo-* MEMININGE.
rentini Breviarium, & en 1494. *Matthæi de Cracovia Conflictus* 1486.
rationis & conscientiæ, de sumendo vel abstinendo à Corpore
CHRISTI, &c. in quarto.

A TOLEDE on imprima *Petri Ximenez Confutatorium* TOLEDE.
errorum contra claves Ecclesiæ nuper editorum en 1486. & 1486.
PIERRE HAGEMBACH, imprima par l'ordre du
Cardinal Ximenes pour MELCHIOR GOZRICII
de Novarre en Italie, *Missale mixtum secundum regulam Beati*
Isidori, dictum Mozarabes, in fol. en 1500. & le Breviaire de mesme

F iij

in folio en 1502. Ces deux Livres sont extrémement rares, on les peut voir en la Bibliotheque de Monsr. l'Archevesque de Rheims, qui est une des plus curieuses de Paris.

THOULOUZE. 1488.

A THOULOUZE, on imprima en 1488. *Commentaria Thomæ de Valois in D. Augustin. de Civitate Dei.* il y fut aussi imprimé avant l'an 1500. par JEAN JACQUES COLOMIEZ *Quot libeta Iuridica in 16.* Cette famille des Colomiez a toûjours exercé l'Art de l'Imprimerie en cette ville, & est presentement exercée par GUILLAUME LOÜIS COLOMIEZ.

EISTAD. 1488.

A EISTAD, on AICHSTAD en Franconie, MICHEL REISER imprima *Obsequiale, sive Benedictionale Eistetense*, en 1488.

TUBINGEN. 1488.

A TUBINGEN, FREDERIC MEYNBERGER imprima *Gabrielis Biel de Sacro Canone Missæ Expositio in octavo*, en 1488. & 1499. *Tractatus bipartitus Conradi Summenhart de Calvo* en 1494. & avec JEAN OTTMAIR *Sermones Vvilhelmi Parisiensis* en 1499.

ANVERS. 1489.

A ANVERS l'an 1489. fut imprimé par GERARD LEEU *Ars epistolandi Francisci Nigri in quarto*.

MARTIN CESAR imprima *Aurelii Prudentii opera in octavo* en 1536.

CHRISTOPHE PLANTIN natif de Mont-Loüis prés de Tours, qui sçavoit les belles Lettres, & les Langues, & à qui Philippe second Roy d'Espagne donna la qualité d'Archi-Imprimeur en consideration de son merite, avec des gratifications pour soûtenir la reputation qu'il s'estoit acquise par ses beaux Ouvrages, imprima aux dépens de ce Roy cette belle Bible en plusieurs Langues Orientales, dont les caracteres furent fondus & fabriquez à Paris par GUILLAUME LE BE´: elle fut achevée d'imprimer en l'an 1569. C'est un chef-d'œuvre d'Imprimerie, aussi bien que quantité d'autres Livres qu'il nous a laissez en leur derniere perfection. Il avoit une des plus belles Imprimeries de l'Europe, & une tres-belle Bibliotheque qu'il laissa à BALTHASAR MORET son petit fils. Il eut plusieurs filles, & il en donna une en mariage à FRANÇOIS RAPHELENGIUS, qui avoit esté son Correcteur, & qui s'établit à Leyde en Hollande. Ce FRANÇOIS RAPHELENGIUS estoit sçavant dans les Langues Grecque, Hebraïque, Caldéenne, Arabe & La-

tine, il professa mesme l'Hebreu & l'Arabe à Leyde, où il
prit l'Imprimerie de Plantin, & sa marque, & où il imprima
plusieurs bons Livres. Une autre fille de Plantin fut mariée à
ADRIEN PERRIER Libraire à Paris, à qui il ceda sa Librairie, & son magazin qu'il avoit à Paris, lequel prit aussi
sa marque, dont nous parlerons cy-aprés. La troisiéme épousa
MORET, qui luy succeda tant en son Imprimerie d'Anvers, qu'en sa Librairie. Il mourut en 1589. Voicy son Epitaphe
raportée par Tonjola dans son Livre intitulé *Basilea Sepulta*.

ANVERS.
1489.

D. O. M. S.

CHRISTOPHORO PLANTINO
Turonensi Civi.
Incolæ Antuerpiano,
Architypographo Regio
Pietate, Prudentiâ, Acrimoniâ ingenii,
Magnâ Constantiâ & labore maximo,
Cujus industriâ atque operâ
Infinita, opera, vetera, nova,
Magno & hujus & futuri sæculi bono,
In lucem prodierunt.
IOANNA RIVERA Conjux
Et liberi heredesque,
Illa optima viro,
Hi Parentes mæsti
Posuerunt.
Tu qui transis & hæc legis
Bonis manibus benè precare.
Vixit annos 75.
Desiit hic vivere Kal. v. ann. 1589.

Il mettoit pour devise à la premiere & à la derniere page de
ses Ouvrages autour d'un compas qui estoit sa marque, *Labore & constantia*.

A SIENNE fut imprimé en 1489. *Clausulæ Epistolæ
Ciceronis* in folio.

SIENNE.
1489.

A MODENE fut imprimé par DOMINIQUE RICHIZOLA, *Liber Sanctorum trium Regum Coloniæ quiescentium,
&c.* in quarto en 1490.

MODENE.
1490.

SEVILLE. 1491.

A SEVILLE fut imprimé en societé par PAUL DE COLOGNE, JEAN PEGNICZER de Nuremberg, LE GRAND, & THOMAS, tous Allemans, *Floretum Sancti Matthæi collectum à R. Præsule Cauriensi Petro de Prexano in sacrâ Scripturâ Professore.*, in folio en 1491. *Alphonsi Tostati opera* in folio en 1491.

MAYNARDO UNGUT Allemand de nation, y imprima *Cronica del Rey Dom Pedro Rey de Castille y Leon* in fol. en 1495.

INGOLSTAD. 1492.

A INGOLSTAD fut imprimé *Porphyrii Isagoge* in folio en 1492. Environ l'an 1500, il y vint un nommé PIERRE APPIAN, un des plus sçavans Astrologues de son temps, que CHARLES V. honora de la qualité de Chevalier, lequel composa & imprima une Cosmographie en Allemand, un autre Livre intitulé *Inscriptiones Orbis* en 1524. & *Opus Cæsareum Astronomicum*, pour lequel Ouvrage Charles V. luy fit present de 3000. écus d'or. Il mourut âgé de cinquante-deux ans, & laissa un fils nommé Philippe Appian, celebre Docteur en Medecine & en Mathematique.

Il y fut aussi imprimé par EDERUS pour ANDRE ANGENMAN, *Antiquæ Lectiones Henrici Canisii Professoris in Academia Ingolstadiensi*, in quarto six volumes en 1607. & suivantes années. Pierre Stevvartius a fait un volume qui est la suite de cet Ouvrage, aussi imprimé à Ingolstad en 1616. qui est tres-rare, & tres-estimé des sçavans. Ce qui a donné lieu aux Compilations des Peres que nous a donné le Pere Jean Luce d'Achery Benedictin, sous le titre de *Spicilegium*, imprimé à Paris chez CHARLES SAVREUX, & GUILAUME DES-PREZ.

THURIN. 1492.

A THURIN NICOLAS DE BENEDICTIS Espagnol de nation, & JACOB SUIGUS, imprimerent ensemble *Opus aureum, quod Lumen Apothecariorum dicitur*, in folio en 1492. *Salustii Opera* in folio en 1494.

DOLE. 1492.

A DOLE en 1492. JEAN HEBERTIN imprima *Harnmundiensis Lectio declarativa super Epidemiæ morbo*, in quarto.

ANGOULESME. 1493.

A ANGOULESME on imprima en 1493. le *Græcismus*.

LUNEBOURG. 1493.

A LUNEBOURG en Allemagne, JEAN LUCE imprima *Thomas de Kempis de Imitatione CHRISTI* in octava

en

en 1493. *Ioann. Gerson de Meditatione Cordis*.

A HAGUENAU fut imprimé en 1493. *Hieronymi Presb. Hymnorum Expositio in folio : Ejusdem Hymnorum Expositio cum notabili Comment*. en 1493.

JEAN RYMAN, & HENRY GRAN, imprimerent ensemble, *Bigæ Sermones de Sanctis* en 1497. *Concilii Constantiensis Acta & Decreta stud. & opera Hieronymi de Croatio in quarto* en 1500. & au nom de JEAN RYMAN *Postilla Magistri Nicolai de Gorran Ord. Præd. in folio* en 1502. & *Clavasii Summa de Casibus Conscientiæ in folio* en 1505.

A FRIBOURG fut imprimé par KILIANUS, *S. Bonaventuræ in Sententias lib. &c. in folio* 1493.

A BARCELONE fut imprimé en 1495. *Franc. Ximenii Pastorale pro Instructione Episcoporum & Superiorum, in folio. Ejusdem Scala Cæli* en 1501.

A PAMPELUNE fut imprimé par GUILLAUME DE BROCARIO, *Petri de Castrovol Ord. Min. Comment. super lib. Œconomicorum & Politicorum Aristotelis in folio* en 1496.

A GRENADE fut imprimé en 1496. *Franc. Ximenius de Vita Christiana*, &c.

A DEVENTER en Hollande fut imprimé en 1494. *Novissima quatuor : Æsopus moralizatus cum Comment*. en 1496. Ensuite RICHARD PAFRAERY imprima *Itinerarium Ioannis de Hesse Presbyteri Hieros. in quarto* en 1499.

A MONTFERRAT fut imprimé par M. MANFREDO, *Viaggio de Grou de Mandavilla in quarto* en 1496.

A PROVINS en Brie fut imprimé par GUILLAUME TAVERNIER, la Regle des Marchands par Jean le Liseur de l'Ordre des Fr. Preschéurs en 1497.

A BURGOS, JEAN DE REY imprima *Centon Epistolas del Bachiller in quarto* en 1499.

A BEMBERG, JEAN PFEIL imprima *Liber Missale* en 1499. *Breviarium Romanum* en 1499.

A CAEN, PIERRE REGNAULT Libraire de l'Université de cette ville fit imprimer à Rouen, *Epitome, alias Compendium Theologicæ veritatis in octavo* en 1500.

Il fut imprimé à Caën par MICHEL AUGIER pour JEAN MACE' Libraire demeurant à Rennes, & pour RICHARD MACE' Libraire en l'Université de Caën, demeurant à

HAGUENAU.
1493.

FRIBOURG.
1493.

BARCELONE.
1495.

PAMPELUNE.
1496.

GRENADE.
1496.

DEVENTER.

MONTFERRAT.
1496.

PROVINS.
1497.

BURGOS.
1499.

BEMBERG.
1499.

CAEN.
1500.

G

CAEN.
1500.

Roüen, *Ioannis Gersonis Tractatus de virtutibus & vitiis, &c. in quarto* en 1502.

BOURGES.
1500.

A BOURGES environ l'an 1500. il y avoit un Libraire nommé PIERRE DE SARTIERES, qui fit imprimer à Paris par BERTHOLD REMBOLD *Lectura Lucæ de Penna Doctoris Galli in tres posteriores libros Codicis, in folio* en 1505.

PORCHEIM.
1503.

A PORCHEIM en Allemagne THOMAS ANSHELMUS de Bade imprima *Rabani Mauri de Laudibus S. Crucis in folio* en 1503.

LISTE DE VILLES OU L'ON A imprimé avant 1500. dont je n'ay pû découvrir les noms des Imprimeurs & Libraires, qui est tirée d'un Livre qui a pour titre, Incunabula Typographiæ, sive Catalogus Librorum, &c. accurante Cornelio à Beughem, imprimé à Amstredam en 1688.

A AQUILEE en Italie on imprima *Plutarchi Vita illustrium virorum, in folio.* en 1482.

A ALOST on imprima *Quodlibetum de veritate Fraternitatis Rosarum, sive Psalter. B. Mariæ Virginis, in folio* en 1487.

A BERGAME on imprima, *Chirurgiæ Scriptores varii, sc. Guido, Brunus, & Lanfrancus, in folio* en 1498.

A BOIS-LE-DUC on imprima *XX. Præcepta Elegantiarum Grammaticalium, in quarto* en 1487.

A COSENCE en Italie on imprima, *De immortalitate Animæ in modum Dialogi, Italicè, in folio* en 1478.

A DELFT on imprima *Postila antiqua in folio* en 1480. *Dionysius Rickel de quatuor Novissimis, in quarto* en 1487. *De particulari Iudicio Dei, in quarto* en 1491.

A GENZANO fut imprimé *Ioannes Annius de futuris Triumphis contra Saracenos* en 1480.

A GANT on imprima *Guillelmus Parisiensis de Rhetorica divina, in quarto* en 1483. *Boëtii de Consolatione Philosophiæ lib. v, cum Sancti Thomæ Aquinatis Commentario, in folio* en 1485.

ET DE LA LIBRAIRIE, Liv. I.

A HARLEM, fut imprimé *Bartholomæi Anglici de Proprietatibus rerum libri 18. seu, ut alii, 19. in folio.* en 1485.

A HAMBOURG on imprima, *Laudes Mariæ Virginis, in folio mag.* en 1491.

A HASSELT on imprima *Recollectorium ex gestis Romanorum, in folio* en 1481.

A LEYDE on imprima *Den Leven onses Lieven Heere JESU CHRISTI, in octavo* en 1497.

A LUBECH on imprima *Pub. Ovidii de vetula lib. 3. qui sub ejus nomine à barbaro quodam Pædastro ante aliquot sæcula conficta sunt,* en 1471.

A LONDRES on imprima *Joannes Valdesius super Psalterium* en 1481. & en 1619. y fut imprimé *Historia del Concilio di Trento di Fra Paolo, in folio,* qui est tres-recherché des curieux.

A MAINTZ en Saxe, on imprima *Saxische Chronica, in folio* en 1492.

A MIRANDE on imprima *D. Cæcilii Cypriani Carmen de Ligno Crucis* en 1496.

A MESINE on imprima *Historia Præliorum Alexandri Magni Regis Macedonum, in folio* en 1486.

A OXFORT on imprima *Ægidius Columna Romanus, Archiepisc. Buturicensis, Ord. Eremit. S. August. de Peccato originali, in quarto* en 1479. *Leonardus Aretinus in Arist.*

A QUILAMBOURG en Hollande on imprima, *Spiegel der Sasse met de Glossen daarop, in folio* en 1480.

A RIMINI en Italie on imprima *R. Joseph Albo Philosophi Arbor Platana, Hebraicè liber Fundamentorum Judaicæ Religionis, contra Christianos, in quarto* en 1486.

A SALONIQUE en Grece on imprima, *Abravanel Commentarius in Prophetas priores, videlicet Josuæ, Iudices, Samuelis I. & II. Regum I. & II. Hebraicè, in folio* en 1493.

A UTRECHT on imprima *Historia Scholastica de Vita Christi & Apostolorum, &c. in folio* en 1473. *Vvernarus Rolevinck Fasciculus temporum ab initio mundi ad sua usque tempora, in folio* en 1480.

A VVESTMUNSTER en Angleterre on imprima *Nicolaus Uptonus, de Re Heraldica Anglicè scripta* en 426.

G ij

A Alcala on imprima par les soins du Cardinal de Ximenez, *Biblia Sacra Hebraicè, Chaldaicè, Græcè & Latinè in folio.* Sept volumes en 1515. que l'on appelle vulgairement *la Bible de Complut*, qui estoit autrefois tres-rare, & recherchée des Sçavans.

A Aragon fut imprimé un Livre qui est à present tres-rare, intitulé *Michaël Servetus de Erroribus Trinitatis, in octavo* en 1531. Cet Auteur estoit Espagnol, & fut brûlé à Geneve à la sollicitation de Calvin.

A Cracovie on imprima en 1582. *Censura Orientalis Ecclesiæ de Præcipuis hæreticorum dogmatibus*; qui est à present assez rare.

A Madrit on imprima *Concilium Illiberritanum in folio* en 1594. *Lud. à Paramo de Origine & Progressu S. Officii & Inquisitionis in folio* en 1598. Ces Livres sont recherchez des Sçavans, & sont assez rares.

A Vienne en Austriche fut imprimé *Novum Testamentum Syriacè, in quarto* en 1555. qui est tres-rare.

A Zurich fut imprimé *Alcoranum Machumetis in folio* en 1550. *Jo. Guil. Stuckius de sacrorum Sacrificiorum Gentilium superstitione, in folio* en 1598. Ces deux Livres sont fort estimez des Sçavans, & assez rares.

HISTOIRE
DE
L'IMPRIMERIE,
ET
DE LA LIBRAIRIE.

LIVRE SECOND,

Contenant son origine & son progrez dans Paris jusqu'en 1689.

Près avoir fait connoître dans le premier Livre de cette Histoire ceux qui ont inventé l'Art de l'Imprimerie, les Villes où elle a fleury, & une partie de ceux qui l'ont exercée depuis son origine jusqu'en 1500. il me reste à faire voir dans ce second, ceux qui ont attiré cet Art à Paris, & ceux qui l'ont exercé depuis 1469. jusqu'en 1689.

C'estoit à l'illustre Maison de Sorbonne, qu'estoit reservé un si grand avantage pour la Republique des Let-

G iij

tres, en nous procurant l'Art de l'Imprimerie, comme estant la mere & la source des Sciences. Cet Art fut donc attiré d'Allemagne à Paris vers l'an 1469. sous le Regne de Loüis XI. Roy de France, par les soins de Maistre JEAN DE LA PIERRE Allemand de nation, Prieur de cette Maison, qui fit venir les sieurs MARTIN CRANTZ, ULRIC GERING, & MICHEL FRIBURGER Allemands, qu'il logea en cette Maison, où il leur fit imprimer plusieurs Ouvrages, comme sont les Epistres de *Gasparinus Pergamiensis* in quarto en 1470. à la teste duquel Livre est une Lettre en Latin écrite par Maistre JEAN FICHET Docteur de Paris, à ce JEAN DE LA PIERRE, en ces termes.

GUILLAUME FICHET DOCTEUR de Paris en Theologie, à JEAN DE LA PIERRE Prieur de la Maison de Sorbonne, Salut.

LES Epistres de *Gasparinus* de Pergame que vous m'avez envoyées depuis peu, sont remplies d'agrémens; car outre qu'elles sont imprimées fort nettement par vos ouvriers d'Allemagne, vous avez pris la peine vous-mesme de les corriger avec beaucoup d'exactitude. *Gasparinus* vous est beaucoup obligé, puisque de corrompu qu'il estoit auparavant, vous l'avez rendu parfait par vos soins & par vos veilles. Mais quelles actions de graces ne devroient point vous rendre les Docteurs de Paris, de ce que non seulement vous remplissez fort bien les devoirs de vostre Charge, en vous appliquant fortement à la Theologie; mais aussi de ce que vous employez vos soins & vos peines à rétablir les Auteurs Latins? En verité il faut estre aussi sçavant & aussi honneste homme que vous estes, puis qu'après avoir presidé avec beaucoup de gloire, & avec l'applaudissement de tout le monde aux Theses de Sorbonne, vous donnez encore par vostre seule industrie, le lustre & l'éclat aux belles lettres, qui estoient presque enseveliés dans les tenebres par l'ignorance de nostre temps. Car outre plusieurs pertes d'ouvrages que la Republique des Lettres avoit fait, elle avoit encore le déplaisir de voir tous les autres Livres presque devenus barbares par la faute des Scribes; Mais je suis bien aise que vous ayez chassé cette peste de la ville de

Paris. *Les Libraires que vous avez fait venir d'Allemagne rendent les Livres fort corrects, & fort semblables aux Manuscrits, puisque vous faites ensorte qu'ils ne mettent au jour aucun ouvrage que vous ne l'ayez corrigé auparavant, par la confrontation de plusieurs exemplaires; C'est pourquoy ils devroient vous donner les loüanges que vous meritez, & que donnoit autrefois Horace à <u>Quintilien</u>, Censeur des Poësies de son temps; puis qu'ils ont le plaisir de gouster de la fontaine de laict, plus douce mille fois que le miel, qui coule de l'éloquence agreable de Gasparinus, & de celle de plusieurs autres beaux Genies de cette ville; Ce qu'ils font de jour en jour avec plus d'avidité, depuis que la rudesse en a esté ostée. Pour moy je souhaitterois de tout mon cœur, à l'exemple de ce que disoit Platon à la loüange d'Aristote, d'avoir le plaisir de demeurer avec celuy de qui je lis les ouvrages avec tant d'affection. Adieu. Aimez toûjours celuy qui a beaucoup d'inclination pour vous. Ecrit en Sorbonne par la main de* FICHET.

PARIS.
1470.

A la fin de ce Livre on voit aussi cette Epigramme faite à la loüange de ces trois premiers Imprimeurs.

Ut Sol lumen, sic doctrinam fundis in orbem
 Musarum nutrix Regia Parisius.
Hinc propè divinam, tu, quam Germania novit,
 Artem scribendi suscipe promerita.
Primos ecce libros quos hæc industria finxit,
 Francorum in terris, ædibus atque tuis.
MICHAEL, VDALRICVS, MARTINVSque *Magistri*
 Hos impresserunt, ac facient alios.

Ils imprimerent ensuite les *Epistres Cyniques de Crates le Philosophe,* in *quarto* 1470. à la fin desquelles on voit une Epigramme Latine, qui fait connoistre que Maistre MENTEL n'a pas esté le premier qui a trouvé l'Art de l'Imprimerie, comme je l'ay dit cy-devant en parlant de luy. Ils imprimerent aussi *Laurentii Vallæ Libri sex Elegantiarum linguæ Latinæ, & alia ejusdem Opuscula* in folio en 1471. Ces Livres & plusieurs autres furent imprimez par les soins de ce JEAN

DE LA PIERRE en la Maison de Sorbonne, que Monsieur Chevillier Docteur & Bibliothequaire de cette Maison m'a fait voir, à qui j'ay l'obligation de plusieurs avis qu'il m'a donnez sur cette matiere. Ensuite ces trois premiers Imprimeurs s'établirent en la ruë saint Jacques prés les Charniers de saint Benoist, & prirent pour enseigne le Soleil d'or, comme on le voit à la fin des Sermons de Utino, en ces termes : *Impressi Parisiis in Sole aureo, in vico sancti Iacobi, prope sanctum Benedictum, per honorabiles viros. MART. CRANTZ, MICH. FRIBURGER, & ULRICUM GERING 1477*. Ils continuerent à imprimer toutes sortes de Livres, comme le *Speculum vitæ humanæ Roderici Zamorensis Episcopi* en 1470. & 1475. *Quintilianus* en 1471. Les Sermons de *Iacob. de Voragine* in folio en Latin : *Ioannes Gerson super Magnificat* en 1473. La Somme des Cas de Conscience de Barthelemy de Pise, où l'on voit à la fin cette Epigramme.

EPIGRAMMA
IN ISTIUS LIBRI LAUDEM.

Sordet mens hominis, proprio spoliata decore,
   Et quæ sancit lex, hæc eadem faciat.
Quippe trahit vitam sine nomine, perdit & suum,
   Quo bene morati perpete stent solio.
Hinc tu qui famam cupis æternam cumulare,
   Summâ Bartholominâ aspice ne careas.
Quam nitidè pressam MARTINUS reddidit, atque
   MICHAEL, ULRICUS moribus unanimes.
Hos genuit GERMANIA, nunc LUTETIA pascit,
   Orbis miratur totus eorum opera.
Inter quæ præstare feres hoc, si bene noris,
   Jugis parta tuæ nunc animæ requies.

Ce Livre est en la Bibliotheque de Monsieur Pinson, Avocat au Parlement de Paris, à qui j'ay aussi l'obligation de plusieurs remarques & avis qu'il m'a donnez sur ce sujet. Ensuite ils imprimerent *Guill. Durandi Rationale divinorum Officiorum*, in folio en 1475. Les Homelies de saint Gregoire en 1475. *Franci-*

ET DE LA LIBRAIRIE, Liv. II.

cifci de Platea de Usuris & Excommunicationibus in folio en 1476. Les Dialogues d'Ochan, Chef des Theologiens nominaux en 1476. *Angeli de Aretio Tractatus de criminibus*, in folio en 1476. *Nider de Consolatione timoratæ conscientiæ*, *&c.* in quarto en 1478. *Legenda Sanctorum Frat. Iacob. Ianuensis Ord. Fratrum Prædicatorum* in folio. *Iacobi magni Sophologium* in fol. 1477. *Postilla Nicolai de Lyrâ super Psalterium* in quarto en 1484. *Horæ B. M. ad usum Parisiensem* in octavo en 1498. & quelques années auparavant *Biblia Sacra* in folio, à la fin de laquelle sont les vers suivans, qui marquent qu'elle fut imprimée en 1475. & que c'est la premiere édition qu'on ait imprimée en France.

Jam tribus Undecimus lustris Francos LODOICVS
Rexerat, VLRICVS MARTINVS, *itemque* MICHAEL,
Orti Teutonicâ hanc mihi composuere figuram.
Parisii arte sua, me correctam vigilanter,
Venalem in vico Iacobi Sol aureus offert.

Quelques années aprés ils quitterent cette demeure, & allerent se loger en la ruë de Sorbonne proche les Ecoles de Theologie, où ils s'associerent en l'impression de plusieurs Livres avec GUILLAUME MAYNIAL, & imprimerent ensemble *Summa de quatuor virtutibus cardinalibus, & vitiis oppositis* in folio en 1480. *Speculum aureum animæ peccatricis, &c.* in quarto en 1480. & avec BERTHAULT DE REMBOLT, qui estoit natif de Strasbourg, ils imprimerent *Virgilii opera cum notis per Marteolum* in folio en 1492. qui est la premiere édition imprimée à Paris: *Psalterium ad usum Parisiensem cum Invitatoriis, Antiphonis, &c.* in quarto deux volumes en 1494. rouge & noir, noté en plein chant ; duquel Livre on donna à Messieurs de Sorbonne un exemplaire imprimé sur du velin par cet ULRIC GERING, pour leur servir à chanter en leur Eglise. Ensuite ils imprimerent *Epistolæ B. Pauli cum notis quibusdam Ægidii Delfi* in folio en 1491. *in vico Sorbonico: Sermones Fratris Guil. Cantuariensis Ord. Prædicatorum* in octavo en 1494. *in vico Sorbonico: Sermones Fratris Guillelmi Lugdunensis super Epistolas de tempore* in octavo en 1494. *Expositio Beati Augustini de Sermone Domini in monte,* in folio en 1494. *Gregorii Magni*

H

Moralia in Iob, in folio en 1495. *Venerabilis Bedæ opera* in folio en 1499. c'est la premiere edition. *Perroti Cornucopiæ Linguæ Latinæ, sivè comment. in Martialis Epigramm.* in folio en 1500. *Decretum Gratiani cum Glossis*, in folio en 1501. *Ludolphus de vitâ J. CHRISTI ex Evangel.* avec des notes de *Badius*, in folio en 1502. & 1509. *Tractatus Visitationum Domini Ioann. Franc. de Pavinis* in quarto en 1503. *Ludovicus Carthusiensis in Psalmos*, in folio en 1506. *Hugo à S. Caro.'o Card. in Evangel.* in folio six volumes en 1508. Et au nom seul d'ULRIC GERING, qui sont les derniers Livres qu'il imprima, *Ioann. Franc. de Pavinis de Visitantium & Visitatorum, &c.* in octavo en 1508. *Petri Suberti lib. de cultu vineæ Domini, seu de Visitatione Episcopali personis omnibus Ecclesiasticis, & præsertim Curatis*, in octavo en 1508.

Ce ne fut pas seulement par l'exercice de l'Imprimerie qu'ULRIC GERING se rendit recommandable, il l'estoit d'ailleurs & par sa science & par sa probité; & il suffit pour relever dignement toutes ses rares qualitez, de dire qu'elles luy meriterent l'estime & l'amitié de Messieurs de Sorbonne, avec lesquels il vivoit si familierement, & avoit de si grandes liaisons, que sa mort mesme ne pût les rompre, comme son Testament en fait foy, par lequel il leur laissa du bien considerablement pour l'entretien de quatre bourses semblables à celles qu'avoit fondé Robert de Sorbonne, & pour la fondation d'un Anniversaire au jour de son decez, auquel il y a une retribution considerable, comme il paroist par l'acte suivant qui est en leur Eglise.

Ce College de Sorbonne pour les grands legs testamentaires qu'il a accepté & receu, à luy faits par feu de bonne memoire Maistre ULRIC GERING, en son vivant Imprimeur de Livres en cette ville de Paris, où il trépassa le vingt-troisiéme jour d'Aoust 1510. est tenu & obligé de mettre & tenir audit College aux dépens d'iceluy par chacun an à toûjours quatre bourses, & Boursiers de la qualité d'autres jadis fondez par M. Robert de Sorbonne, & outre le nombre d'iceluy.

Item. Plus de mettre & entretenir audit College deux Docteurs, ou Licentiez en Theologie, qui seront tenus chacun jour ordinairement à toûjours, lire publiquement és Ecoles dudit College la sainte Bible, l'un le matin du vieil Testament, l'autre aprés midy du nouvel, lesquels Lecteurs auront pour ce dudit College le salaire &

profit chacun par moitié de quatre autres bourses, le tout selon qu'il est plus à plein contenu en l'accord & contract sur ce fait & passé, multiplié audit College pardevant deux Notaires du Chastelet de Paris le dixiéme jour de May mil cinq cens trente-deux, entre les Prieur, Compagnons & Boursiers dudit College d'une part, & Maistre Iean Coignet Prestre, seul survivant, Executeur dudit Testament d'autre. Laus Deo, Pax vivis, requies defunctis. Amen.

Ce mesme ULRIC GERING fit encore de son vivant quantité d'aumosnes aux pauvres Ecoliers du College de Montaigu, & par son Testament il leur donna la moitié de ses biens, & la troisiéme partie de ses debtes ; duquel legs on a achetté la Terre ou Mestairie de Daunet, scise prés la Riviere de Marne, & la Maison de Vezelay, qui estoit entre le College de Montaigu, & le petit College de Saint Michel, ce qui se voit au bas de son Portrait qui est en la haute Chapelle dudit College de Montaigu, en ces termes :

ULRICUS GERING natione Germanus, unus ex primis Typographis, qui adhuc multas eleemosynas hujus domûs pauperibus erogaverat, tandem suo Testamento legavit ipse pauperum Communitati anno Domini 1510. mediam suorum bonorum partem, & debitorum tertiam, ex quâ pecuniâ empta est terra d'Aunet sita juxta fluvium Matronam. Emptæ sunt quoque domus de Vezelay, quæ pars est hujus Collegii protensa à medio Arcæ usque ad Collegium D. Michaëlis, unde usque & ædificatæ sunt Grammaticorum Classes.

Aprés la mort d'ULRIC GERING, BARTHOL DE REMBOLT prit son Imprimerie & son enseigne, & alla se loger en la ruë saint Jacques vis à vis la ruë Frementel, en une maison appartenante à Messieurs de Sorbonne, où est demeuré depuis ce temps-là l'enseigne du Soleil d'or, & qui a toûjours esté occupée par un Imprimeur & Libraire, comme elle l'est presentement par GABRIEL MARTIN habile Imprimeur, dont nous parlerons dans la suite de cette Histoire. Ledit REMBOLT imprima en cette maison *Codex Iustiniani cum Lecturâ Anglebermei*, &c. in folio en 1518. *Gratiani Decretum* in folio en 1518. 1519. & 1520. Et pour JEAN PETIT Libraire Juré *S. Gregorii Magni opera*, in folio en 1518. qui est la premiere édition. *S. Bernardi opera*, in folio en 1521. Il épousa CHARLOTE GUILLARD, dont nous parlerons cy-aprés.

Quelques-uns pourront trouver à redire de ce que je me suis peut-eftre trop étendu fur l'Hiftoire de ces trois premiers Imprimeurs & Libraires de Paris : mais j'ay crû leur devoir ce foin pour reconnoiffance de l'avantage qu'ils nous y ont apporté.

Pour ne pas donner lieu à la Critique dans l'ordre que je me fuis prefcrit, je me contenteray d'orénavant de raporter les noms, les pays & les principaux Ouvrages de ceux qui vinrent aprés, & qui perfectionnerent par leur induftrie cet Art que les premiers n'avoient, pour ainfi dire, qu'ébauché.

Le Roy LOUIS XI. qui avoit veu établir dans fa ville capitale un Art fi neceffaire aux belles Lettres, dont il eftoit le digne Protecteur, eut encore le plaifir de le voir conduire à fa perfection pendant fon regne par ces hommes induftrieux, qu'il ne dédaigna pas d'honorer de fa bienveillance. Ce Prince qui eftoit fort affectionné pour les Livres, fit tranfporter de Fontainebleau à Paris tous les Manufcrits que les Roys CHARLES V. & VI. y avoient amaffez avec beaucoup de foin. Il établit dans le Louvre une ample & belle Bibliotheque, dont il donna la conduite à Robert Gaguin General de l'Ordre des Trinitaires. Il en fit un des principaux objets de fa magnificence, en l'augmentant d'un tres-grand nombre de volumes, tant manufcrits qu'imprimez, & en devint fi affectionné, qu'ayant apris que Meffieurs de la Faculté de Medecine de Paris avoient un Original manufcrit de Rafis, il voulut bien permettre que le Prefident Jean de la Driefche donna de fa vaiffelle d'argent pour gages, afin d'en avoir la communication, & de le faire tranfcrire, comme il eft porté en cette Lettre.

SIRE, combien que toûjours avons gardé tres-precieufement ledit Livre ; car c'eft le plus beau, & le plus fingulier trefor de noftre Faculté, & n'en trouve-t'on gueres de tel, neanmoins nous qui de tout noftre cœur defirons vous complaire, & accomplir ce qui vous eft agreable, comme tenus fommes, avons délivré audit Prefident ledit Livre pour le faire écrire, moyennant certains gages de vaiffelle d'argent, & autres cautions qu'il nous a baillé en feureté de le nous rendre, ainfi que felon les Statuts de noftre Faculté faire se doit, lesquels nous avons tous jurez aux saintes Evangiles de Dieu garder & observer, ne autrement ne les pouvons avoir pour nos propres affaires. Priant Dieu, SIRE, &c. ce vingt-neuf Novembre 1471.

Ceux qui suivirent ces premiers Imprimeurs & Libraires, furent,

PIERRE CESARIS, l'un des quatre premiers Libraires Jurez, qui imprima en 1473. avec JEAN STOL, *Manipulus Curatorum : Speculum humanæ vitæ Roderici Zamorensis, in folio.* On voit à la fin de la Table des matieres de ce Livre ces vers.

Hos lege divinos, Lector studiose, libellos,
  Vnde trahes vitæ commoda multa tuæ.
Hoc Speculum clarum manibus gestare memento,
  Quæ tua sit vita noscere quisquis amas.
Nam tibi distinctum punctis virisque relictum
  Viris perfinxit Regia Parisius.
Presserunt PETRUS CESARIS, simul atque IOANNES
  STOL, quibus ars quod habet omne retulit eis.

Ensuite ils imprimerent *Casus breves Ioannis Andreæ super primo Decretalium* in quarto. Il prenoit aussi la qualité de Maistre és Ars, & mettoit ordinairement au bas, où à la fin de ses Livres : *Per venerabilem Virum Petrum Cesaris in Artibus Magistrum, ac hujus artis industriosum Opificem & Artificem,* comme on le voit à la fin de *Tractatus de pluralitate Beneficiorum Ecclesiasticorum editus per Ioann. de Ligniano,* in quarto.

PIERRE CARON imprima l'Aiguillon de l'Amour divin de saint Bonaventure, traduit par Jean Gerson, *in quarto* en 1474. L'Histoire de Charles VII. Roy de France, intitulée *les Vigiles du Roy Charles VII.* en vers par Martial de Paris, dit d'Auvergne, environ l'an 1490. les Faits de Maistre Alain Chartier, in folio. Il avoit pour marque un bois clos, ou enceint de murailles, avec ce mot, *Franc-bois.*

PASQUIER BONHOMME fils d'Aspais, fut pourvû de l'Office de l'un des quatre principaux Libraires Jurez, par acte du 6. Avril 1475. Il imprima l'année ensuivant les grandes

HISTOIRE DE L'IMPRIMERIE

PARIS.
1475.

Chroniques de France, ou la Chronique de Saint Denys, in folio trois volumes. Ce Livre est considerable par sa bonté & sa rareté. Il eut un frere nommé JEAN, dont nous parlerons cy-après. Il mettoit ordinairement au bas des Livres qu'il imprimoit, *en l'Hostel de Pasquier bon-homme*, comme on le voit au Livre cy-dessus.

ANTOINE GERARD imprima le Pelerinage de l'Ame, in folio en 1480. la Chronique Martiniane in folio. Ce Livre est tres-estimé des Historiens, & est assez rare.

NICOLAS PHILIPPI, & MARC REINHARDI, vinrent de Strasbourg, & imprimerent la Traduction du Miroir de la Vie Humaine en 1482.

ANTOINE CALLAUT imprima avec LOÜIS MARTINON *Liber Lotharii de utilitate conditionis humanæ, &c.* en 1483. *Sermones de Adventu per Oliv. Maillard Ordinis Minor.* in quarto en 1497. Ce Livre est estimé des curieux. *Expositio Epistolarum totius Quadrages.* in quarto en 1497. *B. Thomæ de Aquino libellus de modo optimè confitendi in quarto, Tractatus de Regulis Iuris in quarto.*

LOÜIS MARTINEAU imprima *Ioan. Bacho super 3. & 4. part. Sententiarum*, in folio deux voulumes en 1484. & 1485.

Sous le Regne de CHARLES VIII. ont exercé l'Art de l'Imprimerie & Librairie.

DENIS JANOT, qui épousa JEANNE DE MARNEF, fille de Libraire, de qui il eut Denis, dont nous parlerons cy-après. Il imprima le Guidon en François de Maistre Jean Falcon Medecin de Montpelier en 1484. les Amadis de Gaule in folio; il s'en trouve d'imprimez sur du velin. Il avoit pour devise autour de sa marque, *Amor Dei omnia vincit, Amour par tout, tout par amour, par tout amour.*

ROBINET MACE' imprima le Dialogue du Crucifix & du Pelerin par Guillaume Alexis, environ l'an 1486. Il eut plusieurs freres qui exercerent la Librairie, tant à Rennes, qu'à Caën & à Roüen, comme nous l'avons dit cy-devant en parlant d'eux.

JEAN BONHOMME, estoit un des quatre grands Libraires de l'Université de Paris; il fit imprimer *Constitutiones Clementinarum* in quarto en 1486. Des Profils champestres & ruraux de

M. Pierre de Crescens, in folio en 1486. *Richardi de S. Victore Tract. qui dicitur Benjamin minor,* in quarto en 1489. *Joannes Nider de lepra morali,* in quarto en 1489. *Ejusdem Manuale Confessorum,* in quarto en 1489. Il estoit frere de Pasquier, dont nous avons parlé cy-devant.

ANTOINE VERARD l'un des plus considerables Imprimeurs & Libraires de son temps, imprima les Politiques d'Aristote, traduites avec des Gloses de Nicole Oresme, in fol. en 1486. Les Ethiques d'Aristote, in folio en 1488. traduites par le mesme Oresme, par l'ordre de Charles V. Roy de France, qui engagea aussi ledit Oresme à traduire la Bible en François, & plusieurs autres. Il imprima aussi l'Horloge de Sapience, in folio en 1493. Les grandes Chroniques de France, in folio trois volumes en 1493. l'Ordinaire des Chrestiens, in folio en 1494. le grand Boëce de la Consolation en François, in folio en 1494. Lancelot du Lac de la Table ronde, in folio en 1494. trois volumes. La Bible Historiée en deux volumes, in folio. De tous ces Livres cy-dessus, il y en a d'imprimez sur du velin, que l'on peut voir en la Bibliotheque du Roy. Le Miroir Historial de Vincent de Beauvais, in folio deux volumes en 1496. Les Propheties de Merlin, in folio en 1498. ce Livre est singulier pour la matiere dont il traite, & est assez rare. Le Rational des divins Offices de Guillaume Durand, in folio en 1504. traduit par l'ordre de Charles V. Roy de France, par Jean Holain Provincial des Carmes : Histoire de Joseph, traduite en François, & dédiée à Charles VIII. Il y en a d'imprimez sur du velin. Ce VERARD a esté un de ceux qui ont le plus imprimé de son temps, & particulierement des Romans, dont il y a plus de cent volumes imprimez sur du velin, ornez de tres-belles migniatures, en imitant le plus soigneusement les manuscrits sur lesquels ils imprimoient, que l'on peut voir en la Bibliotheque du Roy. Il avoit pour marque A R. avec ces vers autour.

Pour provoquer ta grand' misericorde,
A tous Pecheurs faire grace & pardon,
ANTOINE VERARD humblement se recorde
Tout ce qu'il a, il tient de toy pardon.

JEAN CARCHAGNI imprima *Joannis Buridani Summula de Dialectica,* in folio en 1487.

PARIS.
1487.

PIERRE LE ROUGE Imprimeur & Libraire, imprima *Guill. Ochani Quodlibetica Theologica septem*, in quarto en 1487. & pour VINCENT COMMIN, le Martyrologe en François, in folio 1488. La Mer des Histoires, in folio deux volumes en 1488. & avec ANTOINE VERARD, Lucien, Suetone, Saluste en François, tous in folio en 1490.

PIERRE LEVET imprima *Guidonis de Monte Rocherii Manipulus Curatorum*, in quarto en 1487. *Germani Des-prez Exempla Sacra Scripturæ*, in octavo, & pour JEAN COBELENS, & MICHEL MORINI *Destructorum vitiorum*, in folio en 1495.

Il est à remarquer que tous les Imprimeurs de ces premiers temps mettoient leurs noms à la fin des Livres qu'ils imprimoient avec celuy du Libraire, ce qu'on a renouvellé depuis peu.

MICHEL LE NOIR Parisien, imprima le Chevalier déliberé en la mort du Duc de Bourgogne, qui mourut à Nancy, in quarto en 1489. le Triomphe de neuf Preux, ou Histoire de Bertrand de Guesclin, in folio en 1507. le Roman de la Rose, in quarto en 1515. Il avoit pour marque une roze en face sur un fond de sable soûtenuë par deux Mores, & une autre pour timbre, le tout faisant allusion à son nom avec ses vers:

> *C'est mon desir de Dieu servir,*
> *Pour acquerir son doux plaisir.*

Il eut plusieurs enfans, dont nous parlerons cy-aprés, & est un de ceux qui ont le plus imprimé de son temps. Voicy son Epitaphe qui se lit en l'Eglise de Saint Benoist.

Cy-dessous gist honorable homme MICHEL LE NOIR, en son vivant Libraire, & Bourgeois de Paris, qui trépassa le XXIX. jour de Septembre mil VC. XX. lequel ensemble Jeanne Teppere sa femme, ont fondé en l'Eglise de ceans tous les Samedis de l'an à perpetuité une Messe basse du jour avec memoire des Trépassez, que les Marguilliers de ladite Eglise sont tenus faire dire à six heures du matin, & faire tinter l'une des cloches de ladite Eglise. Et à la fin le Prestre dira De profundis

ET DE LA LIBRAIRIE, Liv. II.

PARIS 1489.

fundis, Inclina, Deus veniæ, & Fidelium ; & aspergera de l'eau beniste sur la fosse dudit Defunt. Et pour assigner ladite fondation qui est autorisée par Messieurs les Chanoines & Chapitre de ladite Eglise, ont donné plusieurs biens plus à plein declarez és titres sur ce faits. Et s'il estoit que ladite rente fust rachetée, lesdits Marguilliers ou successeurs, seront tenus convertir lesdits deniers en une autre rente, tellement que ladite Messe puisse avoir cours à toûjours :

Priez Dieu pour eux, & pour tous Trépassez.

WOLFGANG HOPYL Allemand, habile Imprimeur, imprima *Martini Magistri de Fortitudine*, in folio en 1489. *Ejusdem de temperantia*, in folio en 1490. *Buridani Quæst. super decem lib. Ethicorum Aristotelis*, in folio en 1489. *Ejusdem Quæst. super octo lib. Artis Politicæ, &c.* in folio. *Jacobi Fabri Stapulensis opera*, in folio en 1501. *Libellus de modo pænitendi & confitendi auct. Guill. Deunet*, in quarto en 1495. *Cyrilli Alexandrini opus quod Thesaurus nuncupatur*, in fol. en 1514. *Ejusdem in Leviticum, &c.* in folio en 1514. *Ejusdem in Evangelia S. Ioannis interp. Georgio Trapesontio*, in folio en 1520. *Valerii Maximi opera cum Comment. Iodoci Badii*, in folio en 1517. Ce WOLFGANG imprima en 1503. pour SIMON VOSTRE *Missale ad usum Parisiensem*, in folio en 1511. Il avoit pour marque un Chesne & une Cigone, avec ces mots autour : *Sua dextra Venus munere vivit, Amor cælat.*

GEORGE MITTELHUS imprima *Ioann. Andreæ Summa super Decretales*, in octavo en 1489. C'est ce mesme Auteur qui a composé les grandes Gloses du Droit Canon : *Guillelmus Parisiensis de septem Sacramentis*, in octavo en 1494. *Ioan. Gersonis Tractatus de Regulis Mandatorum*, in octavo en 1500.

DURAND GERLIER Libraire Juré, imprima *Ioan. Buridani Quæst. in libros Ethicorum*, in fol. en 1489. *Summa aurea Guillelmi Altissiodorensis in quatuor libros Sententiarum*, in folio en 1500. Ce Livre est singulier à cause des opinions particulieres qui y sont, il n'a point esté r'imprimé, & est assez recherché : il s'en trouve aussi au nom de PIGOUCHET Libraire, dont nous parlerons cy-après. Il avoit pour devise *l'Estrille Fauveau*, representée par une étrille, une faux & un veau, avec ces mots : *Deum time, Pauperes sustine, memento finis JESUS.*

I

JEAN DUPRE' imprima *Missale ad usum Ecclesiæ Parisiensis*, in fol. en 1489. Les devotes Loüanges à la Vierge Marie en 1492. *Breviarium Ecclesiæ Parisiensis*, in folio en 1492. en rouge & noir.

PHILIPPE PIGOUCHET imprima en 1489. *Guidonis de Monte Rocherii Manipulus Curatorum*, in quarto. *Institutionum opus* en 1499. *Durandi à sancto Portiano Ordinis Prædicatorum Quæst. in 4. lib. Sententiarum*, in folio en 1509. Ces deux derniers Livres sont les premiers Theologiens nominaux, & sont fort considerables, & assez rares. *Biblia Sacra*, in folio en 1512. qu'il imprima pour SIMON VOSTRE. Il mettoit ordinairement au bas de ses Livres, *Impressum autem fuit opus præfatum Parisiis charactere nitidissimo & jucundissimo*.

GUY DU MARCHAND imprima *Usuardi Martyrologium ad usum Ecclesiæ Parisiensis*, in folio en 1490. Ce Livre est recherché des Sçavans, & est assez rare. Le Compost & Calendrier des Bergers, in folio en 1493. *D. Ambrosii Epistolæ*, in folio en 1494. *Savonarolæ Compendium Relationum*, in quarto en 1496. *Raym. Lulli liber de Laudibus*, &c. in folio en 1499. Il imprima pour GEOFROY DE MARNEF *Machabri Chorea versibus Alemanicis edita, & à Petro Desrey Tricatio emend.* in folio en 1490. Il avoit pour marque le chant gaillard representé par les deux notes *sol*, *la*, en la maniere qui suit.

fides
fecit
sol la
G. M.

Avec une foy representée par deux mains jointes ensemble, pour faire allusion à ces paroles *sola fides sufficit*, tirées de l'Hymne *Pange lingua*.

NICOLAS SOLDAT fit imprimer par PIERRE LEVET, *Expositio Regulæ sancti Benedicti per Ioann. de Turrecremata Cardinalem*, in folio en 1491.

JACQUES MAILLET fit imprimer le Songe du Vergier, in fol. en 1491. Ce Livre est singulier pour la matiere dont il traite, & est assez rare.

GEORGE VVOLFF imprima *Beati Gregorii Papæ Homiliæ quadraginta*, in quarto en 1491. *Proverbia Salomonis*, &c. en 1491.

ET DE LA LIBRAIRIE, Liv. II. 67

SIMON VOSTRE fit imprimer par ULRIC RAMBOLT, *Missale Parisiense*, &c. in folio en 1492. rouge & noir. Il y en a aussi d'imprimez sur du velin, que l'on voit en la Bibliotheque de Sorbonne. Quelques années après il prit une Imprimerie, & imprima les Epistres de S. Ignace Martyr, in octavo en 1500. *Biblia Sacra*, in folio. Et pour JEAN, & PIERRE PETIT freres, *Tractatus Corporis CHRISTI*, in octavo en 1513. Il s'en trouve aussi au nom de PIERRE VIART. Il imprima encore pour PIERRE VIDOÜE Exposition sur la Regle de Saint Benoist, par le R. P. Thibaud Arthaud, Celestin de Paris, in folio en 1510. Ce Livre est rare, & recherché des curieux. Il épousa Geneviéve Poillevert, qui fit quelques Fondations à Sainte Geneviéve des Ardens.

PARIS.
1492.

JEAN LAMBERT fit imprimer *de Imitatione Th. à Kempis*, où l'on voit à la fin un petit traité *De Contemptu mundi*, le tout traduit en François, in quarto en 1493. Histoire de la Passion de N. S. preschée par Olivier Maillard Cordelier, in quarto en 1493. Il fit aussi imprimer par JOSSE BADIUS, *Solinus de memorabilibus mundi*, in quarto en 1503.

JEAN MAURAND, ou MÆRARD, imprima avec ANTOINE VERARD les grandes Chroniques de France, in fol en 1493. & avec GERLIER, les Expositions des Epistres & Evangiles avec celles des Festes, par Pierre d'Esrey, in folio deux volumes en 1497. Ce Merard avoit pour marque un arbre d'où pendoit un flacon avec ces lettres AM. & ces mots : *Dieu soit en mon commencement & à ma fin* ; comme on le voit au commencement du Livre de *Consolatorium timoratæ Conscientiæ* in octavo en 1494. imprimé pour PIERRE LE DRU.

CLAUDE JAMMAR imprima *Seneca Epistolæ*, in quarto en 1494.

PIERRE LE DRU imprima *Joan. Nyder Consolatorium timoratæ Conscientiæ*, in octavo en 1494. *Nicolai Saliceti Ord. Cisterciensis Antidotarium animæ*, in folio en 1496. pour JEAN PETIT, *Dicta salutis S. Bonaventuræ*, in octavo en 1499. & plusieurs autres, & pour DENIS ROCE, *De venerabili Sacramento & valore Missarum*, in octavo en 1510. Ce Livre est curieux & rare.

JEAN TREPEREL imprima le Verger d'Honneur, par

I ij

André de la Vigne en 1495. & plusieurs Romans & Comedies en lettres gothiques.

JEAN PHILIPPI Allemand imprima *Libellus de Iurisdictione Ecclesiasticâ, factus per D. Petrum Bertrand. &c.* in quarto en 1495.

PIERRE POULLIAC imprima pour DENIS ROCE *Antidotarium animæ*, in octavo en 1495.

JEAN BOUYER, & GUILLAUME BOUCHER, imprimerent pour EMGLEBERT DE MARNEF, *Petri Tartareti Expositio in Summulas Petri Hispani*, in quarto en 1496. Ils avoient pour marque deux Bœufs qui paissent, avec ces vers autour.

> *En la parfin de l'œuvre loüer Dieu,*
> *Chacun de nous doit pour avoir sa grace,*
> *A luy donc soit pour ce qu'il luy a plû,*
> *Nous donner temps de ce faire & espace.*

JEAN GERLIER fit imprimer *Rob. Gaguin de Gestis Francorum*, in folio en 1497. *S. Bonaventuræ Tractatus de Resurrectione hominis à peccato*, in octavo en 1502.

ESTIENNE JANOT imprima pour DURAND GERLIER, *Modus legendi abbreviaturas in utroque Jure, &c.* in octavo en 1497. Ce Livre est assez estimé des Sçavans.

ANDRÉ BOCCARD estoit un des plus habiles Imprimeurs de son temps, comme on le peut voir par la grande quantité de Livres qu'il a imprimez, tant pour luy, que pour les autres Libraires. Il imprima *Figuræ Biblicæ clarissimi viri Fratris Anth. de Rampengolis Ordinis S. Augustini*, in quarto en 1497. & pour DURAND GERLIER, *Rob. Gaguini Epistolæ, Orationes, & opuscula varia*, in quarto en 1498. Ce Livre est tres-rare, on le r'imprime avec des Sommaires, augmenté de plusieurs autres Epistres, & Oraisons qui n'ont pas encore parû en public, & qui sont tirées des Manuscrits du mesme Robert Gaguin, par les soins & le travail de M. de Launay, (fils de RICHARD DE LAUNAY Libraire,) Ministre & Superieur du Convent des Maturins de Paris. Il imprima aussi pour ULRIC GERING, & JEAN PETIT, *Ioannis Nider Ord. Prædicat. Præceptorium Decalogi*, in quarto en 1507. *Petri Ble-*

ET DE LA LIBRAIRIE, Liv. II.

senfisopera, in folio en 1519. C'est la premiere édition de ce Livre, qui depuis a esté réimprimé plusieurs fois, & en dernier lieu avec des augmentations de Monsieur de Gousainville en 1667. chez le sieur DE LA CAILLE Libraire. BOCCARD avoit pour devise autour de sa marque représentée par les Armes du Roy, de l'Université, & de la Ville de Paris, ces vers.

> *Honneur au Roy, & à la Court,*
> *Salut à l'Université,*
> *Dont nostre bien procede & sourt,*
> *Dieu gard' de Paris la Cité.*

ANTOINE DE NIDEL prenoit la qualité de Maistre és Arts, comme on voit au Livre cy-dessous. Il imprima *Liber de Assertionibus Catholicis, Apostol. &c. auct. Iacob. Lupio*, in octavo en 1497. *Consequentiæ Martini Magistri*, à la fin duquel Livre est ce dicton.

> *Has Consequentias* ANTONIUS DE NIDEL
> *In Artibus Magister, nec-non civis*
> *Parisiensis in monte Sancti Hilarii*
> *Prima concurrente causa, miro caractere*
> *Exaravit anno 1501.*

JEAN DRYART imprima, la Destruction de la grande Troye, in folio en 1498. traduit par Millet. Il y en a d'imprimez sur du velin, que l'on peut voir dans la Bibliotheque du Roy.

JEAN HIGMAN Allemand de nation, imprima sous le nom de *Ioan. Gerson. Cancell. Parisiensis*, cet excellent Ouvrage *de Imitatione* JESU CHRISTI, in octavo en 1498. C'est la premiere édition de ce Livre, laquelle est tres-considerable à cause du nom de Gerson, ce qui a donné lieu à plusieurs contestations entre les Sçavans. Ce Livre a esté donné à Messieurs de Sorbonne par M. Jean Marie de la Mure, Chanoine de l'Eglise de N. D. de Montbrison, à condition de le conserver en leur Bibliotheque. Cet HIGMAN imprima en la maison de Sorbonne en 1484. un Livre composé par Dominique Mancini, intitulé *de Quatuor virtutibus, &c.* in fol. en société avec WOLFGANG HOPIL, *Missale insignis Ec-*

PARIS 1497.

I iij

clesiæ Trajectensis, in folio rouge & noir en 1497. à la fin duquel sont ces noms : *Curavit libenter qua voluit diligentia VVOLFF-GANGUS HOPILIUS ex vitiato exemplari hoc opus reddere castigatum, maximè more Patriæ permotus. Impressum Parisiis in pago divi Iacobi, ad insigne sancti Georgii, per IOANNEM HIGMANUM an. 1497.* Leonardi Aretini & tertia antiqua magna Moralia ex interpret. Georgii Vallæ, in folio en 1497. Sancti Ignatii Martyr. Epistolæ, & una S. Polycarpi, studio Iacobi Fabri Stapulensis, in folio en 1498. Il mettoit ordinairement au bas de ses Livres, *Apud litterarum Artis formulariæ socios.*

GEOFFROY DE MARNEF Libraire Juré, fit imprimer la Nef des Fols du monde en François, *in folio* en 1498. Illustrations de Gaule, & Singularitez de Troye, in folio en 1513. Ils estoient trois freres, tous habiles Imprimeurs & Libraires, qui ont esté associez, & ont imprimé quelquefois ensemble. Ils avoient une marque representée par trois symboles, des Grües qui font un nid en volant, un Perroquet qui parle, un Pelican qui donne la vie à ses petits, & trois bastons sur lesquels sont les premieres lettres de leurs noms ; sçavoir G. qui signifie Geoffroy, E. Enguilbert, & I. Jean. ENGUILBERT eut plusieurs enfans, entr'autres JEAN, & ENGUILBERT, qui allerent s'établir à Poictiers, où ils imprimerent plusieurs Livres vers l'an 1550.

JEAN RICHARD imptima pour FELIX BALIGAUT, *Iacobi magni Sophologium Sapientiæ*, in quarto. *Nicolai de Orbellis Expositio in Sententiarum*, in folio en 1498. Ce Livre n'a point esté réimprimé, ce qui fait qu'il est tres-rare & tres-recherché des Sçavans.

FELIX BALIGAUT fit imprimer, *Textus abbreviatus Aristotelis* en 1498. *Pardi Medulla Dialecticæ*, in folio en 1510. Il mettoit au bas de ses Livres *Miro-caractere*, & quelquefois ces vers qui font allusion à son nom.

Felix quem faciunt pericula cautum.
Est fortunatus Felix, divesque beatus.
Ingratus ne sis Iuvenis quin pectore toto,
Felix grates huic, qui tibi pressit, agas,
Felici monumenta die felicia Felix
Pressit, & hac vitii dant, retinentue nihil.

Sous le Regne de LOUIS XII. furent accordés aux Imprimeurs & Libraires de grands Privileges, par Lettres Patentes du neufiéme Avril 1513. Ce Roy fit transporter la Bibliotheque de LOUIS XI. du Louvre à Blois, & n'épargna rien pour l'enrichir d'un grand nombre de Livres de Droit qu'il fit apporter de Milan. Cette Bibliotheque fit le plus bel ornement du lieu de sa naissance. Bologninus Ambassadeur, auquel on la montra, la jugea digne d'estre mise la premiere des quatre singularitez qu'il avoit remarquées en France.

PARIS. 1498.

Sous ce Regne ont exercé l'Imprimerie & Librairie.

JEAN PETIT, receu Libraire Juré le vingt-deuxiéme May 1530. & aussi Imprimeur de l'Université, il eut pour femme Guillemette de la Vigne. Il fit imprimer *Modus legendi abbreviaturas in utroque Jure Canonico & Civili cum abbreviaturis ordine alphabetico positis*, in octavo en 1498. Ce Livre est recherché des Sçavans, & est utile pour ceux qui étudient le Droit Canon & Civil, il est assez rare. *Ioan. Baptista Mantuanus de B. M. de Sancta Catharina, de calamitatibus temporum, & de patientia, cum explanationibus Iodoci Badii*, en 1499. *Biblia Sacra* in folio en 1501. Il fit aussi imprimer par JEAN BARBIER, qui fut pourvû de l'Office de Libraire Juré le vingt-huit Fevrier 1507. *Durandus de origine Iurisdictionis Ecclesiasticæ, & de Legibus*, in quarto en 1506. *Petri de Palude Tractatus de causa Eccles. Potestatis*, in quarto en 1506. Ce Livre est fort estimé des Sçavans, & est assez rare. Le Lactance *in folio* en 1509. qui est la premiere édition à Paris. *Alexander de Hales de virtutibus* en 1509. *Armachanus contra Armenos* in folio en 1511. Ce Livre est assez estimé des Sçavans. *Calepini Dictionarium octo Linguar.* in folio en 1516. imprimé pour ledit JODOCUS BADIUS *Sancti Bernardi opera*, in folio en 1517. *Sancti Isidori Hispalensis Episcopi Tractatus de summo bono*, in octavo en 1519. *Sancti Athanasii opera Latinè*, in folio en 1520. Il fit encore imprimer par JODOC. BADIUS, *Origenis opera Latinè*, in folio quatre volumes en 1519. dont il y en eut d'imprimez sur du velin, que l'on peut voir en la Bibliotheque des PP. Jacobins de la ruë saint Honoré à Paris; & en celle du College de Navarre. *Ioannis de Friburgo Summa Confessorum* in folio, en 1519. Ce Livre est fort estimé, & est tres-rare. La Traduction de la sainte Bible qu'Oresme fit par le commandement de CHARLES V. Roy de France. Cette Traduction est recommandable, estant avant celle de Neuchastel que l'on a toûjours crû estre la premiere traduction, puisque celle-cy est de l'année 1529. en deux volumes, in folio, & que celle de Neuchastel est de 1537. que les Protestans firent imprimer, & qu'ils ont depuis fait r'imprimer, mais avec de grands changemens, ce qui rend cette édition considerable & tres-rare. *Bernardi de Parentinis Lilium Missæ*, in octavo en 1531. *Haymonis Episcopi Halbertatensis in omnes Psalmos & in Cantica*, &c. in folio en 1533. Il fit imprimer par JEAN LAMBERT *Ioan. Nyder Ord. Prædicat. Manuale Confessorum*, &c. in octavo; comme aussi par THOMAS DU GUERNIER, Histoire de Melusine in folio, & plusieurs autres Livres. L'on peut dire de luy, qu'il a esté celuy de son temps qui a le plus fait imprimer, puisqu'il entretenoit les Presses de plus de quinze Imprimeurs. Il mettoit ordinairement pour devise à la premiere page de ses Livres ces mots *petit à petit*, faisant allusion à son nom. Il fut Garde, ou Syndic de la Librairie & Imprimerie, & fit confirmer le 20. Octobre 1516. les Privileges & exemptions que LOUIS XII. avoit données aux Libraires & Imprimeurs.

DENIS ROSSE, ou ROCE, a fait imprimer par GUY DU MARCHAND, *Ars Moralis*, &c. *Iacobi Fabri Stapulensis*. in quarto en 1499. *Ioannis de Lapide de celebratione Missarum*, in octavo en 1502. Il mettoit ordinairement au bas de ses Livres, cette devise, *à l'avanture, tout vient à point qui peut attendre*.

JODOCUS BADIUS, surnommé ASCENSIUS, parce qu'il estoit d'Asc, qui est une Maison du territoire de Bruxelles, naquit en 1462. il estudia à Gand sous des Freres qui vivoient en commun, puis à Bruxelles; d'où estant allé à Ferrare en Italie, il étudia sous Baptiste Guarini, & y fit un tres-grand progrez dans les Langues Grecque & Latine. Il alla ensuite à Lyon, où il enseigna plusieurs jeunes Gentilshommes, expliqua publiquement les anciens Poëtes, & composa & imprima quantité de bons Livres chez JEAN TRECHSEL Imprimeur de Lyon, duquel il épousa la fille nommée THELIE TRECHSEL,

ET DE LA LIBRAIRIE, Liv. II. 73

TRECHSEL, dont il eut plusieurs enfans. Ce fut à luy que le sçavant Robert Gaguin vingtiéme General de l'Ordre des Trinitaires, qui connoissoit son merite & sa capacité pour la correction des impressions, écrivit pour imprimer ses Ouvrages, ainsi qu'on le voit par la Lettre que ce General luy adresse, qui est à la teste de ses Epistres, in quarto 1498. ce qui obligea BADIUS à venir à Paris vers l'an 1499. ou 1500. aprés la mort de son Beaupere, tant pour y enseigner la Langue Grecque, que pour y rétablir l'Art de l'Imprimerie qui commençoit à decliner, & qui estoit tombé dans le gothique, comme on le peut voir par les Livres qui avoient esté imprimez quelque temps avant luy. Il le rétablit donc, & imprima en tres-beaux caracteres ronds & parfaits, *Provinciales, seu Constitutiones Angliæ cum annotationibus Guillelmi Lindewood.* in folio deux volumes en 1501. Ce Livre est extraordinairement rare, & necessaire pour l'intelligence des vieux mots Gaulois, dont on se servoit du temps de Guillaume le Conquerant. *Nicolai de Cusa opera* deux volumes in folio en 1514. qui est la premiere édition. *S. Paulini Nolani Episc. Epistolæ & Poëmata* in octavo en 1516. *Guillelmi de Rubione Ord. Minor. disputata in quatuor lib. Sentent.* in folio deux volumes en 1518. *Henrici Goethalis à Gandavo Doct. Summa Quæstionum ordinar.* in folio deux volumes en 1519. *Basilii Magni opera Latinè* in folio en 1520. qui est la premiere édition : *Thomæ à Kempis opera* in folio en 1523. C'est aussi la premiere édition de Paris. *S. Brunonis Carthusianorum Fundatoris opera* in folio en 1524. C'est dans cette seule édition qu'est representée l'Histoire du Chanoine de Nostre-Dame en petites figures en bois, ce qui rend cette édition tres-rare. *Thomæ VValdensis Angli Doctrinale fidei Catholicæ adversus VViclevistas & Hussitas, lib. de Sacramentis, &c.* in folio trois volumes en 1521. 1523. & 1530. cette édition est tres-recherchée à cause qu'elle est differente des autres éditions. *Hugonis à S. Victore opera* in folio trois volumes en 1526. c'est la premiere édition de ce Livre. *Guidonis de Perpiniano Episc. Summa de Hæresibus & earum confutationibus, &c.* in folio en 1528. ce Livre est assez recherché. *Via directionis Ecclesiasticorum à viis pessimis, scilicet concubinatus, celebrationis sub eadem, &c.* in octavo en 1529. *Alphonsi de Castro Zamorensis Ord. Minor. adversus hæreses lib. 14.* in folio en 1534.

K

C'est à François de Feverdant que nous devons l'impression de ce Livre, où il ajoûta trois Livres contenant la refutation de quarante herefies.

BADIUS donna plusieurs Ouvrages au public, comme *Silua Moralis contra vitia*, in folio en 1492. *Epigrammatum lib. 1. Nauicula stultarum mulierum : Vita Thomæ à Kempis*, & autres. Il fit encore de bons Commentaires sur presque tous les Auteurs Latins, comme sur Horace, Seneque, Juvenal, Martial, Lucrece, Saluste, Valere Maxime, Quintilien, Aulu-Gelle, en 1517. tous in folio, & plusieurs autres Livres qu'il imprima fort proprement. C'est celuy qui a le plus imprimé de son temps. Quelques-uns tiennent qu'il mourut en 1526. mais cela ne peut pas estre, puisqu'il avoit imprimé en 1534. comme nous le voyons à la premiere page *de Alphonsi de Castro Zamorensis Ord. Minorum lib.* in folio, qu'il imprima avec JEAN DE ROIGNY, & plusieurs autres que nous avons marquez cy-devant, qui sont en la Bibliotheque de Sorbonne. Il avoit un frere nommé JEAN, dont nous parlerons cy-aprés. Sa marque estoit la representation d'une Imprimerie avec ces mots : *Prælum Ascensianum*. Il mettoit ordinairement à la premiere page de ses Livres.

Ære meret Badius laudem Auctorum arte legentium.
Voicy son Epitaphe rapportée par Henry Estienne dans le Livre qu'il a composé *de Artis Typographicæ Querimoniâ*, imprimé par le mesme ESTIENNE en 1569. où il y a plusieurs plaintes adressées audit BADIUS, tant en Grec qu'en Latin.

JODOCI BADII EPITAPHIUM.

Hic Liberorum plurimorum qui parens,
Parens Librorum plurimorum qui fuit,
Situs JODOCUS BADIUS est Ascensius.
Plures fuerunt liberis tamen libri,
Quòd jam senescens cœpit illos gignere,
Ætate florens cœpit hos quòd edere.

En voicy une autre qui se lit à Saint Benoist, où il est enterré.

Icy est le Portrait D. O. M. Icy celuy de sa femme
de Jod. Badius. B. Q. V. M. S. Thelif Trechsel

Viator, Artes qui bonas piasque amas,
Siste hîc. Quiescunt subter illustres Viri,
Qui litteris junxère virtutem arduam.
Jacet JODOCUS hic BADIUS ASCENSIUS,
Candore notus scriptor & scientiâ.
Gener JODOCI VASCOSANUS propè situs est,
Doctissimorum tot parens voluminum,
Socer MORELLI Regis olim Interpretis:
Musarum alumni quæ gemunt hîc conditum,
Fœdúsque FEDERICI ademptum sibi dolent.
Tres cyppus unus hîc tegit cum uxoribus
Lectissimis & liberorum liberis.
Hos CHRISTUS olim dormientes suscitet,
Ad concinendum Trinitati almæ melos.

I. X. Θ. Υ. C.

FEDERICUS MORELLUS *Paris. Professor & Interpres Regius,* FEDERICI MORELLI *nobilis genere Campani, Regii quoque Interpretis,* MICHAEL VASCOSANI *Scutiferi Ambiani nepos,* JODOCI BADII *illustris Belgæ pronepos, marmoreum hoc Epitaphium Patris, Avi, Proavi piæ memoriæ ære suo posuit; ejusdem cùm Deus vocans volet, Tumuli compos fieri optans, ἐν Θεῷ εὐέλπις. Anno salutis 1603.*

Qui idem MORELLUS *unus erat è Duûmviris togatis hujus ædis sacræ D. Benedicti* Παροικίας Γαζοφυλακίῳ *Præfectus.*

Il eut un fils nommé CONRAD BADIUS Parisien, aussi Imprimeur & Libraire, dont nous parlerons cy-après. Il donna en mariage une de ses filles à MICHEL VASCOSAN, & une autre à ROBERT ESTIENNE, dont nous parlerons cy-après.

Puisque nous venons de parler de la beauté des caractères, que BADIUS avoit commencé à perfectionner, il est bon d'ajouster qu'ils furent mis dans leur derniere perfection

K ij

par GEOFROY TORY Libraire, qui pour ce sujet composa un Traité de la proportion de toutes sortes de caracteres, intitulé *le Champ fleury*, &c. CLAUDE GARAMONT en tailla & grava aussi, fit des Poinçons, & frappa les Matrices pour les gros caracteres romains; PIERRE HUTIN pour les petits, & ROBERT GRANJON Libraire pour les lettres italiques; & ensuite GUILLAUME LE BE' Libraire, Fondeur & Graveur de Poinçons. Nous parlerons d'eux dans la suite de cette Histoire.

ALEXANDRE ALIATE imprima *Liber B. Augustini de Vitâ Christianâ* in octavo en 1500. Il avoit pour devise autour d'un A au pied d'un arbre, ces mots, *à fructibus eorum cognoscetis eos.*

THIELMAN KERVER Libraire Juré, Allemand de nation, épousa Yolande Bonhomme, fille de Libraire, & imprima pour SIMON VOSTRE, *Breviarium ad usum Ecclesiæ Parisiensis* in seize, rouge & noir, en 1500. *Biblia Sacra* in folio en 1504. *Missale Romanum* in folio en 1521. & plusieurs autres usages, dont il faisoit un tres-grand negoce, & estoit presque le seul qui imprimoit des usages rouges & noirs. Il imprima aussi *Gratiani Decretum cum glossis*, in quarto trois volumes en 1505. & 1506. *Sermones de Voragine* trois volumes in octavo en 1528. *Breviarium Parisiensis Ecclesiæ* in octavo en 1544. Il a fait plusieurs fondations, & c'est luy qui a fait faire la grande vitre qui est sur la porte de l'Eglise de saint Benoist du costé des Charniers en 1525. où l'on voit cette marque T✝K soûtenuë de Licornes, elle est remarquable, pour estre une des plus belles vitres de Paris. Il a fait faire aussi celle qui est au dessus du maistre-Autel de l'Eglise des RR. PP. Mathurins, où l'on voit la mesme marque, comme aussi sur plusieurs autres ornemens qu'il a donnez à ces deux Eglises, dans l'une desquelles il a esté enterré. Il laissa plusieurs enfans, entr'autres JEAN, JACQUES & THIELMAN, dont nous parlerons dans la suite de cette Histoire.

NICOLAS VVOLFF Allemand, imprima *Quæstiones Magistri Petri de Alliaco Card. Cameracensis super libros Sententiarum* in quarto en 1500. ce Livre est fort estimé des Sçavans. Il mettoit à la fin de ses Livres, *Impressi arte & industriâ ingeniosissimi Viri N. VVolff Alemanni*, &c. Il imprima aussi pour les Libraires de Lyon, *Chronica D. Antonini Archiepisc. Florentini stud. Ioan. de Gradibus V. T. Prof.* in folio trois volumes en 1512.

Nicolas Waultier Libraire Juré, fit imprimer par Philippe Pigouchet, *Guillelmi Altissiodorensis Summa aurea in quatuor libros Sententiarum* in folio en 1500. Ce Livre n'a point esté r'imprimé, & est singulier, à cause qu'il contient des opinions particulieres, ce qui fait qu'il est recherché des Sçavans. Et avec Charles Dude, il imprima *Institutiones Iustiniani*, in octavo en 1514.

Gaspard Philippe imprima *Lotharii Diaconi (postea Innocentii tertii Papæ) liber de vilitate & miseriâ conditionis humanæ*, in octavo en 1502. *Sophologium sapientiæ Iacobi Magni*, in quarto en 1506. pour Jean Petit. Il mettoit à la fin de ses Livres ces vers:

Gasparus hic reliquis Delphin insigne coronam
Pergerit: hâc tanta nobilitate virens,
Ærea constituit crebris dare signa libellis,
Quos relegant & ament pectora docta, monet.

Robert Gourmont imprima *de vero beneficio Salvatoris JESU CHRISTI* in octavo en 1502. *Horologium devotionis circa vitam CHRISTI*, in octavo. Il a imprimé quelques Livres avec son frere Gilles de Gourmont, dont nous parlerons cy-aprés.

Roger Augrain, & François Bigner, imprimerent *Polidori Vergilii de inventoribus rerum opus*, in quarto en 1502.

Nicolas de la Barre imprima *Mich. Lochmaier Pataviensis Canonici Parochiale Curatorum, de juribus Parochialibus, de Decimis, &c.* in quarto. Et pour Pierre le Dru, *Buridanus in lib. Physicorum*, in folio en 1509. Il avoit pour marque un cœur percé d'une fleche, deux testes de mort aux deux costez, & deux os de mort, avec ces mots: *Mors omnibus æqua.*

Jean Seurre imprima pour François Regnault *Figuræ Biblicæ auct. Mag. Anton. de Rampegolis Ord. Augustin.* in octavo en 1503.

Henry Estienne, Chef de cette illustre Famille,

& l'un des meilleurs Imprimeurs de son temps, dont la principale gloire est celle d'avoir élevé & porté ses enfans à la perfection de l'Art de l'Imprimerie; commença à imprimer avec JEAN PETIT, & DENIS ROSSE, Libraires à Paris, *Textus abbreviatus Aristotelis super octo lib. Physicorum à Thoma Bricot, una cum quæstione Textus Magistri Georgii, & quæstionibus ejusdem de recenti ab eodem Thoma Bricot*, in folio en 1504. & à son nom seul, *Liber eruditionis Religiosorum à sancto Bonaventura editus*, in octavo en 1505. *Theologia sancti Ioannis Damasceni interp. Fabro Stapulensi*, en 1507. *Psalterium quintuplex Fabri Stapulensis*, in folio en 1508. qui avoit esté commencé à imprimer en l'Abbaye de S. Germain Desprez, & qui fut achevé d'imprimer par ESTIENNE, comme on le voit au bas de la premiere page du mesme Livre, dont il y a des exemplaires imprimez sur du velin, que l'on peut voir en la Bibliotheque du College de Navarre. Il imprima encore avec JEAN PETIT, *Caroli Bouilli Samarobrini viri doctissimi Tractatus varii, scilicet de intellectu, de sensu, de nihilo, de arte oppositorum, de generatione*, &c. in folio en 1509. Ce Livre est fort considerable, tant par la sublimité des matieres qui y sont traitées, que par la quantité de figures qui y sont, & qui en donnent l'explication. Il imprima aussi *Itinerarium Antonini August*. en 1512. avec des Prefaces & Avis de TORY Imprimeur & Libraire à Paris, dont nous parlerons cy-aprés. *Sancti Dionysii Areopagitæ opera Latina ex vers. Amb. Camaldulensis*, in folio en 1515. *De necessitate peccati Adæ*, in quarto en 1519. & plusieurs autres ouvrages considerables. Il mourut à Paris vers l'an 1520. & laissa trois fils, sçavoir ROBERT, FRANÇOIS, & CHARLES, dont nous parlerons cy-aprés.

GUILLAUME ANABAT imprima pour GUILLAUME HARDOÜIN Libraire Juré, les Heures à l'usage de Rome in octavo, en 1515. & pour JEAN GRANJON, *Martini Magistri de Temperantia & Fortitudine*, in folio en 1510.

JEAN MARCHAND imprima pour JEAN PETIT, *Regula Mandatorum per Ioann. Gerson. Cancellar. Parisiens.* en 1505. & pour OLIVIER SENANT, *Nonius Marcellus de proprietate sermonum*, in folio en 1511.

EUSTACHE DE BRYE fit imprimer, la Loüange des Rois de France, contenant plusieurs choses appartenant à l'Histoire de LOUIS XI. in octavo, en 1505. les Triomphes de France sous le Roy LOUIS XII. traduits par Jean d'Ivry, in octavo en 1508.

JEAN BARBIER Libraire Juré, imprima pour DENIS ROSSE, *Frat. Bapt. Mantuani Bucolica seu adolescentia, in decem Eclogas divisa, ab Jodoco Badio Ascensio familiariter exposita,* in octavo en 1505. & pour PIERRE BACQUELIER natif de Grenoble, *Opus Evangelistarum* in octavo en 1506. & pour JEAN PETIT, *Durandus de Origine Iurisdictionis Ecclesiastica, & de Legibus,* in quarto en 1506. *Pragmatica Sanctio* in quarto en 1514. BARBIER estoit un des plus habiles Imprimeurs de son temps, & tres-entendu en son Art. Il avoit pour marque une épée avec ces mots, *tout par honneur.*

JEAN GRANJON fit imprimer *Ethica Aristotelis* in octavo en 1506. *Andreæ de novo Castro Ord. Minor. scriptum in primum lib. Sententiarum,* in folio en 1514. *Ioannis Majoris in Mathæum, &c.* in folio en 1518. *Ejusdem in Libros quatuor Sententiarum, &c.* in folio quatre volumes en 1521. C'est la seule édition qui a esté imprimée, & qui est recherchée des Sçavans. Il avoit pour marque un Marais dans lequel croissent de grands joncs, pour faire allusion à son nom.

FRANÇOIS REGNAULT Imprimeur & Libraire Juré, qui avoit épousé MAGDELAINE BOUCHETTE, imprima la Chirurgie de Guillaume de Salicet in quarto en 1506. *Petrus de Palude in quatuor lib. Sentent.* in folio en 1514. *Guilelmi Parisiensis opera,* in folio en 1516. premiere édition. *Guillmi Durandi Speculatoris appellati Breviarium aureum, &c.* in octavo en 1519. *Gersonis opera* in folio trois volumes en 1521. Pour DURAND GERLIER, *Concordata inter Sanctiss. Papam Leonem Decimum, & Franciscum Primum Gall. Regem,* in octavo. Item *Defensorium Concordatorum per Heliam Turon. Archiepisc.* in octavo. Ce Livre est extrêmement rare & curieux. La Chronique de LOUIS XI. Roy de France, par Philippes de Commines en 1529. les grandes Chroniques de France, avec la Chronique de Robert Gaguin in folio trois volumes, ce qu'on appelle la Chronique de Saint Denis. Les Chroniques & Annales de Hainault in folio en 1531. le grand Coûtumier de Bourgogne in quarto en 1534. *S. Cypriani opera cum notis Erasmi* in folio en 1541. Il mettoit ordinairement au bas de ses Livres, comme on voit en ce dernier, *Parisiis, ex Officina honesti viri Francisci Regnault*; & avoit pour devise autour de sa marque qui estoit un Elephant, *En Dieu est mon esperance*. Il s'est distingué par la grande quantité de Livres qu'il a fait imprimer. Il avoit deux freres, dont le premier fut nommé JACQUES, qui épousa MARGUERITE DU PRÉ; le second nommé ROBERT, qui épousa MARGUERITE MORIN, tous Libraires.

OLIVIER SENANT fit imprimer *Ioannis Dullaert Quæstiones in octo lib. Physicorum, & in libros de cœlo & mundo*, in folio en 1506. & 1511.

GILLES DE GOURMONT estoit sçavant dans les Langues Grecque & Latine. Il vint à Paris en 1507. fut le premier qui y imprima les Auteurs Grecs; il commença par la Grammaire de Chrysoloras, la Batracomyomachie d'Homere, le Poëme d'Hesiode, intitulé *Opera & Dies*; *Destructorium vitiorum*, in folio en 1521. & autres Ouvrages, à la fin desquels il mettoit ce Dicton.

Operoso huic Opusculo extremam imposuit
Menum ÆGIDIUS GOURMONTIUS
Integerrimus ac fidelissimus primus,
Duce Francisco Tissercot Ambacæo,
Græcarum Litterarum Parisiis Impressor.
Anno Domini 1507.

Il fit imprimer par PIERRE VIDOÜE en 1528. *Aristophanis Comœdiæ*, in quarto en Grec. Il avoit pour marque ses armes, & autour ces deux vers.

Tost ou tard, prés ou loin,
A le fort du foible besoin.

Il avoit deux freres, dont un étoit appellé JEAN, avec qui il estoit quelquefois associé, comme on le voit au Livre, *Utriusque Juris Introductorium*, &c. imprimé chez JEAN & GILLES DE GOURMONT en 1518. & l'autre ROBERT, dont nous avons parlé cy-devant. Il s'est fait distinguer par la grande quantité de Livres qu'il a imprimez,

&a

& a laissé deux fils nommez JEAN, & FRANÇOIS, dont nous parlerons cy-après.

Il faut icy remarquer que JANUS LASCARIS RHYNDACENUS, exilé de Constantinople, a trouvé le premier, ou au moins rétably les grandes lettres majuscules & capitales de l'alphabet Grec. Il fit imprimer en l'an 1494. les Sentences morales, & autres Vers qu'il dédia à Pierre de Medicis, où il l'informe de la peine qu'il avoit euë à rechercher parmy les Medailles & Monumens de l'Antiquité, la vraye figure de ces grandes lettres qui furent gravées & frappées à Paris par ROBERT GRANJON Libraire, qui quelques années après alla à Rome aux dépens du Pape, & à ses gages, pour y en fraper & fondre. Il s'y perfectionna, & revint à Paris, où il les remit en leur dernière perfection, comme nous les avons aujourd'huy. Il y avoit aussi de son temps CLAUDE GARRAMONT, qui épousa Guillemette Gaultier. Il estoit un des plus habiles Fondeurs de caractères d'Imprimerie de son temps, dont il nous reste presentement plusieurs Frappes & Matrices qui portent encore son nom. Il fit imprimer par PIERRE GAULTIER l'Histoire des successeurs d'Alexandre le Grand de Claude Scysset, in seize, en 1545. NICOLAS DUCHEMIN Imprimeur & Libraire, dont nous parlerons cy-après, en grava & frappa pour la Musique, & le plain chant.

GUILLAUME EUSTACHE Libraire du Roy, fit imprimer par ANDRÉ BOCARD, *Pragmatica Sanctio*, in quarto en 1507. les Triomphes de France sous le Roy LOUIS XII. traduits par d'Ivry, in quarto en 1508. Dialogue de Salomon & de Marcolphus, traduit par le mesme d'Ivry. *Breviarium Ioannis de Londris*, in quarto en 1510. les Epistres de saint Jerosme en François, in folio en 1520.

ANTOINE BONNEMERE imprima pour DENIS ROCE, *Declamatio lepidissima ebrosi, scortatoris, aleatoris, de vitiositate disceptantium condita à Philippo Beroaldo*, in quarto en 1508. Les Chroniques des Princes Matathias, de son fils Judas Machabeus, & de ses quatre autres freres, traduites par Charles de Saint Gelais in folio, en 1514. *Gaguinus Ord. S. Trinit. de Origine & rebus gestis Francorum*, in octavo en 1514. Il avoit pour marque un Palmier avec ces mots, *Nosce te ipsum*. Il a laissé un fils nommé GUILLAUME, dont nous parlerons dans la suite.

JEAN HONGOT fit imprimer par HENRY ESTIENNE *Cosmographia Pii Papæ SS.* in quarto en 1509.

JEAN SCABELER, autrement WETTENSCHIRE, associé avec JEAN PETIT, fit imprimer par JOSSE BADIUS, *Rosetum exercitiorum spiritualium, & sacrarum meditationum auct. Joan. Mauburno Can. Reg. S. Aug.* in folio en 1510.

JEAN CABILLER, ou SCABELER, fit imprimer par THIELMAN KERVER, *Exercitiorum spiritualium per Ioannem Mauburnum Bruxel* in folio, en 1510. *Decretales Gregorii noni* in quarto en 1516. rouge & noir.

JEAN VATERLOES imprima avec BARTHELEMY RAMBOLT, *Richardi Hampole Lectiones B. Iob* in quarto en 1510. *Maphæi Regii Patriæ Laudensis de perseverantia Religionis*, in quarto en 1511.

THOMAS KEES imprima, *Sermones Guillelmi Pepini Ord. Prædicat.* in octavo en 1511. & pour DENIS ROCE, *Tractatus brevis de anima & accidentibus ejus per Petrum de Alliaco*, in octavo en 1513. Il mettoit ordinairement au bas, ou à la fin de ses Livres, ces deux vers.

His, ô Lector, habesque Kees venalia Thomas,
Italicæ pressit è regione domus.

GEORGE BIERMAN de Bruge imprima pour JEAN GRANJON, *Franc. Mariæ Grapaldi Parmensis de partibus Ædium lib. &c.* in quarto en 1515.

PONCET LEPREUX, qui s'est fait distinguer par la grande quantité de Livres qu'il a fait imprimer, épousa ANNETE DUPUY, & commença à faire imprimer par JEAN BARBIER, *Dionysii Cisterciensis in Sentent. &c.* in folio en 1511. *Marci Fabii Quintiliani Oratoriarum Institutionum lib. XII.* in folio imprimée pour lui par PIERRE VIDOUE en 1527. La Toison d'or par Guillaume Evesque de Tournay, in folio deux volumes en 1530. *D. Anselmi in Epistolas Pauli*, in folio en 1533. *Petrus Lombardus in Psalm.* en 1541. *Gomes in regulas Cancellariæ*, in folio en 1545. Il avoit pour marque un loup qui emporte une brebis, avec ce vers en Latin.

Quidquid agas, sapienter agas, & respice finem.

GUILLAUME LE ROUGE, imprima pour DENIS ROCE, en 1512. *Petri de Ponte ceci Burgensis Genovefcum* in 4°.

JEAN DE LA ROCHE imprima pour EMOND LE FEVRE Libraire, plusieurs Traitez de *Gasparis Lax* en Latin és années 1512. & 1514. & pour JEAN PETIT & MICHEL LE NOIR, les Fleurs & manieres des temps passez, & des faits merveilloux de Dieu, tant en l'ancien Testament qu'au nouveau, in folio en 1513.

EMOND LE FEVRE fit imprimer la Vie des Peres renommez en plusieurs terres & pays, in folio en 1517. le Siecle doré, contenant le temps de paix, amour & concorde, in quarto en 1521.

JEAN PHILIPPI, LOUIS HORNKEN, & GODEFROY HYTORPI, imprimerent ensemble, *Suetonii opera* in folio en 1512. *Apulei opera* in folio en 1512.

JEAN DE STRASBOURG, en Latin, ARGENTORACENSIS, imprima pour JEAN DE BRIE, en Latin *Briensis*, & JEAN HONGOT, *Nova Corona Virginis* in folio en 1512. à la fin duquel Livre est ce Dicton.

Absolutum est hoc opus Novæ Coronæ B. M. Parisiis in ædibus JOANNIS ARGENTORACENSIS *industriâ, Calchographiæ Artis Opificis, Impensis* JOANNIS BRIENSIS, & JOANNIS HONGOTI, &c.

DE BRIE fit aussi imprimer par HENRY ESTIENNE, *Liber trium virorum, & trium spiritualium Virginum, &c.* per *Franc. Robert. Ord. Prædicat.* in folio en 1513. & plusieurs Heures en lettre gothique en 1518.

LOUIS HORNKEN imprima avec BARTHELEMY RAMBOLT, *Albertus de re ædificatoria* in quarto en 1512. Il avoit pour marque les armes de Cologne, avec ces mots, ô *Felix Colonia.*

PIERRE PETIT frere de JEAN fit imprimer par JEAN BARBIER *Tractatus Corporis* CHRISTI, in octavo en 1513. Il s'en trouve aussi au nom de PIERRE VIART.

NICOLAS ROUSSEL fit imprimer, *Humbertus de Romanis Ord. Prædicator. liber eruditionis Religiosorum, &c.* in octavo en 1513. *Petri de Bayers de pestilentia, &c.* in octavo en 1513.

L ij

JEAN FRELLON fit imprimer *Historia Ecclesiastica Petri Comestoris*, in quarto en 1513. *Bastolis in Sententias*, in folio en 1516. & quelque temps après il alla s'établir à Lyon, où il imprima quantité d'ouvrages considerables.

CLAUDE CHEVALLON imprima *S. Thomæ in quodlibeta &c.* in octavo, en 1513. Quelques années après ayant épousé CHARLOTTE GAILLARD, veuve de BARTHELEMY RAMBOLT, il imprima en la maison dudit RAMBOLT, *Corpus Iuris Canonici, &c.* in folio trois volumes rouge & noir, en 1520. *S. Gregorii Magni opera*, in folio deux volumes en 1523. *Corpus Juris civilis* in folio trois volumes en 1524. & en 1529. rouge & noir *S. Ambrosii opera* in folio deux volumes en 1529. *S. Augustini opera* in folio sept volumes en 1532. *S. Hieronymi opera cum notis Erasmi emendat. &c.* in folio quatre volumes en 1533. *Rudolphi de vitâ CHRISTI ex Evangel.* in folio en 1534. *S. Ioannis Chrysostomi opera Latinè* in folio cinq volumes en 1536. *Petri Longobardi liber Sententiarum, &c.* in folio en 1537. & autres. CHEVALLON estoit un des plus habiles Imprimeurs de son temps, comme on le peut voir par grande quantité de Livres qu'il a imprimez en leur perfection, tous lesquels Livres cy-dessus sont les premieres éditions. Il avoit pour marque un Soleil, qui estoit celle d'ULRIC GERING premier Imprimeur, laquelle passa à BARTHELEMY RAMBOLT son associé; & depuis à CHEVALLON qui la mettoit au dessus de ses armes soûtenuës par deux chevaux debout, faisant allusion à son nom de Cheval-long.

NICOLAS DES-PREZ imprima pour JEAN PETIT, *Valerius Maximus, &c.* in octavo en 1513. *Nyder Confessionale, seu Manuale Confess.* in octavo, & pour PIERRE GAUDOUL *Plutarchi vitæ Lat.* in fol. en 1521. *Bartholis in Sentent.* in folio en 1516. imprimé pour JEAN FRELLON.

THOMAS REES imprima pour JEAN LAMBERT *Tractatus Arithmeticæ, qui dicitur Algorismus*, in octavo en 1513.

FRANÇOIS BRIGKMAN, natif de Cologne, fit imprimer par WOLFGANG HOPIL, *Divinarum Sententiarum lib. Bibl. ad certos titulos redacta collectar. Ioann. de Pechano Cantuariensis, &c.* in octavo en 1513. Quelques années après avoir exercé la Librairie à Paris, il s'en retourna à Cologne, où il imprima plusieurs ouvrages considerables, comme nous l'avons dit, en parlant de luy cy-devant. Il avoit pour marque les armes de Cologne avec ces mots, *Ima permutat brevis hora summis.* Il eut un fils nommé ARNOLD, qui alla aussi s'établir à Cologne ; mais aprés sa mort, sa veuve revint à Paris, où elle fit imprimer quelques Livres, comme nous le dirons cy-aprés.

CONSTANT FRADIN imprima en 1513. *Ioannis Iaristeriensis Cursus Philosophorum* in octavo.

GALIOT DUPRE' Parisien, Libraire Juré, a composé plusieurs Ouvrages, Prefaces, Avis & Epistres dedicatoires, qui se voyent au devant des Livres qu'il nous a laissez. Il fit imprimer le grand Coustumier de France, & l'instruction & maniere de proceder és Cours de Parlement par Boutilier, in folio en 1514. On voit dans le commencement de ce Livre ce plaisant Dicton.

Le Baillif vandange, le Prevôst grappe,
Le Procureur prend, le Sergent happe,
Le Seigneur n'a rien, s'il ne leur échappe.

Il fit de plus imprimer *Biblia Sacra* in folio en 1541. par SIMON COLINET, *Egregii opera Tract. Iuris Regaliorum,* in folio en 1542. Les divines Institutions de Lactance, Firmian, traduites par René Fumé in folio en 1542. *Petri Bertrandi Episcopi & Card. Tractatus duo de origine & usu Iurisdictionum* in octavo en 1551. DUPRE' a esté un des Libraires qui a le plus fait imprimer de son temps, en quoy il s'est fait distinguer des autres Libraires. Il avoit pour marque une Galiote, faisant allusion à son nom, avec ces mots : *Vogue la Galere.* Il laissa deux fils, nommez PIERRE, & GALIOT, dont nous parlerons dans la suite.

JEAN DE LA GARDE imprima *Petrus de Perusio de unione beneficiorum,* en 1514. les grandes Coustumes generales & particulieres in folio en 1517. qui ont esté les premieres Coustumes imprimées à Paris.

JACQUES POUCHIN imprima pour FRANÇOIS REGNAULT, *Ioan. Burgo pupilla oculi de septem Sacramentorum, &c.* in quarto en 1514. pour DENIS ROCE, *Speculum Curatorum, &c.* in octavo en 1518. & pour GALIOT DUPRE'

L iij

Repetitiones 48. Petri de Bellapertica in octavo en 1515. à la fin duquel Livre on lit ce qui suit.

Finis consummatissimi atque subtilissimi Petri de Bellapertica Doctoris Galli Repetitiones 48. optatum hîc finem habent, adjecto in calce operis amplissimo indice, quas solertissimus apud Parisios JACOBUS BOUCHIN *primis caracteribus formavit, sumptibus verò probissimi* GALLIOT PRATENSIS, *anno ab Orbe redempto 1515. Kal. Septemb.*

CHARLES DUDE fit imprimer avec NICOLAS VVAULTIER *Institutiones Justiniani cum Lectura Petr. de Bellapertica*, in octavo en 1514. imprimées sur du velin.

JEAN BIENAISE, & JACQUES FERREBOÜE, habiles Imprimeurs, ont imprimé en societé avec JEAN PETIT, *Gabriel Byel in Sententiarum, &c.* in folio en 1514. Livre estimé.

JEAN LALYSEAU imprima, *Expositio Hymnorum totius anni* in seize en 1515.

TOUSSAINT DENIS fit imprimer la Description de toute l'Italie, &c. in quarto en 1515. *Tractat. de fundatione Facultatis Universe. Parisiensis*, in quarto en 1515.

GUILLAUME NYNERD imprima pour EMOND LE FEVRE Libraire, la Fleur des Commandemens de Dieu in folio en 1516. Il avoit pour devise à la fin, ou au commencement de ses Livres, ces vers.

Tout ainsi que descend en la fleur la rosée.
La face au miroüer, & au cueur la pensée,
Le Soleil en voiriere sans estre entamée,
La voix en la maison sans estre offensée,
Entra le Fils de Dieu en la Vierge honorée.

FRANÇOIS I. confirma les Privileges des Imprimeurs & Libraires de Paris, par une Declaration du vingt Octobre 1516. & leur donna aussi le premier Reglement du dernier Août 1539. & du cinquième Juin 1543. Il augmenta cete belle Bibliotheque, que l'on appelloit la *Bibliotheque de Fontainebleau* en 1527. par les conseils de Janus Lascaris Grec de nation, issu du sang Imperial de Constantinople, & en donna la garde à Guillaume Budé, qu'il honora de la Charge de Bibliothecaire, ou Garde de la Librairie. Mais celuy-cy estant mort le vingt-deuxiéme Août 1540. âgé de soixante-treize années, Pierre du Chastel, ou Chastelain luy succeda. Et aprés la mort de ce Chastelain qui arriva l'an 1558. comme il preschoit, Pierre de Mont-doré fut nommé à cette Charge.

Ce fut aussi ce Roy qui envoya Juste Fenelle, Guillaume Postel, & Pierre Gilles en Orient, pour chercher des Livres rares, & des Manuscrits : qui établit à Paris en 1531. par le conseil de Budé son Bibliothecaire, les Professeurs és Langues Hebraïque, Grecque & Latine, en Philosophie, Medecine & Mathematique, & qui fit fondre par GUILLAUME LE BE' en leur perfection, ces beaux caracteres Hebreux, Grecs & Latins, dont ROBERT ESTIENNE Parisien, fils de HENRY son Imprimeur ordinaire, avoit la garde, & dont il se servoit en l'impression de ses Livres, au bas desquels il mettoit ordinairement *Ex officinâ Roberti Stephani Typograph. Regii, regiis typis.*

Le Roy prenoit aussi un plaisir singulier à voir travailler à l'Imprimerie. Un jour venant voir ROBERT ESTIENNE comme il corrigeoit une épreuve, il ne voulut point l'interrompre, & attendit qu'il l'eut achevée. Cela fait voir l'estime & l'amour que ce Prince avoit pour ce bel Art.

Ce fut aussi sous ce Regne que l'on commença à dorer sur tranche les Livres les plus considerables, & d'y faire quelques ornemens, en y mettant à quelqu'uns des devises, ou le nom des personnes à qui ils appartenoient ; & c'est ce que nous appellons antiqué sur tranche : quelquefois on les couvroit de velours, comme nous en voyons encore aujourd'huy dans les Cabinets des curieux : mais comme l'impression des Livres se multiplia beaucoup sous ce Regne, & que les particuliers commencerent à faire des Bibliotheques, on commença aussi à orner & à dorer les Livres en compartimens sur le plat, où l'on y faisoit des Cartouches, dans lesquels on mettoit le titre du Livre, parce que l'on les rangeoit sur le plat, & non pas comme nous faisons aujourd'huy : & l'un des plus curieux de ce temps-là, & qui fit une dépense tres-considerable en relieure & doreure, fut Monsieur Grollier qui avoit esté Ambassadeur pour le Roy François premier à Rome, qui avoit une Bibliotheque d'environ 3000. volumes qui estoient tous dorez diversement, avec son nom *Ioan. Grollerii & amicorum*. Elle a

PARIS.
1514.

esté conservée à l'Hostel de Vic jusqu'en 1675. qu'elle a esté venduë au public.

Sous ce Regne ont exercé cet Art.

JEAN DE LA PORTE, qui imprima *Valerandus de gestis Ioannæ Virginis* en 1516. *Catena S. Thomæ in Evangelium S. Ioannis* in folio en 1520.

JEAN SEVERIN fit imprimer *Philippus de Leydon de Reipublicæ curâ* in folio en 1516.

PIERRE GAUDOUL fit imprimer par NICOLAS DESPREZ, *Ioannis Despauterii opera. Plinii secundi Historia naturalis* in folio en 1524. *Haymo in Isaiam* en 1531. *Annales & Chroniques de France* par Nicole Gilles in folio en 1534. Il avoit pour marque une main tenant une lampe ardente avec ces mots; *Ite potius ad vendentes, & emite vobis*, Matth. 25. & sous la main: *Sic luceat lux vestra*, Matth. 5. Il s'est fait distinguer par la grande quantité de Livres qu'il a fait imprimer.

PIERRE LE ROY imprima *Guillelmi de Monte Lauduno Apparatus super Clementinas*, &c. en 1517.

JEAN BADIUS frere de JODOCUS BADIUS, dont nous avons parlé cy-devant, fit imprimer *Auli Gellii Noctes Aticæ* in folio en 1517. *Alberti Pii Carporum Comitis illustrissimi tres & viginti Libri in locos lucubrationum variarum Desiderii Erasmi, quos censet ad eos recognoscendos & retractandos*, in folio en 1531. *C. Plinii Cæcilii secundi Epistolæ*, &c. in folio en 1533.

JEAN KERBRIANT, & JEAN ADAM, imprimerent pour JEAN PETIT, ENGLEBERT DE MARNEF, & PIERRE VIART Libraires, *Decretum aureum cum Canonibus pœnitentialibus, & vita ejusdem Gratiani*, in octavo en 1517. rouge & noir. Ce Livre fut aussi imprimé au nom seul de JEAN KERBRIANT en 1517.

JACQUES MARECHAL fit imprimer *Gilberti Comment. in decem lib. Ethicorum Aristotelis*, &c. in folio en 1517.

PASCASE LAMBERT imprima avec BERNARD AUBRY, *Pomponii Mela Cosmographia* in quarto en 1517.

BERNARD AUBRY imprima *Auctoritates Aristotelis, Senecæ,*

Seneca, Boëtii, Platonis, Apuleii, Affricani, Empedoclis, Porphyrii, & Guilbertini Porritani in octavo en 1518. Il avoit la mesme devise que DENIS ROCE cy-devant.

ANDRÉ BOUCARD imprima pour JEAN PETIT, S. Thomas in Epistolas Pauli in folio en 1518. Rob. Messier Ord. Minor. Doct. Theolog. Sermones in Epistolas & Evangelia, &c. in octavo en 1531.

JEAN GOURMONT frere de GILLES & de ROBERT, dont nous avons déja parlé, fit imprimer, *in utriusque Iuris Introductorium* en 1518. *Eutropius Historiographus* in folio. Il avoit pour marque ses armes, qui estoient trois roses, deux en chef, & une en pointe, au dessus, *Spes mea Deus*, & au tour, *qui n'a suffisance n'a rien. Chacun soit content de ses biens.*

ALAIN LOTRIAN fit imprimer la Phlebotomie de M. Ant. d'Avignon in octavo en 1518. la Fleur de Devotion, par un Docteur en Theologie, in octavo.

GUILLAUME LE BRET fit imprimer par JEAN REAL, le grand Stile & Protocole de la Chancellerie in octavo en 1518. *S. Thomas in Epistolas Pauli* in folio en 1538. *Ioann. Echii Homiliæ adversus quoscumque nostri temporis hæreticos, super Evangelia de tempore*, in octavo en 1541. REAL imprima en son nom, la Vie de salut par Guillaume Paris in octavo en 1540. LE BRET avoit pour marque, un arbre dont les fruits estoient verds & tendres, avec ces mots, *Spes mea Deus.*

RENAULT CHAUDIERE fit imprimer, *Petrus Crinitus de honestâ disciplinâ, & de Poëtis Latinis* en 1518. *Claudius Seyssellus adversus Waldenses* in quarto en 1520. Il avoit pour marque le Temps avec ces paroles, *Virtus sola aciem retundit istam.* Il s'est fait distinguer par le grand nombre de Livres qu'il a fait imprimer. Nous parlerons de son fils CLAUDE dans la suite de cette Histoire.

GILLES COUTTEAU imprima le Couronnement du Roy François Premier, le Voyage & Conqueste du Duché de Milan, par Pasquier le Moyne in quarto en 1519. Il avoit pour marque un grand Couteau, dont la pointe estoit rompuë, & deux autres plus petits, avec ces mots, faisant allusion à son nom, *Du grand aux petits*, voulant dire que d'un grand couteau l'on en peut faire de petits. Il eut un fils nommé NICOLAS, dont nous parlerons dans la suite.

PIERRE VIDOUVE de Verneil imprima, *Ioan. Brunelli Tract. de dignitate & potestate Legati, &c.* in quarto en 1519. pour JEAN KERVER, & CONRARD RESCH, Libraires, *de Primatu Petri adversus Ludderum Ioan. Echii* in folio en 1521. *Bernardi de Lutzemburgo Ord. Prædicat. Catalogus hæreticorum omnium penè qui ad hac usque tempora Litterarum monimentis proditi sunt, &c.* en 1524. Ce Livre est estimé des Sçavans, & rare. Pour JEAN PETIT, & DENIS LECUYER, Libraires, *Linguarum duodecim caracteribus differentium Alphabetum, &c. auct. Guill. Postello*, in quarto en 1538. Ce Livre est le premier que l'on ait imprimé à Paris en caracteres de Langues Orientales, qui fut suivy par ROBERT ESTIENNE, mais en caracteres plus parfaits & plus beaux, comme on le peut voir par plusieurs Livres de la Bible en Hebreu, imprimez en 1540. VIDOUVE prenoit la qualité de Maistre és Arts, en mettant à la fin de ces Livres, *Artium Magister*, comme on le voit à la fin de *Leobini Dallerii de Mandatis Apostolicis* in octavo en 1521. En effet il estoit habile homme & sçavant, comme il paroist par plusieurs Epistres dedicatoires, qui se voyent au devant des Livres qu'il a imprimez. Il avoit pour marque la Fortune, avec ces mots, *Par sit fortuna labori*. Et au dessus de la teste de la Fortune, *Audentes juvo*. Il est mort vers l'an 1543.

MICHEL LESCLENCHER imprima pour JEAN PETIT, *Summa virtutum & vitiorum per Guill. Peraldum* in octavo deux volumes en 1519.

ANTOINE AUSSURD imprima sur un ancien Manuscrit tiré de la Bibliotheque du College de Lizieux, pour JEAN PETIT Libraire, *Iustinus, Florus, Sextus Ruffus* in folio en 1519. *Ioannis Raulin Sermones de pœnitentiâ* in quarto en 1524. Cet Imprimeur fut recommandable par la beauté & bonté des Livres qu'il imprima.

PIERRE GROMORS imprima avec la veuve de RAMBOLT, *Petrus Tartaretus in Sententiis* in folio en 1519. *Petri de Bellapertica in Codicem* in folio en 1519. & pour JEAN PETIT & FRANÇOIS REGNAULT Libraires, *Gersonis opera* in folio trois volumes en 1520. qui est la premiere édition. *Grammatica Arabica Guill. Postelli* in quarto en 1538. qui est le premier Livre imprimé en Arabe à Paris. PIERRE GROMORS estoit un des habiles Imprimeurs de son temps, tant pour les Langues Orientales, que pour le Grec, comme on le peut voir par la Grammaire de Theodore Gaza in douze, en 1529. qu'il imprima pour PIERRE GAUDOUL.

PHILIPPE LE NOIR fils de MICHEL, épousa MARGUERITE DUPUY, de qui il eut PHILIPPE, dont nous parlerons cy-après. Il fit imprimer le Miroir de Phœbus, avec l'Art de Fauconnerie, par Gaston Comte de Foix, in quarto en 1520. qui est le premier Livre que l'on ait imprimé sur cette matiere, & de la Chasse. Le grand Proprietaire des choses de Barthel. Langlois, traduit par Jean Corbichon en 1525. le Labyrinthe, & le sejour de trois Dames par Jean Bouchet en 1533. le Bocace en François in folio en 1531. & plusieurs autres Livres. Il avoit la mesme marque que son pere.

GUILLAUME DESPLANIS imprima pour GILLES GOURMONT, & FRANÇOIS REGNAULT Libraires, *Victoria Porcheti adversus impios Hebræos, &c.* in folio en 1520. Ce Livre est fort rare & tres-estimé, estant un des premiers Auteurs qui ait écrit contre les Juifs. Il imprima pour ENGUILBERT, & JEAN DE MARNEF, *Regula Beati Patris Benedicti* in octavo en 1521.

JEAN OLIVIER imprima, *Gauffridus Boussard in septem Psalmos pœnitentiales* in octavo en 1521.

JEAN SAINT DENIS fit imprimer le Quadragesimal Spirituel, ou la Salade du Caresme, &c. in quarto en 1521. la Marchandise Spirituelle, traité devot & salutaire à tous Chrestiens, in quarto.

JACQUES NIVERD imprima, Eclogue de Baptiste Mantuan in octavo en 1521. Ordonnances Royaux de la Ville de Paris in folio en 1528. qui sont les premieres Ordonnances imprimées pour Paris, ornées de plusieurs figures en bois, representans les habillemens, & les ceremonies des Officiers de la Ville, ce qui rend ce Livre curieux & rare. La Mer des Chroniques, & Miroir Historial de France, trad. de Robert Gaguin en François, in folio en 1530. Il avoit pour marque un arbre au haut duquel est la Sainte Vierge, & plus bas ses armes, avec ces mots : *Soli Deo honor & gloria.*

JEAN KERVER fils de THIELMAN, fit imprimer, *de*

Primatu Petri adversus Ludderum Joannis Echii, in folio en 1521. & par EMOND LE FEVRE, *Epitome universalis Historiæ per Joan. Laziardum Cælestinum Parisiensem* in folio en 1521. *Haymo in Apocalypsim* en 1535. Il avoit deux freres nommez JACQUES KERVER, & THIELMAN, dont nous parlerons cy-aprés. Il avoit pour marque la Licorne.

CONRARD RESCH Libraire Juré, fit imprimer, *Asconius Pædianus in Orationes Ciceronis*, in folio. *Gabrielis Biel in Sententias* in folio en 1521. *Lepidis Stunica Annot. contra Erasmum, & Fabrum in defensionem Translationis novi Testamenti*, in folio en 1522. Il laissa un fils nommé CONRARD, dont nous parlerons cy-aprés.

SIMON DE COLINES, ou COLINET, épousa la veuve de HENRY ESTIENNE premier, qui luy apporta en mariage l'Imprimerie de feu son mary. Il fut un des premiers qui s'adonna à tailler des Poinçons, & à fraper des Matrices pour les caracteres d'Imprimerie, & il commença à imprimer à Meaux, *Iacob. Fabri Comment. in quatuor Evangel.* in folio en 1521. & la mesme année il imprima à Paris, *de memorabilibus & claris mulieribus Iacobi Bergomensis* in folio en 1521. *Iudoci Clichtovæi Neoportuensis Doct. Antilutherus tres libros complectens* in folio en 1524. *Ejusdem Propugnaculum Ecclesiæ adversus Lutheranos in tres libros*, &c. in folio en 1526. *Novum Testamentum Græcum* in octavo en 1534. Cette édition est estimée & assez rare; elle a cela de particulier, qu'elle est conforme à la vulgate, & mesme où la leçon de la vulgate est vitieuse, comme en saint Jacques chap. 3. vers. 5. Il imprima pour GALIOT DUPRE' Libraire, *Biblia Sacra* in folio en 1541. C'est dans cette seule édition où se trouvent les Canons Chronologiques au devant du N. Testament de S. Jerosme, que l'on a negligé de mettre dans les autres éditions, ce qui fait que cette édition est recherchée des Sçavans. Et pour JEAN ENGELLIER Libraire à Bourges, *Græcarum Institutionum*, &c. auct. Carolo Girardo, in quarto en 1541. Il estoit un des habiles Imprimeurs de son temps pour le Grec & le Latin, & tres-entendu dans son Art. Il avoit pour marque le Temps avec ces mots, *Virtus hanc sola retundit*. Et quelquefois des lapins que l'on appelle *conils*, faisant allusion à son nom de COLINES.

DAMIAN HICKMAN imprima, *Iord. de Quedelimberg opus sermonum de Sanctis* in quarto en 1521. *D. Petri Venerabilis Cluniacensis opera*, in folio en 1522. qui est la premiere édition de cet Auteur.

JACQUES LE MESSIER imprima pour JEAN PETIT, *Ioann. Major. in Sententias* in folio 1521. Ce Livre est fort estimé entre les Sçavans, & est la seule édition. Quinte-Curce Histoire d'Alexandre in folio en 1530. le Virgile traduit en François, in folio en 1532.

PIERRE VIART fut receu Libraire Juré en Janvier 1522. & fit imprimer *Rob. Gaguini Annales* in octavo en 1521. *C. Iulii Cæsaris Comment. Petri Daneti* in quarto en 1522. La Mer des Chroniques de France, par Rob. Gaguin in folio en 1525.

JEAN CORNILLEAU, en Latin *Cornicularius*, imprima pour PIERRE VIART Libraire Juré, *Rob. Gaguin. de gestis Francorum, &c.* in quarto en 1521. & pour GALIOT DUPRÉ, *Concilia generalia ex editione Iacobi Merlini*, in folio deux volumes en 1524. C'est la premiere édition que l'on en ait faite à Paris, il s'en trouve d'imprimez sur du velin, comme on le peut voir dans la Bibliotheque du College de Navarre. Il imprima aussi pour JEAN PETIT, *Ambrosii Calepini Dictionarium*, in folio en 1525. Il mettoit ordinairement au bas des Livres qu'il imprimoit, *Impressoriæ Artis diligentiss. optimusque opifex*. En effet il estoit un des habiles Imprimeurs de son temps, & sçavoit les Langues Grecque & Latine.

GUICHARD SOQUAND fit imprimer, *Bovillus de remediis vitiorum, & eorum consistentia*, in octavo en 1522. *Enchiridion locorum communium adversus Lutheranos auct. Joan. Echio*, in seize en 1528. *Richardi à S. Victore de potestate ligandi atque solvendi libellus, &c.* in seize en 1528.

ENGUILBERT DE MARNEF Libraire Juré, fit imprimer par JACQUES BOUCHET le Labyrinthe de Fortune, &c. in quarto en 1522. *Jus Civile concinniori ordine digestum à Ioanne Imberto*, in quarto en 1558. Il estoit quelquefois associé avec son frere JEAN DE MARNEF, comme on le voit au Livre *Regula B. Patris Benedicti* in quarto en 1521. Ils vendoient les Usages de l'Ordre de Cisteaux. ENGUILBERT DE MARNEF eut un fils nommé aussi

EN GUILBERT, qui alla s'établir à Poitiers environ l'an 1550. où il imprima plusieurs Livres.

YVES D'ENGLIBERT fit imprimer, *Mirabilis liber*, &c. in quarto en 1522.

CHRETIEN WECHEL habile Imprimeur, & dont les impressions sont fort recherchées, imprima les Oeconomiques d'Aristote, traduites par Sybert Louvenborch, in folio en 1522. *Galenus de plenitudine* in folio en 1528. *Ioan. Quintini Hædui repetitæ duæ duorum Capitum prælectiones, cap. de multa providentia de Præbend. & cap. novit ille de Iudic*, &c. in folio en 1552. Gesner dedia à WECHEL en 1548. le treizième Livre de ses Pandectes, où il dit de luy, qu'il a esté un des plus illustres dans sa profession : il y a joint le Catalogue des Livres qu'il avoit imprimez, qui sont en grand nombre ; aussi a-t'il esté de ceux qui a le plus imprimé de son temps à Paris. Il avoit pour marque deux mains tenant un caducée, & deux cornes d'abondance remplies de fruits, & le cheval Pegase pardessus. Il eut un fils nommé ANDRE' WECHEL, dont nous parlerons cy-après.

JEAN PREVEL imprima *Biblia Sacra cum Concordantiis*, &c. in octavo en 1523.

PRIGENT CALVARIN imprima, *M. Tul. Ciceronis Synonymorum Libellus* in octavo en 1524. *Aristotelis Problematum Theod. Gaza*, in octavo en 1539. Il avoit pour devise, *Deum time, pauperes sustine, finem respice*.

NICOLAS SAVETIER imprima, *Eucherii Lugdunens. Epistola parænetica* in octavo en 1525. *Jacobi Aberthencourt Rothomag. nova pœnitentialis Quadragesima, nec-non Purgatorium in morbum Gallicum, sive venereum*, &c. in octavo en 1527. *Baptistæ Mantuani Bucolica à Iodoco Badio familiariter exposita*, in octavo en 1528. *Gabriel Byel sacri Canonis Missæ Expositio* in folio en 1529. La Cité de Dieu traduite en François, in folio en 1530. Il avoit pour marque l'homme sauvage.

PIERRE LE BRODEUX fit imprimer par ANTOINE COUTEAU, le Floralier, Recueil & Epitome des Histoires du grand Valere Prince de tous Historiographes par Robert de Valle in quarto en 1525. Il avoit pour marque un arbre sur lequel est un cœur, avec ces lettres, *P. L. B.* & ces mots au dessus : *Arbor Hesperidum*, & un écusson attaché à cet arbre,

ET DE LA LIBRAIRIE, Liv. II.

PARIS.
1525.

dans lequel sont representez deux brox, faisant allusion à son nom de Brodeux, & autour de la marque estoient ces mots : *Lege cum prudentia, stude cum sapientia, metue cum patientia.*

Antoine Couteau imprima pour Galiot Dupré les Chroniques de France par Nicolas Gilles, in folio en 1525. les Faits de feu Alain Chartier in seize en 1526. & pour Charles de Broigne, & Clement Alexandre Libraires à Angers, l'Histoire d'Anjou par Jean de Bourdigne in folio en 1529. Cette Histoire est fort estimée des Historiens, & particulierement des Anglois, elle est assez rare.

Jean Herouf, fit imprimer les Ordonnances de Charles VIII. Loüis XI. & François I. in folio en 1525.

Estienne Anfray, imprima *Iacobi Almani Moralia* in octavo en 1526.

Nicolas Crispin épousa Claude Chatelle, & fit imprimer par les freres Marnef, *Iacobi Almani Moralia, & de auctoritate Ecclesiæ* in octavo en 1526.

Gerard Morrhy Campensis, dit Deschamps, Allemand, imprima *Luciani Salmosatensis ad Navigat. seu tyrannus*, in octavo Græcè en 1530. *Agath. Guidacerii in Canticum Canticorum Salomonis* in quarto en 1531. imprimé dans le College de Sorbonne.

Simon Dubois imprima pour Chrestien VVechel, le Livre de la vraye & parfaite Oraison in octavo en 1527. & pour Galiot Dupré, les Oeuvres de Guillaume Cretin Chanoine & Chantre de la Sainte Chapelle de Paris, in octavo en 1527. Ce Livre est assez recherché, estant d'un Poëte le plus estimé de son temps, & qui se sauva la vie, pour une Stance qu'il fit, qui se voit dans ce Livre. Il avoit pour marque ces mots : *Unicum arbustum non alit duos erythacos.*

Jean de Bially, ou Billy, fit imprimer le Traité des Fondemens du Temple Spirituel de Dieu, par Jean Clerici in octavo en 1528.

Robert Estienne fils de Henry, Imprimeur ordinaire du Roy. Sa reputation est si celebre parmy les Sçavans, pour avoir esté un des plus habiles hommes dans les Langues

96   HISTOIRE DE L'IMPRIMERIE

PARIS.
1525.

Hebraïque, Grecque, & Latine, qu'il a merité les Eloges de plusieurs grands Hommes. Gesner luy dédia le cinquiéme Livre de ses Pandectes, où il dit de luy, qu'il est entre les Imprimeurs & Libraires, ce qu'est le Soleil entre les Etoiles. Monsieur de Thou dans son Histoire dit que le Royaume est autant redevable aux seuls Estiennes, qu'aux plus grands Capitaines. Il fut un des premiers qui imprima en perfection des Livres en caractéres Hebreux, en quoy il a surpassé tous ceux qui avoient esté avant luy, comme on le peut voir par les Bibles Hebraïques de 1540. & 1543. Il commença à imprimer vers l'an 1525. *Par Digestorum seu Pandect. Juris Civilis* in octavo cinq volumes en 1527. *Virgilii opera cum castigation. & var. lect. per Joann. Pierium* in folio en 1529. & 1532. *Dictionarium seu Linguæ Latinæ Thesaurus* in folio en 1536. & 1543. & à Lyon en 1573. L'on estime cette derniere edition meilleure & plus ample que les autres, *Dianysii Alexandrini opera Græcè* in quarto en 1547. Plusieurs Bibles en Latin des années 1528. 1532. 1534. 1540. 1545. 1546. & autres. Des nouveaux Testamens Grecs & Latins des années 1541. 1543. 1545. & particulierement celuy où est la version d'Erasme, in seize, deux volumes en 1551. que l'on estime le meilleur & le plus considerable, à cause des trois traductions. *Concordantiæ Bibliorum* in folio en 1555. qui sont fort estimées. *Liber Psalmorum Davidis cum not. Vatabli* in octavo en 1546. & 1556. Ce Livre est fort estimé & recherché des Sçavans. Tous ces Livres sont remplis de très-belles Notes de sa composition, que l'on trouva en ce temps-là n'estre pas tout à fait orthodoxes, ce qui luy attira une censure des Docteurs de la Faculté de Paris en datte du onziéme Decembre 1548. qui fut confirmée par Arrest du Parlement de la mesme année; à quoy il ne pût s'empescher de répondre pour se justifier. Cependant cela l'obligea de quitter la ville de Paris, & de se retirer à Geneve, où il imprima quantité d'ouvrages, & où il mourut le septiéme Septembre 1559. âgé de cinquante-six ans. Il insera cette clause dans son Testament, que tous ses biens demeureroient à Genève, pour obliger ses enfans à y demeurer. Ainsi ROBERT ESTIENNE son fils, qui estoit établi à Paris, fut exclus de cette succession. Il avoit épousé la fille de JOSSE BADIUS, nommée Perrette, de laquelle il
eut

eut plusieurs enfans, sçavoir HENRY, & ROBERT, dont nous parlerons cy-après, CATHERINE née le cinquiéme Mars 1541. mariée au sieur JACQUELIN Notaire au Chastelet de Paris (dont est sorty JEAN JACQUELIN, qui a esté Surintendant des Bastimens du Roy.) JEAN ESTIENNE né le vingt-troisiéme Juin 1543. MARIE née le dernier Janvier 1544. & SIMON ESTIENNE, le vingt-deuxiéme Aoust 1546.

Il mettoit quelquefois à la premiere page de ses Livres ce Dicton d'Homere au dessous d'une pique, à l'entour de laquelle est un Serpent entortillé de feüilles d'olivier, expliqué ainsi: *Bon Roy, vaillant soldat, sage pour le conseil*. Il avoit pour marque ordinaire un Olivier dont on coupe les branches qui s'élevent trop, avec ces mots: *Noli altum sapere, sed time*.

NICOLE VOSTRE veuve imprima pour PIERRE ROFFET, SIMON HADROT, & NICOLAS PREVOST Libraires, le Diurnal à l'usage des RR. PP. Celestins in 24. rouge & noir en 1528. *Breviarium, ad usum Cælestinorum* in octavo en 1528. & plusieurs autres usages rouge & noir.

JEAN LONGIS fit imprimer, Deploration des Princes de Rome depuis sa fondation, &c. in folio par Savaric de Mauleon en 1528. Dialogue Matrimonial traduit d'Erasme in octavo en 1541. Histoire & Chronique d'Euphrate in folio en 1549. imprimé pour ESTIENNE GROULLEAU. Il avoit pour marque la Lance de Longis qui perça le costé de Nostre Seigneur, faisant allusion à son nom, avec ces mots: *Nihil in charitate violentia*.

GUILLAUME DE BOSSOZEL imprima *de Voto ac libero arbitrio, auctore Carolo Bouillo Samarobrino*, in octavo en 1529. Traité des Triomphes de la noble Dame, & l'Art de honnestement aimer in folio en 1536. le Terence en François in folio en 1539.

JEAN ROIGNY Libraire Juré, s'est fait distinguer par la quantité de Livres qu'il a imprimez, comme *de verâ Mensurarum ponderumque ratione* in octavo en 1529. *Durandus in Sententias* in folio en 1539. *Titelmanus in Psalmos* in folio en 1540. *Divus Augustinus in Psalmos* in folio en 1543. *Theophilactus in quatuor Evangelia* in folio en 1541. *Thomæ à Campis opera* in folio en 1549. *S. Thomas in Epistolas Pauli* in folio en 1549. & autres.

PARIS. 1528.

CHARLES DE BOIGNE fit imprimer, Histoire aggregative des Annales & Chroniques d'Anjou par M. de Bourdigne, in folio en 1529. Ce Livre est rare & singulier pour l'Histoire d'Angleterre, & n'a point esté r'imprimé.

GEOFFROY TOURY, ou TORY, natif de Bourges, Imprimeur & Libraire Juré, avoit esté Regent au Collège de Bourgogne : il composa le Champ Fleury, contenant l'Art & science de la proportion des lettres Attiques ou antiques, appellées Romaines, &c. imprimé par luy-mesme en 1529. sur lesquelles on s'est perfectionné en la beauté des caracteres servans à imprimer. Il a traduit du Grec les Hieroglyphiques d'Orus Apollon, les Politiques de Plutarque, imprimées en mil cinq cens trente par GUILLAUME BOULLÉ in octavo, le Tableau de Cebés, les Dialogues de Lucien, les Chroniques de Jean Baptiste Egnace, imprimées par luy en 1529. Il fit imprimer rouge & noir par HENRY ESTIENNE en 1512. Itinerarium Antonini, avec des Prefaces & Avis de luy, & autres ouvrages. Il imprima par ordre du Roy l'Histoire Ecclesiastique d'Eusebe, traduite par Claude de Seyssel Evesque de Marseille, qui fut un des premiers Traducteurs en nostre Langue, ayant traduit Thucydide, Xenophon, Oppien, Justin, Diodore & plusieurs autres in folio en 1532. Le Roy FRANÇOIS I. luy accorda un Privilege en datte du vingt-huitiéme Septembre 1584. pour l'impression des Heures, en consideration des ornemens & vignettes dont il se servoit. Il mettoit autour de sa marque, qui estoit un pot cassé (ce qui luy attira le sur-nom de *Maistre du pot cassé*) remply de toutes sortes d'instrumens, ces mots, *Non plus*. Il est aussi Auteur du Livre qui a pour titre, *Ædiloquium, seu digesta partibus ædium urbanarum & rusticarum suis quæque locis adscribenda*. Item, *Epitaphia septem de Amorum aliquot passionibus*, imprimé par SIMON COLINES in octavo en 1530. Ce TORY est mort vers la fin du dernier siecle. Voicy quelques Epitaphes faites à sa loüange.

GODOFREDO TORINO,
Quem Ulvaricum Biturigum peperit,
Quem Lutetia Parisiorum fovit,
Viro Linguæ tum Latinæ tum Græcæ peritissimo,
Litterarum denique Amantissimo,
Typographo Solertissimo.
Et
Bibliographo Doctissimo.
Quod de partibus ædium elegantissima distica scripserit.
Tumulos aliquot ludicros veterrimo stylo Latinè condiderit.
Xenophontis, Luciani, Plutarchi Tractatus
è Græco in Gallicum converterit.
Parisiis in Burgundiæ Gymnasio Philosophiam edocuerit,
Primus omnium de re Typographicâ sedulo disseruerit,
Litterarum sive caracterum dimensiones ediderit,
Et GARAMUNDUM Calcographum Principem edocuerit.
Viri boni officio, quoad devixit
Anno M. D. L.
Semper Defunctus a monente
JOANNE TOUBEAU
Etiam Typographo & auctore,
Mercatorum Prætore,
Ædili Bituricensi;
Ob negotia civitatis difficillima
Ad Regem & Concilium Legato,
Ejusdem TORINI abnepote,
Et Typographicorum insignium hærede.
NICOLAUS CATHARINUS nobilis Bituricus,
Regis Advocatus & Senator in Biturigum Metropoli,
A teneris annis huc usque & deinceps
Rei Typographicæ addictissimus,
Cursim raptimque scripsit, exeunte Novembri
M. DC. LXXXIV.

SISTE VIATOR.

Et jacentes etiam Artes colito.
Hîc
GODOFREDUS TORINUS Bituricus,
Ubique litteris librisque clarissimus,
Qui
Parisiis multos per annos Philosophiam
Docuit maximo concursu,
In Regio Burgundiæ Collegio,
Simulque Artem exercuit Typographicam,
Novam tunc ac recentem brevi perpolitam
Tamen reddidit.
Quisquis ad studium animum applicas,
Et indè quæris immortalitatem,
Præcipuo cultori prius apprecare.
A M E N.

De ce celebre Professeur, Imprimeur & Libraire, est sorty JEAN TOUBEAU son petit-neveu, dont il est parlé en l'Epitaphe cy-dessus, qui estoit Imprimeur & Libraire en la Ville de Bourges, homme sçavant, & tres-entendu en son Art, à qui nous sommes obligez de la composition d'un Livre qui a pour titre, *Les Instituts du Droit Consulaire*, qu'il imprima aussi luy-mesme. Il mourut en cette ville de Paris en 1685. ce qui donna occasion à M. Pinsson le fils, Avocat au Parlement de Paris, un de ses bons amis, de faire l'Epitaphe qui suit.

STA VIATOR.

Hîc
Et Manes venerare sepultos,
Lutetiæ Parisiorum,
In Basilicâ sancti Iacobi à Laniena,
JOANNES TOUBEAU Bituricus,
Inter Typographos celeberrimus,
Mercatorum Iudex ac Prætor non semel

Æquissimus,
Ipsos inter Doctos scriptis clarissimus:
Urbis Ædilis vigilantissimus.
Ad asserenda civitatis ipsius jura ac privilegia
Legatus fortunatissimus:
Dum
Partam suis laboribus ac curis victoriam
Gratulatur:
Et reditum ad suos meditatur,
Omnibus gratissimus:
Pleuritide subitâ correptus,
Sacramentisque Ecclesiæ piè ac devotè munitus,
In cœlum quasi ovans rapitur,
Sexto Nonas Iulii, anno Domini
M. DC. LXXXV.
Ætatis LVII.

PARIS:
1529.

NICOLAS PREVOST fit imprimer, *Missale Canonicor. Regularium ordinis sancti Augustini secundum ritum insignis Ecclesiæ sancti Victoris ad Muros Parisienses* in folio en 1529. Il y en a d'imprimez sur du velin, que l'on peut voir en la Bibliotheque de Messieurs de saint Victor; *Missale ad usum Frat. Ord. S. Trinitatis de Redempt.* in folio en 1529. Il faisoit un tres-grand negoce de Livres d'usage, comme de Missels, Breviaires, Diurnaux, & Heures.

NICOLAS COUTEAU fils de GILLES, imprima pour DIDIER MAHEU la Chronique abregée des Empereurs, Roys & Ducs d'Austrasie en 1530. Le Miroir Historial de Vincent de Beauvais, traduit par Jean Vignay in folio en 1531. Il imprima pour GALIOT DUPRÉ, JEAN BON-HOMME, & JEAN ANDRÉ, les Ordonnances Royaux in quarto en 1537. La Fleur des Commandemens de Dieu in folio en 1539. & pour AMBROISE GIRAULT la sainte Bible historiée in folio en 1541. composée par Comestor Chanoine de Nostre-Dame.

AMBROISE GIRAULT Libraire Juré épousa DENISE DE MARNEF, & fit imprimer les Coûtumes du Royaume de France in folio en 1527. Les grandes Postilles sur les Epîtres & Evangiles de l'année in folio deux volumes en 1530. *Guill.*

Pepini Ord. Prædicatorum de Imitatione Sanctorum tractatus in octavo en 1530: *Ejusdem Opusculum super Confiteor* in octavo en 1540. *Haymonis Episcopi Albestratensis Comment. in Apocalypsim* in octavo en 1540. Je croy que ce Girault fit imprimer avant l'an 1530. le *Concordata inter Papam Leonem X. & Franciscum primum Regem Galliæ*, &c. in quarto. Il avoit pour marque le Pelican, qui estoit celle de son beau-pere MARNEF.

MICHEL VASCOSAN épousa CATHERINE BADIUS, & en secondes noces Robine Coing. Il estoit Libraire Juré, & Imprimeur ordinaire du Roy, l'un des plus celebres & des plus renommez Libraires & Imprimeurs de Paris, tant pour son sçavoir, que pour le choix qu'il faisoit des bons Livres qu'il imprimoit en leur derniere perfection, comme on le peut voir par Diodore Sicilien, & par beaucoup d'autres de l'année 1530. *Quintiliani opera* in folio en 1542. C'est la meilleure édition, la plus belle & la plus correcte de toutes, ce qui fait qu'elle est recherchée des curieux, aussi bien que les Vies des Hommes Illustres Grecs & Romains, les Opuscules morales de Plutarque in folio quatre volumes en 1544. & in octavo, *Petri Lizetii Primi Præsidis in supremo regio Francorum Consistorio, & deinde Abbatis à sancto Victore, adversus Pseudo-Evangelicum Toxicum Comment.* in quarto en 1551. *Thomas Magister Phriniens*, &c. Grecè in octavo en 1537. Ce Livre est tres-rare, & recherché des Sçavans. Il estoit gendre de BADIUS, beau-frere de ROBERT ESTIENNE, & beau-pere de FREDERIC MOREL Interprete des Langues, & Imprimeur du Roy. Il florissoit à Paris sous les Regnes de FRANÇOIS premier, HENRY second, CHARLES neuf, & mourut sous HENRY troisiéme. Son Epitaphe est la mesme que celle de JOSSE BADIUS, que nous avons rapportée cy-devant page 75. Il laissa deux enfans, sçavoir PIERRE né le treiziéme Avril 1542. & MICHEL né le vingt-troisiéme Aoust 1545.

GUILLAUME BOULLE' imprima les Politiques de Plutarque, traduites par GEOFFROY TORY, Libraire & Imprimeur, in octavo en 1530.

PIERRE LE BER imprima Suetone des douze Cesars, in folio en 1530. *Epistre touchant la perfection des Arts liberaux, & Mathematiques*, par Oronce Finé en 1531. Adressé du fourvoyé Captif par Ch. de Hodie en 1532. Il eut un fils dont nous parlerons cy-après.

PIERRE REGNAUT imprima *Th. Cajetani Tractat. Adversus Lutheranos juxta scriptum de Sacrificio Missæ, de Communione, &c.* in octavo en 1531. *Biblia Sacra* in seize cinq volumes en 1542. & in octavo en 1543. *Nov. Testamentum cum Paraphr. Erasmi* in octavo deux volumes en 1540. la sainte Bible en François in octavo deux volumes en 1543. Il estoit fils de FRANÇOIS REGNAULT dont nous avons parlé cy-devant, & avoit épousé Gillette Chevallon fille de CLAUDE CHEVALLON. Il s'est fait distinguer des autres Imprimeurs & Libraires par la quantité de Livres qu'il a imprimez en perfection.

ANTOINE DE BLADIS imprima pour GERARD MORRHY *Canticum Canticorum Salomonis cum Comment. per Agathium Guidacerium* in quarto en 1531.

FRANÇOIS GRYPHE frere de SEBASTIEN, qui imprima à Lyon plusieurs Livres en leur perfection, imprima *Agathii Guidacerii in quinque Psalmos* in quarto en 1532. & pour GUILLAUME D'AVOUST Libraire, *Methodus precandi* in quarto en 1533. Il avoit pour marque un Gryphon, faisant allusion à son nom, avec ces mots : *Vires & ingenium*.

PIERRE SERGEANT imprima les Fleurs & Antiquitez des Gaules par Jean le Fevre en 1532.

LOÜIS CYANEUS imprima, *Seneca de Clementiâ cum notis Ioan. Calvini* in quarto en 1532. *VVicelius de bonis operibus* en 1534. & pour JACQUES KERVER le Songe de Poliphile, ou le Tableau des riches inventions in folio en 1546.

JEAN PIERRE imprima avec GERARD MORRHY, *Orontii Fineï Protomathesis* in folio en 1532.

GUILLAUME RICHARD fit imprimer *Apologia Alberti Pighii advers. Mart. Bucer.* in octavo en 1533. Il avoit pour marque une poule, avec ces mots pour devise, *in pingui Gallina*.

GUILLAUME D'AVOUST fit imprimer par SIMON COLINET, *Methodus Confessionis in Compendium redacta*, in quarto en 1533.

YOLANDE BON-HOMME veuve de THIELMAN KERVER imprima en 1533. *Decretales ex recognitione Ioan.*

Thieri, & pour HENRY PAQUOT, *Missale Parisiense* rouge & noir sur du velin, in folio en 1539. *Biblia Sacra* in octavo en 1549.

ANTOINE AUGEREAU, en Latin *Augercllus*, imprima *Andreæ Naugerii Patricii Orationes duæ* in quarto en 1531. *Numerus & Tituli Cardinalium, &c.* in octavo en 1533. & pour JEAN PETIT Oraison de Ciceron pour le rapel de Marcellus, par Antoine Macault en 1534. *Eusebii Pamphili de Præparatione Evang.* in quarto en 1534. Cet AUGEREAU fut aussi un des premiers qui tailla des Poinçons pour les lettres romaines, l'impression de ce temps-là n'estant presque qu'en lettres gothiques.

MAURICE DE LA PORTE Libraire Juré, fit imprimer *Petrus Sutor de potestate Ecclesiæ in occultis* en 1534. *Caroli Stephani de re hortensi Libellus selectus, &c.* in octavo en 1536. *Fausti Andrelini Heccatodisticon*, *Joann. Vatello Paraphraste* en 1535; *Erasmi præparatio ad mortem* en 1541. Il avoit pour marque le Philosophe Bias qui porte tout en se portant luy-mesme, avec ces paroles: *Omnia mecum porto*. Nous parlerons dans la suite de ses deux fils AMBROISE & MAURICE, cependant voicy une Epitaphe qui se lit au mur du Cimetiere de S. Estienne du Mont où ils ont esté enterrez.

A LA POSTERITÉ.

Pour éterniser la memoire de la foy charitable, affection & sincerité de vie d'honorables personnes MAURICE DE LA PORTE, Marchand Libraire Juré en l'Université de Paris, & de CATHERINE L'HERITIER sa femme, pareillement d'AMBROISE DE LA PORTE leur enfant bien-aimé, & Marchand Libraire de ladite Université, duquel la vivacité de l'esprit, & la debonaireté ne se peut assez remémorer. MAURICE DE LA PORTE, fils & frere des susdits regretans, leur a fait graver ce Tableau.

PIERRE COUSIN imprima *Passio D. J. C. secundum quatuor Evangelia per Ant. Akonigstein Ord. Minor.* in octavo en 1535. Sa marque estoit un Lyon tenant une brebis sous sa pate, avec ces paroles: *Humilitas vincit omnia*. Il eut de Catherine

Catherine Benoist sa femme un fils nommé GUILLAUME, né le vingt-septiéme Juillet 1546.

JEAN BIGNON imprima pour MAURICE DE LA PORTE, *Enchiridion locorum communium Ioan. Eckii adversus Mart. Lutherum*, &c. *per venerabil. Vir. Fr. Tilmanum Sibergensem*, Ord. Præd. in octavo en 1535. *Enarrationes Evangeliorum Interpret. S. Thomæ de Aquino*, in octavo en 1542. Il avoit pour marque ses armes avec ces mots : *repos sans fin, sans fin repos*.

JEAN ROIGNY Libraire Juré, dont nous avons parlé cy-devant page 97. fit imprimer *Terentius cum comment. variorum* in folio en 1552. Il avoit la mesme marque que SIMON DUBOIS cy-devant, dont il avoit acheté l'Imprimerie, qui estoit un arbrisseau avec ces mots, *Unicum arbustum non alit duos erythacos*. Il eut de JEANNE BADIUS sa femme, fille de JOSSE BADIUS, un fils nommé MICHEL, dont nous parlerons cy-aprés.

JACQUES KERVER Libraire Juré, fils de THIELMAN, & frere de JEAN, imprima *D. Thomæ Aquinatis Comment. in duos Aristotelis lib. de generatione & corruptione*, in folio en 1535. *Guill. Philandri Castilionii Castigationes in lib. M. Vitruvii* in octavo en 1545. *Discours du Songe de Poliphile* in folio en 1554. qui est la bonne édition, *Iacob. Fabri de Sacro-sancto Missæ Sacrificio adversus impiam Missæ & Missalis Anatomen*, &c. in quarto en 1563. *Histoire de l'Eglise* par G. Dupreau Doct. en Theologie, in folio deux volumes en 1583. *Barth. à Martyribus Stimulus Pastorum*, &c. in octavo en 1583. & quantité d'autres Livres & Usages, dont il faisoit un tres-grand negoce dans les pays étrangers. Ce fut le premier qui obtint des Papes Pie V. & Gregoire XIII. confirmé par le Roy Charles IX. le Privilege en datte du 13. Avril 1572. pour les Usages reformez selon le Decret du Concile de Trente ; & après sa mort qui arriva vers l'an 1583. ce Privilege fut continué en 1595. aux sieurs *Sebastien Nivelle, Michel Sonnius, Thomas Brumen, & Guillaume de la Noue*, tous habiles Imprimeurs & Libraires. Ensuite de ceux-cy, Monsieur le Cardinal Duc de Richelieu choisit en 1631. pour continuer à imprimer & vendre ces Usages reformez, les sieurs *Claude Chappelet, Michel Sonnius, Robert Foüet, Iean Sonnius, Sebastien Cramoisy, Antoine*

PARIS. 1535.

Vitré, *Sebastien Chappelet*, *Claude Cramoisy*, *Claude Sonnius*, *Gabriel Cramoisy*, *Charles Morel*, la veuve de *Nicolas Buon*, *Guillaume le Bé* pere, *Estienne Richer*, *Eustache Foucault*, la veuve *Méjat*, *Denis de la Noüe*, & la veuve de *Varennes*, lesquels imprimerent aussi plusieurs bons Livres, comme *S. Hilarii opera* in folio en 1651. *Cujacii opera juridica* in folio en 1658. *Epitome seu Annales Spondani*, in folio deux volumes en 1660. qui sont les dernieres éditions que l'on ait imprimé à Paris, au commencement desquelles on voit pour leur marque une petite croix avec ces mots : *Absit gloriari nisi in cruce Domini*. Nous parlerons dans la suite de chacun de ceux qui formoient cette compagnie, de laquelle une partie se renouvella en 1660. avec les sieurs *George Iosse*, *Denis Bechet*, *Guillaume le Bé* fils, *Sebastien Huré*, *Gabriel & Nicolas Clopejau*, *Simeon Piget*, *Pierre le Petit*, *Loüis Billaine*, *Geoffroy Marcher*, & *Iean Dupuis*, qui outre les Usages reformez & non reformez, firent encore imprimer plusieurs ouvrages considerables, comme *S. Ambrosii opera* in folio quatre volumes en 1661. *Tertulliani opera cum not. Phil. Priorii* in folio en 1664. *S. Bernardi opera* in octavo dix volumes en 1668. *Conciliorum generalium editio auct. Labbeo & Cossartio* in folio dix-sept volumes Gr. Lat. en 1670. *S. Gregorii opera* in folio trois volumes en 1675. & autres bons Livres, où ils mettoient pour marque une Navire, avec les mesmes paroles qui accompagnoient la petite croix cy-dessus. Cette Compagnie s'est separée environ l'an 1675. au grand desavantage des hommes de lettres.

Pour revenir à KERVER, il avoit pour sa marque particuliere la Licorne, avec ces paroles tirées du Psalmiste : *Dilectus quemadmodum filius unicornium ;* & quelquefois aussi deux cocqs. Il fut Eschevin de cette ville de Paris en 1568. & eut plusieurs enfans de Blanche Marentin sa femme.

RICHARD DUHAMEL fit imprimer *Selectiora veterum auctorum Collectanea* in octavo en 1536. Il épousa Germaine le Fevre.

JEAN YVERNEL fit imprimer la Mer des Chroniques, & Miroir de France, trad. du Latin de Rob. Gaguin in folio en 1536.

DENIS JANOT fils imprima, Forme de proceder és causes Criminelles, par Ant. Colombin en 1536. le Lys tres-Chrestien, florissant en la Foy Chrestienne, par le sieur de l'Ascagne, Official de saint Julien du Sault, in quarto en 1540. Ciceron de l'Estat de la vieillesse, traduit en François in octavo en 1540.

JEAN ANDRE' Libraire Juré fit imprimer, Epitaphe sur la mort de Monsieur le Mareschal de la Marche Mareschal de France, composée par GILLES CORROZET Imprimeur & Libraire en 1536. *Ant. Solarii Opusculum de veneratione & invocatione Sanctorum, in Erasmum*, in octavo en 1548. Il avoit pour marque deux mains tenant un carreau, sur lequel est un creuzet dans le feu, & dans le creuzet est un cœur, avec ce mot, *Christus*, & au poing des deux mains une chaîne de fer où pendoit une cage dans laquelle est un oiseau avec ces mots : *Horum major Charitas*. JEAN ANDRE' estoit si zelé pour la Religion Catholique, qu'il estoit comme l'Emissaire du President Lyzet pour luy découvrir les nouveaux Calvinistes, & les faire tomber entre ses mains, comme il fit à l'endroit de PIERRE CAPOT Libraire de Genêve, qui venoit de temps en temps à Paris, où il fut arresté en 1546. en debitant des Livres contre la Religion Catholique. Il y avoit aussi de son temps un nommé JEAN JUDET Libraire à Paris, qui faisoit tout le contraire de cet ANDRE', en avertissant les Heretiques des Assemblées & Conferences, des lieux & des heures que les Catholiques tenoient entr'eux, ce qui fut cause que ce JUDET fut brûlé en 1559.

GILLES CORROZET Parisien, né en 1510. estoit sçavant és Langues, comme on le peut voir par les Livres qu'il a composez, sçavoir l'Epitaphe sur le trépas de M. Robert de la Marche Mareschal de France en 1536. l'Epitome des Histoires des Rois d'Espagne, le Conte du Rospignol en 1546. les Antiquitez de Paris in octavo en 1561. les Villes & Citez de la France. Il a aussi traduit d'Espagnol en François la Prison d'Amour, & d'Italien en François, le Tresor de vertu. Il imprima en 1555. l'Histoire de la Nature des oiseaux par Belon, in folio, les divers Propos memorables des Nobles & Illustres Hommes de la Chrestienté en 1567. Il mourut l'année suivante, & laissa plusieurs enfans, dont nous parlerons cy-aprés. Son Epitaphe & celle de sa femme que je rapporte icy, se lisent aux Carmes de la Place Maubert, où ils sont enterrez.

EPITAPHE.

Heu! heu! CORROZETE jaces, cor numina sumant,
Donec Terra rosam proferat ista tuam.
Scilicet invideas, nec pareas ferrea Clotho,
Permanet in scriptis gloria viva suis.

L'an mil cinq cens soixante-huit,
A cinq heures devant minuit,
Deceda GILLES CORROZET
Aagé de cinquante-huit ans,
Qui Libraire estoit en son temps,
Son corps repose en ce lieu-cy,
A l'ame Dieu fasse mercy.

Cy dessous repose le corps de MARIE HARELLE, jadis femme de GILLES CORROZET, laquelle deceda le quatriéme jour de May 1562. par ladite misericorde de Dieu l'ame soit en Paradis.

GILLES CORROZET avoit ces paroles pour devise, *in corde prudentis revirescit sapientia*, Proverb. 14. autour de sa marque qui estoit un cœur sur lequel est une rose en face, faisant allusion à son nom, CORROZET. Il ne s'est pas rendu moins celebre par les Livres qu'il a composez, que par la quantité de ceux qu'il a fait imprimer. Il a laissé un fils nommé GALLIOT, dont nous parlerons dans la suite de cette Histoire.

JEAN BARBE-D'ORGE fit imprimer le petit Oeuvre d'Amour & gage d'amitié in octavo en 1537.

ESTIENNE ROFFET, dit LE FAULCHEUR, Libraire & Relieur du Roy, fit imprimer une Tragedie de Sophocles intitulée *Electra*, traduite du Grec par Lazare de Bayf, in octavo en 1537. la Traduction des Epistres de saint Paul, de Jean Gaignée Aumosnier du Roy François I. in octavo en 1540. Decameron de Bocace traduit par Antoine le Maçon in folio en 1545. & in octavo en 1548.

JEAN MACE fit imprimer *Aureum opus de veritate Con-*

tritionis, &c. in octavo en 1537. *Venerabilis Bedæ opera* in folio trois volumes en 1545. *Dictionarium Historicum ac Poëticum auct. Carolo Stephano.* in quarto en 1561. *Biblia Sacra juxta Vulg. edition. Ioan. Benedicti* in folio en 1564. Plaute en 1576. Horace avec des Notes de Lambin en 1574. qui sont les bonnes éditions, Calepin in folio en 1596. Il estoit un des plus habiles Libraires, & un de ceux qui a le plus fait imprimer de son temps. Sa marque estoit representée par la gloire qui porte en sa main la Victoire avec ces mots : *Vincit Laurea, perimit dextera* : & ces autres dans un Cartouche, *à sinistra caveto*, & sous les pieds de la gloire, *Opinio.* Il eut un fils nommé BARTHELEMY, dont nous parlerons cy-aprés.

ARNOUL LANGELIER fit imprimer le Justin traduit en François in folio en 1538. l'Histoire naturelle de Pline traduite par Loüis Megret en 1540. le Dion Histoire des Grecs, traduit par Desrosiers in folio en 1542. *Ludovic. Gomes super Regulas Cancellariæ Apostol.* in octavo en 1547. *Comment. in consuetudines Arverniæ per D. Aymonem* en 1548. Il estoit quelquefois associé avec son frere CHARLES, dont nous parlerons dans la suite.

VINCENT SERTENAS fit imprimer le Livre de la Discipline d'Amour divin in octavo en 1538. & fit imprimer par JEANNE MARNEF veuve, les Amadis de Gaule in folio en 1548. les Antiquitez de la Gaule Belgique par Richard de VValebourg in folio en 1549. Ce Livre est fort estimé, rare & considerable, à cause que l'Auteur a tiré la pluspart de son Histoire sur des anciens originaux qui ont esté perdus. Il avoit autour de son chiffre pour devise : *Vincenti non victo, gloria datur.*

FRANÇOIS ESTIENNE Libraire Juré, premier fils de HENRY, & frere de ROBERT, imprima *Terentius cum accentibus & argumentis ex Donato* in quarto en 1538. *Caroli Stephani Sylva frutetum collis* in octavo en 1538. *Ciceronis Oratio ad Brutum cum adnot. Phil. Melanch.* in octavo en 1538. *Vita S. Petri Cælestinorum Institutoris eximii, &c.* in quarto en 1539. & plusieurs autres. Sa marque estoit un vase d'où sort un sep de vigne, avec ces mots : *Plus olei quàm vini.* Il avoit un fils nommé FRANÇOIS, dont nous parlerons cy-aprés.

OLIVIER MAILLARD Imprimeur du Roy, imprima

O iij

Joannis Gillot de Iurisdictione & Imperio lib. 11. in quarto en 1538. Il imprima pour JEAN ROIGNY *Breviarium Romanum Cardinal. Franc. Quignonii sub Pontif. Paulo III. publicatum* in octavo en 1539. il y en a de plusieurs grandeurs, & ce Breviaire fut fort desiré des Ecclesiastiques, à cause qu'il n'y avoit que trois Leçons à dire. Cependant l'on y lisoit pendant tout le cours de l'année toute l'Ecriture sainte. Il fut supprimé quelques années aprés sa publication, sur les plaintes de plusieurs Religieux. Dialogue de Platon traduit du Grec par Simon de Valembert en 1542. Sa marque estoit celle de GEOFFROY TORY cy-devant, dont il avoit eu l'Imprimerie.

DENIS L'ESCUYER fit imprimer par PIERRE VIDOÜE, *Linguarum duodecim characteribus differentium per alphabetum Introductio ac legendi modus. Guill. Postelli, &c.* in quarto en 1538.

ANDRÉ BERTHELIN fit imprimer *Clictoreus de doctrina moriendi* in octavo en 1538. *Francisci Georgii Veneti de Harmonia mundi* in folio en 1544. Ce Livre a esté autrefois fort estimé par les pensées singulieres de la creation du monde.

JEAN LOÜIS ou LOYS, imprima pour JEAN ROIGNY, *Nicolai Hanapi Patr. Const. Virtutum, vitiorum exempla, &c.* in octavo en 1538. Instruction à porter les adversitez par Nic. de Brie en 1552.

PIERRE HERMIER imprima, Epitome du Livre de Asse, composé par Guillaume Budé, in octavo en 1538.

ESTIENNE CAVEILLER imprima le grand & le vray Art de Rhetorique par Pierre Fabry in octavo en 1537. & pour MAURICE DE LA PORTE, le grand Coûtumier de France in octavo en 1539.

THIELMAN VIVIAN fit imprimer le grand Marial de la Mere de Vie, traduit par Adam de saint Victor, in quarto en 1539.

CONRADUS NEOBARIUS fut receu Libraire Juré en 1538. & le Recteur en le recevant le congratula en des termes tres-obligeans. En effet il estoit sçavant dans les belles lettres. Il fut Imprimeur du Roy pour le Grec, & composa plusieurs ouvrages, comme *Compendiosa facilisque Artis dialectica Ratio*, imprimé chez luy-mesme. Il imprima aussi *Auctua-*

ET DE LA LIBRAIRIE, Liv. II. 111

rius de Medicamentorum compositione, Ioanne Ruellio Interprete, en 1539. *Canones Apostolorum & Conciliorum Græcè* in quarto en 1540. sur un Manuscrit tiré de la Bibliotheque de Monsieur du Tillet Evesque de Meaux. Voicy l'Epitaphe de ce NEOBARIUS composée par Henry Estienne.

PARIS 1539.

CONRADII NEOBARII EPITAPHIUM.

Doctrinâ paucis, nulli probitate secundus,
CONRADUS fato hîc accelerante jacet.
Namque Typographicæ semper labor improbus Artis
Incolumem Musis voluit esse diu.
Sed tamen longo capitis comitante dolore,
Illum Musarum spem pariterque rapit.

HENRY PAQUOT fit imprimer par la veuve de THIELMAN KERVER, *Missale Parisiense* rouge & noir in folio 1539. Il y en a d'imprimés sur du velin, que l'on peut voir en la Bibliotheque de Sorbonne.

GERVAIS CHEVALLON imprima *D. Guerici Abbatis Sermones* in octavo en 1539. *Galeni de affectorum, &c.* in 16. en 1539.

MATHURIN DUPUIS épousa environ l'an 1542. Ortelie Chaudiere fille de Libraire, dont il eut MATHURIN né le quinziéme Fevrier 1545. CLAUDE né le vingt-cinquiéme Aoust 1549. un autre MATHURIN né le vingt-sixiéme Juin 1552. & GUILLAUME né le douziéme Aoust 1555. Il avoit aussi plusieurs freres & sœurs, entr'autres JACQUES DUPUIS Libraire Juré, dont nous parlerons dans la suite. CATHERINE mariée à Robert Andonert Boucher, & JEAN BAPTISTE Libraire Juré, qui épousa Genevieve l'Escuyer fille de Libraire, dont il eut deux filles, sçavoir Genevieve née le vingt-sixiéme Fevrier 1582. & Catherine née le vingtiéme Aoust 1584.

CHARLOTE GUILLARD veuve de CLAUDE CHEVALLON, imprima *Corpus Iuris Civilis ad exemplar Haloandri* in octavo sept volumes en 1540. & 1547. *S. Gregorii Magni opera* in folio trois volumes en 1546. *S. Basilii Magni opera Latina* in folio 1550. *Gagnæus in Evangelia* in folio en 1552. *Biblia Sa-*

cra cum Annotat. Ioannis Benedicti in folio en 1552. *Origenis Adamantii Comment. in Ioannem* in folio en 1555. *S. Ioannis Chrysostomi opera Latina* in folio en 1555. & plusieurs autres ouvrages en leur perfection ; ce qui est considerable pour une femme d'avoir imprimé durant son veuvage presque deux fois tous les Peres de l'Eglise.

ESTIENNE DOLET Poëte Latin, Orateur, Grammairien, & Libraire, composa *Commentaria Linguæ Latinæ* in folio deux volumes, qu'il fit imprimer à Lyon chez SEBASTIEN GRYPHE en 1536. les gestes de François de Valois Roy de France, en vers Latins, & depuis traduits par luy-mesme en François en 1540. Il a aussi traduit du Latin le Manuel du Chevalier Chrestien in seize en 1542. le vray Moyen de bien & Catholiquement se confesser, in seize 1542. Exhortation à la lecture des saintes Lettres en 1542. Discours de la Republique Françoise en 1544. *Observationes in Terentii Comœdias, nempe Andriam & Eunuchum, &c.* in octavo en 1543. Traité de la maniere de bien traduire d'une Langue en une autre en 1545. Il avoit autour de sa marque pour devise ces mots : *Scabra & impolita ad admussim dolo atque perpolio* : au bas de cette marque, *Doletus* ; au dessous, *Durior est spectata virtutis quam incognitæ conditio.* Il imprima aussi quelques Livres à Lyon où il demeura quelque temps. Plusieurs de ceux qu'il a composez, furent censurez par la Faculté de Paris en 1544. surquoy il ne pût s'empescher d'écrire, estant prisonnier au Chastelet de Paris, le second Enfer d'Estienne Dolet en vers François, imprimé à Troyes la mesme année 1544. Il fut brûlé à Paris le troisiéme Aoust 1545. pour son obstination dans l'heresie de Calvin, en la Place Maubert. Ce qui est remarquable, c'est que cette Place est de la Paroisse saint Estienne, que se Dolet avoit nom Estienne, & qu'il fut brûlé le jour de l'Invention de saint Estienne. Estant auprés du Bucher, il crut que la populace s'attristoit de sa perte, ce qui luy donna lieu de faire & de prononcer ce vers :

Non dolet ipse Dolet, sed pia turba dolet.
Il luy fut répondu sur le champ par le Lieutenant Criminel.
Non pia turba dolet, sed dolet ipse Dolet.

JEAN MALLARD imprima, *Lud. fidelis Nervii Theol. Profess. de Militia Spirituali lib. 4.* in octavo en 1540.

THIELMAN

ET DE LA LIBRAIRIE, Liv. II.

THIELMAN KERVER fils de THIELMAN, imprima plusieurs Livres avec son frere JEAN dont nous avons parlé cy-devant : il épousa Marie Paleau environ l'an 1540. de laquelle il eut plusieurs enfans, sçavoir JACQUES né le trentiéme Mars 1554. dont nous parlerons cy-aprés, & plusieurs autres.

CHARLES ESTIENNE Parisien, Imprimeur du Roy, Docteur en Medecine de la Faculté de Paris, habile homme, estoit frere de ROBERT ESTIENNE premier, & oncle de HENRY ESTIENNE second. Cette famille estoit heureuse à produire des hommes doctes, entr'autres celuy-cy qui a composé plusieurs Livres, sçavoir *de Dissectione partium corporis humani lib. 3.* in folio imprimé chez SIMON COLINET en 1550. *Seminarium sive Plantarium arborum, &c.* in octavo, imprimé chez son frere ROBERT ESTIENNE en 1536. *Arbustum Fonticul. Spinetum* in octavo en 1538. *Sylva Tractatuum Collis, &c.* en 1538. la Maison Rustique in quarto, qui a esté depuis augmentée par Jean Liebaut Docteur en Medecine à Paris, son gendre ; ces trois derniers Livres imprimez chez son frere FRANÇOIS ESTIENNE. *De Nutrimentis lib. 3.* imprimé chez ROBERT in octavo en 1550. Abregé de l'Histoire des Vicomtes & Ducs de Milan tirée de Paul Jove, imprimé en 1552. in quarto. Histoire de Lorraine & de Flandres dediée au Roy Henry second, in quarto en 1552. la Guide des Chemins pour aller & venir par tout le Royaume de France, composée & imprimée par luy-mesme en 1553. avec le Catalogue des Fleuves & des Rivieres de France, &c. *Prædium Rusticum, &c.* in octavo en 1554. Il imprima encore *Thesaurus M. T. Ciceronis* in folio deux volumes en 1556. & plusieurs autres Livres. C'est luy qui a traduit d'Italien en François la Comedie des Abusez en 1540. Il mourut à Paris en 1564. & laissa une fille nommée Nicole Estienne, de qui Jacques Grevin Medecin de la Duchesse de Savoye, devint amoureux, & qu'il rechercha en mariage, ce qui luy donna mesme occasion de composer en vers son Olympe, divisé en deux parties ; mais la mort l'ayant surpris le cinquiéme Novembre 1570. âgé seulement de vingt-neuf ans, elle fut mariée au sieur LIEBAUT, dont je viens de parler, elle estoit sçavante, & composa plusieurs Poësies Françoises, & une

PARIS 1540.

Apologie, ou défense pour les femmes contre ceux qui les méprisent.

CHARLES LANGELIER frere de ARNOUL cy-devant, fit imprimer *Psalterium Raynetii Iezogoudani* en 1540. les œuvres de Clement Marot en 1554. Ces deux freres associez ensemble firent imprimer les Actes des Apostres, Comedie representée à Bourges en Berry in quarto en 1540. Ils nous ont laissé quantité de Livres qui nous font connoistre leur habileté en l'Art d'Imprimerie, & negoce de Librairie, & ils peuvent passer pour avoir fait imprimer le plus de leur temps. Ils avoient pour marque dans leur Societé un petit Jesus, tenant deux Anges liez, faisant allusion à leur nom avec ces paroles. *D'un Amour vertueux l'Alliance immortelle, Les Anges-liez.* Ils ont eu des enfans, dont nous parlerons dans la suite.

GUILLAUME LE BE' exerça cet Art avant 1540. Il fut choisi par le Roy François premier, comme le plus habile Fondeur de caracteres de son temps, pour graver, fraper, fondre & perfectionner tous ces beaux caracteres de Langues Orientales dont se servit ROBERT ESTIENNE en l'impression de tous les Livres qu'il nous a laissez en leur derniere perfection. Il fut aussi choisi par Philippe second Roy d'Espagne, pour fondre les caracteres avec lesquels il fit imprimer à ses despens par BALTAZAR PLANTIN Imprimeur à Anvers, cette belle Bible que l'on appelle *la Bible du Roy d'Espagne* in folio six volumes en 1569. Il eut un fils nommé GUILLAUME qui luy succeda, & qui enrichit encore cette Fonderie, duquel nous parlerons cy-aprés.

OUDIN PETIT fit imprimer *Dionysii Carthusiani in nov. Testament.* in folio deux volumes en 1541. *S. Anselmi opera* in folio en 1549. *Francisci Ioverii Valentini Sanctiones Ecclesiasticæ tam Synodicæ quàm Pontificiæ, &c.* in folio en 1555. *S. Irenæi Episcop: opus adversus hærejes* in octavo en 1563. & 1567. *Marci Eremitæ opuscula per Ioan. Picum* in octavo en 1563. Il a fait aussi imprimer par ANDRE' VVECHEL *Tertulliani opera* in octavo deux volumes en 1556. Ces éditions sont assez recherchées, comme aussi *Epiphanii opera* in octavo en 1564. *D. Chrysostomi in Evang.* in octavo deux volumes en 1557. Il s'est fait distinguer d'avec les autres Libraires de son temps, par la grande quantité de Livres qu'il a fait imprimer en perfection. Ces mots, *Petit à petit*, faisoient sa devise. Il fut marié deux fois. Il épousa en premieres nôces Lionne le Houx, & en secondes Claude du Vivier. Il eut de ces deux mariages plusieurs enfans.

JEAN FOUCHER Libraire Juré, fit imprimer *Ludovici Vassei in Anatomen Corporis humani Tabulæ quatuor* in folio en 1540. l'Histoire d'Herodian, traduite par Jean Colin en 1541. *Petri Lombardi Magistri Sententiarum in Epistolas S. Pauli* in octavo en 1543. *Burchardi VVormaciensis Episcopi Decretum* in octavo en 1549. & 1550. Cette édition est plus estimée que celle de Cologne in folio en 1548. estant mieux imprimée & plus correcte. Sa marque estoit l'Ecu de Florence avec ces mots, *Scutum Florentiæ*. Il eut de Jeanne Petit sa femme fille de Libraire, deux enfans, JACQUES né le neufiéme Fevrier 1541. & JEAN le dix-neufiéme Fevrier 1542. Il eut un frere nommé aussi JEAN, dont nous parlerons cy-après.

ESTIENNE PETIT Libraire Juré, fit imprimer *Cypriani opera* in folio en 1541. & par MAURICE MENIER *Nicephori Historiæ Ecclesiasticæ stud. & opera Ioan. Langi* in octavo deux volumes en 1566. & plusieurs autres.

JEAN LOÜIS TILETAIN, habile & sçavant dans les Langues Grecque & Latine, fit imprimer *M. Fabii Quintiliani in Institutiones Oratorias*, &c. in folio en 1541. *Quintiliani Orat.* in folio en 1541. *Observationes Guill. Morellii Tiliani in M. Tullii Ciceronis libros quinque de finibus* in octavo en 1545. Il avoit pour marque le Caducée symbole de la Paix, avec des pavots & des épics, qui signifient le repos & l'abondance. Voicy son Epitaphe, faite aussi en Grec par Henry Estienne.

LUDOVICI TILETANI
EPITAPHIUM.

Notus & hic Musis, charus fuit hic quoque Musis,
Et dignus Musis, huic quoque candor erat.
Non sat digna illis, tamen hic monumenta reliquit
Judiciove suo digna vel ingenio.

*Dum siquidem majora timet ne viribus ausit,
Ausus viribus est illa minora suis.*

VINCENT GAULTHEROT Libraire Juré, fit imprimer le Songe de Scipion, traduit par Jean Colin in octavo en 1541. *D. Chrysostomus in Paulum* in octavo en 1545. *Gagnæus in Epistolas Pauli* en 1549. qui est la bonne édition, & plusieurs autres.

MICHEL FEZANDAT imprima pour JEAN PETIT & FRANÇOIS REGNAULT, *Historiæ Ecclesiasticæ divers. auctore Euseb. &c.* en 1541. & pour MAURICE DE LA PORTE, *Dionysii Carthusiani in Epistolas Pauli & Canonicas* in folio en 1541. *Novum Testamentum Græcè & Latinè* in seize en 1549. le Tiers Livre des Oeuvres de Rabelais in octavo en 1552. Il estoit habile Imprimeur, & avoit pour marque la Vipere qui s'attacha au doigt de saint Paul dans l'Isle de Malthe sans luy nuire, avec ces mots pour devise : *Si Deus pro nobis, quis contra nos ?* laquelle a passé depuis à MICHEL SONNIUS, dont il sera parlé cy-aprés.

PIERRE ATTAIGNAUT, Imprimeur pour la Musique, imprima *Cantica Canticorum Salomonis Guill. le Heurteur, &c.* in quarto en 1541. *C. Plinii secundi Historia naturalis* in quarto en 1551.

THIBAULT CHARRON Libraire, qui fut marié deux fois, & eut de sa premiere femme quatre enfans, entre lesquels fut un nommé JEAN, dont nous parlerons cy-aprés, & dont il n'est resté aucune posterité; & de Nicole de la Barre sa seconde femme vingt-un enfans, entre lesquels on compte PIERRE CHARRON né en 1541. duquel nous avons ce beau Livre, appellé *la Sagesse de Charron*, & autres ouvrages: & un autre nommé JEAN le jeune, dont nous parlerons dans la suite. Toute cette famille est enterrée en la Paroisse saint Hilaire.

NICOLAS L'HERITIER fit imprimer, Réponse aux Remonstrances faites à Charles V. sur la restitution du Royaume de Navarre, & du Duché de Milan in octavo en 1542.

GUILLAUME DE LA MOTTE fit imprimer, Pronostication de Jean de Brie environ l'an 1542.

GILLES PAQUOT fit imprimer *Rituale vel Manuale Parisiense* in quarto en 1542.

Loüis Grandin imprima *M. T. aliquot Epistolæ cum Latina simul & Gallica interpretatione, Mathurino Corderio auctore*, in octavo en 1542. *Anthologia Græcorum Epigrammatum per Franc. Belcarium* in octavo en 1543.

Adam Saulmier imprima *Epitaphia honorandi Magistri nostri Petri à Cornibus* in octavo en 1542. Pierre Pesseliere de saint Germain d'Auxerre, traduisit un traité de saint Chrysostome, *que nul n'est offensé, sinon par soy-mesme*, in octavo en 1543.

Nicolas Barbon imprima pour Jean André, saint Bernard de la maniere d'aimer Dieu, par Verard en 1542.

Nicolas de Guiguant fit imprimer par Pierre Vidoüe, *C. Iulii Cæsaris Comment.* in octavo en 1542. *Ioan. Perionii de rebus gestis Apostolorum* in seize en 1551.

Jacques Gazeau, ou Gazelle, fit imprimer *Alberti Pighii Controversiæ* in octavo en 1542. l'Architecture de Vitruve in folio en 1547. le Commentaire de l'Histoire des Plantes par Eloy Maignan in folio en 1549. Il eut pour femme Catherine Barbé, qui fit imprimer *Ioan. Henerii de tristissimo pestilentiæ malo* in seize en 1551.

Antoine Juriani imprima pour Jean Roigny, *D. Augustinus in Psalmos* en 1543. & pour Jean Macé, *Beda venerabilis opera* in folio trois volumes en 1545. C'est la premiere édition de ce Livre à Paris, *S. Irenæi opera* in octavo en 1545. & autres.

Jean de Broüilly fit imprimer, *Petri Aurati Paradoxa selecta ex Epistolis Pauli, contra hæreses* in octavo en 1543. Déploration de la Vie humaine par Pierre Dorb, in seize en 1549.

Jerosme de Gourmont Parisien imprima, *Lexicopator Etymon ex variis, &c.* en 1543. & plusieurs autres Livres. Il estoit sçavant & habile en son Art, il composa & imprima en 1548. la Description de toute l'Espagne. Il eut pour femme Marie Perdrier.

Claude Chapuis, en Latin *Capusius*, Valet de de chambre ordinaire de François Premier, & son Imprimeur & Libraire, composa en vers un discours de la Cour en 1543. un Poëme de la Fuite de Charles V. Empereur, devant

Paris 1542.

le Roy François Premier, imprimé par ANDRE' ROFFET en 1543. & Instruction des Curez par Jean Gerson en 1557.

JACQUES BOGARD fit imprimer, *Theophylacti Comment. in Epistolas Pauli* in octavo en 1542. Histoire des Plantes de Fuschio in octavo en 1543. *Isocrates Græcè* in octavo en 1543. *Homeri Ilias Græcè* in octavo en 1543. *Enchiridium Psalmorum cum Paraphr. Ioannis Campensis* in octavo en 1545. Ce Livre quoy que r'imprimé plusieurs fois, ne laisse pas d'estre tres-recherché & fort estimé. Il eut d'Anne Tousard sa femme un fils nommé JACQUES, né le vingt-huitiéme Septembre 1547.

ANDRE' ROFFET imprima pour CLAUDE CHAPUIS en 1543. & à son nom en 1550. *Processionale juxta Ritum Ecclesiæ Parisiensis* in octavo.

GUILLAUME ROLAND fit imprimer avec JEROSME DE GOURMONT, *Lexicopator Etymon Ioannis Charadani* in folio en 1543. *S. Chrysostomi opera Latina* in folio quatre volumes en 1546, imprimé par MICHEL FEZANDAT pour luy.

PONCE ROFFET imprima le Decameron de Bocace traduit par Antoine le Maçon in folio en 1543. Visions d'Oger le Danois au Royaume de Farie in octavo en 1548.

NICOLAS DE BURGES fit imprimer le Miroir des Melancoliques, traduit du Grec par Maurry Rifflant en 1543.

JEAN BOULLE fit imprimer pour JEAN LOUIS TILLETAN, *D. Thomas in Epistolas Canonicas* in octavo en 1543.

GUILLAUME THIBOUST imprima, Complainte d'une Dame surprise d'amour en 1544. Il imprima pour JEAN MACE', *D. Dionysii Carthusiani in Sapientiam & Ecclesiasticum Salomonis* in octavo en 1549. *Haymonis Episcopi Halberstratensis in Epistolas Pauli* in octavo en 1550.

LYENARD LE SUEUR fit imprimer le vray Discours des derniers propos & Trépas du Roy Charles IX. par Am. Sorbin in octavo en 1544.

NICOLAS BOUCHER fit imprimer *Pet. Ravenenas de Memoriâ* in octavo en 1544. *Enchiridion Christianæ Institutionis in Concilio Provinciali Coloniensi editum* in octavo en 1545. Quelques-uns disent que c'est icy la premiere edition du Catechisme d'Opperus, qui est fort estimée & recherchée des Sçavans. *Petrarchæ Poëtæ Orat.* in seize en 1546. Il eut de

Denise Auvray sa femme un fils nommé GIRARD, né le troisiéme Aoust 1541.

JEAN RUELLE fit imprimer le Livre des divins Benefices par Pierre Doré Doct. de l'Ordre des Freres Prescheurs en 1544. *Io. Cochlaii Defensio Sacerdotii ac Sacrificii novæ legis adversus Musculum* in octavo en 1545. *Ioan. Eckii de Purgatorio lib. quatuor contra Lutherum* in octavo en 1548. Histoire des Papes, Empereurs, & Rois, &c. traduite de Platine in octavo en 1551. imprimé par JEAN REAL. *Dionysius Carthusianus in Psalmos* in folio 1553. Annales & Chroniques de France, corrigées par M. Denis Sauvage in folio en 1567. Histoire de Paul Jove traduite en François par le mesme Denis Sauvage in folio en 1570. Sa marque estoit representée par un jeune homme qui travaille à la terre, & un vieillard à table, avec ces mots pour devise : *Quære adolescens, utere senex*. Il fut marié deux fois; en premieres nôces avec Marie Hutin, fille de PIERRE HUTIN Libraire ; & en secondes avec Geneviéve Boisset. Il eut de ces deux mariages plusieurs enfans, entr'autres JEAN né le huitiéme Janvier 1541. & RENE' le quatorziéme Aoust 1567. nous parlerons de ces deux-là cy-aprés. Jean Ruelle mourut le quinziéme Mars 1571. & sa femme Geneviéve Boisset l'onziéme Decembre 1613. comme on le voit en son Epitaphe qui est sous les Charniers de saint Benoist, avec celle de son fils René.

BENOIST PREVOST imprima pour VINCENT GOLTHEROT *D. Chrysostomus in Psalmos* in octavo en 1545. & pour la veuve d'ARNOLD BIRKMAN, fils de FRANÇOIS, Libraire, dont nous avons parlé cy-devant, *Novum Testamentum Græcum* in seize en 1549. (Il y en a aussi au nom de PIERRE HUTIN.) *Marci-Antonii Confutatio cavillationum, quibus solet Eucharistia, &c.* en 1552. & pour GILLES CORROZET Libraire, Histoire de la nature des oiseaux par Bellon in folio en 1555. Sa marque estoit une Etoille avec une palme, & une épée passée en sautoir, avec ces mots : *Imperium mortis & vitæ*. Il estoit habile Imprimeur tant pour le Grec que pour le Latin, il avoit un frere nommé MATHURIN, dont nous parlerons dans la suite.

JEAN CORBON fit imprimer, Lettres Missives envoyées des Indes par saint François Xavier à saint Ignace de Loyola,

120   HISTOIRE DE L'IMPRIMERIE

PARIS.
1545.

& autres in octavo en 1545. traduites de l'Italien.

JACQUES ROGARD, en Latin *Rogardus*, imprima *Mich. Psellus de Arithmeticâ, Musicâ, Geometriâ & Astronomiâ Græcè* in quarto en 1545.

JEAN DALLIER fit imprimer l'Ordre & forme tenuë au Sacre & Couronnement de Catherine de Medicis Reine de France, in octavo en 1545. Son Entrée en la Ville de Paris in octavo en 1549. Coûtume de Touraine par Monsieur de Thou in quarto en 1561. Il fut pourveu par Lettres Patentes de la Charge d'Imprimeur du Roy pour les Monnoyes le 23. Avril 1559. verifiées le trente Juillet 1559. Il eut pour femme Marie Pouliot.

JEANNE DE MARNEF veuve de DENIS JANOT, imprima, Traité de l'usage de l'Escriture par Loüis Maigret in octavo en 1545. C'est sur ce Livre que Monsieur de l'Esclache forma le dessein de donner ses regles pour écrire comme on parle. Cette veuve imprima aussi pour VINCENT SERTENAS Libraire, les Amadis de Gaule in folio en 1548. & autres ouvrages.

MAURICE MENIER imprima, Traité de la primitive Institution des Roys, Heraults, &c. par Jean le Feron en 1545. & pour ESTIENNE GROULEAU, *Novum Testamentum* in seize en 1556. Il imprima aussi pour OUDIN PETIT *D. Dionysius Carthusianus in Lucam* in octavo en 1554. Il avoit pour marque un Heros qui met une bride à la volupté, avec ces mots : *Coërcenda voluptas*. Son fils PIERRE, dont nous parlerons cy-aprés, avoit la mesme marque.

PIERRE GAULTIER imprima *Iuvenci Historia Evangelica* en 1545. l'Histoire des Successeurs d'Alexandre le Grand, traduite de Diodore Sicilien par Claude de Seyssel in seize en 1545. Traité des Contracts, Usures, Rentes constituées, &c. par Charles Dumolin in seize en 1556.

JEAN BARBE imprima l'usage de l'Astrologie par Jaquinot in quarto en 1545. l'Art de la Guerre, avec l'Estat & Charge d'un Lieutenant general d'Armée, traduit d'Onolander Philosophe Grec par Jean Charier in folio en 1546.

RENÉ AVRIL imprima pour VIVANT GAULTHEROT *Homiliæ in Evangelia per Ioan. Royardum* in octavo deux volumes.

mes en 1545. pour OUDIN PETIT *Dionysii Carthusiani in IV. Evangelia*, in folio en 1548. & pour GALIOT DUPRE', Memoires de Commines in folio en 1552. Chroniques des Rois de France par du Tillet en 1553.

PASQUIER LE TELLIER imprima pour GALIOT DUPRE', Lactance Firmian des divines Institutions contre les Gentils & Idolatres, traduit par René Fumé in octavo en 1546.

ANDRE' CUSTODE fit imprimer en Latin, Oraison faite le jour de l'Ascension à l'Assemblée du Concile de Trente, &c. in octavo en 1546. Il eut pour femme Magdelaine Guillotoys.

NICOLAS LE RICHE imprima *Psalmi Davidici 70. versibus expressi per Gagnæum* en 1547. *Joach. Perionii pro Cicerone contra Petrum Ramum* in octavo en 1547. *Eusebii Emysseni Homiliæ editæ per Gagnæum* in octavo en 1547. *Sermones Guerici Abbatis per Ioann. Gagnæum* in octavo en 1547. tous ces Livres sont recherchez des curieux, & sont assez rares. Il avoit pour marque deux ancres passez en sautoir, avec ce vers Latin.

Non satis una tenet ceratas Anchora puppes.

Et au dessous de sa marque, cette Epigramme:

IN GEMINAM ANCHORAM.

Fundabat satis Aonias una Anchora puppes,
Dum tantum Ausoniis Musa nataret aquis.
Nunc quum Palladiæ sulcant maria omnia naves,
Visaque una parum est Anchora, facta duplex.

ANTOINE LE CLERC fit imprimer les Antiquitez & singularitez du monde par le sieur du Pavillon, in octavo en 1547. & avec PIERRE THIERRY, Epitome du Droit Civil in octavo en 1554. Sommaires des Loix, Statuts & Ordonnances des Roys de France, par Michel Berland in octavo en 1566.

ESTIENNE GROULEAU imprima le Traité de la vraye Astrologie, & de la reprouvée, par David de Final in octavo en 1547. les Chroniques de Dom Florus de Grace in folio en 1552. les Amadis de Gaule in folio en 1555. Il a esté un des Imprimeurs & Libraires qui ont le plus imprimé de son temps. Sa marque estoit une tige de chardons avec ces mots: *Patere, aut abstine. Nul ne s'y frotte.* Ou bien, *endure ou t'abstien*, ou *ne les touche pas*, ou *souffre leurs picqueures*. Elle a passé après à AMBROISE DROÜART, dont il sera parlé dans la suite.

Le Roy HENRY II. confirma les mesmes Privileges pour les Imprimeurs & Libraires, le . Septembre 1547. & ordonna en 1550. qu'on mettroit en chacune de ses Bibliotheques un exemplaire de tous les Livres qui s'imprimeroient, & qu'aucun Privilege ne seroit accordé qu'à cette condition. Il fit un Edit de Pacification à Chasteaubriant le vingt-sept Juin 1551. où il y a plusieurs articles qui concernent l'Imprimerie & la Librairie. Regl. du 23. Septembre 1553.

CATHERINE DE MEDICIS apporta entr'autres choses en mariage au Roy HENRY second, les Manuscrits de la celebre Bibliotheque de Medicis; mais la mort ayant ravy cette Princesse, ces Manuscrits furent en la garde de Jean Baptiste Beneiregne Abbé de Belle-branche, jusqu'au temps que HENRY IV. par Lettres Patentes du quatorziéme Juin 1594. ordonna que tous les anciens Livres, tant Hebreux, Grecs, Latins, Arabes, François, Italiens, qu'autres qui estoient nommez entre les meubles de la défunte Reine, seroient joints à la Bibliotheque Royale. Et il fut ordonné à cet Abbé Beneiregne de mettre tous ces Livres és mains de Jacques Auguste de Thou, pour lors Maistre de la Librairie, afin de demeurer toûjours meubles de la Couronne, sans pouvoir estre distraits. C'est une chose digne de remarque, que la plus grande partie de ces Livres sont reliez en maroquin.

Sous ce Regne ont exercé l'Imprimerie & Librairie.

JEAN DUN, qui fit imprimer les grands & merveilleux Signes veus sur la ville de Ratisbonne par Gilles Duval en 1548.

SULPICE MERENGET imprima Traité de la Nature humaine traduit du Grec d'Hippocrates par Jean de Bourges, in seize en 1548.

JEAN BONFONS fit imprimer par PIERRE LE BRET

les Illustrations de Gaule, & Singularitez de Troyes par Jean le Maire de Belge, in quarto en 1548. Ce Livre est assez rare & singulier pour la matiere dont il traite. Recüeil & Discours du Voyage de Charles IX. par Abel Joüan, in octavo en 1566. Il avoit pour marque un Serpent en rond, au milieu duquel est une Colombe sur un arbre, avec ces mots autour, *Estote prudentes sicut Serpentes, & simplices sicut Columbæ.* Il eut plusieurs enfans, dont nous parlerons cy-aprés.

THOMAS RICHARD fit imprimer *Claudius Coussord contra VValdenses*, in octavo en 1548. *M. Tullii Ciceronis ad Marc. Brutum Orat. cum Annot. &c.* in quarto en 1554.

GUILLAUME MOREL natif de Tailleul en Normandie, fut choisi pour remplir la place d'ADRIAN TURNEBE, qui le nomma luy-mesme, & luy ceda son Imprimerie, estant receu Professeur Royal. Il prit la qualité d'Imprimeur Royal pour le Grec. Il commença d'imprimer en 1548. avec JACQUES BOGARD, dont nous avons parlé cy-devant, *Fab. Quintilianus de Institutione Oratoria* in quarto avec des Notes de ce MOREL, qui imprima ensuite seul, *Ex veterum Comicorum fabulis, &c.* in octavo en 1553. *Liturgiæ, sive Missæ Sanctorum Patrum Gr. Lat.* in folio en 1560. Ce Livre est recherché des Sçavans. Les Epistres de saint Ignace, Grec, Latin & François en 1561. *Theod. Balzamonis in Canones Apostolorum, Concil. general. & particularium, &c.* in folio en 1561. *Sancti Dionysii Areopag. opera Græc.* in octavo en 1562. il y en a d'imprimez sur du velin. Morel estoit homme docte & habile en son Art. Il enseigna la Langue Grecque, & composa divers ouvrages, entr'autres *Dictionarium verborum Latinorum cum Græcis conjunctorum, &c.* in quarto, qui fut imprimé par luy-mesme, & depuis à Lyon en 1579. Il traduisit du Grec le traité de l'usage des Images, approuvé par le septiéme Concile general de Nysse. Le traité de saint Jean Damascene des Images. L'Origine des Iconomaches prise de Zonaras, in octavo, imprimée par le mesme Morel en 1562. *S. Cyprianus vet. lib. repurgatus, & libris aliquot auctus à Guill. Morellio*, in folio en 1564. Il avoit ordinairement à la premiere page de ses Livres ce Dicton d'Homere, dont se servoient aussi Robert Estienne, & Adrian Turnebe. Βασιλεῦ τ'ἀγαθῷ κρατερῷ τ'αἰχμητῆ. Sa marque estoit un Theta Θ symbole de la mort, avec deux serpens entrelassez autour de ce Theta, representant l'immortalité. L'Amour assis sur la branche du Theta, signifie qu'en la mort il faut aimer l'immortalité, avec ce vers:

Victurus genium debet habere liber.

Il mourut à Paris en 1564. voicy son Epitaphe rapportée par Henry Estienne.

GUILLELMI MORELLI
EPITAPHIUM.

Doctus & hic quondam, magni patiensque laboris,
Auxilia hæc Artis magna Typographicæ.
Sed quod non hujus respondent ultima primis,
Ars bene fida prius non bene fida manet.
Ne mirare fidem, quod & ars sua fregerit illi,
Namque datam CHRISTO *fregerat ille fidem.*

Il avoit un frere nommé JEAN MOREL, qui composa un Livre de la Discipline & Police Chrestienne, & qui fut brûlé à Paris pour le fait de la Religion.

MATHIEU DAVID imprima *P. Rami Animadversiones Aristotelicæ* in octavo en 1548. *Ejusdem Rhetoricæ Distinctiones* in octavo en 1549. Il avoit pour marque la Verité odieuse, qui nous prend par nos propres paroles, nous portant le poignard à la gorge, avec ces mots: *Odiosa Veritas.*

MARTIN LE JEUNE imprima *Targum in Lamentationes Jeremiæ* en 1549. *Paraphrasis Chaldaica Ionothani in Oseam, &c.* en 1556. *Adversaria Turnebi* in folio. Il avoit pour marque deux mains tenant un Serpent, & un baston, autour duquel estoient pour devise ces mots: *Juvenes & virgines, senes cum junioribus laudent nomen Domini.* Ce fut luy qui eut l'Imprimerie de ROBERT ESTIENNE, lorsqu'il se retira à Geneve, & qui imprima en Langues Orientales plusieurs ouvrages, entr'autres quelques Livres de la sainte Ecriture, imprimez en Hebreu en 1555. & 1569. Il estoit un des habiles Imprimeurs de son temps. Il eut pour femme Perrette Bogard fille de Libraire.

PIERRE HAUTIN fit imprimer par BENOIST PREvost *Novum Testamentum Græc.* in seize en 1549. & à son nom, Edit du Roy sur la creation des Officiers établis pour les droits du Roy in octavo en 1550.

Louis Begat fit imprimer les Fleurs Odiferantes, &c. par Antoine Coüillard in octavo en 1549.

François Girault imprima les Antiquitez de VVassebourg in folio en 1549. Livre fort estimé. Il avoit pour devise, *Sustine & abstine*.

Michel Julian Libraire Juré fit imprimer *Henrici Glareani Geographia* in quarto en 1550. *Ioan. Roffensis Defensio Sacerdotii* in octavo en 1562. *S. Dionysii Areopagitæ opera transl. ab Amb. Florentino*, in seize en 1569.

Et avec son frere Guillaume Julian, *Panoplia Evangelica D. Guillelmi Lindani* in octavo imprimé pour eux par Jean le Blanc en 1564. *Tertulliani & Arnobii opera cum notis Laur. de la Barre* in folio en 1580. Il avoit pour marque une Etoile couronnée, & pour devise ces mots: *Astra viam monstrant Regibus*. Il eut pour femme Françoise Petit.

Jerosme de Marnef Libraire Juré fit imprimer *Alberti Pighii Campensis Controvers. in Comitiis Ratisbonensibus tractatarum luculenta Expositio* in octavo en 1549. *Titelmanus in Iob.* en 1550. *Eckii Enchiridion locorum communium adversus Lutherum*, &c. in douze en 1561. *Franc. Duarenus de Sacris Ecclesiæ Ministris ac Beneficiis* in octavo en 1585. La Somme des Pechez, & le remede d'iceux, par Jean Benoist in folio en 1595. Sa marque estoit celle de ses Ancestres, sçavoir un Pelican avec ces paroles pour devise: *In me mors, in me vita*.

Lazare Grenet fit imprimer, Enterrement de feu le Cardinal de Lorraine Archevesque de Narbonne, &c. par Em. de Boullay in octavo en 1550. Ce Livre est assez curieux & recherché.

Jean de Brailly fit imprimer, Oraison panegyrique sur le trépas du Duc Claude de Guise, par Pierre Doré in octavo en 1550.

Charles Perier fit imprimer *Grammatica Græca Auth. Vergara* in octavo en 1550. Portraicture ou partie du corps humain de Duret, traduite par Loüis Maigret en 1557. ce Livre est singulier, & necessaire pour les Sculpteurs, il est assez rare.

Q iij

ANDRE' VVECHEL fils de Chrestien, dont nous avons parlé cy-devant, imprima *Ioann. Quintini Hædui Speculum Sacerdotii seu Apostoli, de scribendis Episcop. Presbyter. & Diaconorum Mor.*, &c. in quarto en 1550. *Tertulliani opera cum notationibus Rhenani* in octavo deux volumes en 1566. Cette édition n'est pas seulement recommandable par la beauté de son impression, mais aussi par les Notes de Rhenanus, & par la Paraphrase de Fr. Zephyrus sur l'Apologetique, qui ne se trouve entiere que dans cette édition. Il imprima aussi plusieurs autres Livres, qui l'ont fait passer pour un des plus celebres Imprimeurs & Libraires de son temps. Il fut obligé de se retirer à Francfort sous la protection du Comte de Hanau pour le sujet de la Religion vers l'an 1573. avec Marguerite Frenot sa femme, dont il eut plusieurs enfans, entr'autres CHRESTIEN né le deuxiéme Mars 1560. & JEAN marié à une des filles de JEROSME DROÜART Libraire à Paris, qui en se retirant à Francfort avec son pere, emporta la moitié de l'édition de *Polybii opera Gr. Lat. cum notis Casauboni* in folio en 1609. ce qui fait qu'on trouve de ce Polybe à son nom, qui est la mesme édition que celle de Paris. Toutes les éditions d'ANDRE' VVECHEL sont assez recherchées, à cause que la pluspart ont des Notes de Frederic Sylburge, qui non seulement luy donnoit ses ouvrages à imprimer, mais aussi qui prenoit la peine de revoir tous les Livres qu'il imprimoit, comme il paroist par *Pausaniæ opera ex edit. Frid. Sylburgii* in folio en 1583. *Dionysius Halicarnasseus Gr. Lat.* in folio en 1586. *Romanæ Histor. Scrip. Græci Minores. Gr. Lat.* en 1590. *Thucydidis Historia Gr. Lat.* in folio en 1594. *Xenophontis opera Gr. Lat.* en 1596. le grand *Etymologicum Græcum*, si considerable & si estimé des Sçavans, & autres qu'il imprima à Francfort, où il mourut vers l'an 1600. Son fils JEAN imprima aussi dans la mesme ville de Francfort dés l'année 1583. & ensuite, *Diodori Siculi Biblioth. Historia Gr. Lat.* en 1604. & autres qui luy ont attiré la reputation d'avoir esté l'un des plus habiles Imprimeurs & Libraires qu'il y ait eu de son temps.

ROBERT MASSELIN imprima Réponse du peuple Anglois à leur Roy Edoüard, sur la Religion Chrestienne, traduite par Jean de Riviere in octavo en 1550. *Dionysius Carthusianus in quatuor Evangelia* in folio deux volumes en 1552. Histoire de Tancrede par Richard le Blond 1553.

JEAN AMAZEUR imprima *Breviarium Cœnobii S. Dionysii in Franciâ* in quarto en 1550. & pour GUILLAUME MERLIN, *Antidotarius animæ* in deuze en 1554. rouge & noir. Il avoit pour marque un Cygne entrelassé d'une croix, avec ces mots pour devise, *In hoc Signo vinces*.

CLAUDE CHAUDIERE Parisien, fit imprimer en société avec son pere RENAULT, Oraison Funebre de Marguerite Reine de Navarre par de Sainte-Marthe in quarto en 1550. CLAUDE CHAUDIERE estoit sçavant & homme docte, nous avons de sa composition le Dialogue du vray Amour imprimé en 1555. Il imprima en 1557. *Damasceni opera* in folio, & autres ouvrages. Il estoit Imprimeur de M. le Cardinal de Lorraine, & avoit pour marque le Temps avec ces mots : *Virtus sola retundit istam*, qui estoit celle de ses Ancestres. La grande quantité de Livres qu'il a imprimez ou fait imprimer, ont fait voir qu'il a esté un des plus habiles Libraires de son temps. Il a laissé plusieurs enfans, sçavoir GUILLAUME, dont nous parlerons cy-aprés, & autres.

ADRIAN LE ROY habile Imprimeur, grand Musicien, & le premier homme de son temps pour joüer du Luth, fit une Instruction sur le Luth & sur la Guitarre, & mit en tablature les Pseaumes de David en plusieurs parties, & autres ouvrages de Musique. Il estoit beaufrere de ROBERT BALLARD Imprimeur du Roy pour la Musique, avec qui il fit imprimer en société le Livre de Tablature de Guitarre qu'il avoit composé in quarto 1551. les Pseaumes de David en vers composez par Marrot in octavo en 1562. les Oeuvres de Musique de Nicolas de la Grotte en 1570. Ils avoient pour marque le Cheval Pegase avec ces mots, *Pietate & Iustitia*. ROBERT BALLARD fut marié à Lucrece le Bé, de laquelle il eut un fils nommé PIERRE, dont nous parlerons dans la suite.

JEROSME & DENIS DE MARNEF associez firent imprimer *Concordantiæ breviores omnium fermè materiarum ex sacris Bibliis auth. Ant. Konigsteim* in octavo en 1551. Justification du Pecheur par la penitence par Nicolas Grenier in octavo en 1552. Le Pelican estoit leur marque, avec cette devise, *Prin-*

cipium Fides, finis in Charitate. Et quelquefois, *In me mors, in me vita.*

JEAN LE SUEUR fit imprimer par ROBERT MASSELIN, *Dionysii Carthusiani in Epistolas Canonicas, &c.* in folio en 1551.

LAMBERT DODU fit imprimer *Petrus Quiqueranus de Laudibus Provinciæ* in folio en 1551.

PIERRE RATHOIRE imprima pour JEAN FOUCHER, *Quatuor libri Sententiarum auth. Magistro Petro Lombardo*, in octavo en 1551. On peut voir par ce Livre, qu'il a esté un des habiles Imprimeurs de son temps.

JEAN BON-HOMME fils fit imprimer le Manuel de la parfaite vertu, &c. traduit d'Albert le Grand par François de Sarben in seize en 1551. Methode & Meditation des Mysteres de la Philosophie Chrestienne par François Barat in seize en 1551. Il eut pour femme Marguerite Guerin.

NICOLAS CHRESTIEN Imprimeur & Libraire, imprima Histoire des Amours d'Eurialus & Lucrece, d'Eneas Sylvius, traduite par Jean Milet in octavo en 1551. les Elemens d'Anatomie par Richard Roussat in octavo en 1552.

NICOLAS GUINGANT fit imprimer *Ioan. Perionii de rebus gestis vitisque Apostolorum, &c.* in seize en 1551.

ROBERT GRANJON frere de JEAN, cy-devant estoit habile Tailleur de Poinçons, & Fondeur de Caracteres, particulierement pour les Lettres Italiques qu'il a mises en leur perfection, comme on le peut voir par les Odes d'Anacreon, traduites du Grec par Remy Belleau, in trente-deux en 1572. & 1573. & qui portent encore aujourd'huy son nom. Il imprima les Sermons satyriques d'Horace, traduits par François Habert in octavo en 1551. & avec MICHEL FEZANDAT, dont nous avons déja parlé, il imprima le Tombeau de Marguerite de Valois Reine de France in octavo en 1551. GRANJON avoit pour marque des grands joncs, faisant allusion à son nom.

ESTIENNE GUYOT fit imprimer, *Pandecta Legis Evangelicæ auct. Simone à Corroy Cælestino*, in seize en 1557. *Accessit Monopanton auct. Dionysio Richel Carthusiano* in seize en 1551. *Concilium Provinciale Coloniensi celebratum anno 1536. &c.* in octavo en 1554.

PIERRE GUYMIER imprima avec LOUIS GRANDIN,
De.

De utroque J. C. Adventu, &c. auth. Petr. Alite Carnutensi, in quarto en 1552.

ADRIAN TURNEBE, ou TURNE-BEUF, dit en Latin *Turnebus*, natif d'Andely prés Roüen en Normandie, Professeur du Roy en Langue Greeque & Latine & Philosophie, en la place de TUSAN Imprimeur ordinaire du Roy, imprima en 1552. *Philonis Iudæi opera Græcè* in folio, premiere édition. *Apollinarii Metaphrasis, seu Interpret. Psalm. versibus heroïcis Græcis*, &c. in octavo en 1552. *Æschylus Græc.* in octavo en 1552. & beaucoup d'autres. Il mettoit ordinairement en la premiere page ce Dicton tiré d'Homere, dont on voit l'explication dans l'article de Robert Estienne cy-devant.

Βασιλεῖ τ' ἀγαθῷ κρατερῷ τ' αἰχμητῇ.

Il fut un des plus sçavans hommes de son temps, comme nous le témoigne la grande quantité d'ouvrages considerables qu'il nous a laissez, entr'autres *Adversaria & Opuscula Turnebi* in folio. Des Commentaires sur Ciceron, sur les Institutions de Quintilien, des Traductions de Theophraste sur le feu, de Plutarque sur le premier froid, de Platon sur la production de l'ame, & autres ouvrages, qui ont fait dire à Henry Estienne son intime amy.

Hic placuit cunctis, quod sibi non placuit.

Berthius dit que ce Turnebe estoit le veritable Tresorier de l'Antiquité, & comme un Prince entre les Sçavans. Scaliger le traite de tres-grand & tres-docte personnage, & dit qu'il estoit tellement adonné aux Sciences & à l'Etude, que le premier jour de ses nôces avec Magdelaine Clement, il ne put s'empescher d'étudier plusieurs heures. Monsieur Huet dit aussi de luy, qu'il ne luy manquoit rien d'un bon Traducteur, parce qu'il entendoit en perfection les Langues Latine & Françoise; qu'il écrivoit avec justesse; que son stile estoit serré & concis, & qu'il ne s'écartoit jamais de son Auteur. Montagne dit qu'il estoit le plus sçavant, & le plus grand homme qui fût il y a mille ans, n'ayant rien de pedantesque que le port de sa robe, & quelque façon exterieure qui pouvoit n'estre pas tout à fait civilisée. Il mourut à Paris le douziéme Juin 1565. d'une mort precipitée, âgé de cinquante-trois ans, & fut enterré au Cimetiere des pauvres Ecoliers de Montaigu, comme il l'avoit ordonné par son Testament : il

PARIS.
1552.

R.

avoit choisi ce lieu, parce que Jacques Dubois sçavant Medecin y avoit voulu estre enterré quelques années auparavant. Comme tous les gens de bien, & les Sçavans l'avoient aimé pendant sa vie, ils disputerent aprés sa mort avec une émulation incroyable à qui luy donneroit plus de loüanges. En effet Jean Daurat, Denis Lambin Professeur du Roy, Pierre de Ronsard, Germain Vaillant Abbé de Pimpont, Jean Passerat, Alphonse d'Elbene qui fut depuis Evesque d'Alby, & qui fit un Poëme François sur sa mort, imprimé par FREDERIC MOREL en 1565. & enfin Nicolas Vergerio fils d'Angelo de Candie, qui fit ces beaux caracteres Grecs qui estoient l'admiration & le plaisir de la veuë, dont se servit Turnebe & beaucoup d'autres, luy firent quantité de vers à sa loüange, & d'Epitaphes, dont je ne raporteray icy que celle qui se lit dans le Livre *de Artis Typographicæ Querimoniâ* par Henry Estienne second, imprimé en 1569. laquelle s'y trouve aussi en Grec.

ADRIANI TURNEBI EPITAPHIUM.

Musarum multis jam functus honoribus ille
 TURNEBUS, sacri maxima cura Chori.
Ferre Typographicâ voluit quoque nomen ab Arte,
 Nomen ei potius, sed dedit atque decus.
Calliope incidit præla hanc gestare coronam,
 Protinus ergo Artem desinat, ille jubet.
Mox eadem toti TURNEBUM invidit & orbi,
 Sic cum vita Artem desiit ille suam.

Il laissa trois enfans, un nommé Adrien, qui fit des vers Latins & François imprimez chez Patisson en 1582. sur la mort d'Odet son frere aisné, qui mourut d'une fiévre chaude en 1581. âgé de vingt-huit ans neuf mois, & qui avoit esté premier President de la Cour des Monnoyes à Paris ; & un troisiéme nommé Estienne, qui fut Conseiller au Parlement.

CONRAD BADIUS Parisien, Imprimeur & Libraire, fils de JOSSE BADIUS, sçavant és Langues, imprima Tragedie d'Abraham sacrifiant par Theod. de Beze en 1552. & traduisit l'Alcoran des Cordeliers en 1560. Il alla l'année suivante à Genêve, où il imprima quantité d'ouvrages de Jean Calvin in folio. Voicy son Epitaphe raportée par Henry Estienne.

CONRADI BADII EPITAPHIUM.

Quod Patri haud dederant nidioris tempora secli
Addiderant largè tempora . . . . tibi.
Doctrinæ hæredi tibinam, CONRADI, paternæ
Accessit cultus gratia magna novi.
Sed superi dotes tibi quantum auxere paternas,
Tantum ævi fines diminuere tibi.

JEAN LANGLOIS fit imprimer, Traité familier des noms Grecs, Latins, & Arabiques, par Jean Mallard, in octavo en 1552. Il eut un fils nommé DENIS, dont nous parlerons cy-aprés.

GUILLAUME CAVELLAT Libraire Juré fit imprimer par MARTIN LE JEUNE, *Problemata Aristotelis*, &c. in douze en 1552. Observations singulieres trouvées en Grece, Asie, Judée, Egypte, Arabie, &c. par Pierre Belon in quarto en 1554. Histoire de la nature des oiseaux par le mesme Belon in folio en 1555. Il fit imprimer en société avec HIEROSME MARNEF, *Eusebii Emisseni opera* in octavo en 1575. Il avoit pour marque la poulle grasse, & pour devise, *in pingui gallinâ*, qui estoit celle de RICHARD. Il eut pour femme Marie Alleaume.

PIERRE DROÜART Libraire Juré, fit imprimer un traité des Alimens, ou choses nutritives par Jean Massé en 1552. *Philippi Flessellii Chirurgia* in seize 1553. Il eut pour épouse Guillemette Girault, fille de Libraire, & un frere nommé GUILLAUME, qui épousa Charlotte Nivelle fille de Libraire.

CLAUDE FREMY fit imprimer les Fondemens de la Foy par Nicole Grenier in octavo en 1553. *Optatus Milevitanus cum Præf. Balduini* in octavo en 1563. *Gregorii Nazianzeni opera Latina per Iacob. Billium* in folio en 1570. *Historia Ecclesiasticæ*

Scriptores varii Græcè per Ioan. Christophorum in folio en 1571. Il avoit épousé Marie Fontaine.

DENIS DUVAL fit imprimer la Suzanne de Didier Oriet in quarto en 1553. *Marius Salamonius Patricius de Principatu.* en 1578. Il avoit pour marque, Alexandre monté sur son Bucephale, qui le dompte en le tournant contre le Soleil, avec cette devise en Grec, expliquée par ces paroles: que *l'adresse fait plus que la force*, & avec ces mots: *Non vi sed ingenio*. Il eut de Marie Piscot sa femme plusieurs enfans, sçavoir DENIS dont nous parlerons dans la suite. Il mourut le deuxiéme Fevrier 1621. & fut enterré à saint Benoist.

JEAN GUEULARD fit imprimer la Doctrine du Siecle doré, ou de l'Evangile Regne de J. C. par Guill. Postel en 1553. Les tres-merveilleuses Victoires des femmes du nouveau Monde, &c. par le mesme Postel in douze en 1553. Ces deux Livres sont assez singuliers pour la matiere dont ils traittent, & ont fait assez de bruit en leur temps, ils sont assez rares, ce dernier est ce qu'on appelle *la Mere Ieanne de Postel*.

MAGDELAINE BOURSELLE veuve de FRANÇOIS REGNAULT Libraire, fit imprimer la Police humaine de François Patrice, traduite par Jean le Blond en 1553.

JEAN SAVETIER fils de NICOLAS imprima pour OUDIN PETIT *Homiliæ in Epistolas Dominicales totius anni per Fr. Ioan. Royardum* in octavo en 1553. & pour GILLES GORBIN, *Theologia Platonica de Immortalitate animarum, authore Marsilio Ficino* in octavo en 1559. Il eut pour femme Catherine Pinot.

NICOLAS BAFFET fit imprimer, Recueil d'Epitaphes d'Hilaire Courtois en 1553.

SEBASTIEN NIVELLE, habile Libraire, dont la repution sera éternelle à cause la dépense qu'il faisoit pour la beauté des impressions, commença à faire imprimer dés l'année 1550. & 1553. la Description de la Terre Sainte par Loüis Miré, *Ioan. Gagnæus in Epistolas Pauli* in octavo en 1563. Cette édition est fort estimée. La sainte Bible, traduite en François par René Benoist in folio en 1566. *S. Clementis opera* in octavo en 1568. *S. Chrysostomi opera Lat.* in folio quatre volumes en 1570. & 1581. *S. Athanasii opera Latina* in folio en 1572. & 1581. *Biblia Sacra cum notis Ioannis Benedicti* in folio imprimé par NICOLAS

ET DE LA LIBRAIRIE, Liv. II.

Brule' en 1572. *S. Cypriani opera cum adnotat. Iacobi Pamelii* in folio en 1574. *S. Irenei opera* in folio en 1576. *Cujacii opera* in folio quatre volumes en 1577. *S. Hieronymi opera* in folio quatre volumes en 1579. Cette édition passe pour une des meilleures. *Yvonis Carnotensis Episcopi Epistolæ* in quarto en 1585. *Papirius Massonius de Episcopis Urbis, qui Romanam Ecclesiam rexerunt, &c.* in quarto en 1586. *Virgilius cum commentariis Mauri Servii Honorati* in folio en 1600. *Isidori Hispalensis opera* in folio en 1601. *Theod. Petreii Campensis Carthusiani Confessio Tertulliana, Cypriana veteris Eccl. Rom. &c.* in octavo en 1603. *Corpus Iuris Civilis cum Glossis* in folio cinq volumes en 1576. rouge & noir, imprimé par HENRY THIERY, & OLIVIER DE HARSY. NIVELLE avoit pour marque deux Cicognes avec ces mots: *Honora Patrem tuum & Matrem tuam ut sis longævus super terram.* Il obtint une permission pour imprimer en compagnie les Usages reformez du premier Mars en 1596. Il eut plusieurs enfans, sçavoir NICOLAS né le vingt-troisiéme Septembre 1556. dont nous parlerons cy-après, aussi bien que ROBERT né le dix-septiéme Juin 1558. Il est enterré dans l'Eglise de saint Benoist, où l'on voit cette Epitaphe.

PARIS. 1553.

Cy-devant gisent honorables personnes SEBASTIEN NIVELLE Marchand Libraire Juré en l'Université, & Bourgeois de Paris, & Magdelaine Baudeau sa femme, qui ayant vescu ensemble l'espace de cinquante-cinq ans, sont decedés, sçavoir ledit Nivelle âgé de quatre-vingts ans, le dix-neufiéme Novembre 1603. & ladite Baudeau âgée de soixante & dix-huit ans, le neufiéme May 1611.

PRIEZ DIEU POUR EUX.

GUILLAUME MERLIN Libraire Juré en 1538. fit imprimer *Novum Testamentum* in seize en 1554. il épousa Catherine Godard.

JACQUES DUPUIS Libraire Juré, frere de MATHURIN, dont nous avons parlé cy-devant, fit imprimer *Justini Philosophi & Martyris opera Lat. Joanne Perionio Interprete* in folio en 1554. les six Livres de la Republique de Guillaume Bodin in folio en 1577. la sainte Bible de la traduction de Messieurs de

R iij

124   HISTOIRE DE L'IMPRIMERIE

PARIS.
1554.

Louvain in folio en deux volumes en 1587. Histoire de Bretagne par Bertrand d'Argentré in folio en 1588. (cette édition est assez recherchée, & passe pour la meilleure,) & autres ouvrages en leur perfection. Il est un de ceux qui a le plus imprimé de son temps, sa marque estoit la Samaritaine avec ces mots en Grec ΛΑΜΠΕΙΤΕ, ΚΑΙ ΕΙΤΕ. Il eut pour femme Catherine Sonnius fille de Libraire. Il mourut le troisiéme Novembre 1591. & fut enterré à saint Benoist.

MARIN MASSELIN imprima pour JACQUES KERVER Discours du Songe de Polyphile in folio en 1554.

PIERRE THIERRY (fils de Pierre, natif de S. Fargeau en Champagne, qui vint à Paris en 1514. & commença à exercer la Librairie chez GALLIOT DUPRÉ,) fit imprimer, Abregé du Droit Civil par Jean de Vernoy en 1554. & autres; il laissa un fils nommé Henry, dont nous parlerons cy-aprés.

PHILIPPES RITHOÜE, en Latin *Rithoœus*, fit imprimer *Novum Testament. cum Scholiis Ioan. Benedicti* in 12. en 1554.

FRANÇOIS BARTHELEMY fit imprimer *Explicatio locorum Medicinæ* in octavo en 1554.

ANNET BRIERE imprima, Abregé de l'Art Poëtique par Claude de Boissiere en 1554. Histoire de nostre temps faite en Latin, & traduite par Pierre Boaistuau surnommé Launay, in seize en 1556. C'est l'Histoire de François premier. Histoires prodigieuses & memorables depuis la Naissance de N. S. jusqu'à nostre siecle, par le mesme Boaistuau in 4. en 1560.

CLAUDE FREMIN fit imprimer, la Pratique de l'homme Chrestien, par Nicolas Grenier in seize en 1554. Catholique Probation du Purgatoire, & suffrage pour les Trépassez, par le mesme Nicolas Grenier en 1562.

HENRY ESTIENNE sieur de Griere, second fils de ROBERT premier, estoit tres-docte, & passoit pour le plus habile de son temps dans la Langue Grecque. Il imprima, *Anacreonis Teii Odæ luce & Latinitate nunc primum donatæ* in quarto en 1554. *Maximi Tyrii Philosophi Platonici Sermones, sive disputationes, Gr. Lat.* in octavo 1557. *Novum Testamentum* in folio en 1561. une Bible traduite en François en 1565. *Poëtæ Græci* in folio en 1566. Traité de la Conformité du langage François avec le Grec en 1567. *Platonis opera cum notis Serrani* in folio trois volumes en 1578. Cette édition est fort estimée, tant pour les notes que pour la beauté de l'impression. Ce mesme Jean Serranus nous a donné une Histoire de France intitulée, *Inventaire general de l'Histoire de France, par Iean de Serres*, dont nous avons plusieurs éditions. Ledit HENRY ESTIENNE imprima encore plusieurs ouvrages considerables, à la premiere page desquels il mettoit ordinairement, *Henricus Stephanus illustris viri Huldrichi Fuggeri Typographus*, parce qu'il en recevoit une pension en consideration des beaux ouvrages qu'il imprimoit tant Grecs que Latins. Nous en avons aussi quantité de sa composition, entr'autres *Thesaurus Linguæ Græcæ cum Glossario*, in folio cinq volumes, imprimé en 1572. qui est un Livre excellent, & d'un travail incomparable & tres-penible, dont son valet Jean Scapula prit une bonne partie, & en composa son Lexicon, ce qui fit un tres-grand tort à ce grand ouvrage. La Precellence du langage François sur le Toscan, qu'il composa par ordre du Roy Henry III. la Vie de Catherine de Medicis sous le nom du sieur de Griere, & plusieurs autres, en reconnoissance desquels il eut une ordonnance de 3000 livres qui luy furent payez le quinziéme Octobre 1579. par Pierre Mollan, pour lors Tresorier. Il fut envoyé en Suisse pour la recherche des Manuscrits & Livres rares, comme il paroist par ce Brevet.

PARI. 1554.

Monsieur de Sancy, j'ay accordé à Henry Estienne trois cens livres de pension à prendre par chacun an par les mains des Tresoriers des Lignes, pour luy donner tant plus de moyen de s'entretenir, en consideration des services que luy & ses predecesseurs m'ont cy-devant faits, comme j'espere qu'il continuëra à l'avenir, tant du costé de Suisse que ailleurs, selon que les occasions s'en pourront offrir. Pour cette cause je vous prie qu'au prochain estat que vous dresserez des Pensionnaires desdites Lignes, vous y employiez ladite pension, & en faites payer iceluy Estienne comme les autres Pensionnaires desdits Pays, & vous ferez chose qui me sera tres-agreable en ce faisant; priant Dieu, Monsieur de Sancy, qu'il vous ait en sa garde. Ecrit à Paris le douziéme jour d'Aoust 1579. Ainsi signé HENRY, *& plus bas,* BRULART.

L'on peut dire que cet HENRY ESTIENNE a esté celuy de toute sa famille qui s'est rendu le plus recommandable

PARIS.
1554.

par son sçavoir. Il s'acquit aussi tant de reputation en donnant au Public les Odes d'Anacreon qui avoient esté si long-temps cachées, dont il apporta le Manuscrit d'Italie, y ajoustant une version Latine en vers de mesme mesure que ceux de ce fameux Poëte. Le Roy Henry troisiéme luy accorda un Privilege general en date du vingt-huitiéme Janvier 1579. tant pour tous les Historiens Grecs & Latins, que pour le Dictionnaire, & Cours Civil. Mais tous ces grands avantages & faveurs du Roy n'empescherent pas qu'il ne fust brûlé en effigie à cause de son Apologie d'Herodote, pendant qu'il estoit caché dans les montagnes d'Auvergne, ce qui luy fit dire plaisamment, qu'il n'avoit jamais eu si grand froid que lorsqu'il avoit esté brûlé à Paris. Sa fin ne fut pas moins déplorable, estant mort dans l'Hospital de Lyon en 1598. âgé de soixante-dix ans aprés plusieurs voyages, la perte de son bien, & celle de son esprit. Voicy une Epigramme de Joh. Posthius *T. 5. de Lit. Poët. Germ.* faite à sa loüange.

Et libros facere, & doctos excudere libros,
Longus uterque labor, durus uterque labor.
Huic gemino invigilat pariter tua cura labori,
HENRICE, ô mira sedulitate virum !

Il laissa un fils nommé PAUL ESTIENNE, sçavant és Langues, qui alla s'établir à Genéve à cause de la Religion, duquel nous parlerons cy-aprés, & deux filles, l'une nommée Florence mariée à Casaubon, qui avoit esté son Correcteur, & l'autre nommée Denise.

GUILLAUME LE NOIR fils de Philippe cy-devant, imprima Traité des douze Cesars, traduit par Charles Fontaine en 1554. l'Horloge des Princes in folio en 1555. *Stephani Lusignani Catalogus virorum illustrium veteris & novi Testamenti, &c.* in octavo en 1580. & plusieurs autres. Sa marque estoit la mesme que celle de son pere. Il eut de Geneviéve Morel sa femme plusieurs enfans, entr'autres GUILLAUME né le quatriéme May 1559. dont nous parlerons cy-aprés.

GILLES ROBINOT fit imprimer Poësies de Loüis le Caron in octavo en 1554. Gabriel Dupreau de l'Autorité du Concile en 1564. Il avoit pour devise : *Ne quid nimis*, autour de

ET DE LA LIBRAIRIE, Liv. II. 137

PARIS.
1555.

de sa marque, qui estoit Icare tombant dans la Mer pour avoir voulu voler trop prés du Soleil. Il laissa un fils nommé GILLES, dont nous parlerons dans la suite.

GUILLAUME GUILLART Libraire Juré fit imprimer, Histoire des Indes, traduite du Latin par Jean Macer in folio en 1555. *Ioan. Damasceni libri tres Apologetici adversus eos qui sanctas Imagines criminantur. Latinè & Græcè, Interpret. Godof. Tilmanno Carthusiano* in quarto en 1555.

NICOLAS DUCHEMIN natif de Provins, Fondeur & Graveur de Poinçons, particulierement pour la Musique, comme nous l'avons dit cy-devant, imprima des Chansons Spirituelles, mises en Musique par Claude Joudimel en 1554. & un Recüeil in folio de Messes en Musique, composées en plusieurs parties par divers Maistres de Musique en 1558. *Horæ in Laudem B. V. ad usum Ecclesiæ Parisiensis* in douze en 1574. Il fut marié à Catherine de la Haye.

JEAN HULPEAU fit imprimer, Introduction sur l'Anatomie par Jean Guillaume, en 1555. Discours sur les rebellions par Belleforest, en 1572. *M. Antonii Mureti Orationes* in seize en 1578. Il épousa Catherine Guerard.

BERNARDIN TURISSAN fit imprimer, *Oribasii Sardiani Collect. Medicinalium* in octavo en 1555. *T. Ciceronis opera stud. Dion. Lambin* in folio deux volumes en 1566. & 1575. qui sont assez estimez des curieux. Sa marque estoit celle des ALDES MANUCES celebres Imprimeurs de Venise, representée par le *Festina lentè* des Anciens, qui estoit un ancre qui signifie la fermeté & la lenteur, entouré d'un Dauphin qui est le symbole de la vitesse, avec ce mot *Aldus*.

PIERRE BUEGUIN fit imprimer, *Flores Epigrammatum*, &c. in seize en 1555. les Sympathies & Antipathies traduites par Nicolas le Houx.

JEAN LESCALLIER imprima les quinze Effusions du Sang de J. C. in octavo en 1555. Il avoit une sœur nommée Annete ou Jacquette Lescallier, qui épousa vers l'an 1538. GABRIEL GREGOIRE Imprimeur, dont elle eut un fils nommé ARNOULT GREGOIRE né le sixiéme Juillet 1541.

FRANÇOIS LE HUBY imprima *Epitome in Prosodiam*, &c. in douze en 1555. & autres. Il eut un fils d'Adrienne

S

Lainette nommé FRANÇOIS, dont nous parlerons dans la suite.

JEAN CAVEILLER fit imprimer, Histoire de France par Paradin en 1555. & par RICHARD ROUX Imprimeur, les Annales de France, de Nicolas Gilles in folio en 1560. Il avoit pour devise autour de sa marque qui estoit une Etoile, *Solem præcurro, sequorque.*

GUILLAUME THIBAULT fit imprimer, *Opus tripartitum*, par Jean Gerson Chancellier de l'Université de Paris, in seize en 1556.

RICHARD ROUX imprima les Chroniques & Histoires des Pontifes Matathias, & de son fils Judas Machabée in octavo en 1556. Discours des Champs, faits par Claude de Taillemont en 1557. & pour JEAN MACE' Annales & Chroniques de Nicol. Gilles, augmentées par Denis Sauvage in folio deux volumes en 1562.

ESTIENNE DENISE fit imprimer, Harangue sur la reception de M. Mosnier Lieutenant Civil à Paris, par François Habert en 1556. le Promptuaire des Conciles de l'Eglise, par Jean le Maire in douze. Il prenoit la qualité de Libraire suivant la Cour.

NICOLAS CHESNEAU Angevin de la Paroisse de Chesfés, Libraire Juré, imprima *Confessio Augustiniana* in octavo en 1556. & 1570. Il fit imprimer à Rheims le Saint-Concile de Trente in octavo, qu'il fit traduire par Gentian Hervet, & qu'il vendoit en sa boutique à Paris, en 1564. C'est la premiere traduction de ce Livre qui est tres-recherchée. L'on trouve dans cette édition que trois Cardinaux s'opposerent à la Confirmation du Concile de Trente, lors qu'elle fust demandée par les Peres. *Turnianus pro Canonibus Apostolorum* in octavo en 1573. les Oeuvres de saint Cyprien traduites par Jacques Tigeon in folio en 1574. *Procopius in Esaiam* in folio en 1580. *S. Gregorii Nazianzeni opera Latina, Iacobo Billio Interprete,* in folio deux volumes en 1583. Cette édition passe pour une des meilleures. CHESNEAU s'est fait distinguer par la grande quantité de Livres qu'il a imprimez en perfection, & au devant de la plusart desquels il nous a donné des Prefaces, Epistres, & Discours tres-intelligibles & tres-sçavans. Il avoit pour marque un chesne verd, où est attaché un trous-

ET DE LA LIBRAIRIE, Liv. II.

feau de flèches, symbole de la Concorde, avec ces mots: *Concordia vis nescia vinci.* Il épousa Marie Aurillet, & mourut en 1584. Il avoit deux freres, l'un nommé Thomas, qui composa un traité des Danses, où il est montré que les Danses sont des accessoires & dépendances de la paillardise, &c. imprimé en 1564. & l'autre nommé Nicolas, qui fut marié à Magdelaine Ruelle fille de Libraire.

FRANÇOIS HONORAT fils de BALTHAZARD, fit imprimer *Eutymii Monachi Zigabeni orthodoxæ fidei dogmatica Panoplia Interpret. Franc. Zino Latinè* in octavo en 1556.

JEAN BRIDIER fit imprimer, Instruction pour parfaitement bien écrire, par Jean le Moyne en 1556.

AMBROISE DE LA PORTE, fils aisné de MAURICE, estoit tres-docte, & bien versé dans nostre Langue, il a composé quelques ouvrages. On voit de luy une Epitaphe tres-belle au devant du Dialogue de Tahureau. Il imprima *Ciceronis Orationes* in quarto en 1556. les Annales & Chroniques de France par le sieur Denis Sauvage de Fontenailles in folio en 1557. Il mourut le vingt-troisième Avril 1571. & il avoit la mesme marque & devise que son pere, auprés duquel il fut enterré à saint Estienne du Mont, où l'on voit leurs Epitaphes mises par les soins de Maurice de la Porte, frere de cet Ambroise, Autheur d'un Livre qui a pour titre, *Livre d'Epithetes tres-necessaires à ceux qui font profession de la Poësie, & de l'Histoire.* Cet ouvrage a donné lieu à cette Epitaphe qui est à costé de celle de son pere à saint Estienne du Mont.

Passant, s'il ne te peut tomber en fantaisie,
Que mesme flèche puisse occire, & donner vie,
Voy ce Tombeau où est DE LA PORTE enterré,
Tombeau d'un grave corps rarement honoré.
Phœbus qui l'aimoit tant, que d'un enthusiasme,
Comme d'un aiguillon luy chatoüilloit son ame,
Le fichant sur le Livre, & d'esprit curieux
Luy faisant remarcher les Arts laborieux,
Luy a donné la mort avant l'âge avancée,
Mais le mesme Phœbus a bien recompensée
Une saison si courte à mil & million
De siecle que vivra de la Porte son nom.

PARIS
1556.

S iij

Il est mort s'efforçant d'honorer nostre France,
Pointeler du desir d'accabler d'ignorance.
Ce desir qui a pû une vie abreger,
Luy pourra double vie à un coup prolonger,
Une sera au Ciel, l'autre en la terre basse,
Car Dieu qui le cherit, au Ciel luy donne place,
Et son renom fameux le fait vivre entre nous.
Il est mort travaillant pour le profit de tous,
Honorant la memoire, & les cendres müettes,
Et le Cercüeil où gist l'Autheur des Epithetes ;
Et si tu es devot, dresse ta voix à Dieu,
Et pour le Trépassé fais-luy quelque humble vœu.

CLAUDE PICQUES fit imprimer par JEAN LE BLANC les Pseaumes de David en Latin, avec des Notes Françoises, qui expliquent la vertu des Pseaumes, in octavo en 1557. ce qui rend ce Livre assez curieux.

GILLES GORBIN Libraire Juré, fit imprimer Dialologues de George Pictorius, traduits par Armand Pasquet in octavo en 1557. *Nicephori Historia Ecclesiastica* in folio en 1562. *Heronis Alexandrini Spiritualium liber è Graco in Latinum conversus à Fed. Commandino* in quatto en 1583. Il est un de ceux qui ont le plus fait imprimer. Sa marque estoit Pandore avec sa boëtte d'où sortent tous les biens & les maux, & sa devise, *Spes sola remansit intus.* Il mourut en 1590. & fut enterré à saint Benoist.

LOYS DE BANVILLE Libraire au Palais, fit imprimer les Annales & Chroniques de France de Nicolas Gilles in folio en 1557.

GUILLAUME JULIEN, un des habiles Imprimeurs & Libraires de son temps, imprima Complainte ou Réponse Catholique contre les Heretiques, par l'Evesque d'Avranches. *Ioan. Garetii de vera CHRISTI presentia in Eucharistia, &c.* in octavo en 1561. *Peresius Aiala de Divinis Traditionibus* in octavo en 1562. Il fit imprimer par ANNET BRIERE, *S. Dionysii Areop. opera transl. nov. Ambr. Florentini* in seize en 1565. *D. Iustini opera* en 1575. *Tertulliani opera cum notis Renati de la Barre,* en 1580. Il avoit pour marque l'amitié qui montre son cœur ouvert avec ces vers :

ET DE LA LIBRAIRIE, Liv. II.

Nil Deus hac nobis majus conceſſit in uſus.
Il fut marié à Lucrece Charles.

CLAUDE MICARD fit imprimer, Reduction de Calais au Royaume de France in octavo en 1558. le Decameron de Bocace, en 1569. Hiſtoire des François par Paul Emyle, traduite par Jean Regnard en 1573. Il avoit pour marque la bonne Foy repreſentée par deux mains jointes tenant un anneau lié & ſuſpendu, avec ces mots, *Bonâ fide*, & autour de la marque cette deviſe, *Melius ſpero, certè teneo*. Il eut de Thienette Michel ſa femme un fils nommé CLAUDE né le vingt-cinquiéme Fevrier 1578. & un autre nommé JEAN, dont nous parlerons en la ſuite de cette Hiſtoire.

BARBE REGNAULT fit imprimer, le Monſtre d'abus contre Michel Noſtradamus in octavo en 1558. Supplication aux Roys & Princes Chreſtiens de faire la paix entr'eux, par Jean Seve en 1559.

GABRIEL BUON Libraire Juré, qui imprima *Ioan. Fabri Hailbrunon. de Miſſa Evangelica, &c.* in folio en 1558. Ce Livre eſt fort eſtimé; la ſainte Bible avec le Latin en marge, par René Benoiſt in quarto deux volumes en 1568. les Epictetes de Monſieur de la Porte Pariſien, fils de Libraire, in douze en 1571. les Annales, & Hiſtoire generale de France, par Fr. Belleforeſt in folio deux volumes en 1579. les Oeuvres de Ronſard in folio deux volumes augmentez en 1584. qui eſt la premiere édition in folio, & pluſieurs autres ouvrages qui l'ont fait diſtinguer des autres Libraires & Imprimeurs de ſon temps. Autour de ſa marque qui eſt le Philoſophe Bias, étoient ces mots, *Omnia mecum porto*. Cette marque eſtoit auſſi celle de MAURICE DE LA PORTE, dont il eſt parlé à la page 104. & duquel il avoit eu le fonds de Libraire. BUON avoit épouſé Jeanne Rondel, dont il eut NICOLAS, duquel il eſt parlé cy-aprés.

PHILIPPES DANFRIE, & RICHARD BRETON, firent imprimer la Comedie du Monarque, par François Habert en 1558.

RICHARD BRETON imprima en ſocieté avec PHILIPPES DANFRIE Libraire, Zorocaſtre Oracle traduit du Grec in octavo. Deſcription du Beauvoiſis, par Jacques Grevin in octavo en 1558. & en ſon nom ſeul, Devis de la

PARIS
1558.

S iij

Langue Françoise, par Abel Mathieu en 1559. Il eut pour femme Jeanne Horme.

FRANÇOIS TERPEAU fit imprimer, Description d'Angleterre & d'Escosse, par Estienne Perlin en 1558.

FREDERIC MOREL, Champenois, Imprimeur du Roy, & son Interprete és Langues, gendre de VASCOSAN & son heritier, homme docte en Grec & en Latin, vivoit environ l'an 1525. & imprima, Hymnes à la loüange de Monsieur le Duc de Guise, par Jean Amelin en 1558. les Oeuvres d'Architecture de Delorme in folio en 1567. MOREL nous a laissé tant d'ouvrages de sa composition, dont toutes les Bibliotheques sont remplies, qu'il seroit trop long d'en faire le dénombrement. Il suffira de dire icy que c'est luy qui a composé le traité de la Guerre, ou continuel & perpetuel Combat des Chrestiens in octavo, qu'il a aussi imprimé en 1564. & qui a traduit & extrait des Oeuvres de saint Cyprien, un traité de douze manieres d'abus, qui sont en ce monde, & le moyen de les éviter; & les douze regles de Jean Pic de la Mirande, lesquels ouvrages il a encore imprimez en 1571. Il fut pourvû de la Charge d'Imprimeur ordinaire du Roy, vacante par la mort de ROBERT ESTIENNE son oncle, le quatriéme Mars 1571. & mourut à Paris le dix-septiéme Juillet 1583. âgé de soixante ans. Voicy les paroles qui sont autour d'un franc Meurier qu'il avoit pour marque:

Πᾶν δένδρον ἀγαθὸν καρποὺς καλοὺς ποιεῖ.

Tout bon arbre fait de bons fruits.

Il semble que ce Meurier soit pour faire allusion à son nom de Morel. Il a laissé plusieurs enfans, entr'autres MICHEL né le quatorziéme Septembre 1555. FREDERIC, & CLAUDE, dont nous parlerons dans la suite.

SIMON CALVARIN fit imprimer, des Vertus & bontez que Dieu a données aux femmes, &c. par Philibert Bonnet in octavo en 1558. Recherches de la France, par Estienne Pasquier in seize en 1569. Il eut pour femme Antoinette le Noir, il mourut le treiziéme Mars 1593. & fut enterré à St. Benoist.

BENOIST GOURMONT fit imprimer, Epithalame sur les Nôces de Monsieur le Duc de Savoye, par Bellesorest en 1559.

GUILLAUME MERLIN, & SEBASTIEN NIVELLE

ET DE LA LIBRAIRIE, Liv. II. 143

affociez, firent imprimer *Digeſtum vetus & novum, ſeu Pandectæ Iuris Civilis* in folio cinq volumes en 1559. *Chryſoſtomi opera* in folio quatre volumes en 1570. *Corpus Iuris Civilis* in folio cinq volumes en 1576. rouge & noir. Cette édition paſſe pour la plus belle & la plus correcte, & eſt fort recherchée; & autres ouvrages en leur perfection. Leur marque eſtoit repreſentée par le Temps, & un Ange dans les nuës qui verſe de l'eau ſur des fleurs que plante une femme, & un homme qui bêche la terre, avec ces paroles tirées de l'Ecriture ſainte. *Veniet tempus meſſionis, non oderis laborioſa opera, homo naſcitur ad laborem. Vade piger ad formicam.*

MARTIN LOMME fit imprimer les Preceptes de Plutarque pour ſe gouverner en mariage, traduits du Grec par Jacques Grenier in octavo 1558. Sonnets Heroïques ſur le mariage de Monſieur le Duc de Lorraine, par Franç. Habert en 1559.

PIERRE RICHARD fit imprimer, Deſcription des Pompes Funebres du Roy Henry ſecond, par Raoul du Parc en 1559. *Ciceronis de Officiis lib. 4.* en 1562.

Sous le Regne de François ſecond, ont exercé l'Imprimerie & Librairie.

JEAN MOREAU, qui imprima les Regrets ſur la mort de Henry ſecond en 1559. Il avoit un frere auſſi Libraire nommé FRANÇOIS.

GUILLAUME BARBE' fit imprimer, Sonnets & Poëſies de M. Charles d'Eſpinay Eveſque de Dol en 1559. le Theatre de Jacques Grevin in octavo en 1562.

OLIVIER DE HARSY, tres-habile en ſon Art, imprima Réjoüiſſance de la Paix en France en 1559. & pour SEBASTIEN NIVELLE, *Corpus Iuris Civilis*, in folio cinq volumes rouge & noir en 1576. & pluſieurs autres ouvrages conſiderables, à la fin deſquels il mettoit ſon nom, quoy qu'il fuſt encore au commencement avec ſa marque, qui eſtoit une Harſe, faiſant alluſion à ſon nom, avec ces mots: *Evertit & æquat.*

PARIS.
1559.

Voicy son Epitaphe qui se lit en l'Eglise de S. Benoist, où il est enterré.

Arreste toy Passant, & viens faire lecture
De ce qui est gravé sur cette sepulture,
En lisant tu verras que ce qui gist icy,
C'est le Corps de défunt OLIVIER DE HARSY,
Qui d'un soin vigilant traita l'Imprimerie,
Art des Arts le premier, & où toute sa vie,
Et moyens employant, s'est si bien acquité,
Qu'à bon droit il en a loüange merité.
Sa femme y gist aussi, l'ayant mieux aimé suivre
Au celeste repos, qu'en la Terre survivre,
Les affaires du monde, aux mondains delaissant,
Et pour un meilleur lot, les Cieux se choisissant.
Souviens-toy des Défunts, & en aye memoire,
N'ensevelissant point avec leurs os la gloire,
Ceux-là qui de bien vivre ont esté desireux,
Quand ils ont bien vescu, meurent encore heureux.

En cet endroit gisent OLIVIER DE HARSY, en son vivant Maistre Imprimeur, & ANNE GROMORS sa femme, il deceda le trentiéme jour d'Aoust, & sadite femme le dernier jour d'Octobre ensuivant l'an 1584. En repos soient leurs ames avec les Eleus.

DURAND GERLIER fils de DURAND, dont nous avons parlé cy-devant, imprima Oraison Funebre d'Henry second, par Jean Vezou en 1559. Harangues de Jean Gerson en 1560.

GUILLAUME DE BONNEMERE, fils d'ANTOINE dont nous avons parlé cy-devant, fit imprimer Dialogue Instructoire des Chrestiens, par Pierre Doré en 1560.

ROBERT ESTIENNE frere de HENRY, commença d'imprimer *Dictionarium nominum propriorum virorum, mulierum, &c.* in quarto en 1560. *Novum Testamentum Græcum & Latinum, ex Biblioth. Regia* in douze deux volumes en 1568. *Biblia Sacra cum notis Vatabli & Pagnini* in folio deux volumes en 1577. & plusieurs autres Livres qu'il imprima en leur perfection.

ET DE LA LIBRAIRIE, Liv. II.

ction. Sa marque estoit un Olivier, avec ces mots autour: *Noli altum sapere, sed time.* Son pere ROBERT ESTIENNE premier, dont nous avons parlé à la page 95. le desherita par son Testament, pour ne l'avoir pas suivy à Genêve. Mais il fut recompensé de la perte de cette succession, par la garde & direction qu'on luy donna des Caracteres & Poinçons du Roy, & par la Commission qu'il eut du Roy Charles IX. d'aller en Italie & autres lieux, pour chercher des Manuscrits, & Livres rares, comme il paroit par une Lettre Patente de ce Prince en date du cinquiéme Juin 1569. portant Sauve-garde pour toute la famille de ce ROBERT ESTIENNE pendant sa Commission. Il mourut enfin à Paris en 1588. & laissa plusieurs enfans, sçavoir ROBERT troisiéme, dont nous parlerons dans la suite, HENRY Tresorier des Bastimens du Roy, Interprete du Roy és Langues Grecque & Latine, & pere de Henry Estienne Escuyer sieur des Fossez, qui composa l'Art de faire des Devises in octavo, imprimé à Paris chez Jean Paslé en 1645. de ROBERT Avocat & Baillif de saint Marcel, & de Renée qui fut mariée au sieur de Fougerolles, Notaire au Chastelet de Paris.

CHARLES IX. confirma les mesmes Privileges aux Imprimeurs, & Libraires de Paris, au mois de Mars 1560. & donna des Reglemens, qu'il amplifia, & qu'il fit interpreter par ses Declarations de May 1571. & 10. Septembre 1572.

De son Regne ont exercé l'Imprimerie & Librairie en leur derniere perfection,

GUILLAUME DESBOIS, qui eut l'Imprimerie & la marque de Charlote Guillard, dont il épousa la sœur. Il imprima Pratique Civile par Claude Lienard in octavo en 1560. *Novum Testamentum Ioan. Benedicti* in seize en 1563. *S. Cypriani opera* in folio en 1564. Il a aussi imprimé quelques Livres pour SEBASTIEN NIVELLE & G. MERLIN, avec lesquels il estoit quelquefois associé. Sa marque estoit un Soleil au haut de ses armes. Il estoit un des habiles Imprimeurs de son temps, aussi bien que sa femme Michelle Guillard, qui imprima pour G. MERLIN & SEBASTIEN NIVELLE *S. Bernardi opera* in folio en 1566.

RODOLPHE LAMOTTE, imprima *Petrus Lombardus in Sententias, &c.* in octavo en 1560.

NICOLAS PELETIER fit imprimer le Tresor de la Medecine, par Leon Fouchs in octavo en 1560.

AMAULRY VVARENCORE fit imprimer *Historia Apostolica Abdiæ* in octavo en 1560. la Maniere de connoistre salutairement J. C. in octavo en 1561. On voit à la premiere page de ce Livre sa marque representée par un Bourdon dans des fleurs de Soleil, avec ces mots: *De verâ veritate ne declines*. Il a fait encore imprimer la Concordance des quatre Evangelistes, ou discours de la Vie de Nostre Seigneur in seize en 1562. & avec GUILLAUME GUILLARD Libraire, *Concordantiæ Bibliorum* in folio en 1562. & plusieurs autres Livres.

JEAN LE ROYER, Imprimeur du Roy pour les Mathematiques, imprima Harangues de saint Basile à ses Disciples, traduites du Grec par Claude de Pontoux in octavo en 1561. Sa marque estoit representée par un Potier de terre, avec ces mots pour devise, *Stante & currente rotâ*.

GUILLAUME DE NYVERD, Imprimeur ordinaire du Roy, imprima Epistre envoyée à un Quidam, en laquelle est montré, que hors de l'Eglise Catholique n'y a nul salut, par Gentian Hervet in octavo en 1561. Il avoit pour marque deux colomnes entrelassées avec ces mots, *Pietate & Iustitiâ*, qui estoit la devise du Roy Charles IX.

PIERRE HAMON fit imprimer par JEAN LE ROYER, Harangues de saint Basile le grand à ses jeunes Disciples in octavo en 1561. Ce Livre est singulier pour le caractere dont il est imprimé.

JEAN LEPREUX, fils de PONCET, imprima Tragedie d'Agamemnon par Franç. le Duchat en 1561. *S. Irenæi opera* in folio en 1570. Il avoit un frere nommé FRANÇOIS, qui se retira à Lausanne en Suisse pour le sujet de la Religion, où il fut Imprimeur du Canton de Berne.

MATHURIN BREÜILLE imprima les Ordonnances du Roy Charles IX. in octavo en 1561. Secrets & Secours contre la Peste par Antoine Mizauld en 1562. & avec JEAN BOREL, Propositions de la Noblesse de France, &c. par Claude de Beauffremont in octavo en 1577.

JEAN FOUCHER le jeune, frere de JEAN, fit imprimer, *Realdi Columbi Cremonensis de re Anatomica lib. xv.* in octavo en 1562. Conference entre Monsieur Vigor, & Monsieur de Xaintes ; & deux Ministres d'Epina, & du Rosier, in octavo en 1568. Il avoit pour marque un homme qui plante, & un autre qui arrose, avec ces mots : *Neque qui plantat, neque qui rigat, est aliquid, sed qui incrementum dat Deus*. Il eut pour femme Marie Guerin.

PHILIPPE GAUTIER DE ROVILLE, imprima Histoire de la Terre Sainte, conquise par plusieurs Princes Chrestiens, in quarto en 1562. *Ciceronis opera cum notis Lambini* in folio quatre volumes en 1566. Il avoit pour marque la Concorde avec ces mots, *Concordiâ res parvæ crescunt discordiâ maximæ dilabuntur*.

FRANÇOIS ESTIENNE second du nom, fils de FRANÇOIS, habile en son Art, imprima les Sermons de Jean Calvin en 1562. la sainte Bible in octavo en 1567. la Grammaire Grecque & Latine, composée par Robert Estienne in octavo en 1569. Histoire de Portugal traduite d'Osorius in folio, pour ANTOINE CHUPPIN Libraire à Geneve, & plusieurs autres. Sa marque estoit un Arbre de Pin, avec ces mots, *Sine te nihil*. Il se retira pour quelque temps à Geneve à cause de la Religion, où il imprima beaucoup de Livres, & il revint ensuite en Normandie, où il épousa Marguerite Cave, dont il eut plusieurs enfans, entr'autres GERVAIS ESTIENNE, qui naquit à Donville la bien trouvée prés sainte Barbe en Auche, ADRIEN & Adrienne. Ce GERVAIS fut Libraire à Paris vers l'an 1616. où il épousa le vingt-quatriéme Octobre 1610. Denise Pailleaux, dont il eut Marie Estienne, née le deuxiéme Novembre 1619. ADRIEN fut aussi Libraire à Paris vers l'an 1616. qui épousa Marie Chastellain le dixiéme Juillet 1617. dont il eut Pierre Estienne né le vingt-un Aoust 1618. Adrienne née le seiziéme Decembre mil six cens vingt-six, & JEROSME né le dixiéme Septembre 1630. receu Libraire à Paris en 1657. ADRIENNE ESTIENNE fut mariée le quatriéme Fevrier 1635. à JACQUES PALFART receu Libraire en 1636. dont est sortie Marie Palfart née le vingt-quatriéme Mars 1636. laquelle épousa DENIS CREVIÉ receu aussi Libraire à Paris en 1658. De toute cette famille cy-dessus, je n'ay point trouvé de Livres imprimez à leurs noms, quoyqu'ils ayent esté Libraires à Paris.

CLAUDE BEZART fit imprimer avec GUILLAUME GUILLARD, & AMAULRY VVARENCORE, *Concordiæ novæ utriusque Testamenti juxta tropos & phrases*, &c. à *Ioanne Benedicto Parisiensi Theologo* in folio en 1562. Ce Livre paroist avoir esté imprimé chez GUILLAUME GUILLARD, & est tres-bien imprimé, l'on y voit une marque representée par un paysage éclairé du Soleil, avec ces mots : *Ne deficiens de viâ veritatis*, que je croy estre celle de VVarencore.

ESTIENNE PETIT fit imprimer, Réponse à Martin Luther sur les articles par luy proposez au Concile general, traduite du Latin par Gabriel Dupreau in octavo en 1563. *Nicephori Historia Ecclesiastica* in octavo deux volumes en 1566. Christophle de Cherfontaines du Franc-Arbitre, in octavo en 1568. Cet Autheur est considerable pour avoir des opinions particulieres, ce qui fait que ce Livre est recherché des curieux.

CLAUDE BLIHART fit imprimer, Discours sur ce que les Pilleurs, Voleurs & Bruleurs des Eglises n'en veulent qu'aux Prestres, par Hervet d'Orleans, in octavo en 1563.

LAURENT CHANCELIER fit imprimer Histoire de Chelidonius Tigurinus traduite par Boisteau, in octavo en 1564. Il avoit pour marque la Chancelerie par allusion à son nom, representée par la Verité tenant d'une main la balance, & de l'autre le Livre des Loix, où est écrit : *Verbis & factis*, & autour pour devise, *In veritate & Iustitiâ*.

JEAN CRISPIN natif d'Arras, fut envoyé fort jeune par son pere qui estoit Jurisconsulte à Louvain, où il estudia cinq ans, vint ensuite en France pour y apprendre le Droit, avec François Balduin son intime amy, sous Gabriel Mudé, & autres Docteurs en Droit, où il se rendit un des plus celebres Professeurs és belles Lettres, comme aussi dans l'exercice de l'Art de l'Imprimerie, où il imprima tres-correctement *Novum Testamentum Græcè cum argumentis Capitulorum Latinis* in seize en 1564. *Homeri Odysseæ & Iliados, sive opera*, in seize en 1570. *Theocriti opera Gr. Lat.* in seize en 1570. On voit des Notes, des Epistres & des Prefaces de sa façon à tous ces Livres. Il fut obligé de se retirer à Genéve pour le sujet de la Religion, où il composa & imprima *Lexicon Crispini* in folio & in quarto, & avec son fils SAMUEL les Notes qu'il avoit composées sur les quatre Livres de Justinien, & plusieurs autres Livres. Casaubon estoit un de ses Auteurs. Il avoit pour marque un Ancre, autour duquel est un Serpent, & deux mains qui tiennent cet Ancre.

JEAN LE BLANC, un des habiles Imprimeurs de son temps, & qui a le plus travaillé pour les Libraires, imprima pour les freres, JULIEN *Panoplia Evangelica à D. VVillhelmo Lindano* in octavo en 1564. Traité de la Liturgie ou sainte Messe de Gilbert Genebrard Archevesque d'Aix, in octavo en 1592. Il avoit pour enseigne le Soleil d'or.

JACQUES MACE' fit imprimer, Epistres de saint Athanase traduites du Grec par un Religieux de saint Denis, in octavo en 1564. Il avoit pour marque une pyramide avec ces mots pour devise, *Stans penetro*. Il estoit frere de JEAN MACE', dont nous avons déja parlé, & il laissa un fils nommé CHARLES, dont nous parlerons dans la suite.

CLAUDE SENNETON avoit imprimé quelques Livres à Lyon lorsqu'il vint à Paris, où il imprima Recherches de Pasquier in quarto deux volumes en 1565. Il avoit pour marque une Salamandre dans les flâmes, avec ces mots : *Durer, mourir, & non perir*.

GUILLAUME GIRARD imprima en societé avec THOMAS BELOT & MICHEL ROIGNY, Enchyridion, ou Abregé de l'Instruction du fidele Chrestien en la Science de Dieu, par Gabriel Dupreau in octavo en 1565.

THOMAS BRUMEN Libraire Juré, fit imprimer, Probation de l'Eglise & Doctrine Catholique, par Jean Helvis in octavo en 1565. *Opus Catechisticum, sive de Summa Doctr. Christ. D. Petri Canisii* in folio en 1579. Il avoit pour marque l'Olivier, qui est le Symbole de la Paix. Il eut pour femme Magdelaine Louys.

PIERRE DE LANGRE fit imprimer, Lettres de Sommation envoyées derechef par le grand Turc Sultan Solyman aux Citoyens de la Ville de Malthe & Chasteau de S. Elme, in octavo en 1565.

THIBAULT BESSAULT fit imprimer le Livre merveilleux contenant plusieurs Propheties & revelations qui doivent arriver dans l'Eglise jusqu'à la fin du monde, in octavo en 1565. qui est la traduction du Livre qui a pour titre

T iij

Mirabilis liber, dont nous avons parlé cy-devant. Les grands Jours du Parlement de Dieu, par Artemidore en 1574. Sa marque estoit un Elephant avec ces mots; *Sicut Elephas sto.* Il a laissé un fils nommé JEAN, dont nous parlerons dans la suite.

ALAIN DE MATHONIERE fit imprimer, Description de la France par Jean Jolivet en 1565.

PIERRE & GALLIOT DUPRÉ freres, & fils de GALLIOT, dont nous avons parlé cy-devant, firent imprimer par JEAN LE ROYER Imprimeur du Roy pour les Mathematiques, Histoire de Marc-Aurele, ou le vray Miroir & Horloge des Princes, traduite par le R. Pere de Grise, in folio en 1565. & au nom de PIERRE DUPRÉ, Histoire d'Appian Alexandrin, traduite du Grec par Claude de Seyssel in folio en 1569. Ce PIERRE avoit pour marque un Pré, faisant allusion à son nom, avec ces deux vers tirez de l'Ecriture sainte.

Du pré Dieu fait sortir le foing,
Pour le bestail qui n'a nul soing. Ps. 104.

ROLIN GAUTIER fit imprimer Confession de Foy par Antoine Luillier in octavo en 1565.

VINCENT LE NORMAND fit imprimer les Sermons, & Opuscules de saint Cyprien, traduites par Belleforest in octavo en 1565. Remonstrance au peuple de Paris pour demeurer en la Foy de leurs Ancestres en 1568. Presages des miracles advenus au Roy Charles IX. par Belleforest en 1572. Il avoit pour marque deux mains tenant des flèches, & pour devise, *Vincenti non victo gloria.*

MATHURIN PREVOST, frere de BENOIST cy-devant, fit imprimer Recueil d'Histoires, où il est montré que les Empereurs & Roys anciens estoient plus riches & plus magnifiques que ne le sont ceux d'aujourd'huy, in octavo en 1565. Receptions du Roy Charles IX. & de la Reine Elisabeth à Sedan, &c. par Charles de Nauteres in octavo en 1571. *Guil. Sovirolii brevis & accurata de peste Disputatio* in octavo en 1571. Il eut pour femme Claude Girard.

THOMAS BELOT fit imprimer, *Clementis Alexandrini opera Latina Gentiano Herveto Interprete*, in octavo en 1566.

Histoire Apostolique d'Abdias premier Evesque de Babylone en 1569. Il avoit ces paroles pour devise, *Ne declines de via veritatis.* Il fut marié à Geneviéve Chausson, dont il eut quelques enfans.

MICHEL SONNIUS Libraire Juré, nous a laissé plusieurs Avis & Prefaces pour l'intelligence des Livres qu'il a imprimez en tres-grand nombre, comme *Ambrosius Catharinus in omnes Pauli Epistolas* en 1566. Cet Auteur est considerable, & ses ouvrages sont tres-recherchez. *Luciferi Episcopi Calaritani ad Constantium Constatini magni Imp. filium Opuscula edidit Ioan. Tilius Meldensis Episc.* in 8. en 1568. *S. Cyrilli Alexandrini opera Lat.* in folio en 1572. *Bibliotheca Sanctorum Patrum* neuf volumes, auct. de la Bigne en 1575. *Cum appendice ejusdem Biblioth.* in folio en 1579. qui est la premiere édition imprimée à Paris. *Ruffini opera omnia* in folio en 1580. qui est la bonne édition, & assez rare. *Tertulliani opera cum notis Pamelii* in folio en 1584. qui est la bonne édition. *Bellarmini Controvers.* in folio en 1589. & autres. Sa marque estoit la Vipere qui s'attacha au doigt de saint Paul dans l'Isle de Malthe, sans luy nuire, avec ces mots, *Si Deus pro nobis, quis contra nos?* MICHEL FEZANDAT, dont il avoit acheté le fonds de Libraire, avoit eu la mesme marque & la mesme devise. MICHEL SONNIUS mourut vers l'an 1591. & laissa plusieurs enfans qu'il avoit eus de Marie Bichon fille de Libraire, son épouse, entr'autres deux fils du nom de MICHEL, le premier né le vingt-un Mars 1564. dont nous parlerons dans la suite, & l'autre né le dix-huitiéme May 1566. & LAURENT né le troisiéme Avril 1570. & un nommé JEAN dont nous parlerons cy-aprés, ces trois freres cy-dessus ont esté associez ensemble, comme on le voit en la Compagnie de 1604.

ANTOINE HOÜIC fit imprimer, Stile ou Pratique des Ordonnances Royaux, & Coûtumes de France, par Jean Milles in seize en 1566. Edit & Ordonnance pour le bien de la Justice donné à Roussillon in octavo en 1572. *Epistola Michaëlis Baii de Statuum inferioris Germaniæ unione, &c.* in octavo en 1578. Le mesme Livre traduit en François par Pierre de la Croix in octavo en 1579. Il avoit pour marque l'Elephant, avec ces mots, *Sicut Elephas sto*, qui estoit celle de Bestault cy-devant.

PARIS. 1566.

PIERRE L'HULLIER imprima le Traité des Sacremens de l'Eglise par Auger en 1566. Histoire des neufs Roys Charles, par François de Belleforest in folio en 1568. *Gilberti Genebrardi de Sanctâ Trinitate libri tres contra hujus ævi Trinitarios*, in octavo en 1569. *Origenes in Sacram Scripturam* in folio en 1574. *Genebrardus in Psal.* in folio en 1581. Coûtume de Paris avec des Commentaires de Charondas in quarto en 1598. & plusieurs autres bons Livres. Il avoit pour marque l'Olivier, qui est le Symbole de la Paix, avec ces mots : *Oliva fructifera in domo Dei*. Il laissa plusieurs enfans qu'il avoit eu de Marie de Roigny fille de Libraire, son épouse, sçavoir PIERRE né le premier Septembre 1566. dont il sera parlé dans la suite.

JEAN BOREL fit imprimer *Petri Pithæi Iurisconsulti Adversariorum successivorum libri duo* in octavo en 1567. *De rebus dubiis & quæstionibus in Iure controversis Tractatus 20. auctore Nicolao Valla* in quarto en 1567. Il avoit pour marque la Foy Chrestienne, & pour devise : *Fides impetrat quod Lex imperat*.

LUCAS BRAYER fit imprimer par JEAN LE ROYER, Sommaire Exposition des Ordonnances de Charles IX. par Joachin de Challard in octavo en 1567. Lettres missives & familieres d'Estienne du Tronchet in quarto en 1568. Geomance pour sçavoir les choses passées, par Jean de la Taille en 1574. Le Mortgaige de Normandie in quarto en 1577. les douze Livres de l'Iliade d'Homere in octavo en 1577.

JEANNE BRUNEAU fit imprimer avec VINCENT LE NORMAND, Histoires prodigieuses tirées des Auteurs Grecs & Latins, & traduites par P. Boaistuau in seize en 1567.

FLEURY PREVOST imprima pour MICHEL JULIAN, Arrest & Condamnation donnée aux Catholiques, par Gabriel Dupreau, in octavo en 1567.

MICHEL GUILLARD imprima Histoire Ecclesiastique de Nicephore, traduite du Grec par Jean Gillot in folio en 1567. *D. Clementis opera* in octavo en 1568.

GILLES GILLES Libraire Juré fit imprimer la Geomance avec la Roüe de Pythagoras, par Christophe de Cattan in quarto en 1567. Ce Livre est recherché des curieux, & tres-

tres-rare. La Bergerie de R. Belleau in octavo en 1572. Il estoit quelquefois associé avec son frere NICOLAS, comme il paroist au Livre intitulé, *Onuphrii Panvinii Veronensis Augustiniani Respublica Romana Comment. lib. 3.* in octavo en 1588. qu'ils firent imprimer par JEAN CHARRON. Ils avoient pour marque trois Couronnes les unes sur les autres, passées en un Sceptre que deux mains tiennent par dessous, avec ces mots, *Hic labor.* GILLES eut quelques enfans de Marguerite le Grand son épouse, sçavoir NICOLAS né le premier Novembre 1559. Libraire, dont nous parlerons cy-après.

JEAN CHARRON l'aisné imprima, Dissuasion de la Paix fourée, par Jacques Bourlé en 1567. *Breviarium Parisiense* in octavo deux volumes rouge & noir en 1584. *Missale Parisiense* in folio en 1585. Il avoit pour marque un Charron qui travaille à une roüe, faisant allusion à son nom, avec ces mots pour devise: *Laborate in patientia & spe, & labores manuum tuarum qui manducabis.* Il estoit tres-habile Imprimeur, principalement pour les Usages.

ALEXANDRE GUILLARD fit imprimer, l'Affliction du corps pour recréer l'esprit, par Jacques Bourlé in octavo en 1567.

LUCAS BREYER fit imprimer, Lettres missives & familieres d'Estienne de Trouchet in quarto en 1568. Geomance pour sçavoir les choses passées par Jean de la Taille en 1574. la Mort-gaige de Normandie in quarto en 1577. les douze Livres de l'Iliade d'Homere in octavo en 1577. Histoire de Paul Jove, traduite par Denis Sauvage in folio en 1581.

MATHIEU LE JEUNE fit imprimer, Description d'une Comete par Jean Brohon in octavo en 1568. *Avicennæ Canonis lib. 3. Fen. 11. quæ est de ægritudinibus nervorum, à Borrao Latinè versa,* in octavo 1570.

JEAN BIENNE' imprima *Luciferi Episcopi Calaritani opera* in octavo en 1568. *Theodoretus de Providentiâ Gr. Lat.* in octavo en 1569. *Lucretius de rerum natura, auct. Lambino* in quarto en 1570. qui est estimé. *Fragmenta Synesii, Gregorii Naziazeni, &c.* in octavo en 1570. *Petri Fabri Semestrium, &c.* in quarto en 1570. *Novum Testamentum Syriacè Gracè cum versione interlineari Latina,* in quarto en 1584. Sa marque & sa devise estoient celles GUILLAUME MOREL, dont il avoit eu l'Imprimerie en épousant sa veuve. Vocicy l'Epitaphe de ce Bienné, qui est en l'Eglise de saint Hilaire où il a esté enterré.

Messieurs les Curez & Marguilliers de l'Oeuvre & Fabrique de ceans, & leurs successeurs, sont sujets à perpetuité de faire chanter & celebrer par chacun an les Messes & Services, Matines ; Heures Canoniales, & Salut pour l'ame de défunt honnorable homme JEAN BIENNE', en son vivant Marchand Libraire, Maistre Imprimeur, Bourgeois de Paris, de ses Pere & Mere, Parens & amis trépassez, aux jours & festes qui enfuivent ; c'est à sçavoir le quinziéme jour de Février 1588. qui est le jour que ledit BIENNE' est decedé, se dira Vespres des Morts, Vigiles, Laudes, Recommandaces, trois hautes Messes à Diacre & Sousdiacre, & Choriste. Enfin se dira Libera, & De profundis sur la Sepulture dudit défunt, avec les Oraisons propices, sur laquelle y sera mis une representation ledit jour, à l'entour d'icelle y aura deux torches, une harse, & deux cierges sur l'Autel, le tout de cire ardente ; & pour ce sera fourny & livré par lesdits Marguilliers, pain & vin, Ornemens, Parements de l'Autel, luminaire, avec sonnerie de ladite Paroisse.

Pareillement de faire dire & chanter en cette Eglise par chacune semaine de l'an à perpetuité le jour de Lundy heure de neuf heures, une basse Messe, en fin de laquelle sera dit le De profundis avec l'Oraison propre sur ladite Sepulture dudit défunt Bienné.

Davantage, sera dit & chanté par chacun Dimanche de l'année perpetuellement, aux quatre Festes annuelles, les deux Festes de Patron de ceans ; une Antienne en l'honneur de la Vierge Marie selon les temps ordonnez par l'Eglise ; en fin d'icelle un De profundis avec les Oraisons propices, lesquelles se diront à l'issuë des Vespres de ladite Paroisse.

Plus se dira perpetuellement par chacun an les Matines és jours & Festes de Circoncision de Nostre Seigneur, le jour des Roys, la Purification, l'Annonciation, le Lundy du lendemain du jour & Feste de Pasques Communiaux ; le jour de l'Ascension de Nostre Seigneur, le Dimanche de la Trinité, le jour de saint Jean Baptiste, le jour de saint Pierre & saint Paul, la Nativité de Nostre-Dame ; Vigiles des jours des Trépassez, qui est le lendemain de la Touſſaints, le jour de la Conception de Noſtre-Dame, le jour de ſaint Eſtienne, qui eſt le lendemain de Noël. Et outre leſdits jours cy-deſſus, de chanter & dire les Heures Canoniales les jours & Feſtes de Paſques Communiaux, Pentecoſte, Touſſaints, Noël, les deux Feſtes du Patron de ceans, & le jour de l'Aſſomption de Noſtre Dame.

Pour leſquelles Fondations cy-deſſus ſpecifiées, ledit défunt JEAN BIENNE' a donné & legué à ladite Oeuvre & Fabrique de ceans aucuns de ſes biens, ſelon le contenu de ſon Teſtament; enſemble les Lettres de Fondations de ce faites & paſſées entre leſdits ſieur Curé & Marguilliers, le Samedy vingt-cinquiéme jour de Novembre 1595. pardevant Pierre Bellot & Iacques Fardeau Nottaires du Roy Noſtre Sire au Chaſtelet de Paris. En memoire des bienfaits dudit défunt Bienné, la Fabrique de ceans luy a fait icy apposer cette Inſcription le vingt-huitiéme Avril 1598.

Priez Dieu pour le repos de ſon Ame.

JEAN CANIVET fit imprimer, Arreſt de la Cour contre Gaſpard de Coligny in octavo en 1569.

JEAN DE BORDEAUX, ou BOURDEAUX, fit imprimer le Promptuaire de Jean Dongois, in ſeize en 1569. Devis & Propos touchant la Police & les Eſtats, par Abel Mathieu en 1572. Les Vies des Hommes Illuſtres Grecs & Romains in octavo quatre volumes, par Amyot, en 1578. le Nouveau Teſtament traduit par les Docteurs de Louvain, in ſeize en 1582. Il avoit pour marque l'Occaſion, avec ces mots, *Occaſio præceps*.

JEAN COQUEREL fit imprimer la ſainte Bible, reduite en epitome par Jean Filleau, in octavo en 1570. Severe Sulpice par le meſme Jean Filleau in octavo en 1570.

GUILLAUME CHAUDIERE, fils de Claude cy-devant, fit imprimer *Palladii Hiſtoria Lauſiaca*, &c. in quarto en 1570. *Origenis opera ſtud. G. Genebrardi*, in folio en 1574. *Sancti Ioannis Damaſceni opera* in folio en 1577. *Stemmatum Lotharingiæ ac Barri Ducum Tomi ſeptem*, auct. Roſſiers, in folio en 1580. Ce Livre fut ſupprimé en ſon temps, & ſe vendoit tres-cher. Et avec la veuve de J. KERVER, les Hommes Illuſtres de Thevet in folio en 1584. Ce Livre eſt aſſez eſtimé à cauſe des

Portraits des Hommes Illustres qu'il contient. *S. Isidori Pelusiotæ opera Gr. Lat.* in folio en 1585. Conferences des Coûtumes par Pierre Guenois in folio deux volumes en 1596. Sa marque estoit celle de ses Ancestres, c'est à dire le Temps & l'Homme Sauvage, avec cette devise : *Virtus sola aciem retundit istam.* Il s'est fait distinguer par la grande quantité de Livres qu'il a fait imprimer, & en ce qu'il estoit Libraire de la Ligue avec NICOLAS NIVELLE, qui imprimerent ensemble les Sermons de la simulée Conversion du Roy Henry IV. preschez par Jean Boucher Curé de saint Benoist, in octavo en 1594. & plusieurs autres ouvrages, où ils mettoient après leurs noms cette qualité, *Imprimeurs & Libraires de la sainte Union.* Le mesme CHAUDIERE eut plusieurs enfans de Gillette Haste sa femme, qui deceda le quatorziéme Mars 1610. & fut enterrée à saint Benoist; sçavoir RENAULD né le treiziéme Fevrier 1570. dont il sera parlé dans la suite.

NICOLAS DU MONT fit imprimer Panegyrique sur le Mariage de M. le Duc de Guise, par Fr. d'Amboise en 1570.

GERVAIS MALLOT Libraire Juré fit imprimer, Histoire Universelle de Belleforest en 1570. Histoire & Chronologie de Jean Froissart, reveuë par Denys Sauvage in folio deux volumes en 1573. Explication de l'Edit des Meres pour les Successions de leurs enfans par Nicolas Mellier, in octavo en 1574. Les Oeuvres Spirituelles de sainte Catherine de Sienne in octavo en 1580. Il eut pour femme Marie Boulanger.

NICOLAS BRUSLE' fut habile Imprimeur, comme il paroist par les Oeuvres de saint Chrysostome en Latin in folio quatre volumes qu'il a imprimées pour GUILLAUME MERLIN, & SEBASTIEN NIVELLE en 1570. & pour NICOLAS CHESNEAU, & CLAUDE FREMY, *Historia Ecclesiastica scrip. Græc. Ioan. Chrystophonsoni* in folio en 1571. & plusieurs autres Livres.

MICHEL BUFFET fit imprimer *Prognosticum* par Jean Pilleu en 1570. Avertissement à tous Chrestiens, &c. par Ambroise Caron in octavo en 1570.

NOEL LE COQ fit imprimer la Maniere de vivre des Chanoines Reformez de saint Augustin, par François Sedille in octavo en 1571.

CHARLES MACE' fit imprimer *Iacobi Hollerii opera Medica* in octavo en 1571. le Traité du Toisé des Maçonneries en 1580. Son pere JACQUES & luy avoient la mesme marque, sçavoir une Pyramide avec ces mots, *Stans penetro*. CHARLES fut marié à Isabeau Morel, dont il eut plusieurs enfans, entr'autres GUILLAUME dont nous parlerons cy-aprés. Il mourut le 4. Septembre 1606. & fut enterré à saint Hilaire.

CLAUDE REMY fit imprimer Gerson de l'Instruction des Curez en 1571.

JEAN RUELLE fils de JEAN, dont nous avons parlé page 119. fit imprimer, Recreations de Loüis Guichardin en 1571. le Bannissement des Ministres des Huguenots en 1573. Il avoit la mesme marque que son pere, laquelle est expliquée cy-devant. Il eut pour femme Catherine Bourdin.

CLAUDE GAULTIER fit imprimer les Oeuvres de Clement Marot, in seize en 1571. qui est icy la meilleure de toutes les éditions, & est recherchée des curieux. Epistres dorées de Dom Antoine Gervare in octavo en 1573. les Amours de Marc-Antoine, & de Cleopatre, par Guillaume Belliard, en 1578. Sa marque estoit un Dragon, Symbole de la Vigilance, tenant une Couronne avec ce mot en Grec, Pour celuy qui veille.

DENIS DUPRE' imprima pour OLIVIER CODORE', Sommaire de ce qui s'est fait à l'Entrée du Prince Charles IX. Roy de France en la Ville de Paris, in quarto en 1572. *Epitome Librorum M. Tullii Ciceronis de Oratore* in quarto. Sa marque estoit celle de MATHIEU DAVID, cy-devant page 124. dont il avoit acheté le fonds de Librairie. Il avoit pour Correcteur Nicolas Dumont natif de Saumur, homme docte, & extrémement laborieux, qui corrigea la plus grande partie des Livres qui se sont imprimez à Paris en toutes sortes de Langues & matieres depuis 1550. jusqu'à sa mort. Quóy qu'il fust beaucoup occupé à cet employ, il ne laissa pas de composer plusieurs ouvrages à ses heures dérobées. Voyez la Croix du Maine page 348.

PRIGENT GODEC fit imprimer les Tenebres du grand Turc à six Leçons, sur les regrets de la perte de ses gens à Malthe, Rhodes, Chypre, Famagoste, &c. in 8. en 1572.

ROBERT LE MANGNIER imprima, Discours politiques sur la voye d'entrer deuëment aux Estats, & la maniere de constamment s'y maintenir & gouverner, in octavo en 1572. Histoire Genealogique de la Maison de Coucy, par François l'Alloüette in quarto en 1576. & 1577. Instruction & Formulaire des Avocats, contenant la forme d'intenter Actions suivant les Ordonnances de France, par François de Saleron in octavo en 1579. Polydore Vergile de l'Origine, Invention, &c. in octavo en 1582. C'est un de ceux qui a le plus imprimé de son temps. Il avoit pour marque une main tenant un Serpent en rond avec des fruits tout autour, qui est le Symbole de l'année & de la recolte, avec ces paroles tirées du Psalmiste, *Benedices Coronæ anni benignitatis tuæ.*

NICOLAS ROFFET fit imprimer, Avertissement & Reglement de Monsieur de Gondy, Evesque de Paris, aux Curez de son Diocese, in octavo en 1572. Declaration des Reliques de l'Abbaye de S. Denis, par Henry Godefroy en 1577.

MAHIER LECROUX fit imprimer, Recepte Medicinale, traduite d'Espagnol par Jean Dongois, in octavo en 1572.

GILLES COURBIN fit imprimer les Sermons sur les Dimanches & Festes de l'année, par Pierre Courtin in octavo en 1573.

MATHURIN MARTIN fit imprimer les Ordonnances Royaux sur le fait de la Justice & abreviation des Procez, &c. in octavo en 1573. Ordonnances de Charles IX. sur les trois Estats tenus à Orleans, Roussillon, & Molins in octavo en 1573.

JEAN LE CLERC fit imprimer Description de la Pologne par François de la Guillotiere en 1573. Abregé de l'Histoire de France en figures, in folio en 1608. Il eut plusieurs enfans dont il sera parlé dans la suite.

JEAN RICHER estoit tres-entendu és belles lettres, c'est à luy à qui nous avons l'obligation de la composition des premiers volumes du Mercure François: il estoit Libraire Juré, & a fait imprimer, Harangue de Jean Montluc aux Polonois, en 1573. les Emblemes d'Alciat en 1583. les Coûtumes de Melun par Monsieur de Thou in quarto en 1584. & autres Livres qui l'ont fait passer pour un tres-habile Libraire. Il avoit pour marque un Arbre verdoyant, & pour devise ces mots Grecs,

Ὄλβιος ἀλταρικῇ, dont l'explication est, *le content est riche*, faisant allusion à son nom. Ses deux fils JEAN, & ESTIENNE, dont nous parlerons cy-aprés, prirent la mesme marque. Il fut un des Libraires & Imprimeurs qui suivirent le Roy Henry IV. à Tours. Il eut un frere nommé ESTIENNE, dont nous parlerons cy-aprés.

GILLES BLAISE fit imprimer les Soûpirs de la France sur le départ du Roy de Pologne, par Jean de Geslée in quarto en 1573. Il eut de Marie Guigand son épouse un fils nommé THOMAS, né le trente-un Mars 1578. dont nous parlerons dans la suite.

MATHURIN CHALLANGE imprima avec JEAN METTAYER, traité de l'Epée, & de l'Exercice du Jeu de la Paume, par Henry de saint Didier in quarto en 1573. la Marguerite ou la Jeunesse, par Adrian de Gadou in quarto en 1574.

JEAN METTAYER Imprimeur ordinaire du Roy, imprima la Marguerite, ou la Jeunesse, par Adrian de Gadou in quarto en 1574. & pour SEBASTIEN NIVELLE, *S. Augustini opera* in folio dix volumes en 1586. Il imprima aussi pour la Compagnie de la grand-Navire de 1586. & avoit pour marque la Fleur-de-Lys couronnée avec ces paroles, *Arte omni præstantior*. C'estoit aussi celle de ses freres JAMET & PIERRE METTAYER.

JEAN POUPY fit imprimer Réjoüissance du retour du Roy Henry III. par Benoist Veron en 1574. les Recognitions de saint Clement à saint Jacques, traduites en François par Gilles Cailleau in octavo en 1574. Vies des Saints, reveuës par René Benoist in folio trois volumes en 1577. Cette mesme année il fit aussi imprimer quelques volumes des Amadis des Gaules in seize. Il avoit deux marques, dont il se servoit succeſsivement, l'une representée par une main qui sort des nuës, donnant une Bible à saint Augustin, avec ces mots: *Si crutamini Scripturas;* & l'autre representée par un Terme, qui veut dire que chacun a un jour déterminé par la Providence, qui doit estre le terme de la vie, avec ces mots: *Stat sua cuique dies*. Il eut pour épouse Denise Hottot.

ALARD JULIEN fit imprimer *Ioan. Burderii Compendium rerum Theologicarum, &c.* in seize en 1574.

PARIS.
1574.

PIERRE DESHAYES imprima, Arrest du Parlement de Dole, donné contre Gilles Garnier, pour avoir en forme de loup-garou devoré plusieurs enfans, & commis autres crimes, in octavo en 1574. Il imprima aussi plusieurs pieces durant la Ligue, & laissa un fils dont nous parlerons dans la suite.

NICOLAS PLEAU fit imprimer, Traité de la dignité & utilité du Sel, par Jean de Marcouville, in octavo en 1574.

JEAN DONGOIS MORINION fit imprimer, Histoire du Chevalier Palmerin, fils du Roy Edoüard, par Jacques Vincent in octavo en 1574. Il estoit fort sçavant, & nous avons de sa composition & de son impression, le Promptuaire, contenant tout ce qui s'est passé depuis la creation du monde jusqu'à son temps, imprimé en 1576. & autres ouvrages.

LIENARD LE SUEUR fit imprimer, Discours & derniers Propos du Roy Charles IX. par Arnaud Sorbin in octavo en 1574.

MARC LOGUENEUX fit imprimer, Commentaire des Guerres de la Gaule Belgique entre Henry second Roy de France, & Charles V. Empereur, & Philippes second son fils, Roy d'Espagne, par François de Rabutin, in octavo en 1574. Il avoit pour marque la Concorde representée par deux Serpens, ayant la teste en haut autour d'un pié-d'estal, sur lequel est une gerbe de blé, avec ces mots : *Prudentia comes sacræ Concordiæ*. Il laissa un fils nommé Barthelemy, né le vingt-un May 184. qu'il avoit eu de Marguerite Duchenay son épouse.

CHARLES IX. confirma les Declarations & Prerogatives que les Roys ses predecesseurs avoient données aux Libraires & Imprimeurs en Mars 1560. qui furent verifiées en Parlement le 3. May 1561. Il augmenta la Bibliotheque Royale d'une partie des Manuscrits du President de Ranconnet, qui mourut à la Bastille. Jacques Amyot Evesque d'Auxerre, & grand Aumosnier de France, en fut Bibliothecaire après la mort de Pierre de Montdoré. Cet Amyot fut fameux par ses ouvrages, & par l'honneur d'avoir esté Precepteur de ce Prince, & de ses deux freres. Il mourut le septiéme Fevrier 1593. âgé de soixante-dix-neuf ans, à laquelle charge de Maistre de la Librairie

ET DE LA LIBRAIRIE, Liv. II.   161

Librairie, ou Bibliothequaire, après la mort de Jacques Amyot, fut pourveu Jacques Auguste de Thou, qui mourut au mois de May 1617.

HENRY III. suivant l'intention de ses Predecesseurs, confirma & augmenta les Privileges pour les Imprimeurs & Libraires, le seiziéme Novembre 1582. & par une Declaration du dernier Avril de l'année 1583. Ce Prince fit imprimer à ses dépens en 1588. par JAMET METTAYER, qu'il honora de la qualité de son Imprimeur, ce grand Breviaire rouge & noir in folio, qui est d'une parfaite beauté.

Sous ces Regnes ont exercé l'Imprimerie & Librairie.

GUILLAUME DE LA NOUE, qui fit imprimer, Commentaire des dernieres Guerres en la Gaule Belgique, entre Henry second, & Philippe Roy d'Espagne, par François de Rabutin in octavo deux volumes en 1574. la Vie de JESUS, par Ludolphe de Saxe, Chartreux, traduite en François par le sieur Dufrenoy, Avocat, in folio en 1582. Il estoit tres-habile Libraire, & un des plus considerables de son temps. Il avoit pour marque le nom de JESUS, avec ces mots, *Spes ejus nomen Domini.* Il deceda le dix-huitiéme Septembre 1601. & fut enterré à saint Benoist, laissant plusieurs enfans qu'il avoit eu de Marie Hubert son épouse, entr'autres DENIS, né le cinquiéme Juin 1584. duquel il sera parlé dans la suite.

MICHEL ROIGNY, fils de JEAN, dont nous avons parlé cy-devant page 105. fit imprimer *Ioan. Vacquerii de multiplici Hareticorum tentatione opusculum,* in octavo en 1575. Coûtumes generales de Chaumont en Bassigny par Jean Gousset, in quarto en 1578. Il eut quelques enfans de Marie du Buisson sa femme, & mourut en 1591. Il fut enterré à saint Benoist.

MAMMERT PATISSON, d'Orleans, homme tres-docte en Grec, en Latin & en François, épousa la veuve de Robert Estienne, pere de Henry, en 1580. & imprima dans la maison de cet ESTIENNE, dont il avoit l'Imprimerie & la marque, les quatre Livres de la Venerie d'Oppian Poëte Grec d'Anazarte, traduits par Florent Chrestien in quarto en 1575. Discours sur les Medailles & Graveures antiques,

X

principalement Romaines, par Ant. le Pois, in quarto en 1579. Ce Livre est tres-curieux pour l'Histoire, & assez rare. Les Oeuvres de Scevole de Sainte Marthe, in quarto en 1579. *Michaëlis Hospitalis Epistolæ seu Sermones* en 1583. & 1585. *Josephus Scaliger de emendatione temporum* in folio en 1583. *De Canonica absolutione Henrici IV.* in octavo en 1594. *Iacobi Aug. Thuani Historiæ sui temporis pars prima* in folio en 1604. Cette Histoire est recommandable en ce qu'elle contient des particularitez, qui ne se trouvent point dans les autres éditions; & pour en donner une preuve, c'est que M. de Thou y faisant l'Eloge de D. Isidore Clarius, Evesque de Foligni, qui mourut en odeur de sainteté, dit ces paroles : *Quadraginta horis ad deosculationem patuit, quod minimè voluisset :* lesquelles paroles, aussi bien que beaucoup d'autres, ne se trouvent point dans les éditions posterieures. Ce qui fut cause que celle-cy ne fut pas bien receuë à Rome. Ainsi pour avoir cette Histoire complete, il y faut joindre cette partie. Mammert Patisson estoit tres-habile Imprimeur, comme il paroist par les ouvrages qu'il a imprimez en tres-beaux caracteres, en bon papier, & belle marge. Il eut un fils, dont nous parlerons dans la suite.

PIERRE LE VOIRRIER imprima pour MICHEL SONNIUS, *Bibliotheca Sanctorum Patrum, auct. de la Bigne*, neuf volumes en 1575. & imprima pour MICHEL JULIEN *Tertulliani opera cum notis de la Barre*, in folio en 1580. Appian Alexandrin, Historien des Grecs, in octavo en 1580. Il mettoit ordinairement au commencement ou à la fin des Livres qu'il imprimoit, *Excudebat Petrus le Voirrier Regius in Mathematicis Typographus*. Il estoit un des plus habiles Imprimeurs de son temps.

JEAN DE LASTRE fit imprimer Apologie de la Science d'Alchimie, par Alex. de la Tourete en 1575. les Prodiges merveilleux arrivez au pays d'Anjou in octavo en 1575.

NICOLAS BONFONS, fils de JEAN, dont nous avons parlé cy-devant, Libraire Juré, fit imprimer, Dialogue d'amour honneste en 1575. les Antiquitez de Paris de Gilles Corrozet son beau-pere, augmentées par luy, in octavo en 1586. Il avoit pour marque les quatre Vertus, la Foy, l'Esperance, la Charité & la Force, avec un cœur dans le misieu, pour faire allusion à son nom, en signifiant qu'un cœur soûtenu de ces quatre vertus a un bon fond, avec ce Passage de David, *Proba me Deus, & scito cor meum.* Il fût marié deux fois, & il fit avec Catherine Ruelle fille de Libraire sa seconde femme, plusieurs Fondations en l'Eglise de sainte Geneviéve des Ardens où ils sont enterrez.

GUILLAUME AUVRAY fils de FRANÇOIS, épousa l'une des filles de Claude Monstreüil environ l'an 1540. & fit imprimer en 1575. Discours contre Cyprien Leovitius & autres sur les Eclipses Solaires, par François Liberati in octavo, la Dialectique de Monsieur Pierre de la Ramée, Professeur du Roy, in octavo en 1577. Discours des Estats & Offices de France, par Charles de Figon en 1579.

HENRY THIERY fils de PIERRE, dont il est parlé cy-devant page 134. imprima pour SEBASTIEN NIVELLE quelques volumes du *Corpus Iuris Civilis* in folio, rouge & noir cinq volumes en 1576. *S. Hieronymi opera* in folio quatre volumes en 1588. & pour NICOLAS CHESNEAU, Origine des Bourguignons in folio en 1581. à son nom seul *Ordinarium Cartusiense continens novam collectionem Statutorum, &c.* in quarto en 1582. Il estoit tres-habile & tres-entendu en son Art, tant pour la correction, que pour la beauté des caracteres dont ses Livres sont imprimez. Il eut un neveu nommé ROLIN, qui luy succeda, dont nous parlerons cy-aprés.

SATURNIN HOTOT fit imprimer, Histoire du Siege de la Ville d'Orleans par les Anglois en l'an 1428. par Jean Tripault in quarto en 1576.

THOMAS RIMIEN fit imprimer, Traité de la sainte Communion, traduit d'Italien en François par François de Belleforest in seize en 1577.

PIERRE CAVELLAT fit imprimer, Traité admirable des Fontaines de la Forest d'Ardenne, traduit par Phil. Besançon in octavo en 1577. Avis donné à Monsieur de Gondy Evesque de Paris, touchant la traduction de la Bible en François, in octavo en 1578. *Senecæ Philosophi opera cum notis Ant. Mureti* in folio en 1587. Il avoit la mesme marque que les PETITS cy-devant, & eut plusieurs enfans de Jeanne le Noble son épouse. Il mourut le douziéme Juillet 1625. & fut enterré à saint Benoist.

JEAN DU CAROY fit imprimer avec GUILLAUME DE LA NOÜE, Declaration, & refutation des fausses suppositions de Mathieu de Launoy Ministre converty, in octavo en 1577. Declaration contre les Sorciers, &c. par Pierre Nodé in octavo en 1578. Histoire de Zonare, traduite du Grec in folio en 1583. Histoire naturelle de Pline in folio en 1608. Il fut marié à Claude Soürcy.

GILLES BEYS fit imprimer par DENIS DUVAL Flores & Sententiæ Ciceronis in seize en 1577. les Bastimens de France par du Cerceau in folio deux volumes en 1579. Ant. Augustinus de Legibus & Senatusconsultis in seize en 1584. Decreta Synodi Turonensis habita anno 1583. in octavo en 1585. Decreta Concilij Provincialis Bituricensis habiti anno 1585. in octavo en 1586. Manuale ad usum Ecclesiæ Bituricensis in quarto en 1588. Il avoit pour marque un Lys blanc, qui est le Symbole de la Pureté, avec ces mots : Casta placent superis. Magdelaine Plantin fille de CHRISTOPHE PLANTIN, Imprimeur & Libraire à Anvers, luy fut donnée en mariage, & il en eut plusieurs enfans, sçavoir ADRIEN, dont nous parlerons dans la suite. Il mourut le dix-neufiéme Avril 1595. & fut enterré à saint Benoist.

AGNIAN SYRACH imprima pour NOEL LE COQ, Discours d'un Acte arrivé au village de Bescours, prés Beauvais en 1578. par l'effet luxurieux d'un Capitaine François in octavo en 1578.

HENRY LE BLE' fit imprimer, Traité des playes faites par arquebuzades & tous bastons à feu, avec la cure d'iceux, par Raymond Filliöli in octavo en 1578.

JEAN DU TAURROY fit imprimer, Confutation des Mensonges, touchant la Dedicace des Minimes, dits Bonshommies, par Franç. Gorucelis in octavo en 1578.

LEON CAVELLAT imprima Epistre contenant les raisons de Jean Bruneau Ministre pour se rendre à la Foy Catholique, en 1578. la Police & l'Art de Medecine, contenant la refutation des erreurs & indignes abus qui s'y commettent, par André du Breil, in quarto en 1580. Sa marque estoit un Grifon. Il mourut le deuxiéme Octobre 1610. & fut enterré à saint Hilaire. Il épousa Denise des Loges.

JEAN LE BLANC le jeune, frere de JEAN cy-devant,

ET DE LA LIBRAIRIE, Liv. II.

fit imprimer, *In Hydram, hoc est in præmium Physiologiæ Aristotelis &c. Explicatio*, Nicolao Mercatore auctore in octavo en 1578.

MICHEL LE DUC fit imprimer la douce Moëlle & Saulce friande des saints & savoureux Os de l'Advent, par M. Jean Massieux Prestre, in octavo en 1578. & épousa Catherine Eschart fille de Libraire, de laquelle il eut un fils nommé ROLET, dont il sera parlé cy-après.

JEAN PINART fit imprimer, Histoire du Royaume de Naples, &c. par Guillaume de la Taissonniere in octavo en 1578.

EMANUEL RICHARD fit imprimer, *Petri Rami Professoris Regii Grammatica ab eo demum recognita*, &c. in octavo en 1578. Histoire & Antiquitez d'Anjou par Pasch. Robin en 1582. Il épousa Anne Dupuis.

CLAUDE DE MONTREÜIL fit imprimer les Oeuvres de Jean de Boissieres de Montferrand, in douze en 1578. Il estoit un des Imprimeurs qui suivirent le Roy Henry IV. à Tours, où il imprima avec JEAN RICHER, le Stile & Protocolle de la Chancellerie in octavo en 1594. la sainte Bible de la Traduction des Docteurs de Louvain in octavo deux volumes en 1598. Cette édition est tres-bien imprimée. Il avoit pour marque un Soleil qui éclaire la Terre, & une main qui montre qu'il en faut regarder le rayon, plûtost que le corps, avec ces mots ; *Haud intuendus splendor summus*. Il fut marié à Charlote Nyverd, fille de GUILLAUME NYVERD Libraire.

GALLIOT CORROZET fils de GILLES, fit imprimer les Amours de Grasinde, par Jean de la Gessée en 1578. Il avoit la mesme marque & devise que son pere. Il laissa un fils nommé JEAN, dont nous parlerons cy-après.

NICOLAS EVE fit imprimer, Traité des Mes-avantures de personnages signalez, traduit par Jean Boccace, & reduit en neuf Livres par Cl. VVitart, in octavo en 1578. Il eut quelques enfans avec Jeanne Guereau son épouse. Il avoit un frere nommé CLOVIS, qui estoit Relieur ordinaire du Roy Henry IV. & qui épousa Perrette Brumen. NICOLAS EVE fut associé avec PIERRE METTAYER, dont il sera parlé dans la suite.

ROBERT COLOMBEL fit imprimer, Histoire de toutes

PARIS. 1578.

X iij

PARIS. 1579.

les Religions du monde, par le P. Paul Maurice, in octavo en 1578. Histoire abregée des Roys de France, d'Angleterre & d'Escosse, par David Chambre, in octavo en 1579. & par ESTIENNE PREVOSTEAU, *de Regio Persarum Principatu lib. III.* in octavo en 1591. Il avoit pour marque celle des Aldes Manuces de Venise, cy-devant. Il eut un fils nommé MATTHIEU, dont nous parlerons dans la suite.

HILAIRE LE BOUC fit imprimer, *Alexander ab Alexandro* in octavo en 1579. Il épousa Marguerite des Rieux, il mourut le douziéme Septembre 1596. & fut enterré à saint Hilaire.

GILLES MAUGIER fit imprimer, *Orationes aliquot elegantes* en 1579. Il avoit pour marque le divin Amateur, avec ce vers :

Fert tacitus, vivit, vincit divinus Amator.

JEAN BALLIN fit imprimer la Confession de Foy par Noël Taillepied, in octavo en 1579.

MICHEL GADOULLEAU fit imprimer, Discours de la legitime succession des femmes aux possessions de leurs parens, &c. par David Chambre, in octavo en 1579. Sa marque estoit le Bon Pasteur, representé par Nostre Seigneur qui porte sur ses épaules une brebis, avec ces mots : *Ego sum Pastor bonus.* Il eut quelques enfans de Jeanne Duchemin, fille de Libraire, son épouse. Il mourut le dix-neufiéme Juin 1614. & sa femme le huitiéme Novembre 1617.

PIERRE CHEVILLOT imprima Genealogie de la Maison de Mont-morency par François Rose en 1579. Traité sur les Cessions & Banqueroutes, par Gabriel Bounyn in octavo en 1586. Il avoit pour marque la Victoire, avec ces mots : *Victori proponitur.*

JEAN HEUQUEVILLE fit imprimer, *Præfationes ac Epistolæ aliquot familiares Mureti, Lambini & Regii* in quarto en 1579. Plaidoyers de Monsieur Servin en 1603. les Œuvres de saint Denis, traduites du Grec, in octavo en 1606. les Œuvres de M. Claude Fauchet in quarto en 1610. Ce Livre est recherché des curieux. Saint Bernard traduit en François en 1622. Sa veuve fit imprimer les Controverses de François Véron in folio en 1638. Il avoit pour marque la paix avec ce vers pour devise.

ET DE LA LIBRAIRIE, Liv. II. 167

Pax una triumphis potior non sat rationis in armis.

Il mourut le dix-septiéme Novembre 1629. & laissa plusieurs enfans qu'il avoit eu de Marguerite Meusnier son épouse, sçavoir LOÜIS né le vingt-troisiéme May 1603. dont il sera parlé cy-aprés, & Denise née le vingt-neufiéme Mars 1615. laquelle fut mariée à GEORGE JOSSE, dont nous parlerons dans la suite.

JEAN PARENT fit imprimer, *Joan. Edoardi du Moulin Beresithiaz sive Mundi creatio, &c.* in octavo en 1579. Questions proposées par Augaron & Martel Chirurgiens du Roy, décidées par L. Joubert en 1581.

JEAN FEVRIER fut receu Libraire Juré en la place de NICOLAS NIVELLE le vingtiéme Juin 1594. Il fit imprimer Histoire abregée de tous les Roys de France, Angleterre & Ecosse, par David Chambre Ecossois, in octavo en 1579. Ce Livre est fort estimé, & tres-rare. Il fit aussi imprimer quelques Livres avec son fils PIERRE LOUYS FEVRIER, dont nous parlerons cy-aprés.

JEAN POUSSY fit imprimer en societé avec JEAN BOREL, & THOMAS PERIER, La seconde partie de l'Horloge des Princes, traduite d'Espagnol en François par Jean Lambert, in quarto en 1580.

GUILLAUME NION épousa Anne Lucas, dont il eut plusieurs enfans, sçavoir JEAN né le troisiéme Fevrier 1582. qui fut receu Libraire le vingt-neuf Mars 1635. & qui eut GEOFROY, & LOÜIS aussi receus Libraires, le 9. Novembre 1662. Ce Guillaume avoit un frere nommé MICHEL qui fut marié deux fois, en premieres nôces à Geneviéve Guiloys, dont il eut quelques enfans, & en secondes Simonne Perrier.

BALTASAR MOREL fit imprimer, *Ioan. A. Reberteriæ Turonensis Iurisc. Disputationum Iuris lib. quatuor in lib. Institution.* in octavo en 1580. *Ejusdem Topicorum Iuris lib. quatuor* in octavo en 1580.

FREDERIC MOREL fils, Parisien, Professeur & Interprete du Roy, fut receu Imprimeur ordinaire du Roy pour l'Hebreu, le Grec, le Latin & le François, par la resignation qu'en avoit fait son pere entre les mains du Roy, le deuxiéme Novembre 1581. Il imprima en 1580. Herodien, traduit du Grec par Jacques de Vitimille. Quelques Traitez de Ga-

PARIS.
1579.

PARIS.
1580.

lien traduits par luy-mesme en 1584. *Libanii Declamationes & Orationes*, in folio deux volumes. *Gregentii Disputatio cum Herbano Iudæo, nunc primum Græc. edita, & Lat. interp. Nicol. Gulonio*, in octavo en 1586. Il eut le Privilege d'imprimer le Code Henry le dix-neufiéme Juillet 1594. Sa marque estoit une Fontaine, avec ces mots : Η σοφίας πηγὴ ἐν βιβλίοισι ῥέῃ, qui signifient, que la Fontaine de la Sagesse coule dans les Livres. Il estoit tres-sçavant, comme il paroist par la quantité d'ouvrages qu'il a donné au jour, & qu'il a traduits du Grec, & tirez des manuscrits de la Bibliotheque du Roy, entr'autres plusieurs Traitez de saint Basile, de Theodoret, de Xenophon, de Philon Juif, de Synesius, de Theophile, de saint Gregoire de Nysse, de saint Cyrille, de Galien, de Libanius, les Epigrammes de Martial, avec plusieurs notes sur ces Auteurs Grecs. Monsieur Huet dit, en parlant de ce Morel, que personne n'a traduit plus fidellement que luy, qu'il estoit sans ambition, & sincere par tout. C'est aussi de luy que Monsieur Vossius dit, qu'un jour travaillant sur la traduction de Libanius, on luy vint dire que sa femme Isabelle Duchesne fille de Leger Duchesne Professeur au College Royal pour le Latin, estoit fort malade ; à

Cecy est rapporté dans les particularitez de Monsieur Colomier.

quoy il répondit : *Je n'ay plus que deux ou trois periodes à traduire, aprés cela je l'iray voir.* L'on revint luy dire qu'elle se mouroit : *Je n'ay plus que deux mots*, dit-il, *j'y seray aussi-tost que vous.* Enfin on luy vint annoncer que sa femme estoit morte : *J'en suis bien marry*, répondit-il froidement, *c'estoit une bonne femme.* Il en eut quelques enfans, sçavoir JEAN né le seiziéme Novembre 1594. qui fut Principal du College de Rheims, & qui composa plusieurs ouvrages : nous en parlerons cy-aprés. Catherine née le vingt-cinquiéme Juillet 1596. mariée le vingt-huitiéme Juin 1615. à Claude Prevost, Conseiller du Roy, & Lieutenant du Duché d'Estampes. NICOLAS qui fut receu Interprete du Roy pour les Langues, & qui composa aussi plusieurs pieces de Poësie. Et CLAUDE Imprimeur & Libraire, dont il sera parlé dans la suite. Enfin il deceda le vingt-septiéme Juin 1630. & fut enterré sous les Charniers de saint Benoist où l'on voit son Epitaphe, qui est la mesme que celle de Josse Badius, rapportée cy-devant page 75.

JEAN

ET DE LA LIBRAIRIE, Liv. II.

JEAN PICARD épousa Jeanne Prieur, dont il eut JEAN né l'onziéme Fevrier 1581. receu Libraire le quinziéme Juillet 1632. & JEROSME receu aussi Libraire le vingt-huitiéme Avril 1633. Je n'ay point trouvé de Livres imprimez à leurs noms.

MICHEL CLOPEJAU natif de Neuville prés Paris, fit imprimer, *Libri 2. de Febrium naturâ, &c. auct. Guill. Giscaserio* in octavo en 1581. Sa marque estoit la Paix avec ces mots, *Pax certa melior quàm sperata victoria*, & sous ses pieds, *Typus pacis*. Il laissa un frere nommé GABRIEL, qui fut Adjoint de sa Communauté en 1619. dont nous parlerons dans la suite.

JEAN MANGELET fit imprimer la Vie de saint Fiacre, in octavo en 1581.

JEAN BAILLEUR, fit imprimer Lactance Firmian des divines Institutions, &c. in seize en 1581. Il avoit pour marque des Fleurs ou Lys, avec ces mots, *Nosce te ipsum*.

JEAN HOUZÉ, ou HOUSE, fut receu Libraire Juré en la place de Jacques Dupuis le vingtiéme Juin 1594. Il fit imprimer, Significations & évenemens des Songes in octavo en 1581. les Arrests de Papon in octavo 1584. Il obtint le Privilege pour l'impression des Œuvres de Seneque, le vingt Fevrier 1595. Sa marque estoit representée par la Fortune celeste, tenant un pied sur un Globe flotant, & portant une rouë en sa main, & un ancre sur sa teste, attaché au Ciel, avec ces mots: *Melius est sperare in Domino quàm sperare in homine*. Il eut un fils de son mesme nom, dont il sera parlé dans la suite.

JEAN DE GOURMONT fils de GILLES, dont nous avons parlé page 80. imprima, Déploration sur la mort de Dame Laudune de Thouret, composée par son fils Jean Thouret en 1581. & avec son frere FRANÇOIS, Tableaux de tous les Arts liberaux, par Christophle de Savigny in folio en 1587. Il avoit la mesme marque que son pere. Il fut marié à Marguerite Boussy.

HENRY LE BÉ fit imprimer, *Grammatica Græca Nicolai Clenardi cum annot. Pet. Antesignani, &c.* in quarto en 1581. Briefve Explication de l'an 1583. selon le Calendrier Gregorien, par Pierre Belloy en 1583. Il eut de Marie Gervais son épouse un fils nommé Pierre, né le vingt-cinquième Septembre de la mesme année 1583.

CHARLES ROGER, un des habiles Imprimeurs de son temps, imprima Défense des Religieux contre ceux qui soûtiennent que l'habit de Religion est pour les pauvres, & paresseux, &c. par Estienne de Lusignan en 1581. les Oeuvres de Philon Juif in octavo en 1588. Il a aussi imprimé pour la Compagnie de la grande Navire de 1586. quelques volumes des Peres Latins, entr'autres de saint Augustin. Il eut un fils nommé JEAN, dont nous parlerons cy-après.

ABRAHAM DAUVEL fit imprimer, la Chronologie generale de tout le monde, par Jean de Frigeville in quarto en 1582. *Orationes duæ à Ioanne Magno Carnute.* Il avoit pour marque le Sacrifice d'Abraham, avec ces mots, *Obsequium flectit superos.* Il eut pour femme Marie Challoneau.

JEAN BEQUET fit imprimer par JEAN LE BLANC, la Liturgie ou sainte Messe, de Gilb. Genebrard in octavo en 1582.

ROBERT LE FIZELIER Libraire Juré fit imprimer le retour d'un Gentilhomme à la Foy Catholique, par Jean de Lavardin in octavo en 1582. Les Epistres Spirituelles de Jean d'Avila par Luc de la Porte, in octavo en 1588. Il avoit pour enseigne la Bible d'or, & pour femme Magdelaine Pricart. Il mourut le vingt-quatriéme Aoust 1602. & fut enterré à saint Benoist.

GEOFROY COLLIER fit imprimer, *Dialectica considerationis lib. sex auct. Franc. Titelmanno Hassellensi Ordin. Minorum* in octavo en 1582.

DANIEL GUILLEMOT imprima pour ABRAHAM DAUVEL, dont j'ay déja parlé, *Fenestellæ de Magistratibus Sacerdotiisque Romanorum Libellus auctore Pomponio Læto, &c.* en 1582. l'Idée du Chrestien in octavo en 1605. le Tresor admirable, & rares merveilles de N. D. de Liesse in octavo en 1619. Il eut un frere nommé MATHIEU dont il sera cy-après parlé, & quelques enfans de Perrette Ferré son épouse, sçavoir MATHIEU né le quatriéme Juillet 1587. dont il sera aussi parlé. JEAN né le vingt-troisiéme Fevrier 1598. qui fut Adjoint de sa Communauté en 1637. dont nous parlerons cy-après.

FRANÇOIS né le vingt-deuxiéme Fevrier 1600. & MA-
THIEU né le vingt-cinquiéme Juillet 1601. receu Libraire à
Paris en 1630. dont nous parlerons encore dans la suite.

JEAN LE BOUC fit imprimer, *Dialectica considerationis
lib. sex auct. Franc. Titelmanno* in octavo en 1582. Diverses regles du Droit ancien tirées des Pandectes, traduites du Latin,
avec la Concordance des Canoniques, in octavo en 1583. Il
avoit pour marque la Diligence avec ces mots, *Sed perseveranti, non incipienti*. Il eut pour femme Françoise Huby, fille
de Libraire.

JULIEN NOYAU, imprima pour GUILLAUME DE
LA NOÜE, la vraye Histoire des troubles & Guerres civiles, &c. par Jean le Frere, de Laval, in octavo deux volumes
en 1583.

ESTIENNE PREVOTEAU imprima, l'Origine des mots
ou dictions Françoises en Latin, par Jacques Bourgoing en
1583. Il avoit la mesme marque que GUILLAUME MOREL,
dont il avoit épousé Jeanne sa fille. Il s'est fait distinguer par
la grande quantité de Livres qu'il a imprimez en perfection,
comme on le voit par, *Novum Testamentum Hebraïcum, Græcum,
cum versione interlineari Latina Interp. Guid. Fabricio*, in quarto
en 1583. qu'il imprima avec JEAN BIENNE', dont nous
avons parlé cy-devant.

FRANÇOIS GUEFFIER fit imprimer, Dialogues &
excellences de l'homme, & de ses miseres & disgra-
ces, traduits d'Italien en François par Jerosme Cavost de
Laval, in octavo en 1583. & par JEAN RICHER, *And.
Alciati Emblemata cum Comment. Claud. Minæun. & not. Fred.
Morelli*, in octavo en 1618. *cum figuris*. Sa marque estoit la Liberté representée par une femme qui seme du grain, avec
ces mots, *Perdat avis, modò pendat agellus*. Il mourut le quatorziéme Novembre 1623. & fut enterré à saint Benoist. Il
laissa quelques enfans qu'il avoit eus de Jacqueline Lucas son
épouse; sçavoir FRANÇOIS & CLAUDE, receus Libraires
à Paris le dix-septiéme Janvier 1628. CLAUDE mourut le
vingtiéme Avril 1630. & laissa un fils nommé CLAUDE receu Libraire le cinquiéme Octobre 1651.

PIERRE SEVESTRE imprima la Croisade, ou Voyage
des Chrestiens en la Terre Sainte, par Jean de Boissieres en

1583. & pour NICOLAS NIVELLE, Histoire Ecclesiastique de Nicephore, traduite en François, in octavo deux volumes en 1587. Il donna en mariage une de ses filles à Giffart, dont nous parlerons cy-aprés.

TIMOTHÉE JOÜAN fit imprimer les Apprehensions Spirituelles par François de Verville en 1583. qui est une idée d'une Philosophie particuliere. L'idée ou forme de la Republique, par François de Bervalde in douze en 1584.

ARNOULD SITTART fit imprimer, *Natalis Comitis Mytologiæ* in octavo en 1583. *Geofredi Linocerii* in octavo en 1583. *M. Varri Flacciique extant, & S. Pompeii Festi de verborum significatione lib. 20.* in octavo en 1584. *Censura Orientalis Ecclesiæ* in octavo en 1584. *Christoph. de Capite fontium Arch. Cæsariens. Actio prima in Sacramentarios* in octavo en 1585. Cet Autheur est considerable pour ses opinions particulieres, & tous ses ouvrages sont fort recherchez des sçavans, aussi bien que *Varii Tractatus & disputationes* in octavo en 1586. Il avoit pour marque l'Ecu de Cologne avec ces mots, *Finis coronat opus*, & pour femme Denise Cavellat fille de Libraire.

PIERRE HUET fit imprimer les Oeuvres de du Bartas in douze en 1583.

AMBROISE DROÜARD fils de PIERRE fit imprimer *Divina Liturgia S. Marci Gr. Lat.* in 8. 1583. les Politiques de Platon & d'Aristote, traduites par Loüis le Roy en 1600. & avec son frere HIEROSME, *Historiæ Augustæ Scriptores cum notis Casauboni* in quarto en 1603. (ce Livre est estimé des Historiens) & plusieurs autres Livres. Il estoit associé dans les plus considerables compagnies de Libraires pour l'impression des Peres de l'Eglise, & des Usages Reformez, comme je le feray voir en parlant des Compagnies, & estoit aussi quelquefois associé avec son frere JEROSME. Il avoit pour marque une tige de Chardons, avec ces mots : *Patere, aut abstine*, qui estoit celle d'ESTIENNE GROULEAU, dont nous avons parlé, & dont il eut le fonds de Librairie. Il mourut le vingt-huitiéme Novembre 1608. & fut enterré à saint Benoist.

CONRARD RESCH fils, fit imprimer *Eckius de Primatu Petri adversus Ludderum* in folio en 1584.

NICOLAS NIVELLE Libraire Juré, fils de SEBASTIEN, fit imprimer *Petr. Canisius de corrupt. verbis Dei*, in folio en 1584. *Antonii Senensis Bibliotheca virorum insignium Ordinis Fratrum Prædicatorum* in octavo en 1585. Il eut plusieurs enfans de Magdelaine Girard son épouse. Il estoit un des habiles Libraires de son temps, & fut un des premiers Bourgeois qui empescha que la ville de Paris ne fût prise durant la Ligue en 1590. s'estant trouvé sur le rempart du côsté de la porte saint Jacques, lorsque les troupes du Roy estoient dans le fossé, & qu'elles avoient posé leurs échelles contre la muraille pour entrer dans la ville, dont quelques-uns qui estoient déja montez en furent chassez & tuez par luy, accompagné d'un Advocat nommé Guillaume Balden, & d'un Pere Jesuite, ce qui obligea le reste des troupes qui estoient au nombre de plus de deux mille hommes, à se retirer sans oser rien entreprendre. Il fut associé avec quelques Libraires qui mettoient à la premiere page des Livres qu'ils imprimoient *Libraires & Imprimeurs de la sainte Union*, comme il se voit au bas du Monitoire contre le Roy Henry III. qu'ils imprimerent avec Privilege du Conseil general en Juin 1589.

PARIS. 1584.

Mainbourg, Hist. de la Ligue.

FELIX LE MAGNIER Libraire Juré, fit imprimer Paradoxe de la Discorde in octavo en 1584. Traité de la Consolation de la Mort, traduit de Seneque par Ange Cappel, in octavo en 1584.

ABEL LANGELIER fils, Libraire Juré, fit imprimer la Bibliotheque de la Croix du Maine, in folio en 1584. Ce Livre est assez rare, & tres-considerable par la quantité d'Auteurs François qui s'y trouvent, & qui ont écrit en François depuis 1480. jusqu'en 1584. Il promettoit de donner celle des Auteurs Latins, & il seroit à souhaitter qu'elle fust imprimée, parce qu'elle seroit d'un aussi grand secours pour ceux qui desirent connoistre les anciens Auteurs Latins, que celle-cy est tres-utile pour les Auteurs François. Il fit encore imprimer la Bibliotheque Historique de Vignier in folio en 1587. qui est le mesme dessein que celle de la Croix du Maine. Institution du droit François par Coquille, in quarto en 1607. Coustume d'Orleans par Duret, in quarto en 1609. Coustume de Nivernois par le mesme, in quarto en 1610. Ces deux derniers sont assez recherchez, & plusieurs autres qui luy ont acquis la reputation d'avoir le plus fait imprimer de son temps, parti-

Y iij

culierement des Livres de Droit. Il avoit pour marque le Sacrifice d'Abel, avec ce vers:

Sacrum pingue dabo, nec macrum sacrificabo.

Il eut pour femme Françoise de Louvain, qui fit Imprimer durant son veuvage, avec la veuve de Mathieu Guillemot, les Tableaux de Philostrate remplis de figures, in folio en 1614. qui est la bonne édition, & qui est tres-recherchée des curieux.

SEBASTIEN MOULIN fit imprimer Instruction pour aimer Dieu, par Maur. Poncet in octavo en 1584. De la Commodité de l'Appanage, ou Panage de Messieurs les Enfans puisnez de la Royale Maison de France, par Clement Vaillant in octavo en 1586. & avec MATHIEU GUILLEMOT, la Pucelle d'Orleans restituée par l'industrie du sieur de Verville in douze en 1599. Il a fait aussi imprimer plusieurs pieces durant la Ligue.

FRANÇOIS TABART fit imprimer, Manuel ou Exercice spirituel des Penitens, par Fr. Jean Robert, Religieux de la Charité de N. D. in douze en 1585.

CLAUDE BAALEU fit imprimer par PIERRE HURY, *Diogenes Laërtius de vitis Philosophorum lib. X.* en 1585. in octavo.

THOMAS PERRIER fit imprimer la Connoissance & Merveilles du Monde, par Dampmartin in folio en 1585. *Stephani de Sampayo Thesaurus Arcanus, &c.* in octavo en 1586.

MATHIEU GUILLEMOT frere de DANIEL, dont nous avons parlé cy-devant, fit imprimer Histoire de Diodore Sicilien, traduite du Grec en 1585. Margerel de l'Empire de Russie, & du Duché de Moscovie en 1607. & plusieurs autres. Sa marque estoit un Rosier, & des plantes d'ail aux deux costez, ce qui fait que l'odeur des roses est plus forte, avec ce mot: *Per opposita.* Il mourut vers l'an 1612. & laissa un fils nommé PIERRE, né le troisième May 1587. qui fut receu Libraire à Paris le dix-huitième Janvier 1624. qu'il avoit eu de sa femme Marie le Voirrier, qui fit imprimer avec la veuve d'Abel Langelier, les Tableaux de Philostrate, remplis de plusieurs figures, in folio en 1614. qui est la bonne édition.

GUILLAUME LINOCIER fit imprimer, *Petronii Arbitri Satyricon cum not. Ioan. Richardi* in octavo en 1585. Ioan.

Aurati Poëtæ & Interpretis Regii Poëmata, in octavo en 1586. Il avoit pour marque le Vase d'or, représenté par un homme tenant un vase qui verse en un autre vase, avec ces paroles d'Horace.

Imbuta recens servabit odorem.

Il y avoit une Compagnie de Libraires pour l'impression des Peres Grecs & Latins en 1586. & 1589. qui avoit pour marque un grand Navire, aux Masts desquels estoient ces lettres : I D P. S N. M S. B D P. qui signifioient JACQUES DUPUIS, SEBASTIEN NIVELLE, MICHEL SONNIUS, & BAPTISTE DUPUIS frere, lesquels imprimerent ensemble *Bibliotheca Patrum Gr. Lat.* in folio onze volumes en 1589. qui est la seconde édition à Paris, *S. Augustini opera* in folio neuf volumes en 1586. *S. Ambrosii opera* in folio quatre volumes en 1586. *S. Gregorii Magni opera* in folio deux volumes en 1586. *S. Bernardi opera* in folio en 1586. *Corpus Iuris Canonici, Lanceloti*, in folio en 1587. qui est la meilleure de toutes les éditions que l'on ait imprimé du Textuaire du Droit Canon, & est tres-recherchée des curieux, & autres Livres, dont la plusparc estoient imprimez par JAMET & JEAN METTAYER, Imprimeurs du Roy. Ces éditions sont fort estimées, tant pour leur beauté que pour leurs corrections.

ESTIENNE RICHER frere de JEAN, imprima le Discours du Divorce qui se fait par adultere, & s'il est permis à l'homme de se remarier, in octavo en 1586. Il avoit la mesme marque que son frere, cy-devant page 158.

LAURENT DU COUDRET imprima, Copies des Lettres envoyées à N. S. P. le Pape, sur un miracle arrivé en Pologne au saint Sacrement de l'Autel, in octavo en 1586. Il avoit pour marque un Arbre de Coudret, faisant allusion à son nom qui est autour.

JAMET METTAYER estoit Imprimeur ordinaire du Roy Henry III. qui luy fit imprimer ce grand Breviaire in folio rouge & noir, qui est d'une beauté parfaite, en 1588. Il eut l'honneur de suivre le Roy à Tours, où il imprima par son ordre, Discours pour Messieurs du Clergé assemblez à Chartres, &c. en 1591. le Catholicon d'Espagne en 1593. qui est la premiere édition de ce Livre, & quelques autres ouvrages de Monsieur Viet Conseiller du Parlement de Paris, qui avoit suivy le Roy. Il suivit aussi le Roy à Blois, où il fit imprimer avec Pierre l'Huillier, l'ordre des Estats Generaux tenuë à Blois, & plusieurs Harangues & Remonstrances faites au Roy in 4. en 1589. Il imprima pour la Compagnie de la grande Navire de 1586. dont nous venons de parler, la plus part des Peres Latins, qui luy ont attiré la reputation d'avoir esté un des plus habiles Imprimeurs & Libraires de Paris, aussi bien que son frere Jean, dont nous avons parlé page 159. Il avoit pour marque une Fleur-de-Lys couronnée, avec ces mots : *Arte omni præstantior.*

Henry Coypel imprima, Histoire de sainte Geneviéve, prise & recherchée sur des vieux manuscrits, par le P. Pierre le Juge, in seize en 1586.

Jean Charron le jeune, frere de Jean, dont nous avons parlé page 153. imprima Tables Anatomiques du corps humain, par Jacques Guillemeau, in folio en 1586. Il avoit pour marque l'Arche de Noé, avec ces mots : *Hîc salus.* Il épousa Marguerite Lenclos.

Adrian Perrier fit imprimer les Plaidoyers de Monsieur Servin en 1586. les Memoires du Tillet in quarto en 1609. *Joan. Savaro in Sidonium Appollinarem*, in quarto en 1609. Traité de l'Epée Françoise, par Jean Savarron in octavo en 1610. *Caroli Paschalis coronæ*, in quarto en 1610. Il avoit pour marque le Compas d'or, avec ces mots : *Labore & Constantiâ*, qui estoit celle de son beau-pere Christophe Plantin Imprimeur à Anvers, dont il avoit épousé Magdelaine sa fille, veuve de Gilles Beys. Il mettoit quelquefois cette devise : *Dum premor attollor.* Il eut de cette Magdelaine Plantin qui mourut le vingt-huitiéme Decembre 1599. & fut enterrée à saint Benoist, un fils nommé Simeon, qui fut receu Libraire le vingt-deuxiéme Fevrier 1629.

David le Clerc imprima, *Affinitates omnium Principum Christianitatis cum Serenissim. Franc. Medicis Magno Duce Hetruriæ*, in folio en 1587. les cent cinquante Pseaumes de David Latins & François, traduits par Renaud de Beaune Archevesque de Bourges, in seize en 1613.

Pierre Ramier fils de Pierre, qui avoit exercé la Librairie dés l'année 1560. & avoit épousé Marie Bogard, fille

ET DE LA LIBRAIRIE, Liv. II.

PARIS. 1587.

fille de Libraire, naquit le vingt-septiéme Octobre 1564. imprima pour PIERRE CAVELLAT Seneca Philosophi opera in folio en 1587. & pour JEAN HOUZE' l'Histoire de Venise par Fougasse en 1608. Il eut de Jeanne Millosat son épouse plusieurs enfans.

BARTHELEMY MACE' Libraire Juré, fit imprimer S. Thomas in Cantica Canticorum en 1587. Plautus cum notis Dionys. Lambini, in folio en mil cinq cens quatrevingt-huit, qui est la bonne édition, & la plus recherchée à cause de ses grands Commentaires, & pour la beauté de son Impression. Somme rural, ou le grand Coustumier general de pratique Civil & Canonique, par Bouteiller in quarto en 1603. Horatius Flaccus cum Comment. Dionysii Lambini & Adriani Turnebi in folio en 1604, qui est la bonne édition, & la plus recherchée. Decretum Ecclesiæ Gallicanæ auct. Bochello in folio en 1609. & 1613. Ce Livre est fort estimé, aussi bien que Ioan. Filesaci opera varia in octavo en 1614. Il imprima aussi plusieurs autres Livres qui l'ont fait distinguer d'avec les autres Libraires de son temps. Il avoit la mesme marque que son pere JEAN cy-devant. Il mourut le vingtiéme Janvier 1617. & fut enterré à saint Hilaire, il laissa plusieurs enfans qu'il avoit eus de Marie Buon fille de Libraire, son épouse.

ROLIN THIERRY neveu d'HENRY, dont nous avons parlé cy-devant page 163. chez lequel il aprit l'Art de l'Imprimerie, & luy succeda en son Imprimerie, imprima Estats de la France & de leur puissance, traduits par le sieur Mathieu in octavo en 1588. & pour PIERRE CHEVALIER Lessius de Iustitia & Iure in folio en 1606. & 1618. la Parthenie, ou Histoire de N. D. de Chartres, par Seb. Roüillard in octavo en 1609. (ce Livre est assez recherché,) & avec NICOLAS DU BOSSE' la sainte Bible de la traduction de Messieurs les Docteurs de Louvain avec le Latin à costé, par Pierre de Besse in folio en 1608. Bibliotheca Sixti Senensis in folio en 1610. Pontificale Romanum, in folio rouge & noir en 1615. les Annales Ecclesiastiques de Baronius, traduites par Durand in folio douze volumes en 1616. & plusieurs autres Livres qui l'ont fait passer pour un des habiles Imprimeurs & Libraires de son temps. Il estoit de plus Imprimeur & Libraire des Usages des

Z

Dioceses de Paris, Angers, & du Mans. Il avoit pour marque trois tiges de ris dans un croissant, faisant allusion à son nom de Thie-ris, avec cet Hexametre pour devise.

Pœnitet æternum mens non tet provida rite.

Il eut en mariage Thomasse Lesmeré, qui deceda le vingt-deuxiéme Novembre 1619. & luy laissa beaucoup d'enfans, entr'autres DENIS né le douziéme Janvier 1609. duquel il sera parlé dans la suite. Il mourut le vingt-quatriéme Avril 1623. & fut enterré avec sa femme à saint Benoist.

JEAN BESSAULT fils de THIBAUT, dont il a déja esté parlé page 149. fit imprimer par ROLIN THIERRY, *De successione Prærogativæ primi Principis Franciæ morte Francisci Valesii Ducis Andegavensis, Carolo Cardinali Borboniæ per Legem Regni delata. Ex Tractatu Mathæi Zampini* in quarto en 1588. Il avoit l'Elephant pour marque, qui estoit celle de son pere.

JACQUES NICOLE fit imprimer *Phrases Poëticæ auct. M. Fundano* in seize en 1588.

NICOLAS GILLES, fils de GILLES, dont il est parlé page 152. imprima avec son pere, *Onuphrii Panvinii Veronensis Augustiniani Reipub. Romanæ Comment. lib. 3.* in octavo en 1588. Il fut marié deux fois: en premieres nôces il épousa Estiennette du Temple, & en secondes Marie Guerin. De ces deux mariages sont sortis plusieurs enfans, entr'autres DAVID né le neufiéme Fevrier 1588. dont nous parlerons dans la suite.

PIERRE MESNIER imprima le Recueil de toutes les Impressions les plus veritables, mises en lumiere depuis le département du Roy le douziéme May 1588. in octavo. Harangues militaires de Belleforest in folio en 1588. Il avoit la mesme marque que son pere cy-devant. Il a laissé quelques enfans qu'il avoit eus de Marguerite du Tillet son épouse.

DIDIER MILLOT imprima, Histoire contenant les plus memorables faits advenus en l'an 1587. in octavo en 1588. Advertissement aux favoris des Princes, & Doctrine des Courtisans, par Jean Dongois de Therroüane in douze en 1588. Il eut plusieurs enfans de Blanche Bourger son épouse, entr'autres JEAN né le huitiéme Septembre 1582. dont il sera parlé cy-après.

GUILLAUME BICHON a imprimé Lettre missive envoyée de la ville du Mans à un amy à Paris in octavo en 1588. Sa marque estoit un Bichon courant après une Biche, pour faire allusion à son nom, avec ces mots : *Mine fugiens olim pugnabo*. Il eut pour femme Magdelaine Rousseau son épouse.

DENIS COTTINET imprima l'Horloge des Princes, avec le Livre de Marc-Aurele in octavo en 1588. & laissa plusieurs enfans qu'il avoit eus d'Elizabeth son épouse.

MARIN BRADEL fit imprimer, *Ælii Donati de octo Orationis partibus Libellus* in octavo en 1588. *Dictionariolum Latino-Græco-Gallicum*, in octavo en 1603. Il avoit pour marque la bonne Intention représentée par une Vestale qui est devant une lampe, avec ces mots : *Cælo & terræ debita reddere studeo*. Il a laissé un fils nommé PIERRE, receu Libraire le premier Septembre 1661. qu'il avoit eu de Marie Gervais son épouse.

CLAUDE CHAPPELET Libraire Juré, fit imprimer *Annales Historiæ Francorum* in folio en 1588. *Martyrologium Romanum Baronii* in folio en 1607. & 1613. *S. Athanasii opera Lat.* in folio en 1608. *S. Cypriani opera* in folio en 1616. Il avoit la Licorne pour marque, qui estoit celle de JACQUES KERVER. Marie Nivelle fille de Libraire, luy fut donnée en mariage le vingt-huitiéme Avril 1589. & il en eut beaucoup d'enfans, entr'autres SEBASTIEN né le vingt-troisiéme Decembre 1587. duquel il sera parlé dans la suite.

MARC ORRY Libraire Juré, imprima *Lupi Abbatis Monast. Ferrariensis Epistolæ* in quarto en 1588. *Laurentii Anatomia cum figuris* in folio en 1599. *M. Aurelii Cassiodori opera* in folio en 1600. *Artemidori Oneirocritica Gr. Lat. cum notis Nicol. Rigaltii*, in quarto en 1603. Ce Livre est tres-curieux pour l'explication des Songes, & est assez rare. *Synesii Cyrenæi Episc. Epistolæ Grecè & Latinè cum notis Franc. Portû Cretensis* in octavo en 1605. *Catulli, Tibulli & Propertii cum Variorum notis* in folio en 1608. *Ignatii Epistolæ Gr. Lat. cum notis Mestrai*, in octavo en 1608. *Philostrati opera stud. Fred. Morelli Gr. Lat.* in folio en 1608. & quantité d'autres Livres qui luy ont acquis la reputation d'avoir esté un des habiles Imprimeurs & Libraires de son temps. Il avoit pour marque un Lion rampant, regardant les Etoiles au Ciel, avec ces paroles :

Ad Astra per aspera virtus.

Aprés sa mort, qui arriva le vingt-septiéme Juin 1610. sa veuve

Jeanne Mettayer fille de Libraire, fit imprimer en compagnie le Couſtumier general in folio deux volumes en 1615. Cette édition eſt eſtimée la meilleure. Il laiſſa pluſieurs enfans, il fut enterré à ſaint Benoiſt.

FRANÇOIS PLUMION, ſa veuve fit imprimer, Copie des Lettres d'un Gentilhomme Allemand ſur la mort & execution du Baron d'Aune in octavo en 1588.

ESTIENNE VALLET fut receu Libraire Juré en place de BAPTISTE DUPUIS le vingtiéme Juin 1599. fit imprimer avec SEBASTIEN MOULIN la Vie de ſaint Hieroſme, & celle de ſaint Loüis in quarto en 1588. le Livre du Mont de Calvaire in octavo en 1589. *Alciati Emblemata cum notis per Claud. Minœum*, in octavo en 1589. Sa marque eſtoit la Bible d'or avec ces mots : *Verbum Dei manet in æternum*. Il eut un fils nommé GODEFROY Libraire à Paris, qui s'établit à Beauvais environ l'an 1606. où il imprima tous les Uſages de ce Dioceſe. Il laiſſa un fils nommé ESTIENNE VALLET, actuellement Libraire & Imprimeur à Beauvais.

LEGER DE LAS imprima pour PIERRE LUILLIER *Pſalmi Davidis cum notis Genebrardi*, in octavo en 1588. le Treſor des choſes ſaintes, par Fr. And. Laurant Cordelier, in ſeize en 1589. les Sermons de la Samaritaine, preſchez par Phil. du Bec Arch. & Duc de Reims in octavo en 1600. Sa marque eſtoit la meſme que celle de MICHEL CLOPPEJAU, cy-devant page 199. dont il avoit eu le fonds de Libraire. Il eſt mort le dix-ſeptiéme Fevrier 1605. & ſa femme Marguerite Verrier le trentiéme Juin 1623. Ils ſont inhumez à ſaint Benoiſt.

FRANÇOIS LE JEUNE imprima, Soûpirs de Madame de Guiſe ſur la mort de ſon Epoux, &c. in octavo en 1588.

JEAN CORBON le fils fit imprimer, *Summa Privilegiorum Ord. Frat. Minimorum à Pyrrho Epiſcopo Conſentinenſi & Summ. Pontif. Rom.* in douze en 1589. Traité du ſecond Avenement du Fils de Dieu, ou Sermons preſchez par Guillaume Bourlabé in douze en 1597. Sa marque eſtoit le Cœur bon, pour faire alluſion à ſon nom, repreſenté par Noſtre Seigneur tenant un cœur, avec ces mots Grecs : οἱ ἀγαθοκάρδιοι. Il laiſſa pluſieurs enfans qu'il avoit eus de Marie Brumen fille de Libraire ſon épouſe.

ET DE LA LIBRAIRIE, Liv. II.

JEAN PERINET imprima, Origene & Genealogie de la Maison de Lorraine in octavo en 1589.

PARIS 1589.

PIERRE HURY imprima quelques pieces volantes, comme Avertissement & Conseil notable à la France touchant ses calamitez, &c. par le R. P. Benoist, in octavo en 1589. Discours de ce qui s'est passé en la Reduction de la ville de Vienne en Dauphiné in octavo en 1595.

MICHEL JOÜIN fit imprimer durant la Ligue plusieurs pieces volantes, comme Déploration en vers sur la mort de Monsieur de Guise, par Jean Mondin Parisien in octavo en 1589.

SIMON MARQUAN imprima, Discours & dernier propos de Monsieur le Duc de Guise in octavo en 1589.

JACQUES GREGOIRE imprima, Discours de la fuite des Impositeurs Italiens, &c. in octavo en 1589

NICOLAS GUIRY imprima Lettre du Roy de Navarre au Roy de France sur la mort de Monsieur de Guise in octavo en 1589.

PIERRE MERCIER,
JEAN HURCHE',
ANTOINE LE BLANC,
JEAN VIALA,
THOMAS MENARD.
} Tous Imprimeurs & Libraires, qui imprimerent & vendirent plusieurs pieces durant la Ligue. } 1589. & 1590.

ANDRE' ESCHART fit imprimer, Remede certain pour oster le differend de la Religion P. R. par René Benoist in douze en 1590. Il épousa Louïse Nicot fille de Libraire, dont il eut quelques enfans, sçavoir CLAUDE receu Libraire le quatorziéme Octobre 1627. mort Garçon, & SEBASTIEN receu aussi Libraire le vingt-quatriéme Janvier 1628. & marié à Claude Miché fille de Libraire, de laquelle il eut plusieurs enfans, entr'autres Sebastien mort garçon. CLAUDE receu Libraire avec son frere SEBASTIEN, le cinquiéme Avril 1657. & FRANÇOIS receu aussi Libraire à Paris le vingtiéme Aoust 1665.

NICOLAS ALEXANDRE imprima plusieurs pieces durant la Ligue en 1590. L'Arbre de Probation planté devant la Tente d'Abraham, &c. par Nicolas de Lachau in octavo en 1618. Il eut de Jeanne Jacquin fille de Libraire son épouse,

Z iij

un fils nommé DENIS, receu Imprimeur & Libraire le vingt-neufiéme Octobre 1654.

JEAN MUSAR fit imprimer Plaidoyers des Gens du Roy au Parlement, &c. in octavo en 1590. que l'on appelle les Plaidoyers d'Orleans.

JACQUES BRISSON fit imprimer, & vendit plufieurs pieces durant la Ligue, comme Remonftrance du Roy d'Angleterre fur la miferable condition des Catholiques en Angleterre in octavo en 1628.

ROBERT NIVELLE fils de SEBASTIEN, fit imprimer Sommaire de l'Hiftoire de la Guerre faite contre les Heretiques Albigeois, par Jean du Tillet in octavo en 1590. & par GUILLAUME MOREL *Fragmenta Hilarii* in octavo 1598. Ce Livre eft confiderable à caufe des Traitez finguliers qui y font, & eft affez rare; & plufieurs pieces pour la Ligue. Il avoit pour marque deux Colonnes entrelaffées, avec ces mots, *Pietate & Iuftitia*, qui faifoient la devife de Charles IX. Il mourut le vingt-cinquiéme Septembre 1598. & fut enterré à faint Benoift. Il laiffa plufieurs enfans qu'il avoit eus de Jacqueline Creffé fon époufe.

PAUL ESTIENNE fils de HENRY fecond, dont nous avons parlé cy-devant page 134. eftoit un des habiles Imprimeurs de fon temps, & de plus tres-docte & tres-fçavant dans les Langues Grecque & Latine. Il nous a laiffé plufieurs Traductions, & Ouvrages confiderables, entr'autres *Pauli Stephani verfiones Epigrammatum Græcorum Anthologiæ Latinis verfibus, ejufdem Juvenilia* in octavo en 1593. Il a auffi imprimé *Sophoclis Tragœdiæ una cum omnibus Græcis Scholiis & Latina Viti VVinfennii ad verbum Interpretatione, quibus accefferunt Joach. Camerarii, nec non & Henr. Stephani Annotationes* in quarto en 1603. (Ce Livre eft autant confiderable par fa matiere que par fon impreffion qui eft tres-belle.) Il avoit là mefme marque que fon pere, & il quitta cette ville de Paris à caufe de la Religion, pour s'aller établir à Genéve, où il imprima plufieurs Livres tres-correctement, comme les grands Poëtes Grecs in quarto avec les anciens Scholiaftes, & les mefmes in octavo fans Scholiaftes, qui font affez rares & recherchez des Sçavans. Il eut quelques enfans, entr'autres

ET DE LA LIBRAIRIE, Liv. II. 183

ANTOINE ESTIENNE, dont nous parlerons dans la suite, & JOSEPH, qui par Lettres Patentes du quinziéme Juin 1629. fut choisi pour estre seul Imprimeur & Libraire du Roy à la Rochelle, & qui ne profita pas longtemps de cet avantage, estant mort de la peste à la Rochelle au mois d'Octobre suivant.

JEAN TROUVAIN épousa Geneviéve de Charre dont il eut deux fils, l'un nommé PIERRE né le troisiéme Novembre 1594. receu Libraire à Paris le vingt-huitiéme May 1635. & l'autre SIMON receu aussi Libraire le vingtiéme Mars 1642. Je n'ay rien trouvé d'imprimé à leurs noms.

JEAN SAUNIER Libraire eut deux enfans de Magdelaine Brumen fille de Libraire son épouse, sçavoir LAURENT né le vingt-neuf juillet 1594. duquel nous parlerons dans la suite. Il avoit de plus un frere nommé aussi JEAN SAUNIER le jeune, Libraire, qui épousa Marie le Mire, de laquelle il eut plusieurs enfans.

FRANÇOIS MICHON épousa Anne Magny, dont il eut François né le vingt-quatriéme Octobre 1595. & ESTIENNE receu Libraire avec son frere FRANÇOIS le vingt-huitiéme Avril 1633. & GUILLAUME receu aussi Libraire le treiziéme Octobre 1639. qui a eu un fils nommé FRANÇOIS receu le huit Octobre 1686. Je n'ay rien veu d'imprimé à leurs noms.

GUYDO GIFFARD exerça la Librairie & Papeterie dés l'année 1595. fut Maistre de la Confrairie avec NICOLAS DU FOSSE' en l'année 1599. il fut marié deux fois, eut de sa premiere femme GEORGE GIFFARD, receu Libraire avant l'an 1618. qui laissa plusieurs enfans, entr'autres un nommé PIERRE, receu Libraire le dixiéme Decembre 1687. qui outre cette qualité de Libraire a encore celle d'avoir esté receu de l'Academie de Sculpture, Peinture & Gravure de Sa Majesté; & eut de sa seconde femme RENE' & LOÜIS, receu Libraire le dix-septiéme Septembre 1618. dont nous parlerons cy-aprés.

JACQUES LIMOUS Libraire Juré, avoit obtenu le Privilege pour les Missels, Breviaires, Diurnaux, Offices, & Heures à l'usage du Concile, dont il faisoit un tres-grand ne-

PARIS 1594.

goce, que sa veuve & enfans vendit à SEBASTIEN NI-
VELLE, & compagnies en Mars 1596.

HENRY IV. confirma les mesmes Privileges octroyez
par les Roys ses predecesseurs aux Libraires & Imprimeurs
de Paris, les dix-septiéme Decembre 1594. & le vingtiéme
Fevrier 1595. lesquels furent enregistrez au Parlement le
vingt-sixiéme Juin 1595. Il fit encore rendre un Arrest en son
Conseil Privé, portant exemption pour les Libraires & Imprimeurs du payement des deniers pour la confirmation des
Privileges du nouvel Advenement du Roy à la Couronne.

Sous ce Regne ont exercé l'Imprimerie & Librairie,

LAURENT SONNIUS fils de MICHEL, né le troi-
siéme Avril 1570. Libraire Juré, qui fit imprimer les Chroniques de France, par Eng. de Montrelet in folio deux volumes en 1596. *Tertulliani opera cum notis Pamelii* in folio en
1598. Il fit imprimer par FRANÇOIS JULIOT, *S. Athanasius
Latinè* in folio en 1608. qui est la bonne édition en Latin, *R.
Chopini opera omnia* in folio quatre volumes en 1609. *Guill.
Pepini Ord. Prædicat. Quadragesimæ Sermones* in octavo trois
volumes en 1613. & plusieurs autres Livres qui l'ont fait distinguer d'avec les autres Libraires de son temps. Il estoit de
la Compagnie de la grande Navire, & avoit pour marque un
Compas, avec ces mots:
Suo Sapiens sic limite gaudet.
Il fut Syndic de sa Communauté en 1620. jusqu'en 1624. &
eut pour Adjoints pendant son Syndicat les sieurs *Julliot, Clopejau, Thomas Blaise, Iean Daumalle, & Ioseph Cottereau,* &
le vingt-six Mars de cette mesme année, il perdit Anne le
Grand sa femme, de laquelle il avoit eu quelques enfans. Enfin il mourut aussi le deuxiéme Novembre 1628. & fut enterré
auprés de sa femme dans l'Eglise de saint Benoist.

ANTOINE DU BREÜIL a imprimé la Muse Sainte des
divines Inspirations par le sieur du Trellon in douze en 1596.
Histoire de Paul Diacre d'Aquilée, traduite par Foubert in
octavo en 1603. la Jerusalem du Tasse, traduit par Blaise de
Vigenes

Vigenes in octavo en 1610. Il avoit pour marque une main tenant en l'air une couronne avec ces mots, *In manu Dei fors mea.* Il estoit sçavant & bon Poëte, comme on le peut voir par plusieurs vers qu'il a composez à la loüange des Auteurs dont il a imprimé les ouvrages. Il a laissé un fils nommé CHARLES, né le huitiéme Mars 1610. qu'il avoit eu de Françoise du Gauge son épouse.

PHILIPPES DUPRE' fit imprimer Admonition à Messieurs du Tiers Etat de France, par Victor Cayer, in octavo en 1596. Christ. Lauret la Doctrine des Temps, & de l'Astronomie universelle, &c. en 1598. *Summa Toleti* in octavo en 1604. Il avoit pour marque la Verité représentée par deux Anges tenant le Livre de la sainte Ecriture, avec ces mots : *Scrutamini Scripturas.* Il se servoit quelquefois de celle de MATHIEU DAVID, cy-devant.

ANTOINE MIRAULT épousa Jeanne Fleury, dont il eut ESTIENNE receu Libraire le vingt-neufiéme Decembre 1643. & JEAN receu aussi Libraire à Paris le dix-huitiéme Mars 1655.

JEREMIE PERIER épousa Magdelaine Beys en 1596. il fit imprimer en 1597. P. *Ærodius de patrio Iure* in octavo. Antiquitez du Président Fauchet in octavo en 1601. Ce Livre est assez recherché des curieux. Traité de la Charge d'Ambassadeur, par le sieur Hotman de Villers in octavo en 1604. Il eut plusieurs enfans, entr'autres CHRISTOPHE receu Libraire le vingt-quatriéme Novembre 1623. & MICHEL receu aussi Libraire le vingt-huit Fevrier 1624.

NOEL DAVERGNE fit imprimer, Réponse Catholique au sieur Duplessis Mornay in octavo en 1597.

ANTOINE MARIE imprima les Sermons de Vigor in octavo en 1597. & autres Livres.

ROBERT FOÜET épousa Gillette Chaudiere, fille de Guillaume Chaudiere, en Avril 1594. il estoit Libraire Juré, il fit imprimer en 1597. *Oppiani de vinctione, &c.* in quarto. *Disputationum Rob. Bellarmini de Controversia Christianæ fidei adversùs hujus temporis hæreticos Epitome ; labore Fr. J. B. Desbois Ord. Min.* in octavo quatre volumes en 1603. & en compagnie avec les sieurs NICOLAS BUON, & SEBASTIEN CRAMOISY, *Thom. Stapletonii opera* in folio en quatre volumes

1620. *Biblia Sacra vulgata edit. Sixti V. per Lucam Brugensem observata.* in folio en 1618. Et à son nom les Arrests de Monsieur Maynard in quarto deux volumes en 1606. Histoire d'Hongrie & de Transylvanie par Fumée, in folio en 1608. Arrest de Monsieur le Vert in quarto en 1611. *Bibliotheca Cluniacensis* in folio en 1614. les Memoires de Commines in folio en 1615. la Conference du Droit François avec le Droit Romain par Berd. Autonne in folio en 1629. Coustumier general in folio deux volumes en 1635. *Bibliotheca Cluniacensis* in folio en 1644. & plusieurs autres tres-bons Livres qui l'ont fait passer pour un des plus habiles Libraires de son temps, & un de ceux qui ont le plus fait imprimer. Il avoit pour marque le Temps & l'Occasion, qui estoit celle de ses ancestres. Il fut Syndic de sa Communauté en 1626. & eut pour Adjoints pendant son Syndicat qui dura jusqu'à l'année 1628. les sieurs *Antoine Estienne*, *Rolet Boutonné*, *Antoine Vitré*, & *Adrien Taupinart*. Il eut plusieurs enfans, entr'autres FRANÇOIS né le vingt-septiéme Juin 1601. receu Libraire à Paris le vingt-un Juin 1635.

THOMAS MALLARD fit imprimer les Voyages de Jean Alphonse Xaintongeois in octavo en 1598.

FRANÇOIS JACQUIN l'un des plus habiles Imprimeurs de son temps, imprima la Guide des Arts & Sciences, & Promptuaire de tous Livres tant composez que traduits en François in octavo en 1598. Capitulaire auquel est traité qu'un homme né sans testicules apparens est capable de mariage, par Seb. Roüillard in octavo en 1604. Il imprima pour JEAN HEUQUEVILLE Libraire, *Promptuarium Morale super Evangelia*, *auct. Th. Stapletonio*, in octavo deux volumes en 1606. *And. Duval pro suprema Rom. Pontif. authoritate*, in octavo en 1612. & pour MICHEL SONNIUS *Tertulliani opera cum notis de la Cerda* in folio en 1630. Il fut Adjoint de sa Communauté en 1624. & eut plusieurs enfans de Jeanne du Mesnil son épouse, entr'autres JACQUES receu Imprimeur & Libraire le deuxiéme May 1624. dont nous parlerons cy-aprés.

ABRAHAM SAUGRAIN fit imprimer *Onosandri Strategicus*, & *Urbicii Inventum Gr. Lat. cum notis N. Rigaltii*, in quarto en 1598. *Franc. Porti Medica Decas cum Commentariis ejusdem Auctoris*, in quarto en 1613. Il fut le premier qui obtint permission pour faire imprimer avec Guillaume Desrües, & Dominique Salis le Breviaire suivant la reformation du Concile de Trente in vingt-quatre, seulement pendant dix ans, en date du vingt-six Janvier 1596. il eut plusieurs enfans d'Esperance Cellier son épouse, entr'autres Charles receu Libraire le troisiéme Aoust 1645. qui eut aussi Charles, receu Libraire le vingt-huit Juin 1663. & Guillaume receu Libraire le dixiéme Septembre 1683.

François du Chesne imprima, Discours d'un Miracle avenu en la basse Normandie, par Ant. de Morty, in octavo en 1598.

Pierre Bonfons fit imprimer avec son frere Nicolas, dont nous avons parlé cy-devant page 162. le Stile de la Cour & Justice des Requestes du Palais par le sieur Boyer, in douze en 1598.

Robert Estienne troisiéme du nom, fils de Robert second, estoit Poëte & Interprete du Roy pour les Langues Grecque & Latine, il a traduit du Grec en François les deux premiers Livres de la Rhetorique d'Aristote, qui a esté continuée de traduire par son neveu Robert quatriéme du nom en 1630. dont il sera parlé dans la suite. Ce Robert troisiéme a commencé d'imprimer dés l'année 1588. plusieurs ouvrages considerables, & en 1598. *S. Mercerus in Genesim* in folio. *Jacobi Augusti Thuani Historia sui temporis*, in folio en 1619. Moyens legitimes pour parvenir à traduire d'Espagnol en François, par le sieur Hardy, in octavo en 1623. Galand contre le Franc-Aleu in 8. en 1629. (il y en a une autre édition in quarto en 1637.) & beaucoup d'autres Livres en leur perfection, à la premiere page desquels il mettoit ordinairement des Lettres, R. F. R. N. pour se distinguer d'avec son pere. Il avoit pour marque l'Olivier qui estoit celle de ses Ancestres. Il eut un frere nommé Henry, qui fut Tresorier de France.

Denis Binet imprima, Conference entre les Capucins, & les Ministres de Genéve, sur le sujet de la sainte Messe, in octavo en 1599. le Breviaire à l'Usage des RR. PP. Celestins de Paris in octavo rouge & noir en 1599. Discours des Sorciers par Henry Boquet in octavo en 1603. & pour Ambroise & Jerosme Droüart Libraires, *Aimonis Monachi*, &c. in folio en 1603. *Commentaria Exegetica in Apocalypsim auct. Blasio Viagas*, in quarto en 1606. Il a aussi imprimé pour la Compagnie des Usages reformez, en quoy il s'est fait distinguer pour avoir esté un des habiles Imprimeurs de son temps.

MICHEL SONNIUS fils de MICHEL & frere de LAURENT, naquit le vingt-un Mars 1564. il fit imprimer la sainte Bible de la traduction des Docteurs de Louvain, divisée par Versets in folio en 1599. *Isidorus Hispalensis*, in folio en 1601. *Theodoreti opera Lat.* in folio en 1606. *S. Iustini opera Gr. Lat.* in folio en 1615. *Paschalis Radberti opera* in folio en 1616. & 1618. *Basilii Magni opera Gr. Lat.* in folio trois volumes en 1618. qui est la meilleure édition. *Zonaras in Canones S. Apostolorum Gr. Lat.* in folio en 1618. *Balsamonis Canones SS. Apostolorum* in folio en 1620. *Gregorii Thaumaturgi opera Gr. Lat.* in folio en 1622. *Athanasii opera* in folio *Gr. Lat.* deux volumes en 1624. & 1627. *Tertulliani opera cum notis Lud. de la Cerda*, in folio deux volumes en 1624. & 1630. & plusieurs autres ouvrages considerables qui l'ont fait passer pour l'un des plus habiles Libraires de Paris, tant pour le choix qu'il faisoit des bons Livres, que pour les belles impressions. Il avoit la mesme marque que son pere cy-devant, & estoit quelquefois associé avec ses freres JEAN & LAURENT, & en plusieurs Compagnies de Libraires, avec lesquels il a fait imprimer quantité de bons Livres. Il a esté le premier des Libraires & & Imprimeurs qui ait esté grand Juge Consul à Paris en 1625. & le premier Syndic du Reglement de 1618. Il a laissé un fils nommé Michel né le douziéme Juillet en 1602. qu'il avoit eu de Gillette de Villette son épouse.

NICOLAS DE LOUVAIN fit imprimer *Iacobi Marchand Regii & Parisiensis Chirurgi Declamatio* in octavo en 1566. les Vies des Hommes Illustres Grecs & Romains, traduites par Jacques Amyot, in octavo quatre volumes en 1600.

ARNOULD COTTINET imprima *Justi Lipsii Epistolarum, &c.* in douze en 1599. & pour NICOLAS BONFONS Libraire Juré, dont nous avons parlé cy-devant page la vraye Presence du Corps de J. C. au saint Sacrement, traduite de Jean Garetius in octavo en 1599. Il est mort le quatriéme Septembre 1601. & est enterré à saint Benoist. Il a laissé deux fils, un nommé ARNOULD receu Libraire le vingt-deuxiéme Janvier 1637. dont nous parlerons cy-aprés, & JACQUES receu Imprimeur le dix-neuf Octobre 1651.

JACQUES REZE' fit imprimer, Inventaire de l'Histoire Journaliere in octavo en 1599. *Liber Legis Salicæ ex Bibliothecâ Fr. Pithoei* in octavo en 1602. *Lipsii Epistolarum selectarum, &c.* en 1610. Il avoit pour marque la Victoire avec ces mots: *Proponitur Victori*, qui estoit celle de PIERRE CHEVILLOT, dont nous avons parlé cy-devant.

CLAUDE GAININ fit imprimer, *Epistolæ Sancti Hieronymi* in seize en 1599.

GUILLAUME DES RÜES Libraire Juré, fit imprimer en compagnie, *Onosandri Strategicus cum notis Nicolai Rigaltii* in quarto en 1599. & à son nom seul, la Somme des Pechez, & le remede d'iceux, par le R. P. Benoist de l'Ordre des Freres Mineurs in folio en 1602. Ouvertures des Parlemens par Loüis d'Orleans in quarto en 1607. Sa marque estoit un Palmier où pend un enfant avec ces mots: *Obdurandum adversus urgentia*. Il a laissé quelques enfans qu'il avoit eus d'Anne Malingre son épouse.

JACQUES LE ROY épousa Marie Ranot dont il eut plusieurs enfans, entr'autres THOMAS né le vingtiéme Janvier 1599. dont il sera parlé cy-aprés. PIERRE né le seiziéme Aoust 1600. & receu Libraire le deuxiéme Mars 1634. CLAUDE né le trentiéme Novembre 1606. & receu aussi Libraire à Paris le ving-neufiéme Decembre 1643. & CHARLES né le premier Janvier 1615. & receu Libraire le sixiéme Fevrier 1653. Il mourut le dixiéme Avril 1616. & fut enterré à S. Benoist.

PIERRE CHEVALIER l'aisné imprima, *Roberti Bellarmini de Indulgentiis, &c.* in octavo en 1599. *Aphorismi Confessariorum*, auct. Emanuel Sa, in vingt-quatre en 1600. *Iusti Lipsii Monita & exempla politica* in octavo en 1605. & pour DENIS DOUCEUR, *Senecæ opera cum notis diversorum* in folio en 1606. *Cornel. Tacitus cum notis diversorum* in folio en 1608. *Concordantiæ Bibliorum cum notis Petri de Besse* in folio en 1611. les Antiquitez de Paris par Jacques du Breüil in quarto en 1612. Ce Livre est recherché des curieux, & autres Livres tres-bien imprimez qui l'ont fait distinguer. Sa marque estoit un Palmier, & un enfant qui s'attache à une de ses branches qui l'éleve, avec ces mots: *Sursum tendit*. Il demeuroit au Mont saint Hilaire, & avoit un frere nommé aussi PIERRE, dont nous parlerons dans la suite.

ANTOINE MAMAREL fit imprimer, *Narratio fidelis D. D. Ioan. Steph. Duranti Senatus Tolosani Principis, & Iacobi Daffisii Patroni Regii*, in octavo en 1600.

DOMINIQUE SALIS fit imprimer par DENIS BENET la Pratique de Mesuer, traduit en François par Antoine Fontanon in octavo en 1600. la Philosophie de Dupleix in douze six volumes en 1610.

NICOLAS L'ESCUYER fit imprimer, Harangues de Monsieur Despeisses in octavo en 1600. Remonstrances & Harangues de Jacques Faye in 8. en 1600. Il avoit pour marque un Janus, avec ces mots Grecs ἀρχντα καὶ μέλλοντα. Il eut un fils nommé CLAUDE né le vingt-troisiéme Septembre 1607. & un autre nommé SEBASTIEN, dont nous parlerons cy-aprés, qu'il avoit eu de Marie Gruzon.

CLAUDE DU BREÜIL frere d'ANTOINE, dont nous avons parlé cy-devant page 185. épousa Jeanne le Febvre, de laquelle il eut MARTIN. qui fut Libraire & Relieur vers l'an 1620. JEAN né le vingt-deuxiéme Juillet 1602. (qui exerça la Librairie pendant quelques années, aprés quoy il se fit Jesuite, & composa plusieurs Livres, entr'autres la Perspective Pratique in quarto deux volumes, imprimé par JEAN DUPUIS, Traité des Fortifications in quarto, imprimé par son neveu) & JACQUES DU BREÜIL, receu Libraire à Paris le sixiéme Septembre 1635. lequel épousa Magdelaine Mestivier, dont il eut quelques enfans, sçavoir JACQUES receu Libraire à Paris le 15. Septembre 1661. qui imprima, Traité des Fortifications in quarto, composé par son oncle.

CLAUDE MOREL fils de FREDERIC, dont nous avons parlé cy-devant page 167. fut pourveu de la Charge d'Imprimeur du Roy par la resignation qu'en avoit fait son pere le cinquiéme Fevrier 1602. il estoit tres-docte, & tres-sçavant dans les Langues Grecque & Latine, & l'un des plus celebres Libraires & Imprimeurs de Paris, comme il paroist par la grande quantité d'Auteurs Grecs & Latins qu'il a imprimez, dans une partie desquels se lisent mesme des Prefaces & Avis de sa composition. Il imprima en 1600. *Maldonatus in Prophetas quosdam & in Psalmum 109.* in quarto, *Arthemidori opera Græca*

& Lat. in quarto en 1603. Ce Livre est estimé des Sçavans. *Libanii Sophistæ Declamationes* in folio Gr. Lat. 1606. *Cyrilli Hierosolymitani Catecheses Gr. Lat.* in quarto en 1608. *S. Gregorii Nazianzeni opera Gr. Lat.* in folio deux volumes en 1609. qui est la meilleure édition, aussi bien que *S. Ioannis Chrysostomi in vetus Testament.* in folio six volumes en 1609. jusqu'en 1618. que l'on joint avec le Nouveau Testament de l'edition de Commelin, qui jusqu'alors il n'avoit point encore esté imprimé en Grec & Latin. Ces deux Livres sont recherchez, & assez estimez des Sçavans à cause de cette édition de l'Ancien Testament. *S. Iustini Martyris opera Gr. Lat.* in folio en 1615. qui est la meilleure édition, aussi bien que les Coustumes generales, en deux volumes in folio en 1615. *Archimedis opera quæ extant Gr. Lat. novis demonst. Mathemat. & Commentariis illustrata, per Davidem Rivalsum* in folio en 1615. les Vies des Hommes Illustres, & Opuscules de Plutarque, traduites du Grec par Amyot in folio quatre volumes en 1619. Histoire des grands chemins de l'Empire Romain, par Nicolas Bergier in quarto en 1622. Ce Livre est assez rare, & tres-recherché des curieux. *Athanasii opera* in folio deux volumes Grec Latin en 1627. *Libanii orationes Gr. Lat.* in folio en 1627. Ces deux ouvrages sont les derniers qu'il commença à imprimer, estant mort le 16. Novembre 1626. Il avoit la mesme marque que son pere : & quelquefois ce Dicton tiré d'Homere, expliqué dans l'article de Robert Estienne cy-devant. Il a laissé plusieurs enfans qu'il avoit eus de Jeanne Henry son épouse ; sçavoir CHARLES né le sixiéme Janvier 1612. & receu Libraire le vingt-neuf Juillet 1627. duquel nous parlerons dans la suite. Frederic né le vingt-sept Janvier 1614. CLAUDE né le quatorziéme Janvier 1615. mort à Villemonde, & apporté à Paris le quatorze Juin 1634. pour estre inhumé à saint Benoist avec son pere, nous en parlerons encore dans la suite. GILLES receu Libraire le dix-neuf Avril 1640. duquel il sera aussi parlé cy-aprés.

NICOLAS BUON fils de GABRIEL, fit imprimer par DENIS BINET, Chronique & Annales de France par Nicol. Gilles in folio en 1600. & avec ROBERT FOÜET, *Epitome disputationum Roberti Bellarmini de Controversiis, &c. auct. Fr. J. Desbois* in octavo quatre volumes en 1603. la Coû-

PARIS.
1600.

tume d'Orleans par Duret in quarto en 1609. *Abælardi operæ* in quarto en 1616. (Ce Livre est assez rare, & recherché des Sçavans.) Il a aussi fait imprimer plusieurs éditions de la Coûtume de Bretagne, commentée par Dargentré ; sçavoir une en 1608. 1619. & 1628. Cette derniere édition est la meilleure édition de toutes celles que l'on ait imprimées jusqu'à present, à cause qu'elle est plus ample. *Annales Ecclesiastici vet. & Novi Testamenti auct. Saliano*, in folio six volumes en 1619. Arrest de Papon in quarto 1621. *Excerpta ex Tragædiis & Comædiis Græcis, &c. ab Hugone Grotio*, in octavo en 1626. Plusieurs Traductions de l'Ecriture sainte par Guilbert, in octavo en 1627. Il s'est acquis une tres-grande reputation, par la grande quantité de Livres qu'il a fait imprimer, & par les Usages reformez, pour l'impression desquels & d'autres ouvrages considerables, il estoit associé en plusieurs Compagnies. Il avoit la mesme marque que son pere, fut un des premiers Adjoints de sa Communauté, ensuite du Reglement de 1618. Il épousa en premieres Nôces Blanche Chaudiere, & en secondes nôces Marie Droüyn, desquels il eut quelques enfans, dont un a esté Notaire au Chastelet de Paris, il fut enterré à saint Benoist.

Il y avoit environ l'an 1600. une compagnie de Libraires qui avoient pour marque la grande Navire, avec ces lettres au haut des Masts. A L. B M. A D. M. I. L. S. qui signifient les noms de ceux dont elle estoit composée ; sçavoir ABEL LANGELIER, BARTHELEMY MACE', AMBROISE DROÜARD, & les freres MICHEL, LAURENT, & JEAN SONNIUS, lesquels firent imprimer *Corpus Iuris Canonici* in folio trois volumes en 1601. & plusieurs autres ouvrages considerables.

PIERRE LOÜIS FEBVRIER fils, fit imprimer avec son pere JEAN, dont il est parlé cy-devant page 167. les Cymetieres Sacrez, par Henry de Sponde in douze en 1600. Preceptes d'Etat, tirez des Histoires anciennes & modernes, in octavo en 1611. *Luciani opera cum notis Bourdelotii, &c. Gr. Lat.* in folio en 1615. *Sancti Psalmi Quatuor Hebræo Latini, cum Comment. R. Kinchi* 1619. *Maldonatus in Evangelia*, in folio en 1621. Il y en a une édition imprimée à Pontamousson, qui est la premiere & la plus estimée. Sa marque estoit representée par la

Justice,

ET DE LA LIBRAIRIE, Liv. II.

Justice, avec ces mots : *Discite Iustitiam moniti*. Il est mort en 1628. & a laissé plusieurs enfans de son mariage avec Marie Buisson, sçavoir SIMON receu Libraire le quatorziéme Avril 1633. dont nous parlerons cy-aprés.

PIERRE BAILLET receu Imprimeur & Libraire à Paris le vingt-sixiéme Octobre 1618. imprima l'Histoire de France, par Pierre Mathieu in folio deux vol. en 1602. Bibliotheque, ou Tresor du Droit François par Laurent Bouchel in folio, trois volumes en mil six cens vingt-neuf, & quelques volumes de *Cornelius à Lapide* in folio, és années mil six cens trente-un, & suivantes. Il estoit habile Imprimeur, & s'est fait distinguer en son temps, il avoit pour marque un Lyon rampant, & un Coq, avec ces mots : *Ad astrapes aspera virtus*. qui estoit celle de MARC ORRY cy-devant. Il avoit un frere nommé JEAN, qui épousa Françoise le Byre, dont il eut JEAN, né le treiziéme May 1635. receu Libraire le douziéme Novembre 1665.

GUILLAUME MELEINE fit imprimer, *Iusti Lipsii Epistolæ selectæ*, &c. in douze en 1602. *Oratio de producendis Henr. Magni lacrymis* in octavo en 1611.

PIERRE METTAYER, Imprimeur ordinaire du Roy, imprima avec son frere JAMET, dont il est parlé page 175. Discours pour la Religion Catholique, par Louis de Richeome in octavo en 1602. Histoire de Navarre par André Favin in folio en 1612. Pratique des Notaires par Philippe Cotteau en 1613. Ils avoient pour marque la Fleur-de-Lys, qui estoit celle de leur famille.

HUBERT HUNOT fit imprimer *Institutiones absolutissima in Linguam Græcam*, labore Guill. Morel. in quarto en 1602. *Hortulus puerorum* in octavo en 1606.

SEBASTIEN CRAMOISY, fils de Sebastien Cramoisy, & d'Elisabeth Nivelle, fille de SEBASTIEN NIVELLE Libraire, dont nous avons parlé cy-devant p. 132. duquel il acquit le fonds, fut un des plus considerables de cette ville. Il fit imprimer dés le commencement de ce siecle plusieurs Livres, dont voicy les plus estimez, *Antiquæ Collectiones Decretalium auct. Antonio Augustino*, in folio en 1609. & 1621. *Bibliotheca Cluniacensis*, And. *Quercetani*, in folio en 1614. qui est la meilleure

B b

édition, aussi-bien que les suivantes. *Gregorii Nysseni opera Gr. Lat.* in folio deux volumes en 1615. *Alcuini opera* in folio en 1617. *Hieronymi Alexandrini junioris Refutatio conjecturæ, &c.* in quarto en 1619. *Ioan. Pitseus de illustribus Angliæ Scriptoribus* in quarto en 1610. Discours sur les Medailles Antiques par Louis Savot in quarto en 1627. *Idatii Episcopi Chronicon & fasti Consulares*, in 8. en 1619. *Epiphanii opera Gr. Lat.* in folio deux vol. en 1622. *Eusebius de Præparatione & Demonstratione Evangelica* in folio quatre vol. en 1628. Ces deux Livres sont les bonnes éditions. *Lud. Crysolii Mystagogus* in folio en 1626. *Nicephori Historia Ecclesiastica Gr. Lat.* in folio deux volumes en 1630. les Histoires Genealogiques du sieur de Sainte Marthe en plusieurs volumes in folio. *Climaci opera Gr. Lat.* in folio en 1633. *S. Chrysostomi opera* in folio neuf volumes Grec & Latin, en 1636. *Historiæ Francorum scriptores And. du Chesne*, in folio en cinq voll. en 1636. & toutes ses autres Histoires en plusieurs volumes in folio. *Caroli à sancto Paulo Geographia sacra, sive Notitia Episcopatuum Ecclesiæ universæ*, in folio en 1641. Ce Livre est fort estimé, & mesme assez rare. Il y a plusieurs de ses Livres cy-dessus, qu'il a imprimez en societé avec les sieurs Sonnius & Morel, comme on le voit au *Theodoreti opera Gr. Lat.* in folio quatre volumes en 1642. *Hincmari opera* in folio en deux vol. en 1645. Il fit imprimer tous les ouvrages du Pere Sirmond en plusieurs volumes qui sont fort recherchez des Sçavans, ceux du P. Petau, comme de *Doctrina Temporum*, in folio deux volumes en 1627. *Ejusdem Dogmata Theologica*, in folio cinq volumes, & le reste de ses Oeuvres, avec quantité d'autres dont le dénombrement seroit trop grand pour le rapporter icy. Il suffit de dire de luy qu'il a fait imprimer plus de Livres Grecs, Latins & François, qu'aucun autre Libraire de son temps. Il estoit de toutes les Compagnies de Libraires pour l'impression des meilleurs Livres. Sa marque estoit celle de son grand-pere, qui estoit deux Cigognes, avec ces paroles tirées des Commandemens de Dieu, *Honora patrem tuum & matrem tuam ut sis longævus super terram*. Il eut deux freres, l'un nommé GABRIEL avec lequel il a esté associé, l'autre nommé CLAUDE, dont nous parlerons cy-après. Il épousa Marie

Chaillou dont il eut plusieurs enfans, entr'autres un qui fut Secretaire du Roy. Il fut receu Imprimeur & Libraire Juré au lieu & place d'ABEL l'ANGELIER, le trentiéme Janvier mil six cens dix, & fut pourveu de la Charge d'Imprimeur ordinaire du Roy par Lettres Patentes du vingt-quatriéme Decembre 1633. Il fut Syndic de sa Communauté depuis 1628. jusqu'en 1630. & eut pour Adjoints pendant son Syndicat les sieurs JEAN PETITPAS, DENIS MOREAU, DENIS DUVAL, & THOMAS DE LA RUELLE. Il fut aussi Eschevin de cette ville de Paris, & grand Juge-Consul en 1636. Administrateur des Hospitaux, & le premier à qui l'on donna la direction de l'Imprimerie Royale établie au Louvre en 1640. & la garde des Poinçons & Matrices servans à l'Imprimerie, avec des appointemens & prerogatives considerables, à laquelle direction & charge a succedé SEBASTIEN MABRE son petit fils maternel, aussi bien qu'en son fonds de Librairie, qui estoit un des plus considerables de Paris, ce qui l'a obligé à prendre le nom de CRAMOISY, qui estoit en une tres-grande reputation par toute l'Europe. Il fut pourveu de la Charge d'Imprimeur ordinaire du Roy par la démission de son grand-pere, le dix-septiéme Decembre 1651. receu Imprimeur & Libraire le sixiéme Mars 1659. Ce petit-fils fut Adjoint de sa Communauté en 1677. & mourut en 1687. Il s'est fait distinguer, tant par la connoissance des Langues Grecque & Latine qu'il avoit, dont voicy une preuve par ces vers suivans qu'il composa, & qui se trouvent au commencement de *Bibliographia Parisina*, imprimée chez son grand-pere en 1651.

PARIS.
1682.

REVERENDO ADMODUM PATRI,
LUDOVICO, A. S. CAROLO,
Cabilonensi, Carmelitæ, Consiliario, & Ordinario Regis
Christianissimi Eleemosynario, Bibliographiæ
Parisinæ Collectori.

EPIGRAMMA.

Antiquos Romæ nobis jam nemo canales
Jactet, & artifici flumina ducta manu;

Majora hoc, Lodoïce, aperis miracula sæclo,
Virtutisque Jovi das monimenta paris.
Scilicet ut solitum ille jubet vectigal aquarum
Neptuno Patri flumina ferre suo:
Collectos sic tu Libros disponis in unum,
Auctorique suo ferre tributa jubes.

L'on voit aussi plusieurs Avis & Epistres dedicatoires au commencement de quelques Livres qu'il a imprimez, & particulierement un Avertissement qu'il a fait, qui est au devant d'un Catalogue des Livres que son grand-pere & luy ont imprimez, qui a paru il y a cinq ou six ans. Il s'est fait aussi distinguer par la grande quantité de Livres qu'il a imprimez dans l'Imprimerie Royale, dont le Catalogue feroit un volume. Il n'épargna rien pour la beauté de l'impression des Livres, tant pour les caracteres, le papier, & les tailles-douces; & l'on peut dire de luy, qu'il a esté un de ceux qui a porté l'Art de l'Imprimerie à sa perfection; ce que sa Veuve continuë avec la mesme exactitude & beauté dans la mesme Imprimerie Royale, que Sa Majesté luy a conservée, en consideration de son merite, & de celuy de ses ancestres, dont la memoire durera autant que les Livres qu'ils ont imprimez.

JEAN VEYRAT, & THOMAS SOUBRON, ont fait imprimer, *Joan. Fernelii universa Medicinæ opera*, in folio en 1602.

PIERRE BERTHAULT fut receu Libraire Juré en la place de FELIX LE MANIER le vingtiéme Juin 1594. il fit imprimer Discours Chrestiens de Pierre Charron fils de Libraire in octavo en 1602. Histoire de Joseph in octavo, traduite par Genebrard en 1604. Sa marque estoit une Etoile avec ces mots: *Monstrant Regibus Astra viam.* Il eut de Claude Julien son épouse ROBERT né le 21. Janvier 1598. receu Libraire à Paris le vingt-septiéme May 1621. duquel nous parlerons dans la suite, aussi bien que de LOÜIS son frere. Il mourut le vingt-un Octobre 1605. & fut enterré à saint Hilaire.

ESTIENNE COLIN imprima, Consolation sur la mort de M. Albert de Gondy, Duc de Retz, &c. in octavo en 1602. & pour JEAN CORROZET, l'Arcenal de la Milice Françoise, par Jacq. de Fumée in octavo en 1607. Il eut de

Marie Lanois son épouse un fils nommé JEAN receu Libraire à Paris le seiziéme Octobre 1665.

FRANÇOIS HUBY, fils de FRANÇOIS, dont il est parlé cy-devant page 137. fit imprimer, Meditations sur les sept Festes de la Vierge, traduites du Latin de François Bruno, par P. de Villers in douze trois volumes en 1602. la Coustume de Chartres, commentée par Tullouë & Frerot in quarto en 1604. Traité des Anges & des Demons par le P. Maldonat in douze en 1605. Réponse de Coëffeteau au sieur Duplessis, in folio en 1614. *Ioann. Crassoti Philosophia* in quarto deux volumes en 1619. Sa marque estoit representée par un Homme qui fuit poursuivy par une Licorne, avec ces mots ; *Eripiam & glorificabo eum*, & quelquefois la Bible d'or, avec ces paroles: *Fons Sapientiæ Verbum Dei*. Il laissa quelques enfans qu'il avoit eus de Catherine Chatain son épouse.

PIERRE PAUTONNIER Imprimeur du Roy pour les Langues Grecque & Latine, imprima, de la Prouësse & reputation des anciens Allobroges par Boyssart in quarto en 1603. *Edmundus Richerius de Arte figurarum & causis eloquentiæ*, in octavo en 1605. Il eut plusieurs enfans de Marguerite Beys, fille de Libraire son épouse.

JEAN MICARD fils de CLAUDE, dont nous avons parlé cy-devant page 141. fit imprimer les Epistres Morales de Monsieur Honoré d'Urfé in douze en 1603. le Jeu des Echets avec son invention, in quarto en 1609. Il avoit pour marque la bonne Foy avec ces mots : *Meliùs spero, certè teneo*, qui étoit celle de son pere. Il épousa Claude Robinot fille de Libraire.

GEORGE LOMBARD fit imprimer l'Image de la vie Chrestienne traduite de Hector Pinto, par Guillaume Cursol in douze deux volumes en 1603. Défense des Puissances de la Terre contre Jean Mariana, par le sieur le Clerc in octavo en 1619. Il avoit pour marque un Arbre sec avec ces mots : *Ne me touche point*. Il imprima aussi les Usages de Cisteaux en 1606.

THOMAS SEVESTRE fils de LOÜIS, imprima les Sermons de Loüis de Grenade traduits par M. Nicolas Colin, in octavo en 1603. & autres, il laissa plusieurs enfans, sçavoir CHARLES, dont nous parlerons cy-aprés, GILLES, & LOÜIS, avec lequel il imprima quelques Livres, qui estoit Fondeurs de caracteres. Il a gravé & frappé aussi des Poinçons pour plusieurs sortes de Notes, & a laissé pour successeur FRANçois receu Imprimeur & Libraire le seiziéme Janvier 1631. LOÜIS & PIERRE dont nous parlerons cy-aprés.

GUILLAUME LE NOIR fils de GUILLAUME, dont il est parlé cy-devant page 136. a fait imprimer la Citadelle de la Royauté par Gabriel Chappuis in douze en 1603. Il avoit la mesme marque que son pere. Il eut plusieurs enfans de Geneviéve de Mousset son épouse, entr'autres Geneviéve mariée à Pierre Mariette, & Marguerite qu'il donna en mariage à Michel Van-Lochom, qui fit imprimer Traité du Jardinage par Jacques Boyceau in folio en 1638. avec figures.

REGNAULT CHAUDIERE fils de GUILLAUME cy-devant page 155. fit imprimer par FRANÇOIS JACQUIN Sermons d'Inchino, traduits par Gabriel Chappuis in octavo en 1604. Recreations spirituelles sur l'Amour divin, & le bien des Amis, tirées de la Bibliotheque de Monsieur de Villars in octavo en 1619. *Gamachei Summa Theologiæ*, in folio deux volumes en 1627. qui est la premiere édition qu'il a imprimée en compagnie. Sa marque estoit celle de son pere. Il fut un des premiers Adjoints du Reglement de 1618. & eut beaucoup d'enfans de son mariage avec Marguerite Cavellat fille de Libraire, entr'autres. GUILLAUME né le douziéme Fevrier 1599. receu Libraire le vingt-un Avril 1622. marié à Adrienne Bullet, mort le troisiéme May 1627. & inhumé à saint Benoist. PIERRE né le vingt-cinquiéme May 1603. receu Libraire le quinziéme Septembre 1633. duquel il sera parlé dans la suite.

EUSTACHE FOUCAULT épousa Marguerite de Vignier niece du sieur Chaudiere, il fit imprimer l'École Françoise in octavo en 1604. *Aloïsius Legionensis in Cantica* 1608. & plusieurs Usages dont il faisoit un tres-grand negoce, & a laissé un fonds de Librairie des plus considerables, qui a passé à JACQUES QUESNEL, dont nous parlerons cy-aprés.

La Compagnie de la grande Navire, composée des sieurs BARTHELEMY MACÉ, AMBROISE DROÜARD, MICHEL, LAURENT & JEAN SONNIUS freres, desquels il est parlé cy-devant, firent imprimer *Origenis opera cum not. Genebrardi*, in folio en 1604. cette édition est recherchée des Sçavans, & assez rare. *Cyrilli Alexandrini opera Latina* in folio en 1605. *Gersonis opera* in folio deux volumes en

1606. Celle-cy est la meilleure de toutes les éditions. *Bibliotheca Patrum Auct. de la Bigne Gr. Lat.* in folio dix volumes. en 1610. qui est la troisiéme édition. *Corpus Iuris Canonici* in folio deux volumes en 1612. *Tertulliani opera* in folio en 1608. & 1616. *S. Joannis Chrysostomi opera Latina cum notis Frontonis Ducæi*, in folio quatre volumes en 1614. Cette édition passe pour la meilleure, & autres Livres considerables, avec la marque dont nous avons parlé cy-devant.

François du Carroy imprima pour Pierre Berthault Histoire de Joseph, traduit par Genebrard in 8. en 1604. Traité du Delit commun, & cas privilegiez in octavo en 1611. Il a laissé un fils nommé Charles, né le vingt-six Aoust 1603. qu'il avoit eu d'Anne Brochart son épouse.

Pierre le Bret fit imprimer, Preface de Monsieur le President de Thou sur son Histoire, in octavo en 1604. il a laissé un fils nommé Isaac, receu Libraire à Paris le 20. Decembre 1629.

Nicolas du Fossé fit imprimer l'Arbre de la sainte Croix traduit d'Italien, in douze en 1604. Discours sur les douze Chapitres de l'Apocalypse, par Jacques Suarez in octavo en 1603. *Concordantiæ Bibliorum*, in folio en 1611. Cette Concordance est recherchée des curieux, tant pour la beauté de l'impression que pour les notes de Besse. Il imprima aussi les Sermons & autres ouvrages de Monsieur de Besse en 1611. & années suivantes, & une Bible Latine & Françoise in folio, tres-belle & fort estimée des curieux, & plusieurs autres Livres qui l'ont fait distinguer d'avec les autres Libraires de son temps. C'est luy à qui l'on est obligé en partie du Reglement de 1618. en ayant donné les avis, fait les poursuites, & ayant esté signifié à sa requeste. C'est aussi luy qui le premier a pris le titre & le nom de Syndic, qui n'estoit point en usage avant ce Reglement, n'y ayant auparavant qu'un Garde des Libraires & Imprimeurs. Il eut pour Adjoints pendant son Syndicat jusqu'en l'an 1620. les sieurs *Pierre le Mur*, *Regnaut Chaudiere*, *Edme Martin*, *François Julliot*, *& Gabriel Clopejau*. Il épousa Geneviéve Lemeré, decedée le treiziéme Septembre 1631. & inhumée à saint Benoist.

Jean Sonnius fils de Michel, & frere de Michel, dont il est parlé cy-devant page 188. avec lequel il fut associé pour l'impreſſion des Peres de l'Egliſe, & des Uſages reformez de l'an 1604. dans la Compagnie de la grande Navire cy-deſſus.

OLIVIER DE VARENNES fit imprimer, Hiſtoire du Siege d'Oſtende in octavo en 1604. Raiſons & cauſes de preſéance entre la France & l'Eſpagne par Nicolas Vignier in octavo en 1608. les Libertez de l'Egliſe Gallicane en 1609. *Tertulliani opuſcula novem cum notis & obſervat. Rigaltii*, in octavo en 1628. Sa marque eſtoit la Victoire aſſiſe ſur un trophée d'armes, avec ces mots : *Virtute parta Victoria dulcis*. Il eut pluſieurs enfans de ſon mariage avec Marie Beys fille de Libraire, entr'autres OLIVIER né le vingt-ſeptiéme Novembre 1598. receu Libraire à Paris le douziéme Juin 1625. dont nous parlerons cy-aprés. Il mourut le trentiéme Aouſt 1623. & fut inhumé à ſaint Benoiſt.

DAVID LE CLERC fit imprimer, Traité ſommaire touchant l'Election du Pape par A. P. B. in octavo en 1605. les Oeuvres de feu Monſieur Claude Fauchet in quarto en 1610. Diſcours du voyage des François aux Indes Orientales par Fr. Pirard in octavo en 1611. Il maria une de ſes filles à ANTOINE ESTIENNE, & une autre à DENIS MOREAU, dont nous parlerons dans la ſuite.

SEBASTIEN, & SIMON AUBRAY freres, imprimerent pour FRANÇOIS HUBY Libraire, Oraiſons Funebres, & Tombeaux de Claude de Morenne Eveſque de Seez in octavo en 1605. SEBASTIEN épouſa Jacqueline Pigeon.

TOUSSAINT DUBRAY fit imprimer, *Raimundus Maſſacus de Lymphis Pugeacis* en 1605. Alliance du Roy avec le Turc par G. le Guay en 1616. les Oeuvres de Monſieur le Bret in folio en 1635. Il avoit pour marque des Epics mûrs avec ces mots : *Cultu fertilior*. Il fut Syndic de ſa Communauté en 1632. juſqu'en 1634. & eut pour Adjoints les ſieurs *Guillaume Loyſon, Loüis Feugé, Rolin Baragnes, Mathurin Henault, Georges Durant, & Nicolas Gaſſe*. Il eut de ſon mariage avec Antoinette Sanboys JEAN né le dix-ſeptiéme Juillet 1611. receu Libraire à Paris le vingt-quatriéme Janvier 1636. dont il ſera parlé cy-aprés.

ANTOINE, & NICOLAS ROUSSET freres, imprimerent

ET DE LA LIBRAIRIE, Liv. II.

rent ensemble, le Combat de l'Heresie & de la Foy in octavo en 1605.

TOUSSAINT BOUTEILLER imprima, Echantillon de l'admirable Grammatosophie, par François de Douchy in octavo en 1605.

DENIS DUVAL fils, fit imprimer *Agobardi Episcopi Lugdun. opera*, in octavo en 1605. Il avoit la mesme marque que son pere cy-devant page 132. Il mourut le deuxième Fevrier 1619. & fut enterré à saint Benoist.

LUCAS BRUNEAU fit imprimer à son nom, Traité de la Noblesse de race, de la Noblesse civile, & des Immunitez des Ignobles, in octavo en 1606. & avec GILLES ROBINOT, *Novum Dictionarium Latino-Gallicum*, in octavo en 1605. Il eut de Marie Michel son épouse un fils nommé NICOLAS, receu Libraire à Paris le septième Septembre 1634.

FLEURY BOURRIQUANT imprima, Sommaire des quatre parties de la Philosophie, par Jean de Champeynas in octavo en 1606. la Rationelle, ou l'Art des Consequences pour bien inferer & conclure, in octavo en 1614. & pour ABRAHAM PACARD Libraire, Traité des Globes par D. Henrion in octavo en 1618. Sa marque estoit un Lys avec cet Hexametre.

Me non terra fovet, cælesti rore viresco.

Il eut de son mariage avec Louise Bertrand un fils nommé THOMAS né le sixième Decembre 1605.

JEAN VIGNON de la Religion P. R. fit imprimer les Oeuvres Morales & meslées de Seneque, traduites par Simon Goulard in octavo en 1606. Tresor de la Langue Françoise tant ancienne que moderne, &c. par Aimar Ranconnet in folio en 1616. les Fables & Vie d'Esope Latin & François in seize en 1607. Quelques années après il alla s'établir à Geneve, où il imprima les ouvrages de Calvin, & plusieurs autres Livres.

DAVID DOUCEUR Libraire Juré fit imprimer, Tresor de la Langue Françoise par Jean Nicot en 1606. *Papirii Massoni Notitia Episcopatuum Galliæ* in octavo en 1606. *Ioan. Passeratius de Litterarum inter se cognatione ac permutatione* en 1606. Sa marque estoit representée par un Mercure fixé debout en ter-

PARIS.
1506.

me, avec ces mots ; *Constans qui vagus antè*. Il eut d'Elizabeth Maurry son épouse un fils nommé Estienne, né le dixiéme Septembre 1588.

PHILIPPES PATISSON, fils de MAMMERT dont il est parlé page 161, imprima Recüeil de quelques vers amoureux composez par Bertault, in octavo en 1606.

JACQUES VEZE fit imprimer la Nullité de la Religion pretenduë Reformée in octavo en 1606. Il mettoit pour devise à la premiere page de ses Livres ces mots, *Has uvas dat labor*.

ADRIAN BEYS fils, fit imprimer Remerciement à Monsieur Myron Lieutenant Civil par le peuple de Paris, in octavo en 1606. *Baronius de Monarchia Siciliæ* in octavo en 1609. *Suetonii opera cum notis diversorum* in folio en 1610. *Codex Canonum Ecclesiæ universæ Christ. Iustellii* in octavo en 1610. Il avoit la mesme marque que son pere cy-devant page 164. & un frere nommé Christophe. Il mourut environ l'an 1612. & laissa deux fils qu'il avoit eus de son mariage avec Marie le Meslé ; sçavoir DENIS receu Libraire à Paris le quatorziéme Janvier 1640. & ADRIAN né le troisiéme Juin 1606. qui composa plusieurs Poësies, & dont on fit cette Epitaphe satyrique.

Cy gît BEYS, qui sçavoit à merveille
Faire des vers, & vuider la bouteille.

JULIEN PILLOU fit imprimer *Andreæ Fenestellæ de Magistratibus Romanorum, &c.* in douze 1606.

PIERRE CHEVALIER frere de PIERRE, dont il est parlé page 189. fit imprimer les Oeuvres de Loüis de Charondas le Caron in folio trois volumes en 1607. Histoire generale de l'Heresie, par Florimond de Raimond in quarto deux volumes en 1624. Ce Livre est fort estimé, & c'est la bonne édition. Il avoit pour marque un Chevalier Romain qui se precipite dans le feu pour sa patrie, avec ces mots : *Vivere & mori pro Patria*. Il demeuroit dans la rüe saint Jacques à l'Image de saint Pierre. Il eut un fils nommé ANDRE', dont nous parlerons dans la suite de cette Histoire.

DENIS DOUCEUR fit imprimer par PIERRE CHE-

VALIER, *Senecæ opera cum notis diverforum*, in folio en 1607. & plusieurs autres.

GUILLAUME MARETTE fit imprimer Oraison Funebre d'Anne d'Este Duchesse de Guise, in octavo en 1608. Traité de la Philosophie avec des figures, par Nicolas Flamel in quarto en 1612. *Vita Inclyti Principis D. Ioannis Engolismæ & Petragoriorum Comitis, &c.* traduite en François, in octavo en 1613.

ROBERT FOILLET fit imprimer la Maison Champestre, & Agriculture d'Elie Viner Xaintongeois, & Antoine Mizaulet, in quarto en 1607.

DENIS LANGLOIS qui s'estoit rendu capable dans l'exercice & profession de Medecine, la quitta pour exercer l'Art de l'Imprimerie & Libraire, où il fut receu avec estime, & commença à imprimer. *Compendium Summæ Toleti*, in vingt-quatre en mil six cens sept. *Francisci Riberæ Commentar. in duodecim Prophetas minores*, in folio en mil six cens onze. *Edmundi Richerii de Ecclesiastica & Politica potestate liber unus* in quarto en 1614. Conferences Academiques du sieur de Heere in octavo en 1618. Chroniques generales de S. Benoist, in quarto deux volumes en 1619. *Joan. Dartis de Suburbicariis Regionibus & Ecclesiis*, in octavo en 1620. Ce Livre est recherché des Sçavans, & assez rare. La Construction d'une Galere, & de son équipage, par le sieur Horbier in octavo en 1622. Sa marque estoit le Pelican. Il s'est rendu celebre tant par les Livres qu'il a imprimez, que par ceux qu'il a composez. Il a laissé plusieurs enfans qu'il avoit eus de son mariage avec Catherine Colinet, entr'autres DENIS né le dix-septiéme Juin 1602. receu Imprimeur & Libraire à Paris le vingt-deux Decembre 1644. & marié à Antoinette Lesselin (duquel mariage est sorty DENIS né le sixiéme Avril 1634. receu aussi Imprimeur & Libraire à Paris le vingt-deuxiéme Mars 1657.) JACQUES né le 17. Septembre 1604. receu encore Imprimeur & Libraire le 12. May 1633. duquel il sera parlé dans la suite, & SIMEON receu Imprim. & Lib. le 22. Decembre 1644.

Il y avoit en 1607. une Compagnie de Libraires, composée des sieurs ROLIN THIERRY, NICOLAS DU FOSSE', & PIERRE CHEVALIER, qui firent imprimer *Summa D. Thomæ* in folio en 1607. (Cette édition est recher-

PARIS.
1607.

chée tant à cause de la beauté de l'impression que du gros caractere.) *Bellarmini Controversiæ*, in folio quatre volumes en 1613. & plusieurs autres, au bas desquels ils mettoient ces mots : *Quàm bonum & quàm jucundum sperare fratres in unum.* Ils avoient choisi cette devise, parce qu'ils estoient tous beaux freres.

JOSEPH COTTEREAU Libraire Juré, imprima *Manuale Navarri* in octavo en 1607. Caresme de divers Auteurs, in octavo trois volumes en 1629. *Guil. Gibieus de Libertate Dei & creaturæ* en 1630. (Ce Livre a esté le sujet de toutes les contestations arrivées entre les Molinistes & les Jansenistes ; & est fort rare.) Les Conferences Academiques par le sieur de Musac, in octavo en 1630. Il avoit pour marque la Prudence, avec ces mots : *Vincit Prudentia vires.* Elle passa dans la suite à SIMON PIGET à qui il vendit son fonds de Librairie. Il fut Adjoint de sa Communauté en 1621. & ensuite Syndic en 1636. jusqu'en 1639. & eut pour Adjoints les sieurs *Pierre Rocolet, Iulien Iacquin, Iacques Quenel, & Iean Guillemot.* Il eut plusieurs enfans de son mariage avec Gillette Thierry sœur de DENIS THIERRY Libraire; sçavoir LAURENT né le premier Decembre 1612. receu Libraire le vingt-neufiéme Mars 1638. duquel nous parlerons cy-aprés.

JEAN GESSELIN fit imprimer, Histoire de la Delivrance de l'ame de Trajan, par Ciaconius in octavo en 1607. Fleurs des exemples, ou Catechisme historial, par Ant. Dauroult in octavo deux volumes en 1608. les Oeuvres de Grenade in folio deux volumes en 1628. imprimez pour luy par PIERRE LE MUR; Arrests de Montholon in quarto en 1629. Sa marque estoit un Cerf volant, symbole de la vie qui fuit, avec ces mots :

Sic Ætas non retinenda fugit.

Il eut plusieurs enfans de Mathurine le Trot son épouse, entr'autres JEAN né le troisiéme Mars 1598. receu Libraire à Paris le deuxiéme Mars 1628. duquel nous parlerons cy-aprés; & THOMAS né le dix-neufiéme Octobre 1601. receu aussi Libraire à Paris le vingt-deux Avril 1621.

JEAN THOMAS imprima quantité d'Usages, comme Breviaires, Diurnaux, & Heures, dés l'année 1607. Il épousa Catherine Boucher, de laquelle il eut un fils nommé JEAN né le deuxiéme Janvier 1605. receu Imprimeur & Libraite l'onziéme Janvier 1629. qui a laiſſé un fils nommé FRAN-ÇOIS, receu auſſi Imprimeur & Libraire à Paris le ſixiéme Juillet 1645.

JEAN JANON imprima, *Florilegium Epigrammatum Martialis Ioſeph. Scaliger ad Iſa. Caſaubon.* in octavo en 1607. Inſtitution du Prince par Jean Heroard in octavo en 1609. & autres.

JEAN BERJON de la R. P. R. imprima le Theatre d'Agriculture, & Ménage des Champs, par Olivier de Serres in quarto en 1608. Livre d'Architecture de Jacques du Cerceau in folio en 1611. la Monarchie Ariſtodemocratique de Loüis de Mayerne Turquet in quarto en 1611. Traité de la Police Royale, ſur les Provinces & choſes Eccleſiaſtiques, par Jacques de Hamel in octavo en 1612. Sa marque eſtoit celle de la famille de DUVAL, dont il avoit épouſé une fille. Il avoit un frere nommé Mathieu, qui imprima à Genêve les Sermons de Jean Calvin in folio en 1609. & pluſieurs autres Livres.

FRANÇOIS JUILLIET Imprimeur du Cardinal de Retz Eveſque de Paris, imprima pour SEBASTIEN CRAMOISY, *Sancti Athanaſii Magni Alexandrini opera Lat.* in folio en 1608. Pour la Compagnie des Libraires, qui avoient pour marque la ville de Paris, *Sancti Hieronymi opera* in folio ſix volumes en 1609. & à ſon nom ſeul, les Statuts & Reglemens des Libraires & Imprimeurs, recueillis par Monſieur Laurent Boüchel in quarto en 1620. Sa marque eſtoit repreſentée par un Soleil qui diſſipe les nuages, avec ces mots : *Poſt nubila Phœbus.*

Il fut Adjoint de ſa Communauté en 1619. & l'un des habiles Imprimeurs de ſon temps, comme il paroiſt par la grande quantité de Livres qu'il a imprimez.

THOMAS BLAISE fils de GILLES cy-devant, eſtoit intelligent dans les Langues Grecque & Latine, & l'un des plus celebres Libraires de ſon temps. Il fit imprimer *Fulberti Carnotenſis Epiſcopi opera*, in octavo en 1608. *P. Papinii Statii opera* in quarto quatre volumes en 1608. Sa marque eſtoit repreſentée par une Cicogne prenant un poiſſon, & liée par le col dans un marais, avec ces mots pour deviſe : *Neque mors neque venenum.* Il fut Adjoint en 1620. enſuite Syndic de

PARIS. 1608.

sa Communauté en 1624, jusqu'en 1626, & eut pendant son Syndicat pour Adjoints les sieurs *Denis de la Noüe*, *François Iacquin*, *Ioseph Cottereau*, *Pierre Durand*, *François Pomeray*, & *Samuel Thiboust*. Il eut en mariage Gillette Hameau, decedá le vingt-quatriéme May de l'année 1634. & fut enterré à saint Yves.

PIERRE BALLARD, fils de ROBERT, dont nous avons parlé cy-devant page 127. fut pourveu de la Charge de seul Imprimeur pour la Musique du Roy, tant vocale qu'instrumentale, pour y continuer seul le service aux honneurs & libertez y appartenans, l'an 1633. & estoit aussi Payeur des Chantres de la Chapelle du Roy, & tres-entendu en la Musique. Il imprima *B. V. Mariæ Cantica, octo modis tonorum*, in octavo en 1608. les cent cinquante Pseaumes de David traduits par Claude le Jeune in octavo en 1613. Airs de differens Auteurs, mis en tablature de Luth, in quarto en mil six cens dix-sept. Sa marque estoit celle de son pere. Il eut de son mariage avec Françoise Mondine, un fils nommé ROBERT, qui fut comme luy seul Imprimeur pour la Musique, & Payeur aussi des Chantres de la Chapelle du Roy, dont nous parlerons dans la suite.

GILLES ROBINOT fit imprimer, Traité des Libertez de l'Eglise Gallicane, in douze en 1608. que plusieurs Sçavans croyent estre composez par Monsieur Duplessis Mornay, & qui est assez rare & recherché des curieux ; ensuite il fit imprimer la Préseance pour les Abbez Reguliers, ou Commendataires, &c. par Sebastien Roüillard Avocat, in octavo en 1608. Il avoit la mesme marque que son pere, dont nous avons parlé cy-devant page 136. Il épousa Magdelaine de Lastre, dont il eut ANTOINE, de qui il sera parlé dans la suite.

BURCHARD KUICH fit imprimer *Garneri Sup. Can. Reg. Gregorianum S. Victoris*, in octavo en 1608.

La Compagnie des Libraires qui avoit pour marque la Ville de Paris avec cette sous-scription, *Apud Bibliopolas Urbis Parisiensis Consortes*, estoit composée des sieurs CLAUDE MOREL, MARC ORRY, CLAUDE CHAPPELLET, ROBERT FOÜET, NICOLAS BUON, & SEBASTIEN CRAMOISY, qui firent imprimer en societé *Passeratus in Catull.* in folio en 1608. *S. Hieronymi opera* in folio quatre volumes en 1609. & 1624.

les Ordonnances de Fontanon, in folio quatre volumes en 1611. & autres Livres.

PIERRE VITRE' imprima pour cette Compagnie de Libraires de la Ville de Paris *S. Hieronymi opera*, in folio trois volumes en 1608. & 1609. Il eut un fils nommé ANTOINE, dont nous parlerons cy-aprés.

CHARLES CHASTELAIN Libraire Juré, fit imprimer Traitez Spirituels par François Arias in octavo en 1608. *Theologia à Sancto Paulo* in octavo en 1611. Il avoit pour marque la Constance repesentée par une Dame qui met une main dans les flâmes, & tient de l'autre une colomne, avec ces mots: *Adversis æquè ac secundis*. Il eut eu un fils nommé CHARLES, dont nous parlerons dans la suite.

DENISE CAVELAT fit imprimer, Traité de la Sphere d'Alexandre Picolomini, traduit par Jacques Goupil in octavo en 1608.

PIERRE REZE' fit imprimer, *Suetonius cum Notis Casauboni* en 1609.

JEAN REGNOUL imprima, Ordonnances Royaux in seize en 1609. le Guidon general des Finances, avec des Annotations de Monsieur Vincent Gelée en 1610. Traité du Droit certain de Peremptions d'Instance, &c. par Jacques le Févre in douze en 1616. Il épousa Marguerite le Comte.

RENE' RUELLE fils, & frere de JEAN, imprima *Novum Lumen Chimicum è Naturæ fonte & manuali experientiâ depromptum R. C.* en 1608. Usage des parties du corps humain, traduit par Claude Galien in octavo en 1609. Il fut inhumé dans les Charniers de saint Benoist où on lit cette Epitaphe, avec celle de son pere.

Gisent honorable homme RENE' RUELLE, & CLAUDE GILBERT sa femme, ledit RUELLE decceda le vingtiéme Novembre, & ladite GILBERT le vingt-sixiéme Juin 1626.

Passans, qui par icy passez,
Priez Dieu pour les Trépassez.

JEAN HESSELIN fit imprimer, Institution du Prince par Jean Heroard in octavo en 1609.

NICOLAS BARBOTE fit imprimer, Extrait de la Vie

de saint Maur in octavo en 1609. Reception faite par le Roy à M. le Prince de Condé à Chantilly, in octavo en 1619.

JEAN MILLOT fils de DIDIER cy-devant, fut reçeu Libraire en 1606. Il fit imprimer l'Histoire de la nouvelle France par Marc l'Escarbot in octavo en 1609. Traité de la Dissolution du Mariage, pour l'impuissance & froideur de l'homme ou de la femme, in 8. en 1610. Decisions de Droit & Pratique par Corbin, in quarto en 1611. J. de Nynauld de la Lycanthropie, transformation & extase des Sorciers in octavo en 1615. Il avoit pour marque un Vaisseau en pleine mer, & pour devise ces mots: *Fortior in adversis.*

JEROSME DROÜARD fils de PIERRE, dont nous avons parlé cy-devant page 131. frere d'AMBROISE, page 172. imprima *Polybii opera Gr. Lat.* in folio *cum notis Casauboni* en 1609. *Suetonius* in folio en 1610. *Synesii opera* in folio *Gr. Lat.* en 1612. *Cassandri opera* in folio en 1616. *Eucharisticon Iac. Sirmondi de Regionibus & Ecclesiis Suburbicariis* en 1621. Ce Livre est estimé des Sçavans. *Tertullianus de Pallio* in octavo en 1622. *Salmasius in Plinium*, in folio deux volumes en 1629. *Cyrilli Hierosolymitani opera quæ reperiuntur Græcè & Latinè, R. C. interprete Dionysio Petavio* in folio en 1631. *Ioan. Glandorpii Notitia familiæ Caii, &c.* in quarto en 1634. Ce Livre est assez estimé. Lorsqu'il fut associé avec son frere, ils eurent tous deux pour marque une tige de Chardons, avec ces mots pour devise: *Parere, aut abstine*; mais en son particulier il avoit pour marque un anneau ou un Diamant, avec ce mot: *Nil me durius.* Il mourut le quatorziéme Fevrier, & fut enterré à saint Benoist. Il eut un frere nommé GUILLAUME, qui s'établit à Cologne où il mourut. L'on s'est trompé dans l'article de V. Vechel page 126. où l'on dit que V. Vechel épousa une des filles de JEROSME DROÜART, ce qui n'est pas, estant mort garçon aussi bien que son frere Ambroise.

MICHEL NIVELLE épousa Emée Firmin, & fit imprimer, *Aphorismi Confessariorum auctore Emmanuel Sa*, in vingt-quatre en 1609. Replique au sieur du Moulin Ministre, par Forgemont in octavo en 1615. & plusieurs autres Traitez du mesme. Il avoit pour marque deux Cygnes, avec ces mots: *Sine sorde laborant.*

GILLES BLAISOT imprima, Fondation miraculeuse de la

ET DE LA LIBRAIRIE, Liv. II.

la Chapelle de Bethléem en France, &c. par le Pere Morin in douze en 1610. Preceptes d'Iricus pour la Royauté, par Jacques d'Illaire in douze en 1617. Plaidoyers de Monsieur Fourcroy, in quarto en 1619. *Claudius Dausquius de Sanctitudine Pauli Apostoli*, in octavo en 1627. Il fut Adjoint de sa Communauté en 1620. & eut un fils nommé GILLES, receu Imprimeur & Libraire à Paris le quinziéme Septembre 1659.

JEAN SONIE fit imprimer, *Ioannis Rualdi Epigrammatum libri duo* in douze en 1610.

CLAUDE PERCHERON fit imprimer le Catalogue des anciens Roys & Princes des Gaules, &c. par le sieur de la Riviere in octavo en 1610. la Colomne de Verité, où sont maintenus les droits des Papes, Empereurs, Roys & Princes, &c. in octavo en 1612. Genealogie des sieurs de Labour, dits de Gombault, in quarto en 1628.

CHARLES SEVESTRE fils de THOMAS, imprima avec BURCHAND KNIEL, dont nous avons parlé cydevant, le Sacre & Couronnement de Loüis XIII. in octavo en 1610. Miroir d'Alchimie de Jean de Mehun in octavo en 1613. Il laissa plusieurs enfans de son mariage avec Marguerite Petitpas fille de Libraire, sçavoir CHARLES né le vingtiéme Decembre 1607. receu Imprimeur & Libraire le dix-neufiéme May 1633. (qui fut ensuite premier Lieutenant Particulier & Criminel en Canada, où il eut plusieurs enfans.) THOMAS né le quatriéme May 1611. receu Imprimeur Libraire le vingt-sixiéme Octobre 1634.

EDME MARTIN, natif de Chasteau-vilain en Champagne, apprentif des Morels, imprima *Ferarrius in Iosue* in folio en 1610. *Idem in Libros Iudicum & Ruth*, &c. in folio en 1611. *Francis. Suarez opus de Fide, Spe & Charitate*, &c. in folio en 1621. Pseaumes de David en vers par Marillat in octavo en 1625. Ceremonie observée aux Mariages de France & d'Espagne, &c. en 1627. Il imprima pour SEBASTIEN CRAMOISY Histoire de Montmorency in folio. *Sirmondi Concilia Galliæ*, in folio. *Petavius de Doctrina Temporum*, in folio, Histoire & Genealogie de France par Sainte Marthe, in folio deux volumes. *S. Ioannis Climaci opera* in folio Grec-Latin. *Hugo Grotius in N. Test.* in folio trois volumes en 1641. Libertez de l'Eglise Gallicane in folio trois volumes, & plusieurs autres, comme aussi pour DENIS DE LA NOÜE, *Spondani Annales Sacri* in folio en 1625. *Epitome Annalium Baronii* in folio deux volumes en 1628. *Continuatio Annalium Baronii* trois volumes en 1640. qui sont les bonnes éditions. *Isamberti Theologia* in folio cinq volumes, & autres. Il fut choisi pour avoir la conduite de l'Imprimerie Royale sous SEBASTIEN CRAMOISY qui en estoit Directeur : il exerça cet employ jusqu'à sa mort, qui arriva en Septembre 1645. Il fut un des premiers Adjoints du Reglement de 1618. & eut de son mariage avec Michelle Eschard fille de Libraire, EDME né le dix-septiéme Fevrier 1618. receu Imprimeur & Libraire le troisiéme Octobre 1642. qui imprima dans la suite avec reputation plusieurs ouvrages de consequence, comme nous le dirons cy-après.

THOMAS DE LA RUELLE fit imprimer, Reliefs Forenses de M. Sebastien Roüillard, in quarto en 1610. Traité des Criées par Goujet in octavo en 1616. Histoire Romaine par M. Coëffeteau en 1630. Sa marque estoit un Renard entouré d'eau, avec ces mots : *Igni non cano*. Il fut Adjoint de sa Communauté en 1629. & eut un fils nommé JEAN, receu Libraire le sixiéme Juillet 1645.

CLAUDE DE LA TOUR, dit GUERIN, imprima Histoire de Gregoire de Tours, in octavo en 1610. les Memoires de Pierre de Miraumont in octavo en 1612. les Antiquitez de Paris par le Pere du Breüil in quarto en 1612. il s'en trouve aussi en 1616. qui est la mesme édition. Il eut pour femme Marie Moulin.

FRANÇOIS L'ERMITE commença dés l'année 1610. à faire imprimer des Usages dont il faisoit un tres-grand negoce, & plusieurs autres Livres, comme *Collationes Moralis doctrinæ, auctore Vincentio Turturetio* in quarto en 1634. Il eut quelques enfans de son mariage avec Marthe le Roy, sçavoir FRANÇOIS né le treiziéme Decembre 1612. receu Libraire le vingt-septiéme Septembre 1635. duquel nous parlerons cy-après.

CLAUDE RIGAUD fit imprimer la Descente genealogique depuis saint Loüis jusqu'à present, par Henry de Montaigu in douze en 1609. Consolation envoyée à la Reyne mere de Loüis XIII. par Richeome, in octavo en 1610. Arrests d'Anne Robert in quarto en 1611. Sa marque estoit re-

ET DE LA LIBRAIRIE, Liv. II.

presentée par un Parterre éclairé d'un Soleil, avec une main sortant des nuës, & tenant un arrosoir qui arrose des fleurs, avec ces mots pour devise : *Donec optata veniant rigabo*. Quelques-uns tiennent que ledit Rigaud fut s'établir à Lyon vers l'an 1625.

JACQUES PLANCHON fit imprimer l'Artillerie de la Citadelle Catholique contre les Heretiques, in douze en 1610. Maxime politique & militaire des Capitaines modernes, &c. par Henry de Montaigu in douze en 1610.

JEAN BRIERE fit imprimer, Discours sur l'Attentat d'Henry IV. Roy de France, in octavo en 1610.

FRANÇOIS GUIFFIER fit imprimer par JEAN DU CARROY, saint Augustin de la Cité de Dieu, traduit par Guil. Hervet in folio en 1610.

JEAN LE BOUC fils de JEAN, cy-devant page 171. fit imprimer la Monarchie aristodemocratique de Loüis Turquet, in quarto en 1610. *Antiquitates Romanæ cum notis Theod. Dempsteri*, in folio en 1613. Il avoit pour marque la Nef d'argent, avec ces mots : *Virtus Terræque Marique*. Il demeuroit dans la ruë saint Jacques.

FRANÇOIS ROUSSELET fit imprimer le Fleau d'Aristogiton in octavo.

DAVID GILLES fils de NICOLAS, cy-devant page 178. fit imprimer, *Petri Artensis Sympathia septem Metallorum ac septem Selectorum Lapidum ad planetas* in octavo en 1610. *Constantii Albini Magia, Astrologia, &c.* in octavo en 1611. Il eut un fils nommé DAVID, receu Libraire le vingt-troisième Fevrier 1634.

PIERRE L'HUILIER fils de PIERRE, dont il est parlé cy-devant page 152. estoit Imprimeur & Libraire du Roy, & imprima en societé avec FREDERIC MOREL & PIERRE METTAYER, plusieurs Declarations entr'autres, Declaration du Roy sur les Edits de Pacification in octavo en 1610.

JEAN DU CARROY fit imprimer Saint Augustin de la Cité de Dieu in folio en 1610. *Ioannis Brerlei Apologia Protestantium pro Romanâ Ecclesiâ in tres tractatus divisa*, in quarto en 1615. *Septem panegyricæ Orationes Religiosis Patribus Dominicanis dictæ per Ioannem Bachot*, in octavo en 1616. Histoire de Joseph en François par Genebrard in folio en 1616.

PARIS 1610.

Dd ij

HISTOIRE DE L'IMPRIMERIE

PARIS. 1610.

NICOLAS ROUSSET fit imprimer, Discours sur l'impuissance de l'homme & de la femme, &c. par Tagereau in octavo en 1610. Traité du delit commun & cas privilegié, &c. in octavo en 1611. Traité des Crimes de leze-Majesté, par Pierre Bougler in octavo en 1622. la Chasse Royale par le Roy Charles IX. in octavo en 1625. Il avoit pour marque une Source d'eau sortant d'un rocher, avec ces mots: *Semper & melius.*

HENRY IV. fit transporter de Fontainebleau à Paris la Bibliotheque Royale, qui fut mise pour quelques années dans le Convent des Reverends Peres Cordeliers, par les soins du President de Thou pour lors son Bibliothecaire, qui mourut en 1617.

LOUIS XIII. d'heureuse memoire, confirma les Privileges des Libraires & Imprimeurs en Decembre 1610. qui furent verifiez en Parlement le 9. Avril 1611. & en la Cour des Aydes le vingt-quatriéme Fevrier 1612. Il donna de nouveaux Reglemens le vingtiéme Novembre 1610. & le premier Juin 1618. verifiez en Parlement le neufiéme Juillet de la mesme année, & honora cet Art en établissant une Imprimerie dans son Louvre en 1640. dont il donna la Direction à SEBASTIEN CRAMOISY, qui commença d'y imprimer aux dépens de Sa Majesté plusieurs grands ouvrages, à la premiere page desquels il y a, *Parisiis è Typographia Regia,* comme sont *Biblia Sacra editionis vulgatæ* in folio huit volumes en 1642. *Eadem* in octavo. *Novum Testamentum Græcum* in folio *Idem Latinè* in folio deux volumes. *S. Bernardi opera* in folio six volumes en 1640. *Conciliorum Collectio Regia* in folio trente-sept volumes en 1643. *Le Cointe Annales Ecclesiastici Francorum* in folio huit volumes en 1665. *Parva pietatis Officia* in quarto deux volumes en 1643. *Virgilii Maronis opera* in folio en 1641. *Horatii Flacci opera* in folio en 1642. *Iuvenalis Satyræ* in folio, *Terentii Comædiæ* in folio. Histoire de Charles VII. de Villehardoüin, in folio. *Concordia Chronologica* du P. Labbe in folio cinq vol. en 1666. *Mercurio di Siri* in quarto treize volumes en 1677. le grand ouvrage de *Corpus Hist. Byzantinæ* in folio vingt-deux vol. en 1646. & années suivantes

& autres Livres, que nostre grand Roy Loüis XIV. a fait imprimer aussi à ses despens, ainsi que Loüis XIII. qui n'espargna rien pour enrichir cette fameuse Bibliotheque Royale, en l'augmentant de quantité de Livres, entr'autres de ceux de feu Philippe Hurault Evesque de Chartres, qui avoit nombre de manuscrits anciens Grecs & Latins, pour lesquels le Roy fit donner un Arrest en son Conseil le huitiéme Mars 1622. qui ordonna que Pierre Dupuy & Nicolas Rigault conviendroient du prix avec les heritiers & creanciers de cet Evesque. Ce qui fut executé, & les Livres furent appreciez à 12000. livres, & transportez à la Bibliotheque Royale, dont Jerosme Bignon fut Bibliothecaire en 1642.

Sous ce Regne ont exercé la Librairie & l'Imprimerie.

JEAN PETITPAS, qui fit imprimer *Arverni Municipii Descriptio ex Bibliotheca Papirii Massoni* en 1611. Histoire de Loüis XIII. par Malingre, in quarto en 1616. les Recherches de la France par Pasquier in folio en 1621. les Oeuvres de M. Bacquet in folio en 1621. la Justice criminelle de la France par Laurent Bouchel in quarto en 1622. (Ce Livre est assez recherché des curieux.) Il avoit pour marque l'Ecu de Venise, où estoit escrit: *Pax tibi Marce Evangelista meus*, & autour pour devise σπεῦδε βραδέως, *Festina lente*. Il fut Adjoint de sa Communauté en 1628. & eut quelques enfans, entr'autres ANDRE' receu Libraire le quinziéme Decembre 1643. & un autre qui est Conseiller du Roy.

MARTIN VERLIE imprima, *Comedia de filio prodigo per Guillelm. Gnapheo*, in octavo en 1610. Traité de la verité du saint Sacrement de l'Autel en 1611. Reformation de la Justice par le sieur de Laujorroys in quarto, Questions Militaires par Praissac in octavo en 1614.

MACE' RUETTE fit imprimer; *Epistolæ Gilberti Ravennatum Archiepisc. postea Pontificis Rom. Sylvestri secundi, Ioannis Sarisberiensis Episcopi Carnotensis, & Stephani Tornacensis Episcopi, editæ ex Bibliotheca Papirii Massoni*, in quarto en 1611. C'est luy qui a trouvé l'invention du papier marbré, & du Marroquin jaune marbré. Il a eu plusieurs enfans de Marie Saminiati son épouse, entr'autres ANTOINE né le cinquiéme Fevrier 1608.

Dd iij

214 HISTOIRE DE L'IMPRIMERIE

PARIS. 1611.

receu Libraire le neufiéme Juillet 1637. qui prenoit la qualité de Relieur du Roy.

JEROSME BLAGEART imprima plusieurs Livres. Il fut receu Imprimeur en 1619. & fut inhumé dans l'Eglise de saint Hilaire, où on lit cette Epitaphe:

D. O. M.

Cy-devant repose le corps de défunt honorable homme JEROSME BLAGEART, Maistre Imprimeur, & ancien Marguillier de ceans, lequel âgé de cinquante-trois ans deceda le treiziéme Mars 1633. à son intention & de ses parens, les Marguilliers de ceans sont obligez de faire celebrer tous les ans le Lundy de la Passion un Service complet, où seront donnez des bougies, & à la fin sera chanté Libera, Vexilla, & De profundis, avec les Oraisons convenables, & fournir toutes choses à ce necessaires.

Item. Le grand Salut le jour de la Trinité, où on dira les secondes Vespres du saint Sacrement, avec les Prieres ordinaires, pendant lequel on donnera des bougies, & à la fin sera chanté Vexilla, allant devant la Chapelle de la Vierge avec De profundis, & Oraisons convenables à la susdite intention.

Item. Un grand Salut le Iour de la Translation de S. Hilaire. Les Prieres seront le Veni Creator, les Vespres de la Vierge, & les Prieres ordinaires, pendant lesquelles on donnera des bougies; & à la fin sera chanté Veni Virgo Virginum, allant devant la Chapelle de la Vierge, le De profundis, & les Oraisons pour le repos des ames des Pere & Mere d'honnorable femme FRANCOISE BLANVILLAIN veuve dudit BLAGEART, ce qui est plus amplement declaré au Contract passé pardevant Levesque & Boucher Notaires au Chastellet de Paris le vingt-troisiéme Ianvier 1658.

Priez Dieu pour leurs Ames.

Ce JEROSME BLAGEART avoit un frere nommé MICHEL, dont il sera parlé cy-après.

JEAN LIBERT fit imprimer, *Elogium Henrici Ioyosæ Capucini* en 1611. *Authores Finium regundorum cum observationibus & notis Nicol. Rigaltii*, in quarto en 1614. *Grammatica Hæ-*

braïca Bellarmini, in octavo en 1622. & autres. Sa marque estoit celle de Guillaume Morel, cy-devant pag. 123. Il fut Syndic de sa Communauté en 1634. & eut pour Adjoints pendant son Syndicat jusqu'en 1636. les sieurs *Nicolas de la Coste*, *Iean Corrozet*, *Michel Soly*, & *Iean Tompere*. Il épousa en premieres nôces Françoise Prevosteau fille de Libraire, & en secondes Jeanne Guillemot, veuve de Samuel Thiboust.

Guillaume le Be' fils, fut receu Imprimeur, Libraire, & Fondeur de caracteres le quinziéme Septembre 1625. Il imprima avec Jacques Sanlecque, *Spes Augusta Ludovici XIII. Christiani Regis Francorum & Navarræ*, in folio en 1611. & à son nom *Linguæ Hebraïcæ Institutiones absolutissimæ*, in octavo en 1621. les Figures de la sainte Bible, accompagnées de briefs discours, composez par Jean le Clerc Libraire, dont il avoit épousé la fille, & plusieurs autres Livres, au bas desquels il mettoit ordinairement, *Ex officinâ & Typis*, &c. Il estoit sçavant dans les Langues Orientales, & tres-habile Fondeur de caracteres d'Imprimerie, ce qui ne luy a pas moins acquis de reputation qu'en avoient eu son pere & son ayeul. Il a laissé un fils de son mesme nom, dont nous parlerons dans la suite.

Jacques de Sanlecque, natif de Chaulu en Bourbonnois, fut dés sa jeunesse obligé chez Guillaume le Be' pour y apprendre l'art de graver & frapper les Poinçons, faire les Matrices, & fondre les caracteres servans à l'Imprimerie, à quoy il réüssit si bien, qu'on peut dire qu'il a esté un de ceux qui a le mieux inventé les vrayes écritures des Langues Syriaque, Samaritaine, Armenienne, Caldéene, & Arabe, comme il paroist par les caracteres qu'il a fondus pour imprimer la grande Bible Royale de Monsieur le Jay. Il fut receu Imprimeur, Libraire & Fondeur de lettres le quinziéme Septembre 1625. & imprima en societé avec Guillaume le Be', dont il estoit l'Eleve, *Spes Augusta Ludovici XIII. Christianissimi Regis Francorum & Navarræ*, in folio en 1611. & quelques autres Livres, & à son nom seul, Histoire de l'Election & Couronnement du Roy des Romains, in octavo en 1613. *Despauteriana Grammatica*, in octavo en 1614. Il eut de Gyrande Dubray fille de Libraire son épouse, un fils nommé Jacques dont nous parlerons cy-aprés, qui fut receu Im-

Paris 1611.

primeur, Libraire & Fondeur le quinziéme Janvier 1637. qui pour son sçavoir & sa grande capacité dans les Langues Grecque & Latine, eut l'honneur d'estre mis au rang des hommes Illustres dans les Arts, aussi bien que son pere qui mourut le vingtiéme Novembre 1648. âgé de soixante-quinze ans, qui laissa plusieurs autres enfans.

JEAN BRAYER fit imprimer, Recüeil de plusieurs Plaidoyers par plusieurs Avocats in octavo en 1611.

PIERRE LE FRANC fit imprimer plusieurs Livres dés l'an 1611. il laissa un fils nommé DENIS receu le 13. Septembre 1644.

LEGER HACQUEVILLE fut receu Libraire vers l'an 1611. & laissa un fils nommé NOEL, receu Libraire le dix-septiéme Decembre 1648.

JEAN PACQUET fit imprimer, *Ioannis Fontani Physiognomia Aristotelis, &c.* in octavo 1611.

JACQUES TRICHARD imprima, Refutation de la Religion P. R. par du Saussay in octavo en 1611. & laissa un fils dont nous parlerons cy-aprés.

JEAN NIGAUD fit imprimer, Réponse à l'Anticoton par Adrian Behotte in octavo en 1611.

HEUREUX BLANVILAIN imprima, Verité de la Sainte Eucharistie, par R. Visieur in octavo en 1611. *Richerius de potestate Ecclesiastica, &c.* in quarto en 1611. Abregé des Privileges de l'Université, in octavo. Il donna une de ses filles en mariage à JEROSME BEAGEART.

JEAN HERAULT fit imprimer, Odes Chrestiennes par M. C. Paris in octavo en 1611.

NICOLAS DE LA CAILLE imprima, Exhortation faite par Agapet à l'Empereur Justinien, mise en François par Jerosme de Benevent en 1612. Chymistes ou Conservateurs François, &c. par le sieur A. H. Escuyer, in octavo en 1612. Histoire Tragique de Burdeus in octavo en 1613. Il épousa Marguerite Bocage le quinziéme Octobre 1613. & mourut le vingt-huitiéme Juin 1615.

PIERRE LE COURT fit imprimer, Remonstrances de l'Empereur Basile à son fils in octavo en 1612.

GEORGE DURAND frere de PIERRE fit imprimer les Miracles de la sainte Vierge, tant anciens que modernes, arrivez en l'Eglise de Soissons, in douze en 1612. Il mourut le
septiéme

septiéme Aoust 1625. & fut enterré à saint Benoist. Il laissa un fils qu'il avoit eu de son mariage avec Marie Boucher, nommé SEBASTIEN, receu Imprimeur & Libraire le trentiéme Avril 1626. & marié à Jeanne Testard, dont il eut Rolet né le troisiéme May 1632.

RENE' BRETET fit imprimer quelques pieces volantes, comme Congratulation aux François sur l'Alliance d'Espagne, par Fr. de Menantel, in octavo en 1612. la Défaite des Anglois par Monsieur le Comte de Soissons, in octavo en 1622. Il eut un fils nommé FRANÇOIS, receu Libraire à Paris le premier Decembre 1639.

ANTOINE ESTIENNE fils de PAUL, natif de Genéve, vint à Lyon où il commença ses études, & ensuite à Paris où il les acheva. Il obtint des Lettres de naturalité en datte du vingtiéme Septembre 1612. & pour avoir fait abjuration de l'heresie de Calvin entre les mains du Cardinal du Perron, il eut une pension du Clergé de cinq cens livres, & la Charge d'Huissier de l'Assemblée du Clergé, qu'il conserva jusqu'en 1635. de laquelle ANTOINE VITRE' Imprimeur & Libraire à Paris, dont il sera parlé dans la suite, fut pourveu. Cet ESTIENNE fut receu Imprimeur & Libraire à Paris le vingt-sixiéme Octobre 1618. & fut honoré de la Charge d'Imprimeur du Roy au mois de Decembre 1623. avec six cens livres d'appointemens assignez sur l'Epargne, par Brevet du trentiéme du mesme mois & an. Il fut aussi pourveu de celle d'Imprimeur & Libraire du Roy à la Rochelle, vacante par la mort de son frere JOSEPH, le treiziéme Fevrier 1630. Il commença d'imprimer dés l'année 1614. *S. Ioannis Chrysostomi Homiliæ in Genesim* in folio, les Oeuvres du Cardinal du Perron in folio quatre volumes en 1620. *Testamentum vet. & novum secundum LXX. Sixti V. Pontif. &c.* in folio trois volumes Grec Latin en 1628. les Triomphes de Loüis le Juste, &c. dont les Eloges furent composez par Henry Estienne, sieur des Fossez, duquel nous avons parlé cy-devant page 145. in folio en 1645. enrichis de plusieurs figures de Valdore. Il imprima aussi pour la Compagnie des Libraires associez pour l'impression des Auteurs Grecs, dont nous parlerons cy-après, *Plutarchi opera Gr. Lat.* in folio quatre volumes en 1624. *Xenophontis opera* in folio Grec Latin en 1625. *Aristotelis opera cum notis Duval, Gr. Lat.*

Ee

in folio en 1629. *Strabonis opera Gr. Lat.* & autres ouvrages considerables, où il mettoit pour marque l'Olivier qui estoit celle de ses Ancestres. Il estoit fort sçavant, grand Orateur, & bon Poëte tout ensemble. Nous avons plusieurs ouvrages de sa composition, entr'autres le Supplément au nouveau Theatre du Monde de Davity in folio, imprimé aussi par luy-mesme. Il fut Adjoint de sa Communauté en 1626. & eut quelques enfans de Jeanne le Clerc son épouse, sçavoir Jeanne née le quinziéme Octobre 1623. Jeanne née le premier Avril 1625. Jean Jacques né le sixiéme Juillet mil six cens vingt-deux, Marie née le deuxiéme Juin 1626. François né l'onziéme Juillet 1627. & HENRY né le neufiéme Fevrier 1631. qui fut receu Imprimeur & Libraire en 1646. & eut la survivance de la Charge d'Imprimeur du Roy par Brevet du vingt-huitiéme Avril 1652. registré en Parlement le vingt-quatriéme Mars 1653. laquelle Charge fut venduë après sa mort qui arriva le sixiéme Octobre 1661. à SEBASTIEN HURE' fils, Libraire, le cinquiéme Aoust 1662. Cet HENRY ESTIENNE soûtenoit toute cette famille, parce que son pere estoit déja fort infirme, & mesme devenu aveugle, ce qui fit qu'il mourut assez pauvre, âgé de quatre-vingts ans en 1674 Mais les belles impressions qui nous restent de luy, le rendront d'ailleurs éternel, & aussi recommandable à la Posterité que le sont ses Ancestres, dont la race est finie en la personne de cet HENRY ESTIENNE, qui eut quelques enfans d'Anne Papillon son épouse, mais qui ne vécurent pas long-temps, comme Henry né en 1658. & mort en 1660. Anne née en 1660. & morte en 1661. & Angelique née en 1659. qui est encore en vie.

 PIERRE DURANT estoit Imprimeur de M le Prince de Condé, & de l'Université, comme on le voit au Livre des Notes sur l'Apologie ou Défense pour les Reverends Peres Jesuites, &c. in octavo en 1626. Il imprima Lettres du Cardinal du Perron à Casaubon en 1612. Maladie de la France par Monsieur l'Echassier in octavo en 1618. Sa marque estoit un Rocher, contre lequel se va briser un vaisseau, avec ces mots : *en-Durant je surmonteray* : pour faire allusion à son nom. Il fut Adjoint de sa Communauté en 1624. & donna une de ses filles en mariage à ROBERT FEUGE', dont nous parlerons dans la suite.

ET DE LA LIBRAIRIE, Liv. II.   219

JEAN LAGUEHAY imprima, De la Gloire & Magnificence des Anciens, par Claude Malingue Senonois in octavo en 1612. Decade contenant la Vie de Henry le Grand, par Jean Baptiste le Grain in folio en 1614. Du Tabernacle que Dieu ordonna à Moyse, &c. par Philibert d'Aquin in quaro en 1624. le Pindare Thebain, par le sieur de la Gausie in octavo en 1626. Avis au Roy pour oster le moyen aux meschans de contrefaire les monnoyes, & de rogner la bonne, &c. par Jean Doüet in octavo en 1634.

PARIS. 1612.

SAMUEL THIBOUST fit imprimer, Prescriptions contre les Heretiques, Traduction de Tertullien par le sieur de la Brosse in octavo en 1612. les Oeuvres de Halain Chartier en 1617. Voyage de Pirard en 1619. les Memoires de M. de Villeroy in octavo quatre volumes en 1623. Histoire du Chevalier du Soleil in octavo huit volumes. Mithologie, ou explication des Fables, par Baudoüin in folio avec figures en en 1626. Histoire d'Espagne par Turquet in folio deux vol. en 1635. Ces deux derniers Livres sont assez estimez, & recherchez. Il fut Adjoint de sa Communauté en 1625. & eut de Jeanne Guillemot son épouse, un fils nommé CLAUDE, receu Libraire le vingt-un Novembre 1652. mort en 1666. qui avoit épousé Magdelaine Thevenon, de qui il eut CLAUDE LOÜIS THIBOUST.

JULIEN BERTHAULT fit imprimer, *Ioannis Morellii Epigrammata, &c.* in octavo 1613. (Ce Jean Morel estoit frere de Frederic Morel, Imprimeur du Roy, & son Interprete, dont nous avons parlé cy-devant) *Luciani Philosophi opera Græc. Lat.* in folio en 1615. Sa marque estoit le Portrait de Henry le Grand, avec ces mots: *Paratur fortuna virtute & vigilantiâ.* Il mourut le quatriéme Fevrier 1617. & fut enterré à saint Hilaire. Il laissa un fils nommé JEAN, né le deuxiéme May 1607. qu'il avoit eu de son mariage avec Nicole Hedin.

JACQUES VANGUES épousa le trentiéme Juin 1612. Nicole Jacques, dont il eut ANTOINE, receu Libraire à Paris le sixiéme Mars 1653. & JEAN receu aussi Libraire le douziéme Fevrier 1654.

DENIS DE LA NOÜE fils de GUILLAUME, dont il

Ee ij

PARIS.
1613.

a'st parlé cy-devant page 161. fit imprimer, *Carthagena Hispan. Ord. Minor. Homiliæ Catholicæ in universa Christianæ Regulæ arcana*, in folio en 1613. *Summa sancti Thomæ* in folio deux volumes en 1677. Cette édition passe pour une des meilleures. *Iacobi Cujacii opera* in folio en 1618. *Concordantiæ Bibliorum* in quarto en 1635. Cette édition est fort recherchée, tant pour sa correction que pour la beauté de son impression, ce qui fait que l'on demande ordinairement la Concordance de la Noüe, aussi bien que *Spond Historia Ecclesiastica*, in folio six volumes en 1638. & 1640. & la mesme traduite en François par Coppin in folio six volumes en 1641. *Isamberti Theologia* in folio six volumes, & plusieurs autres ouvrages considerables, qui le firent entrer dans la grande Compagnie des Libraires pour l'impression des Peres & des Usages reformez. Sa marque estoit celle de son pere. Il estoit un des habiles Libraires de son temps, & tres-estimé dans sa profession. Il fut Adjoint de sa Communauté en 1624. & mourut vers l'an 1660. Il laissa plusieurs enfans de son mariage avec Magdel. Hersan.

MELCHIOR MONDIERE de la Religion P. R. fit imprimer *Acta Concilii Pisani ad an. 1409. & Concilii Senensis ad an. 1423.* in quarto en 1612. (Ce Livre est singulier pour les matieres dont il traite, & est assez rare & recherché.) Il fit aussi imprimer par FRANÇOIS JACQUIN, *Francisci Forti Medica Decas, &c.* in quarto en 1613. Euclyde traduit du Grec par Claude Hardy in quarto en 1625.

JEAN FOÜET fit imprimer *Aureolus in Sacram Scripturam*, en 1613. ce Livre est assez estimé. *Regula Societatis JESU*, in douze en 1621. Il eut plusieurs enfans d'Anne Crié son épouse.

NICOLAS TOUSSART fit imprimer, Catechisme & Introduction au Symbole de la Foy, traduit de Loüis de Grenade par Nicolas Colin, in folio en 1613. Refutation du Traité de la Providence du Ministre du Moulin, par J. Gaymard in octavo. Il mourut le dix-septiéme Aoust 1630. & laissa quelques enfans qu'il avoit eus de son mariage avec Marie Bouchart, qui deceda le quatriéme Fevrier 1623. entr'autres ROLAND né le trentiéme May 1637. receu Libraire le treiziéme Octobre 1639. Il est inhumé avec sa femme à saint Benoist.

ANTOINE BOURRIQUANT fit imprimer, Traitez des

premiers Officiers de la Couronne de France, par Savyn in octavo en 1613. *Alexandri Severi Imperatoris Axiomata Politica & Ethica*, in quarto en 1622. Il eut de Jeanne Escuyer son épouse un fils nommé ANTOINE, receu Libraire à Paris le septiéme Juillet 1650.

CHARLES CHAPPELAIN imprima, Traité de la Vie par Pierre de Moüilhet in octavo en 1613. Traité de la Vision de Dieu, du Cardinal de Cusa, traduit par le sieur Golefer in octavo en 1630. *Guillelmi Camerarii Scoti Selecta Philosophia, &c.* in folio en 1630. Il avoit pour marque un arbre de Pin, avec ces mots: *Dulcia vallantur duris*.

JACQUES LE BOUC fit imprimer, Motifs de la Conversion du sieur Josué Guibert in octavo en 1613. Il a laissé deux fils, sçavoir ANDRE', receu Libraire le dix-huitiéme Aoust 1633. & GILBERT, receu aussi Libraire le dixiéme Novembre 1639.

PIERRE PORTIER, & JEAN LAQUEHAY, firent imprimer, Victoire remportée contre les Turcs, & la Prise du Port de Seleucie in octavo en 1613. Il laissa un fils nommé NICOLAS, receu Libraire le 21. Decembre 1644.

ABRAHAM DE MEAUX fit imprimer par JACQUES TRICHARD, Refutation des Réponses proposées par les Adversaires contre les Passages de la sainte Messe, par André de Soussay in douze en 1613.

ESTIENNE PERRIN imprima, La honteuse Fuite des Ministres Lutheriens d'Allemagne in octavo en 1613. Histoire Chronologique du Combat Eucharistique, avec un Catalogue des Docteurs qui l'ont défenduë, par André de Saussay in octavo en 1617.

JACQUES DOUCEUR fit imprimer, *Franc. Amelini Parisini Iurisconsulti opera, &c.* in vingt-quatre en 1613. & a laissé plusieurs enfans de son mariage avec Catherine Poreau.

MARTIN GOBERT imprima, Relation prise des Memoires de Bodin in octavo en 1614. Journal, ou Relation du Voyage dans les Indes, par Guillaume Schoutes in octavo en 1618.

GILBERT LE VEAU imprima, Projet des principaux Articles de la Paix, in octavo en 1614. Pitharchie Françoise in octavo.

JEAN LE BEGUE fit imprimer quelques pieces volantes, comme le vieux Gaulois à Messieurs les Princes, in octavo en 1614. & autres. Avant que d'estre Libraire il avoit esté Receveur des Entrées du Roy à la Porte saint Jacques ; il mourut l'onziéme May 1627.

JEAN BRUNET fit imprimer, Lettres de Jacques Bonhomme à Messieurs les Princes de la Cour, in octavo en 1614. Arrest de la Cour de Parlement sur la question, si celuy qui a esté de la Compagnie de JESUS, est capable de succeder, in octavo en 1631.

ABRAHAM PACARD fit imprimer, Histoire de Charles IV. en 1614. *Codex Canonum Ecclesiæ Africanæ à Christ. Iustello*, in octavo en 1615. *Cassandri opera* in folio en 1616. Ce Livre est assez recherché, & assez rare. Histoire du Chevalier Bayard en 1619. Il avoit pour marque le Sacrifice d'Abraham, avec ces mots pour devise : *In morte fides vita hominis*, & quelquefois *Obedientia potior victima*.

JOSEPH GUERREAU imprima, Météorologie, ou excellence de la Statuë de Henry le Grand, élevée sur le Pont neuf, in octavo en 1614. le Coup d'Estat, presenté au Roy à Fontainebleau, in octavo en 1617.

MARTIN DURAND fit imprimer, Traité de la Sagesse composé par Pierre Charron fils de Libraire, in 8. en 1614. Histoire & Vie de S. Charles Borromée, traduite par de Soulfour in quarto en 1615. *Gagneus in Epistolas Pauli* in octavo en 1629. *Ioannes Gagnerius in quatuor Evangelia*, in octavo en 1631. Sa marque estoit representée par le Roy David, avec ces mots : *Benedicam Dominum in omni tempore*, Psal. 33. Il fut de la Compagnie des Libraires de 1633. & Adjoint de sa Communauté en cette mesme année. Il a laissé plusieurs enfans de son mariage avec Catherine le Clerc.

GUILLAUME GUYOT fit imprimer les Fleurs des Secrets moraux sur la passion du cœur humain, par le P. François Loryot, &c. in quarto en 1614.

GUILLAUME MARECHAL, apprentif de JACQUES LE BOUC, fut receu Libraire le quinziéme Septembre 1615.

PIERRE GAILLARD fit imprimer les Vies des Hommes Illustres Grecs & Romains de Plutarque, traduites par Amyot, in octavo quatre volumes en 1615. Il eut de Barbe Saunier fille de Libraire son épouse, deux fils, l'un nommé JEAN, dont nous parlerons dans la suite, & l'autre nommé PIERRE.

ABRAHAM LE FEVRE fit imprimer, Introduction à la vie devote de saint François de Sales in douze en 1615.

GUILLAUME MACE' fils de CHARLES, fit imprimer Decretal. Ecclesiæ Gallicanæ auct. Bochello in folio en 1615. Gammachi Theologia in folio deux volumes en 1634. (Ces deux Livres sont fort estimez, & recherchez des Sçavans) & plusieurs autres. Sa marque estoit celle de ses Ancestres, sçavoir une Pyramide, avec ces mots pour devise: *Stans penetro*. Il eut plusieurs enfans d'Antoinette Amangeart sa femme, entr'autres GUILLAUME, receu Libraire le trentiéme Septembre 1655.

NICOLAS HAMEAU fit imprimer l'Iliade, & l'Odyssée d'Homere, traduites du Grec en vers François par Certon in octavo deux volumes en 1615.

REMY D'ALLIN fit imprimer, Voyage de Pirard in octavo en 1615. *Ioann. Crossotii Elementa peripatetica*, &c. in octavo en 1616. Il eut un fils nommé JACQUES, receu Libraire le cinquiéme Decembre 1626. dont nous parlerons cy-aprés.

JEAN DUHAMEL exerça la Librairie & Relieure dés l'an 1615. il fit imprimer les Vies des Saints de l'Ordre de saint Jean de Jerusalem, traduites par Jean Baudoüin in octavo en 1631. Il a laissé quelques enfans de son mariage avec Jeanne Ruffier, sçavoir ANTOINE, receu Libraire à Paris le treisiéme Juillet 1645. qui a laissé JEAN receu Libraire le vingt-septiéme Septembre 1663.

ESTIENNE PAULIN fit imprimer, Articles & Traité de Paix entre Henry IV. Roy de France, & le Sultan Ameth, Empereur des Turcs, in quarto, François & Turc en 1615.

SYLVESTRE MOREAU fit imprimer, Lettre de Monsieur le Mareschal de Boisdauphin à Monsieur de Liancour Gouverneur de Paris, &c. in octavo en 1615.

JEAN BOURRIQUANT imprima, l'heureuse Trompette pour la Paix, in octavo en 1615. & pour CHARLES HULPEAU, la Geometrie, & Pantometre, ou Compas de Proportion de Michel Connette, traduit par P. G. S. in

224 HISTOIRE DE L'IMPRIMERIE

PARIS.
1615.

octavo en 1626. Il eut plusieurs enfans de Geneviéve le Févre son épouse.

HUBERT VELUT, & PAUL MANSAN, firent imprimer le Maistre d'Ecole, &c. in octavo en 1615. Exhortation Chrestienne par Monsieur Viole in octavo en 1619.

MATHIEU LE MAISTRE fit imprimer, les Elemens de Chimie de Monsieur Beguin in octavo en 1615. & 1624.

PIERRE DELON imprima, *Vita Claudii & Francisci primorum Guisiæ Ducum*, in octavo en 1614. & pour PIERRE GUEFFIER, Refutation du premier Livre de l'Institution de Calvin, par Emar de Vieupon in folio en 1616. Sa marque estoit representée par une Mer, avec ces mots pour devise: *Longè diffunditur æquor.*

INNOCENT GUITON fit imprimer, Discours Philosophiques de la Vie du Monde, par Monsieur Dumont in octavo en 1615.

FRANÇOIS POMERAY imprima, Histoire de saint Charles Borromée, traduite de Pierre Giussano en François par Nicol. de Soulfour in quarto en 1615. Catalogue Historial des Evesques de Nevers, par Michel Cottignon in octavo en 1616. la Recherche des Droits du Roy par Cassan. in quarto en 1632. Sa marque estoit un Pommier, pour faire allusion à son nom, avec cet Hexametre.

Sic nostrida Libris ut Pomus rore virescit.

Il fut Adjoint de sa Communauté en 1625.

SEBASTIEN CHAPELLET, fils de CLAUDE, dont nous avons parlé cy-devant page 179. fit imprimer les cinq Livres du Bonheur éternel des Saints, traduits de Bellarmin in octavo en 1616. *Summa Becani*, in octavo trois volumes en mil six cens dix-sept. *Filesaci excerpta varia* en 1618. & plusieurs autres qui l'ont fait distinguer d'avec les autres Libraires de son temps. Il avoit pour marque un Chapelet, ou Rosaire faisant allusion à son nom avec ces mots : *Cœloque Rosaria florent.* Et quelquefois l'Olivier, avec cette devise, *Felix si culta Minerva.* Il fut Syndic de sa Communauté en 1630. jusqu'en 1632. & eut pour Adjoints les sieurs *Jean Petitpas*, *Pierre Billaine*, & *Robert Feugé*. Il eut plusieurs enfans de Magdelaine Villain son épouse.

ISAAC.

ISAAC MESNIER fit imprimer, Harangue Funebre du Cardinal de Joyeuse par Benevent, in octavo en 1616. Traité de Paix in octavo en 1619. la Prise des avenuës & dehors de la ville de la Rochelle par Monsieur le Duc d'Espernon, in octavo en 1621. Il eut pour épouse Denise Montmirail, fille de Libraire.

HERVÉ DU MESNIL fit imprimer, *Guillelmus Bollendenius de Statu*, &c. in octavo en 1616. Curiositez de Gaffarel in octavo en 1629. *Sancti Bernardi opera*, in folio en 1632. & autres. Il épousa le septiéme Juillet 1625. Geneviéve Joly, dont il eut deux fils, GERVAIS, & HENRY, duquel nous parlerons cy-après.

ADRIAN TIFAINE épousa Blanche Orry fille de Libraire, & fit imprimer, Histoire des Indes Orientales & Occidentales d'Acosta en 1616. *Bellarmini Controversiæ* in folio quatre volumes en 1620. Cette édition est assez estimée.

EUSTACHE DE LATTE receu en 1616. laissa plusieurs enfans, sçavoir FRANÇOIS receu Libraire le douziéme Javier 1645. & DAVID le vingt-septiéme Novembre 1653.

LEON GOBERT fut receu Libraire vers l'an 1617. Il laissa un fils nommé JEAN, receu Libraire le vingt-deuxiéme Décembre 1644.

JACQUES DUCLOU, sa veuve imprima Histoire des Amans volages de ce temps par Franç. de Rosset in octavo en 1617. Histoire de Dom Guichot, in octavo deux volumes en 1618. Il estoit habile Fondeur de caracteres d'Imprimerie, & avoit pour marque Hercule terrassant un Monstre, avec ces mots, *Virtus non territa monstris*; laquelle a passé depuis à ANTOINE VITRÉ.

JEAN CORROZET, fils de Galliot, fit imprimer, Traité des Anges & des demons par Maldonat en 1617. Traité de l'Apparition des Esprits par François Taillepied, in octavo en 1627. Il a augmenté le Tresor des Histoires de France, que GILLES son grand-pere avoit composé, & l'a imprimé in octavo en 1628. Comme aussi les Emblémes, ou Preceptes Moraux, tirez des écrits de ce mesme GILLES en 1641. Il avoit la mesme devise que son pere. Il fut Adjoint de sa Communauté en 1634. & eut un fils nommé GILLES, receu Libraire le vingt-quatriéme Avril 1636.

PARIS.
1.616.

PIERRE DE FORGE fit imprimer, Réponse à l'Epiftre des quatre Miniftres de Charenton, par Charles François d'Abra de Raconis, in octavo en 1617. *Origenis Philocalia Gr. Lat.* in octavo en 1619. Il eft mort le dix-feptiéme Novembre 1631. & eft enterré à faint Benoift.

FRANÇOIS SAULNIER fut receu Libraire en 1617. il laiffa un fils nommé PIERRE, receu Libraire le vingt-deuxiéme Decembre 1644.

THIBAUD DUVAL fit imprimer la Vie & les Mœurs de Monfieur Guy Dufour Seigneur de Pybrac, in douze en 1617. Hiftoire épouvantable d'un Monftre engendré dans le le corps d'un homme, &c. in octavo en 1622.

GUILLAUME DE LA RIVIERE fit imprimer, les Sermons fur les plus difficiles matieres de la Foy, in octavo en 1617.

SEBASTIEN L'ECUYER fils de NICOLAS, dont nous avons parlé cy-devant fit imprimer Apologie pour le Jubilé in octavo en 1617. Traité des affaires de Savoye, in octavo en 1617. Il époufa Loüife Chalonneau le dix-neufiéme Fevrier 1612.

RENÉ GIFFARD, fils de GUIDO, imprima les Impietez & Atheifmes des Herefiarques Huguenots, par Bourguignon, in octavo en 1617. *Exordium ac progreffus Ordinis fancti Auguftini* in douze en 1620. Il fut receu Libraire le dix-feptiéme Septembre 1618. avec fon frere LOÜIS, dont il fera parlé dans la fuite, il mourut le dixiéme Decembre 1625. & fut enterré à faint Benoift avec fa femme Laurence le Bure, decedée le deuxiéme Juillet 1621. Son frere GEORGE dont nous avons parlé cy-devant page 183. fut receu Libraire Doreur le fixiéme May 1620.

PIERRE LE MUR imprima, les Oeuvres de Maiftre Alain Chartier in quarto en 1617. les Plaidoyers de Monfieur Marion in octavo en 1620. la Couftume du grand Perche commentée par du Moulin in 4. en 1621. & pour GESSELIN Libraire, les Oeuvres de Grenade in folio deux volumes. Il fut un des premiers Adjoints aprés le Reglement de 1618.

CLAUDE CRAMOISY frere de SEBASTIEN & de GABRIEL, dont il eft parlé cy-devant page 193. fut receu le premier Libraire & Imprimeur en vertu du Reglement de 1618. le trentiéme Aoust. Il fit imprimer les Arrests de la Cour de Bouguier in quarto en 1622. l'Histoire generale du Serrail par le sieur Baudier in quarto en 1624. les Arrests de Loüet in folio en 1634. & plusieurs autres en societé avec son frere SEBASTIEN, sous lequel il gouverna l'Imprimerie Royale. Il avoit la mesme marque & devise qu'ABEL LANGELIER cy-devant, dont il avoit acquis le fonds de Librairie. Il mourut le 7. Mars 1680. & est enterré à Saint Benoist. Il a laissé plusieurs enfans de Françoise Patelé son épouse, entr'autres ANDRE' receu Imprimeur & Libraire le vingt-septiéme Janvier 1655. l'un des plus habiles de ce temps, comme il paroist par les ouvrages qu'il a imprimez, sçavoir *S. Maximi opera Gr. & Lat.* en deux volumes in folio en 1675. & autres, tant Grecs que Latins, qu'ils corrige luy-mesme, estant tres-versé en ces Langues. Il est presentement Adjoint de sa Communauté. Son frere nommé SEBASTIEN, fut receu Imprimeur & Libraire le trentiéme Aoust 1663. qui a fait aussi recevoir Libraire son fils nommé SEBASTIEN le vingt-septiéme Janvier 1688.

ROMAIN BEAUVAIS fit imprimer, *Electorum Symbolorum & Parabolarum Hist. Nicolai Causini* in octavo en 1618. Il avoit pour marque une gerbe de bled, avec ces mots, *Successum labor excipiat.*

JACQUES BESSIN imprima, *Assertio fidei Catholicæ* par Simon Vigor in octavo en 1618. (Toutes les Oeuvres de ce Vigor ont esté reimprimées in quarto chez PIERRE AUBOÜIN & JACQUES VILLERY en 1682.) la Sagesse de Charron in octavo en 1618. Traité du Droit des Offices par l'Oyseau in quarto en 1620. & pour MARTIN LASNIER, *Senecæ opera variorum*, in folio en 1627. Sa marque estoit representée par des Instructions dont on se sert pour bécher la terre, liez à deux aisles qui les elevent en l'air, avec ces mots: *Labore conscendimus altum.* Il épousa le vingt-neufiéme Aoust mil six cens dix-sept. Geneviéve de Varennes veuve du sieur Soubron, de laquelle il eut plusieurs enfans, entr'autres JACQUES receu Imprimeur & Libraire le 30. Mars mil six cens trente-cinq, duquel nous parlerons cy-aprés, & NICOLAS Libraire & Imprimeur, marié à Anne Barbe, dont est sorty PIERRE receu Libraire à Paris, le vingt-troisiéme

Septembre 1649. lequel a eu un fils nommé aussi PIERRE, receu Libraire l'onziéme Octobre 1663.

PIERRE FUITTE fit imprimer, le Demon des Villageois in octavo en 1618.

PIERRE LE FAUCHEUR receu Imprimeur & Libraire en 1618. imprima Juste Jugement, & Mort du Maire de la Rochelle in octavo en 1621. Il passoit pour un des plus habiles Imprimeurs de son temps.

JOSUE' CHEMIN fit imprimer, Histoire prodigieuse, &c. in octavo en 1618.

JULIEN JACQUIN receu Libraire avant l'an 1618. fut Adjoint de sa Communauté en 1636. il imprima avec NICOLAS ROUSSET, Nouvelles Inventions de fortifier les Places, par Honorat de Maynier in folio en 1626. Le vray Practicien François par Vincent Tagereau, in octavo en 1643. Il eut un fils nommé JULIEN, qui fut receu Imprimeur & Libraire le dix-neufiéme Octobre 1651.

MARTIN BOUCHER fit imprimer, Discours de ce qui s'est passé entre Monsieur de Longueville, &c. en 1618.

BERTRAND MARTIN imprima, Remerciment des Benedictins au Roy Loüis XIII. in octavo en 1618. Histoire de saint Loüis par Mathieu, in octavo en 1618. Memoires de la Ville de Dourdan par Jacques de l'Escomaq Conseiller du Roy, &c. en 1624. Il avoit pour marque la Vigne d'Orfin, avec ces mots, *Humilibus dat gratiam.* Il fut receu Libraire en 1618.

PIERRE LE LONG fit imprimer la Mort de deux Ducs de Venise in 8. en 1618. Il a laissé un fils nommé FRANÇOIS, receu Libraire le douziéme Juillet 1646.

JEAN HANOQUES fut receu Libraire en 1618. il a laissé un fils nommé CLAUDE, receu Libraire le seiziéme Decembre 1649.

PIERRE ROCOLET natif de Paris, épousa Jeanne Robinot. Il fut receu Imprimeur & Libraire en 1618. & pourveu de la Charge d'Imprimeur ordinaire du Roy par Lettres Patentes du quatorziéme Avril 1635. & de celle d'Imprimeur de cette Ville de Paris. Il commença à faire imprimer les Resolutions de l'Assemblée des Princes, Ducs, Seigneurs, & Officiers de la Couronne, tenuë à Fontainebleau, &c. in octavo en 1621. Les Oeuvres de Bacon en 1626. Instruction pour apprendre à monter à cheval, par Antoine de Pluvinel in folio en 1627. avec de tres-belles figures, qu'il imprima par ordre du Roy, (ce qui fait que cette édition est recherchée des curieux) & plusieurs autres qui l'ont fait distinguer. Il fut Adjoint de sa Communauté en 1636. ensuite Syndic en 1647. jusqu'en 1649. eût pendant son Syndicat pour Adjoints les sieurs BECHET, SARA, R. BALLARD, & R. SOUBRET. Il donna pendant les guerres de Paris des témoignages si publics de sa fidelité envers le Roy au milieu des troubles dont cette grande Ville fut agitée, estant pour lors Capitaine de son quartier, qu'il pensa perir: aussi Sa Majesté, qui sçait si bien recompenser ses sujets, l'honnora d'une Medaille & d'une Chaisne d'or, que Monsieur de Saintot Maistre des Ceremonies luy apporta le cinquiéme Octobre mil six cens cinquante-un, se servit à peu prés des mesmes termes qui sont contenus en ce Brevet.

Le Roy estant à Paris, voulant témoigner à PIERRE ROCOLET son Libraire & Imprimeur ordinaire, la satisfaction qu'il a de ses bons, fideles & agreables services, & luy départir quelques remarques d'honneur & de sa bien-veillance, pour l'obliger de continuer, Sa Majesté luy a fait don & present d'une chaisne d'or, avec la Medaille de sa Figure, & Portrait; afin que la portant & conservant, ses enfans soient conviez à l'imiter en l'affection & service de Sadite Majesté, & les autres excitez à se rendre dignes de ses autres gratifications. Et à ce que sa posterité en soit bien informée, & que la memoire leur en demeure: Sadite Majesté m'a commandé de luy en expedier le present Brevet, qu'elle a voulu signer de sa main, & contresigné par moy Conseiller & Secretaire d'Estat, le vingt-troisiéme Septembre 1651. Signé LOUIS, *& plus bas,* DE GUENEGAUD.

Il fut aussi honoré de la bienveillance particuliere de M. le Chancelier Seguier, à qui il ne fut pas inutile pendant les troubles, dans les risques qu'il courut de perdre la vie: mais si ce grand Ministre eut quelques bontez pour luy, la reconnoissance de Rocolet alla si loin dans le grand nombre de dons qu'il a fait à diverses Eglises, qu'il n'en est presque aucun qui ne porte les armes de ce Chancelier; ainsi qu'il est aisé de voir à saint Pierre des Arcis (où il fut enterré le dix-neufiéme Janvier 1662.) aux Barnabistes, au saint Esprit, & en plusieurs autres Convents, aussi bien qu'en l'Eglise de Franconville prés Paris, lieu où il avoit une maison, qui est encore toute semée de ses armes. Aprés sa mort n'ayant point laissé d'enfans mâles, DAMIEN FOUCAULT, fils de CLAUDE FOUCAULT Libraire à Orleans, épousa Anne Bonjan sa petite-fille, & succeda tant en son fonds de Librairie qui estoit considerable, qu'à ses Charges d'Imprimeur ordinaire du Roy, & de la Ville. Il s'est fait aussi distinguer par la grande quantité de Livres qu'il a fait imprimer en perfection, comme on le void par les ouvrages & traduction de M. le President Cousin en treize volumes in quarto, & plusieurs autres. Il mourut en 1675. & laissa plusieurs enfans, dont un nommé HILAIRE, fut receu Libraire le seiziéme Septembre 1686.

PIERRE MESNIER, & JEAN MESTAIS, receus en 1618. ont imprimé, Declaration des Predictions de la Comete qui parut en 1618. in octavo. Au nom de JEAN MESTAIS, Relation de la Prise de la Ville de Clerac; & à celuy de Mesnier, Discours contre la vanité des Femmes par le sieur Juvernay, in octavo en 1635. MESNIER laissa un fils nommé ADRIEN, qui fut receu Libraire le vingt-quatriéme Novembre 1643.

DENIS CAVELLAT fit imprimer, *Officium B. M. Gr. Lat.* en 1618. Il avoit pour marque un Pelican, avec ces mots pour devise, *In me mors, in me vita* : qui estoit celle de MARNEF cy-devant, & de PHILIPPES GAULTIER, dont il achetta le fonds de Librairie.

La Compagnie des Libraires, qui avoit pour marque la grande Navire avec ces lettres au haut des Mats M S. L S. H D. I S. estoit composée des sieurs MICHEL SONNIUS, LAURENT SONNIUS, HIEROSME DROÜART, & JEAN SONNIUS, lesquels ont imprimé ensemble, *Corpus Iuris Canonici, cum notis Lanceloti* in folio en 1618. *Damasceni opera Latina* in folio en 1619. *Bibliotheca Patrum Gr. Lat.* in folio huit volumes en 1624. qui est la quatriéme edition, & autres ouvrages considerables.

GABRIEL CLOPEJAU, frere de MICHEL cy-devant page 169. natif de Neuville prés Paris, fit imprimer Paraphrase sur la Pharmacopée de M. Baudron in octavo en 1618. & 1623. & autres. Il fut Adjoint de sa Communauté en 1619. Il laissa quelques enfans qu'il avoit eus de Jeanne Magdelin son épouse, decedée le vingt-quatriéme Avril 1628. & inhumée à saint Benoist, sçavoir GABRIEL, & NICOLAS, dont nous parlerons dans la suite.

CLAUDE COLLET fit imprimer, Traité de la Loy Salique par le sieur Malingre in octavo en 1618. l'Eneide de Virgile en François in octavo en 1619. Ordonnances Royaux sur le fait de la Justice, avec des Nottes de Pierre Neron, in octavo. Il a laissé un fils nommé PIERRE, qui fut receu Libraire à Paris le treiziéme Avril 1651.

CLAUDE MARETTE fut receu avant l'an 1610. il imprima la Silvie du sieur Mairet in quarto en 1634. Oraison Funebre de Loüis XIII. par le Reverend Pere Suarez, in quarto en 1643. Il eut pour épouse Michelle Bruslé.

DENIS MOREAU, beau-frere d'ANTOINE ESTIENNE dont nous avons parlé cy-devant, fit imprimer les principaux Points de la Foy par Monsieur du Plessis de Richelieu, Evesque de Luçon, in octavo en 1618. *Ioannis Marii Scribonii Summa totius veritatis Theologicæ*, in folio en 1620. Histoire de la Délivrance de l'Eglise par Morin en 1630. *Bernardini Senensis opera*, in folio quatre volumes en 1635. *Sancti Thomæ Aquinatis opera*, in folio vingt-trois volumes en 1636. & suivantes années. Commentaires Historiques par Jean Tristan in folio trois volumes en 1644. (ce Livre est recherché par ceux qui sont amateurs de Medailles & des Antiquitez,) & plusieurs autres ouvrages considerables qui l'ont fait passer pour un des plus habiles Libraires de son temps. Il avoit pour marque la Salemandre, avec ces mots : *Timentibus Deum nihil deest*, qui estoit celle de   le Clerc son beau-pere, dont il avoit épousé Marie sa fille, de laquelle il eut entr'autres enfans. DENIS receu Libraire le vingt-neufiéme Aoust 1647. qui fut Adjoint de sa Communauté en 1628. donna une de ses filles en mariage à EDME COUTEROT, receu Libraire le septiéme Octobre 1649. qui s'est fait distinguer dans sa Communauté, tant par le grand nombre de Livres qu'il a fait imprimer, que par les Charges qu'il a exercées : comme celle d'avoir esté Adjoint en 1662. & Syndic en 1677. il eût pendant son Syndicat pour Adjoints les sieurs *Charles Coignard*, *Christophe Journel*, *Claude Barbin*, *Sebastien Marbre-Cramoisy*, *Martin le Prest*, & *Pierre le Mercier*, mourut le vingt-uniéme Aoust 1687. laissant un fils nommé EDME receu Libraire le quinziéme Aoust 1687.

JACQUES QUESNEL (fils de FRANÇOIS QUESNEL Gentil-homme Escossois, qui fut premier Peintre d'Henry III. Roy de France, pendant les dernieres années de son regne) s'est rendu un des habiles Libraires de son temps ; il acheta le fonds de Librairie d'EUSTACHE FOUCAULT, dont il est parlé cy-devant. Outre les Livres de pieté, d'Histoire, de Droit, de Theologie, & les Usages de plusieurs Dioceses qu'il fit imprimer en societé, il fit encore imprimer en son nom, *Papirius Massonus de fluminibus Galliæ*, in octavo en mil six cens dix-huit. *Bonacinæ opera* in folio deux volumes en mil six cens trente-trois. *Estius in Epistolas Pauli*, in folio deux volumes en 1640. *Idem in Sententias*, in folio deux volumes, *Molinei opera* in folio, que l'on a r'imprimé depuis en cinq vol. chez DENIS THIERRY, & autres associez. *Hallier de Hierarchia Ecclesiastica* in folio, les Oeuvres de Monsieur le Bret in folio, & autres Livres où il mettoit pour marque deux Colombes avec ces mots : *Gignit Concordia amorem*, qui a passé à CLAUDE JOSSE, à qui il vendit quelques années avant sa mort qui arriva en 1663. son fonds de Librairie. Il a laissé plusieurs enfans qu'il avoit eus de Geneviéve Banllecy, qui pour s'est retirez du monde, ne sont pas moins connus dans la republique des lettres, puisque des trois qui restent, l'aisné a fait imprimer les Oeuvres de S. Leon Pape, augmentez de quantité d'Epistres & d'Homelies, & d'un volume de sçavantes Notes, qui ont esté imprimées à Paris chez J. B. COIGNARD en 1675. & plusieurs Livres de Critique, de Pieté, & de Theologie, qui pour ne pas paroistre sous son nom (ainsi que la Morale de l'Evangile en trois volumes in douze, imprimée chez ANDRÉ PRALARD, n'en sont pas moins estimez des Sçavans. Le second qui herita des belles connoissances & qualitez de son grand-pere, est cité en plusieurs Auteurs Modernes, comme dans l'Itineraire de Monsieur de Spon, dans l'Histoire de Blois de Monsieur Bernier, dans les derniers Memoires de Monsieur l'Abbé de Maroles, dans le *Specimen*

men rei nummariæ de Monsieur Morel, & dans les Observations de Monsieur Spanhem sur les Cesars de l'Empereur Julien; & le troisiéme, (qui a esté Superieur des Seminaires de Monsieur le Cardinal Camus & de Monsieur l'Archevesque de Lyon) entre les anciens manuscrits dont il se sert pour mettre au jour une Histoire tres-curieuse qui desabusera l'Italie & l'Allemagne des erreurs visionnaires de l'Abbé Joachim & de ses Disciples contre Scaliger, & autres Auteurs plus modernes, a entre ses mains les ouvrages de Pierre Quesnel, sçavant Jurisconsulte, & grand Theologien, qui florissoit l'an 1299. selon Marian, rapporté par VVadingue.

NICOLAS BOURDIN de la Religion P. R. fit imprimer, Commentaire sur l'Ordonnance des quatre mois, par Nicolas Bargereau Avocat, in 8. en 1618. Instruction pour apprendre les Chiromances, &c. par Belot in 8. en 1624.

ANTOINE ROBINOT, petit fils de GILLES, fut receu Libraire & Imprimeur en 1618. Il estoit de la Compagnie des Libraires du Palais de 1622. comme nous le dirons cy-aprés; il fit imprimer les Discours de l'estat de Paix & de Guerre; le Prince, ou l'Art de la Guerre, traduit de Machiavel, in octavo en 1625. Funerailles du R. P. Bernard in octavo en 1642. & autres Livres. Il avoit la mesme marque que son pere cy-devant, & laissa un fils nommé ANTOINE, receu Libraire le dix-huitiéme Aoust 1660.

MATHURIN HENAULT, fut receu Imprimeur & Libraire le sixiéme Octobre mil six cens dix-huit. Il imprima grand nombre de Livres, entr'autres *Antonii Ioannis Passeratii Orationes & Præfationes* en mil six cens trente-sept. Les Voyages de Fernando Pinto in 4. en 1637. Histoire de Josephe, traduite par Genebrard en la mesme année. *Pugio Fidei contra Iudæos*, par Monsieur Voisin in folio, (ce Livre est rare.) *De Muis opera & in Psalmos* en 1650. in folio. Il avoit pour marque une Galere en mer entre deux rochers, avec ces mots : *Medio tutissimus ibis*. Il fut Adjoint de sa Communauté en 1632. & laissa plusieurs enfans, entr'autres JEAN receu Imprimeur & Libraire le vingt-septiéme Septembre 1635. dont nous parlerons cy-aprés, & une fille nommée Geneviéve, qui fut mariée à PIERRE MOETTE receu Libraire le vingt-troisiéme Septembre 1649. de qui il eut plusieurs enfans, entr'autres un

PARIS.
1618.

Gg

nommé THOMAS, receu le deuxiéme Octobre 1659. qui a fait imprimer plusieurs Livres en compagnie, & en son nom : il se fait distinguer entre ceux de sa profession par la grande connoissance qu'il a dans les Livres.

JEAN AURY fit imprimer la Ministrographie Huguenote par Josué Barbier in douze en 1618. Il avoit la mesme marque que MARC ORRY, cy-devant page 179. dont je croy qu'il estoit fils, ayant changé les lettres de son nom.

JEAN DE FREVAL imprima, la Regle & Constitution du Bienheureux Jean de Dieu, in quarto en 1618. Il fut receu Imprimeur & Libraire la mesme année.

{ GUILLAUME LEVEQUE receu Libraire le 17. Septembre 1618.
PIERRE FAUCHEUR, receu en Octobre 1618.
HEBERT AMESON, receu le 9. Novembre 1618.
ANTOINE MONNOYER, receu le 9. Novembre de la mesme année. } de tous ceux-cy je n'ay point trouvé de Livres imprimez en leurs noms.

MICHEL THEVENIN fit imprimer la Conspiration de Conchine in octavo en 1619.

MICHEL SOLY fut receu Libraire en 1619. il fit imprimer Exercices Spirituels propres à dépoüiller le Religieux de toute vaine affection, par D. Sans. de Sainte Catherine, in octavo en 1619. Histoire de saint Denis par Jacques Doublet, in quarto en 1625. la Theologie de Marandé in quarto trois vol. en 1641. & in folio. *Antonii Augustini Epitome Iuris Pontificii*, in folio en 1641. *Jansenius Augustinus de Gratia* in folio en 1641. Et en compagnie, *Biblia magna Cura P. de la Haye* in folio cinq volumes en 1643. (cette édition est assez estimée, & recherchée,) & plusieurs autres Livres qui l'ont fait estimer parmy les autres Libraires de son temps. Sa marque estoit representée par le Phenix qui se brûle dans les flammes, avec ces mots : *Soli æternitati*, pour faire allusion à son nom. Il fut Adjoint de sa Communauté en 1635. & épousa en premieres nôces le trentiéme Avril 1619. Marie Hucqueville fille de Libraire, de laquelle il eut GEORGE né le vingt-septiéme Juin 1632. receu Libraire à Paris le premier Septembre 1661. & en secondes nôces Claude Garnier, dont est sorty Michel Soly, Prestre Bachelier de la Faculté de Paris.

ET DE LA LIBRAIRIE, Liv. II. 235

PARIS. 1619.

MICHEL DANIEL fit imprimer Arithmetique de Jacques Chauvet in 8. en 1619. Traité d'Horlogiographie par Pierre de Flontrieres in octavo en 1619. Traité pour toiser, mesurer, & calculer les œuvres de Massonnerie, par Alexandre Guibert in octavo en 1619.

JEAN ANTOINE JOASLIN fit imprimer, Paraphrase sur l'Ecclesiaste par P. D. L. in octavo en 1619. les Elemens d'Euclide in octavo en 1623.

PIERRE FROMENT fit imprimer quelques pieces volantes, comme Lettre de la Reyne, & la Réponse au Roy, in octavo en 1619. Réponse de la main du Roy à la quatriéme Lettre de la Reyne Mere in octavo.

VICTOR LE ROY fit imprimer, l'Harmonie etymologique des Langues, par Estienne Guichard in octavo en 1619. *Ioan. Bapt. Van Helmont de magnetica vulnerum naturali & legitima curatione contra Ioann. Robert. S. I. Theolog.* en mil six cens vingt & un.

JEAN SARA fit imprimer, Chartes, Lettres & Titres attribuez par les Roys aux Notaires du Chastelet de Paris, in quarto en 1619. *Iacobus Eschafferius de notis communibus locorum Historiæ sacræ & exoticæ*, in octavo en 1621. Annales de l'Eglise de Noyon par Jacques le Vasseur in quarto en 1633.

ANDRÉ SITTART fit imprimer, Regle generale d'Architecture par le sieur Bullant, reveuë par le sieur Bosse in fol. en 1619.

PIERRE BILAINE fit imprimer le Gueux ou la Vie de Gusman d'Alfarache in 8. en 1619. *Bellarminus de Controversi.* in fol. 2. vol. en 1620. Histoire des Chevaliers de saint Jean de Jerusalem par Jean Baudoüin in folio en 1629. les Arrests de Tournet in folio deux volumes en 1631. (Ce Livre est recherché pour les matieres Beneficiales, & est assez rare.) *Ioannes de la Haye in Genesim*, in folio trois volumes en 1633. Sa marque estoit la bonne Foy, avec ces paroles pour devise : *Melius spero, certè teneo bona fide.* Il épousa le vingt-huitiéme Janvier 1620. Philippe Mejat fille de Libraire, & fut Adjoint de sa Communauté en 1630. Il avoit un frere nommé JEAN BILAINE, receu Libraire le vingt-deuxiéme Fevrier 1629. dont nous parlerons dans la suite.

JEAN HOUDAN receu Libraire le 8. Juin 1619. son fils nommé ROLLAND receu le dix-huitiéme Aoust 1660.

Gg ij

PARIS.
1619.

{ NICOLAS CHAFFART receu Libraire le trentiéme Juillet
JEAN COUSIN, receu le trente-un Juillet
ANTOINE GRIMAULT receu le dix-septiéme Septembre } 1619. { desquels je n'ay point trouvé de Livres imprimez à leurs noms.

MATHURIN MAUPERLIER fit imprimer les Pierreries spirituelles, &c. de Jean le Jeune en 1619. les Epistres des Heros par le sieur Golefer in octavo en 1620. Sa marque estoit une main tenant un cœur dont il sort des larmes, avec ce mot pour devise : *Marcesce.*

MATHIEU LE BLANC imprima la Défaite de dix-neuf Ministres convertis, par François Veron in octavo en 1620. Commentaire de Mont-Luc Mareschal de France in octavo deux volumes en 1616. Il fit aussi imprimer avec GUILLAUME BERNARD, *Franc. Archiepiscopi Rothomagensis Ecclesiasticæ Historiæ liber primus*, in quarto en 1629.

JEAN DE MAUROY fit imprimer, *Simonis Caulerii Rhetoricorum lib. quinque* in octavo en 1619. la Philosophie Chrestienne, par Monsieur Raoul Fornier in douze en 1620. Il fut receu Libraire l'onziéme Septembre 1619. Il avoit la mesme marque que les Marnef cy-devant.

GASPARD METURAS fit imprimer, *Compendium, Summa seu Manuale Doct. Navarri* en 1620. *Biblia Sacra* in octavo en 1629. Sermons du Pere Jerosme Martini, traduits par le Pere du Bosc in octavo en 1636. Il fit aussi imprimer, *Morinus de Pænitentia* in folio en 1650. *Ejusdem de Ordinationibus*, in folio, qui sont les bonnes éditions, & plusieurs autres Livres. Il fut receu Libraire à Paris le treiziéme Aoust 1619. & son fils GASPARD receu Libraire le vingt-sixiéme Janvier 1662. qui a succedé à ce fonds de Librairie, & est mort en 1688.

NICOLAS QUINET épousa Catherine Colo, dont il eut BARTHELEMY né le vingt-quatriéme Juillet 1619. & & receu Libraire le quinziéme May 1636.

SEBASTIEN HURE' fit imprimer, Exercice Religieux du P. François de Beauvillier in douze en 1620. Traité du Iubilé par Antoine Santarel in douze en 1626. *S. Ambrosius de Officiis, &c.* en 1634. *Papirii Massoni Elogia varia*, in octavo en deux volumes en 1638. & plusieurs autres qui l'ont fait considerer. Il fut Syndic de sa Communauté en 1644. Il eût pour Adjoints les sieurs *N. Fremiot*, *J. Langlois*, *P. Chaudiere*, *F. Preveré*, *D. Thierry*, *& L. Sevestre*. Il avoit pour marque le Cœur Bon, avec ces mots: *Ego dormio, & cor meum vigilat*, qui estoit celle de son beau-pere CORBON, dont il avoit épousé le vingt-cinquiéme Novembre 1615. une de ses filles nommée Denise, de laquelle il eut plusieurs enfans, entr'autres un fils nommé SEBASTIEN, receu Imprimeur & Libraire le huitiéme Fevrier 1646. qui succeda à ce fonds de Librairie qui estoit considerable. Il fut Adjoint de sa Communauté en 1663. & mourut le 22. Novembre 1678. Il avoit esté pourveu de la Charge d'Imprimeur ordinaire du Roy par la démission d'HENRY ESTIENNE fils d'ANTOINE, le cinquiéme Aoust 1662. Il s'associa avec FREDERIC LEONARD, qui luy succeda, tant à son fonds de Librairie, qu'en la Charge d'Imprimeur ordinaire du Roy, & qui avoit esté receu Imprimeur & Libraire à Paris le vingt-septiéme Fevrier 1653. & ensuite Adjoint de sa Communauté en 1666. Il a esté depuis pourveu de la Charge d'Imprimeur & Libraire du Clergé qu'avoit exercée ANTOINE VITRÉ, duquel il achepta aussi une partie de son fonds de Librairie. Il s'est fait distinguer par la grande quantité de Livres qu'il a fait imprimer, & particulierement des Auteurs *ad usum Delphini*, in quarto, dont il en a plus de trente volumes, & autres. L'on peut dire de luy, qu'il a poussé le commerce de la Librairie plus qu'aucun autre de son temps. Il est le seul Imprimeur & Libraire des Ordres de saint Dominique, de Cisteaux, & des Premonstrez. Il épousa Elisabeth Bernard, dont il a eu plusieurs enfans, entr'autres un nommé FREDERIC LEONARD, receu Libraire le dix-septiéme Aoust 1688.

GUILLAUME CISTERNE, a imprimé la Reduction de la Ville de Gany, &c. in octavo en 1620. Articles accordez par le Roy à ceux de la Religion Pretenduë Reformée en faveur du sieur de la Force, in octavo en 1622. Il estoit aussi Fondeur de lettres, & Imprimeur de la Venerie du Roy.

YVES BOULLAY fit imprimer les Paralleles de l'Amour divin & humain in octavo 1620.

ANTOINE DE SOMMAVILLE fut receu Libraire le quatorziéme Aoust 1620. il épousa Jeanne le Clerc. Il fit imprimer les Arrests de Jacques de Montholon in quarto en 1629. Galistan, ou l'Empire des Roses, traduit par du Ryer en 1634. *Mornacii opera juridica*, in folio en quatre volumes en 1654. qui est la derniere édition & la meilleure, & plusieurs autres Livres, particulierement des Historiettes & Romans, dont il faisoit un tres-grand negoce. Il fut Adjoint de sa Communauté en 1651.

JEAN MOREAU fit imprimer, Traité de la Sphere par le sieur Boulanger, in octavo en 1620. *Gabriel Naudeus de antiquitate Scholæ Medicæ Parisiensis*, in octavo en 1638. Il eut de Barbe Salis son épouse un fils nommé ADRIEN, né le dix-septiéme Fevrier 1614. & receu Libraire l'onziéme Mars 1638.

SIMON LE FEBVRE fit imprimer, Sermons sur l'Advent de Gerson in octavo en 1620. l'Antiministre, ou Apologie pour les Reverends Peres Jesuites in octavo en 1620.

ADAM PARDESSUS fut receu Libraire en 1625. il épousa le huitiéme Fevrier 1620. Claude de la Coste fille de Libraire, dont il eut NICOLAS receu Libraire à Paris le cinquiéme Decembre 1647. & JEAN receu aussi Libraire le vingtiéme Mars 1664.

THEODORE PEPINGUÉ fit imprimer, *Compendium Summæ Cardin. Toleti*, in quarto en 1620. Il eut de Marie l'Escuyer son épouse plusieurs enfans, entr'autres EDME receu Imprimeur & Libraire le premier Decembre 1643. ESTIENNE receu Imprimeur & Libraire le vingt-septiéme Octobre 1650. & NICOLAS le mesme jour, qui a esté Adjoint de sa Communauté en 1668. & qui mourut en 1688.

LOÜIS JULIEN fut receu Imprimeur & Libraire à Paris en 1619. il épousa Jeanne le Mesle, dont il eut Michel né le trentiéme Septembre 1622. & Loüis né le huitiéme Mars 1624. FRANÇOIS receu Libraire & Imprimeur le quinziéme Mars 1647. Il imprima avec CLAUDE CALLEVILLE les saints Devoirs de l'ame devote in vingt-quatre en 1641.

LOÜIS GIFFARD, CLAUDE MORLOT, & ROBERT DAUFRESNE, receus Imprimeurs & Libraires; sçavoir GIFFART le dix-septiéme Septembre, & MORLOT & DAUFRESNE le quatriéme Octobre 1618. tous trois habiles dans leur profession. Ils ont imprimé ensemble, Histoire de France par de Serres, in douze en 1620. Histoire de Pline second, traduite par Antoine Dupinet in folio en 1622. & avec JACQUES JOLLY, Histoire de Iosephe traduite par Genebrard in octavo deux volumes en 1623. & au nom seul de ROBERT DAUFRESNE, la Loüange & l'utilité des Bottes par le Chevalier Rosandre in octavo en 1622. GIFFARD fut marié à la fille de PIERRE SEVESTRE Imprimeur & Libraire.

CLAUDE MORLOT receu Imprimeur le quatriéme Octobre 1618. a imprimé Apologie par Monsieur Balzac in quarto en 1627. Histoire de la Monarchie Françoise par C. Sorel in octavo en 1629. Il avoit pour marque le Soleil au milieu des broüillards, & un vaisseau en mer, avec ces mots: *Inveniet viam aut faciet.*

{ ESTIENNE BANQUETEAN, receu Libraire le treiziéme Janvier
ISAAC D'AGRENAT, receu le trentiéme Avril
ABEL PATELÉ, receu le onziéme Aoust
ADAM POUSSET, receu le 27. dudit mois; ses fils LOÜIS receus le 30. Juin 1644. & FRANÇOIS le 12. Septembre 1647. } 1620. { desquels je n'ay point veu de Livres imprimez à leurs noms.

MARTIN LASNIER fut receu Libraire & Imprimeur le vingt-troisiéme Mars 1619. il épousa le sixiéme Fevrier 1624. Marie Thierry fille de Libraire; & fit imprimer en 1627. *Seneca opera cum notis diversorum* in folio, & autres Livres.

MARTIN COLLET fut receu Libraire le dix-neufiéme Decembre 1619. il fit imprimer les pratiques Chrestiennes de Cl. Molinier in octavo en 1627. Praticien François in quarto en 1628. Antiquitez & Recherches des Villes & Chasteaux de France in octavo en 1637. Il laissa un fils nommé LEON, receu Libraire le vingt-un Novembre 1652.

IEAN DAUMALLE fit imprimer, l'Histoire genealogique de la Maison des Briçonnets, par Butonneau in quarto en 1621. Il avoit épousé l'onziéme Juillet 1606. Anne Charron fille de Jean Charron le jeune Imprimeur & Libraire; de laquelle il eut un fils nommé Loüis né le 29. Septembre 1618. qui fut receu Libraire le dix-neufiéme Janvier 1644. Il fut Adjoint de sa Communauté en 1620.

ROBERT BERTHAULT, fils de PIERRE cy-devant, fut receu Libraire le vingt-sept May 1621. il épousa Claude Julien fille de Libraire, & fit imprimer les Leçons exemplaires de Monsieur du Bellay, in octavo en 1632. Il eut un frere nommé LOÜIS, avec lequel il fit imprimer la Tour des Miroirs, par l'Evesque du Bellay in octavo en 1631.

ROLIN BARAGNE fit imprimer, Histoire & Vie de Jacques Roy d'Escosse, in 8. en 1621. le Code de Henry III. en 1622. *Ioannis Barnesii Dissertatio contra æquivocationes*, in octavo en 1625. Il fut Adjoint de sa Communauté en 1632.

JEAN AUGE' fut receu Libraire le vingt-neufiéme Juillet 1621. & fit imprimer en 1634. quelques pieces volantes, comme la nouvelle Défaite de la Cavalerie du Marquis d'Aytonne in octavo.

JEAN PETIT fit imprimer, Justice Criminelle de France par Bouchel in quarto en 1621. Ce Livre est recherché des curieux, & assez rare.

ROBERT MANSION fut receu Imprimeur & Libraire en 1621. il imprima, Texte des Coustumes de la Prevosté & Vicomté de Paris en 1621, & donna une de ses filles en mariage à ROBERT FEUGE' Imprimeur & Libraire, fils de ROBERT.

ANTOINE ESTOC, imprima avec PIERRE BILLAINE, le Cabinet Satyrique, tiré des sieurs Cigognes, Regnier, & plusieurs autres, in douze en 1623. Il est à remarquer que ce Livre a esté imprimé avec Privilege du Roy. Il avoit pour marque une main tenant une épée appuyée sur un Livre, dont la pointe estoit en haut, avec ces mots pour devise : *Vacuetur irremisse*.

ANTOINE VITRE', fils de PIERRE, Imprimeur du Roy és Langues Orientales, & du Clergé de France, ancien Consul, Directeur de l'Hospital general, &c. l'un des plus celebres Imprimeurs de Paris, & qui s'est acquis beaucoup de reputation par ses belles impressions, qui sont autant de chef-d'œuvres, commença à imprimer le Bruslement des Moulins des Rochelois en 1621. *Corpus civile cum notis Gothafredi*, in folio deux volumes en 1628. (Ce Livre est tres-recherché, tant pour sa correction, que pour la beauté des caracteres.)

&cteres.) *Dictionarium Hebræum, Chaldæum, Talmudico-Babylonicum*, in folio en 1629. *Biblia Sacra* in folio & in quarto, recherchez des curieux à cause de leurs amples Geographies, & plusieurs autres Livres qui l'ont fait distinguer ; sur tout cette grande Bible, ou Polyglotte, en plusieurs Langues Orientales en dix volumes in folio, qu'il commença d'imprimer vers l'an 1628. & finit en 1645. aux dépens de Monsieur le Jay, qui est un des plus beaux ouvrages qui ayent parû à Paris. Cependant la grande reputation qu'il s'estoit acquise dans l'impression, a esté flétrie par la malice qu'il a eu de faire fondre en sa presence les caracteres Orientaux, qui avoient servy à l'impression de cette Bible, pour oster par là le moyen d'imprimer à Paris aucuns Livres en ces Langues aprés sa mort ; ce qui est une perte irreparable pour l'Art de l'Imprimerie. Il avoit pour marque un Hercule avec ces mots, *Virtus non territa monstris*, qui estoit celle de Jacques Duclou, dont nous avons parlé cy-devant, de qui il avoit achetté l'Imprimerie. Il fut pourveu de la Charge d'Imprimeur du Roy pour imprimer les Livres en Langues Orientale, Hebraïque, Chaldaïque, Arabique, Turquesque, Persienne, Armenienne, Samaritaine, & autres, pour joüir des mesmes honneurs que les autres Imprimeurs du Roy, par Lettres du septiéme Avril 1630. Il fut aussi receu imprimeur du Clergé en 1635. en la place d'Antoine Estienne, comme on le voit par l'Extrait du Procez verbal du cinquiéme Juin en ces termes :

Le sieur Abbé de Paimpont a remontré qu'il estoit necessaire de pourvoir d'un Imprimeur, & d'un Huissier, qui prist aussi le soin de la dépense de la beuvette, & que diverses personnes s'offroient, & entr'autres Antoine Vitré, qui avoit déja servy le Clergé, les sieurs Agents l'ayant employé (en l'absence dudit Estienne, qui avoit esté cy-devant) à l'impression des choses qui s'estoient presentées : sur quoy déliberation prise par Provinces, il a esté ordonné que ledit Vitré seroit employé, tant en l'impression de tout ce qui regarde les affaires du Clergé, qu'à la porte & beuvette, & ledit Estienne maintenu & conservé en sa pension. Il fut élû Consul, & Adjoint de sa Communauté en 1629. & ensuite Syndic en 1639. jusqu'en 1644. Il eut pour

Adjoints pendant son Syndicat le sieurs *Thomas de Ninville*, *Claude Caleville*, *Iean Iost*, *Iean de la Coste*, *Nicolas Fremiot*, *& Iacques Langlois*. Il mourut au mois de Juillet de l'année 1674. & fut enterré à saint Severin où il avoit fait quelques Fondations. Il laissa un frere nommé BARTHELEMY VITRE', qui avoit épousé Marie Cahagne, de laquelle il avoit eu MARIN né le quatriéme Janvier 1637. receu Imprimeur & Libraire à Paris le dix-septiéme May 1662. BARTHELEMY est mort le vingt-septiéme Septembre 1683. & a esté inhumé à saint Hilaire.

CLAUDE HULPEAU fit imprimer dés les années 1618. & 1623. plusieurs Edits, Declarations & Arrests, dont il fit un Recüeil considerable, qu'il dédia à Monsieur le Chancelier Seguier. Il composa un Memoire contre le Reglement des Imprimeurs & Libraires de 1618. Abregé des Annales Ecclesiastiques de Baronius, traduites par Phil. de Pellevé in quarto en 1627.

LOÜIS DE VILAC fut receu Libraire le vingt-un Janvier 1621. fit imprimer le Prince amoureux, in octavo en 1635. & plusieurs autres ouvrages.

ANTOINE BINART fit imprimer, *Catechismus Romanus*, in octavo en 1621. *Alexis Trousset Thesaurus Mirabilium Sacramenti Eucharistiæ*, in octavo en 1623. il fut receu en 1618.

GEORGE LE ROND, fut receu Libraire le vingt-neuf Juillet 1621. il fit imprimer la Vocation des premieres Religieuses de la Regle de saint Benoist, fondée par la Reyne mere Antoinette d'Orleans in octavo en 1637. il laissa un fils nommé ANTOINE, receu Libraire le dix-septiéme Octobre 1652.

JEAN LEVESQUE épousa en 1619. Denise Dufossé fille de Libraire, il fit imprimer le Portrait de l'Eloquence Françoise par le sieur de la Porte, in octavo en 1621. Il fut receu Libraire en 1618.

ABDIAS BUISARD de la Religion Pretenduë Reformée, fut receu Libraire le vingt-un Janvier 1621. & fit imprimer avec JEREMIE PERIER, dont nous avons déja parlé, *Paratitla in Iustiniani Pandectas Iuris vetera & nova, auctore Ioanne Legnero Iurisconf.* in octavo en 1621. la Chirurgie Chymique de Planis Campy in octavo en 1621.

SAMUEL CELERIER fit imprimer, Inventaire general

de l'Histoire de France par Jean de Serres, in folio en 1621.

JEAN LE CLERC le fils fit imprimer, Theatre Geographique de la France avec des Cartes, in folio en 1621.

JACQUES POULARD, imprima l'Imitation de JESUS-CHRIST, avec une Methode pour lire avec fruit les Livres de cette Imitation, in octavo en 1621. Il fut receu Libraire le dix-septiéme Septembre 1634.

JEAN CAMUSAT fut receu Libraire & Imprimeur le septiéme Octobre 1621. Il fut choisi en 1634. pour estre Libraire & Imprimeur de l'Academie Françoise, qui dans les commencemens faisoit ses Assemblées chez luy. Il exerça cette qualité d'Imprimeur de l'Academie Françoise jusqu'à sa mort, qui arriva en 1639. Il passoit pour un homme de bon sens, & tres-entendu ; ce qui faisoit que quelquesfois Messieurs de l'Academie le chargeoient de leur part pour aller faire des remercimens & complimens, dont il s'acquittoit avec honneur: aussi en reconnoissance ces Messieurs luy firent dire un Service. Ce fut l'honneur que cette illustre Compagnie rendit à sa memoire, & en conservant à sa veuve nommée Denise Courbé la Charge de Libraire & Imprimeur, qu'elle fit exercer par un nommé Duchesne son parent jusqu'en l'année 1643. qu'elle fut donnée à PIERRE LE PETIT, dont nous parlerons cy-aprés. Il commença à faire imprimer plusieurs Livres, entr'autres Poëme sur la Vie de N. S. in quarto en 1634. les Essais de Michel Montagne in folio en 1635. les Confessions de saint Augustin, traduites par Monsieur Arnaud in quarto en 1637. qui est la premiere traduction. Les Paraphrases de Monsieur de Maucorps sur Job, en 1637. & plusieurs autres. C'estoit assez pour faire estimer un Livre, que d'estre de son impression: Aussi n'en imprimoit-il que de tres-bons, où il mettoit pour marque la Toison d'or, que Jason détache avec ces mots : *Tegit, & quos tangit inaurat.* Il eut plusieurs enfans, entr'autres JACQUES né le vingt-septiéme Octobre 1630. receu Libraire le deuxiéme Juillet 1648. & une fille nommée Denise, mariée à PIERRE LE PETIT qui fut quelques années associé avec sa veuve, & qui luy succeda à son fonds de Librairie.

JEAN BESSIN, cousin de NICOLAS, dont nous parlerons dans la suite, fut receu Imprimeur & Libraire le tren-

PARIS. 1621.

Histoire de l'Academie.

244 HISTOIRE DE L'IMPRIMERIE

PARIS. 1621.

tiéme Juin 1621. & imprima la Theorie & Pratique des nombres par Savary in quarto, *Summorum Sacrorum lib. 2. per Ioann. Morel.* in quarto en 1630. & pour JEAN CAMUZAT, les vrays Portraits des Roys de France par Jacques de Bie in folio avec des figures en 1636. Il eut d'Antoinette du Mont qu'il avoit épousée en 1622. un fils nommé NICOLAS, receu Imprimeur & Libraire le quatriéme Decembre 1653.

PIERRE VINE' fit imprimer, *Franc. Bertrandi Merigoni Oratio de Communione rerum, &c.* in octavo Græce en 1621. & du mesme *Grammatica Græca, &c.* in octavo en 1621.

JEAN RICHER Libraire Juré, qui est le mesme dont nous avons parlé cy-devant page 158. a imprimé avec PIERRE CHEVALIER la sainte Bible avec quelques Remarques de Pierre Frison in folio en 1621. Cette Bible est ornée de plusieurs figures tres-belles & fort estimées, on l'appelle vulgairement la Bible de Richer, qui est recherchée des curieux. Il avoit un frere nommé ESTIENNE, dont nous avons parlé, avec qui il a imprimé la grande Conference des Ordonnances, & Edits Royaux, redigée en dernier lieu par Joly in folio deux volumes en 1627. Cette édition est estimée pour sa correction.

NICOLAS GUERARD
FRANÇOIS DE HANCY, son fils CLAUDE en 1659.
JEAN COCHER
} receus Libraires le 21. Janv.

BERTRAND DE HUCQUEVILLE, receu le vingt-deuxiéme Avril
NICOLAS LE ROY, receu les mesmes jour & mois

CLAUDE GROULT
JEAN SUBJET
JEAN DAVID
} le 21. Aoust

} 1621. De tous ces Libraires & Imprimeurs, je n'ay point veu de Livres imprimez en leurs noms.

JEAN DUVAL receu le 29. Juillet
MATHURIN DESPENCIER le 27. Octobre
PIERRE TOUCHARD le 21. Octob.

ET DE LA LIBRAIRIE, Liv. II. 245

PARIS. 1622.

ADRIAN TAUPINART fils d'AUGUSTIN, fit imprimer, Harangues au Roy prononceés à Beziers le vingtiéme Juillet 1622. in octavo. *Cariophylus de Primatu Papæ contra Nilum*, in octavo en 1626. (ce Livre est estimé des Sçavans, & assez recherché.) Le voyage du Levant, fait par ordre du Roy, in quarto en 1629. les Oeuvres de Du Laurens in folio en 1642. Sa marque estoit la Sphere, avec ces mots : *Noscuntur magna pusillis*. Il fut Adjoint de sa Communauté en 1627. & eut plusieurs enfans de Marie de saint Yves son épouse.

RENE' LE MASUYER fit imprimer, Lalius ou l'Amitié, traduit de Ciceron in douze en 1622. Il fut receu Libraire en 1617.

GERMAIN DROUOT a imprimé la Défaite de dix Navires de la Flotte de la Rochelle par les Galeres de France en 1622. Il fut receu Imprimeur & Libraire en 1618.

JEAN MARTIN imprima, *Borbonius Abraham Remmii*, in octavo en 1623.

MATHIEU DENIS fit imprimer, Recit de ce qui s'est passé au Blocus du Siege de la Rochelle, par Monsieur Barantin in octavo en 1622. Il a laissé un fils nommé JEAN DENIS, receu Libraire le trentiéme Septembre 1649.

RAYMOND FAUCHER fit imprimer, la Franche Acceptation, ou Défi fait à Martin le Noir, &c. in octavo en 1622. Il prenoit la qualité de premier Syndic des Augustins, laquelle il mettoit mesme au bas de ses Livres.

ANTOINE ALAZART fut receu Libraire le vingtiéme Fevrier 1621. & fit imprimer le Droit du Roy sur les sujets Chrestiens, par Mathieu de Morgues in octavo en 1622. les Fortunes diverses de Chrysomire, & de Kalinde, in octavo deux volumes en 1635.

JEAN PILE' fut receu Libraire le septiéme Juillet 1622. Il donna une de ses filles nommée Catherine, en mariage à FRANÇOIS MUGUET, receu Imprimeur & Libraire le vingt-deuxiéme Aoust 1658. & qui fut pourveu par Brevet de retenuë de la Charge d'Imprimeur ordinaire du Roy le vingt-neuf Novembre 1661. ensuite il obtint Lettres en consequence dudit Brevet l'11. Novembre 1672. lesquelles il remit pour estre pourveu de celles du feu sieur PIERRE LE PETIT, aux mesmes gages & appointemens de deux cent vingt-cinq livres, couché

Hh iij

sur l'Estat, dont il joüit presentement. Il commença à imprimer les Sermons du P. de Lingendes in 4. en trois volumes, les Capitulaires de Charlemagne deux volumes in folio, que l'on peut dire estre une des belles impressions qui ait paru de nostre temps, *Marca de Concordia* in folio. Le Pline avec des Nottes du P. Hardoüin in quarto six volumes. Innocent III. in folio deux volumes. Le saint Augustin avec les notes & corrections des Peres de la Congregation de saint Maur en huit volumes in folio, la Discipline de l'Eglise du Pere Thomassin in folio trois volumes, la mesme en Latin en trois volumes in folio, les Oeuvres de Monsieur Godeau, de Monsieur de Baluze, de Monsieur Cotrelier Grecs & Latins, du Pere Amelote, du P. Noüet, & quantité d'autres Livres considerables, qui le font passer pour un des meilleurs Imprimeurs & Libraires de ce temps. Il fut Adjoint de sa Communauté en 1674.

Antoine Champenois imprima, Sermons doctes admirables in octavo en 1622. le Fondement de l'Artifice universel de Raymond Lulle in douze en 1632.

Joseph Bouillerot imprima, Relation de tout ce qui s'est passé depuis le départ du Roy de Paris, &c. in octavo en 1622. Histoire des Différens entre le Pape Paul V. & la Republique de Venise en 1625. Plaidoyers de Monsieur Marion in quarto en 1625. le Catholique d'Estat, par le sieur Duferrier in octavo en 1625. *Regia Majestas Sacrosancta*, *Interprete Ioanne Filesaco* in octavo en 1626.

Thomas de Ninville fit imprimer, *Apparatus Lat. Auctore Alexandro Scot.* in quarto en 1669. Il fut Adjoint de sa Communauté en 1639. Il a laissé un fils nommé Robert, receu Libraire le seiziéme Septembre 1655. mort en 1688.

Jacob Duval fils de Denis, dont il est parlé cy-devant page 201. fit imprimer, le grand Chambellan de France in 4. & autres ouvrages. Sa marque estoit un homme à cheval, avec ces mots pour devise, *Non vi, sed ingenio*, qui estoit celle de son pere. Il fut Adjoint de sa Communauté en 1629. & eut plusieurs enfans de Claude Courtois son épouse, sçavoir Denis né le deuxiéme Septembre 1611. receu Libraire le huitiéme Mars 1635. & François receu Libraire le dix-neufiéme Octobre 1656.

La Compagnie des Libraires du Palais, qui avoit pour mar-

ET DE LA LIBRAIRIE, Liv. II.   247

que un Pommier, avec des enfans qui abbatoient le fruit, & pour devise ces mots : *Te annuente bonis*, estoit composée des sieurs *Thomas de la Ruelle*, *Claude Collet*, *Pierre Rocollet*, *Guillaume Loison*, *Rolin Barrangues*, *Iacques Villery*, *Antoine Robinot*, *Martin Collet*, & *Antoine Alazart*, qui imprimerent ensemble la Pratique Judiciaire Civile, & Criminelle, par Jean Imbert in quarto en 1622. Cleothée, ou les chastes Avantures d'un Candien & d'une Natolienne in octavo en 1624. & autres.

NICOLAS DE MATHONIERE fit imprimer, *Theatrum Floræ, in quo ex toto orbe selecti, mirabiles, venustiores, ac præcipui flores tanquam ab ipsius Deæ sinu proferuntur*, in folio en 1622.

La Compagnie des Libraires, qui avoit pour marque cinq sources d'eau qui se rendent en une riviere, avec ces mots pour devise : *Sic minimis possunt componi flumina*, & qui mettoit au bas de ses Livres, *Apud Societatem Minimam*, estoit composée des sieurs *Ioseph Cottereau*, *Sebastien Chapellet*, *Abraham Pacart*, *Iacques Quesnel*, *Denis Moreau*, & *Samuel Thiboust*, lesquels impriment ensemble, *Blosii opera* in quarto en 1622. *T. Livius Diversorum Gruteri* in folio en 1625. & autres.

SAMUEL PINSOT.
HONORÉ BRESSE.
 — Ces deux receus Libraires le 7. Juillet.

JEAN MICHELAIN receu le vingt Septembre, son fils NICOLAS receu Libraire le 17. Mars 1653.

NICOLAS FILLIETTE, receu le dix-septiéme Novembre, son fils NICOLAS receu le onziéme May 1651.

1622. desquels je n'ay point trouvé de Livres imprimez à leurs noms.

JACQUES VILLERY fit imprimer le nouveau Cynée d'Edme *à Cruce* en 1623. les Oeuvres de Grimaudet in octavo en 1623. *Scævolæ & Abelis Sammarthanorum Opera*, in quarto en 1633. & plusieurs autres qui l'ont fait considerer pour un des habiles Libraires de son temps, il deceda l'an 1677. laissant plusieurs enfans ; sçavoir CHARLES receu Imprimeur & Libraire le 16. Novembre 1651. JACQUES receu Imprimeur & Libraire le dix-septiéme Janvier 1674. par Arrest du Conseil d'Estat, lequel se fait distinguer par la grande connoissance qu'il a des bons Livres; & MAURICE aussi receu Libraire le septiéme Septembre 1683.

JACQUES DAMPIERRE épousa Geneviéve Bourriquant, laquelle mourut le troisiéme Juillet 1620. Il fit imprimer Decret ou Constitution de N. S. Pere le Pape Gregoire XV. touchant les Privileges des Exemts, &c. in octavo en 1623. Il fut receu Libaire à Paris le septiéme Avril 1633.

PIERRE DE BRESCHE fit imprimer, *Vespasiani Robini Enchiridion Isagogicum ad facilem notitiam stirpium tam Indigenarum quàm Exoticarum*, in octavo en 1623, Abregé des Vies des principaux Fondateurs des Religions de l'Eglise, par le R. Pere Binet in octavo en 1636. Années Chrestiennes du Pere Bonnefons in douze deux volumes en 1640. Il eut de Marie Carré son épouse deux fils, sçavoir CHARLES dont nous parlerons dans la suite, & PIERRE receu Libraire le vingt-quatriéme Janvier 1647.

JACQUES DE LA CARRIERE fut receu Libraire le vingtiéme Septembre 1622. & fit imprimer en 1623. les cent cinquante Pseaumes de David en vers par Monsieur des Portes in douze. Il eut de Nicole Martin son épouse un fils nommé ROBERT, receu Libraire à Paris le septiéme Janvier 1655.

ADRIAN BACCOT imprima le Bouquet sacré par le Pere Boucher in octavo en 1623. Oeuvres Spirituelles de Loüis de Grenade traduit par Nicolas Soulfour in folio en 1628. Il estoit un des habiles Imprimeurs de son temps.

PIERRE DUPUIS fut receu Libraire en 1621. il épousa Anne l'Abbé, dont il eut THOMAS né le vingt-quatriéme Septembre 1623. & receu Libraire à Paris le 2. Aoust 1646.

HENRY SARRA fut receu Libraire & Imprimeur le vingt-sixiéme Aoust 1621. il imprima le Reveil-matin des Courtisans par Hardy, in octavo en 1623. le Pacifique à Messieurs les Evesques, & Curez, in octavo en 1625. il prenoit la qualité d'Imprimeur de Monsieur.

EUSTACHE D'AUBIN, receu Libraire le vingt-sept Janvier 1622. fit imprimer, Traité des Tailles & Gabelles, par Ducrot in octavo en 1624. les Amours des Dieux par le sieur de la Serre in octavo en 1626.

La

ET DE LA LIBRAIRIE, Liv. II.   249

La Compagnie des Libraires qui mettoit au bas de ses Livres cette inscription, *Lut. Paris. Typis Regiis apud Societatem Græcarum Editionum*, estoit composée des sieurs MOREL, SONNIUS, CRAMOISY & BUON, qui firent imprimer par ANTOINE ESTIENNE, *Plutarchi opera* in folio quatre volumes *Gr. Lat.* en 1624. *Xenophontis opera Gr. Lat.* in folio en 1625. *Aristotelis opera* in folio deux volumes *Gr. Lat. cum notis Duval* en 1629. *Strabonis opera* in folio *Gr. Lat.* & plusieurs autres.

PIERRE CHENAULT, receu Imprimeur & Libraire le sixiéme Juin 1622. imprima, Discours, comme la sainte Larme de Nostre Seigneur a esté apportée en France, &c. in octavo en 1623. Son fils CHARLES fut receu Imprimeur & Libraire le dix-neufiéme Juillet 1641. il a esté Adjoint de sa Communauté, & a un fils nommé aussi CHARLES, receu Imprimeur & Libraire l'onziéme Septembre 1683. par Arrest.

DOMINIQUE LE CUIROT fit imprimer avec JACQUES QUESNEL, le Magazin des Sciences, ou l'Art de Memoire par Schenkelius, traduit par Adrian le Cuirot frere de ce Dominique, in douze en 1623.

JEAN PROME' fut receu Libraire le sixiéme May 1623. il fit imprimer *Oblatio salis, sine Gallica lege salis condita, &c.* in octavo en 1641. *Davissonis Cursus Chimiatricus*, in octavo en 1642. avec des figures. Il laissa plusieurs enfans, entr'autres un nommé FRANÇOIS, receu Libraire le huitiéme May 1664.

{ PIERRE LE MAIRE   } receus Libraires l'onziéme
{ FRANÇOIS LE BRASSEUR }   May 1623.

NICOLAS DE LA VIGNE, receu Imprimeur & Libraire le deuxiéme Avril 1620. imprima, l'Unité de la Religion défenduë contre l'ancienne Heresie, in octavo en 1624. *Philosophiæ Cursus Auctore Raconis*, in octavo trois volumes en 1631. & avec MATHURIN HENAULT, & NICOLAS DE LA COSTE, Entretiens des bons Esprits sur les vanitez du monde par le sieur de la Serre, in octavo avec figures en 1631.

CLAUDE SONNIUS Parisien, fils de LAURENT dont nous avons parlé cy-devant page 184. fut receu Imprimeur & Libraire le 2. May 1624. il épousa en 1625. Marie Buon fille de Libraire, & commença à faire imprimer Description generale du Monde, par Davity in folio six volumes en 1627. r'impri-

PARIS.
1624.

mée depuis, & plus ample, *Optati Milevitani opera* in folio en 1631. aussi r'imprimé chez JEAN DUPUIS, avec des augmentations de Ph. Prieur, *S. Cyrillus Hierosolymitanus, ac Synesius Gr. Lat.* in folio en 1631. qui est assez rare & estimé des Sçavans, l'Histoire de France par Dupleix in folio en cinq volumes en 1631. & plusieurs autres Livres, qui l'ont fait passer pour un tres-habile Libraire. Il avoit pour marque le Compas d'or, qui estoit celle de son pere. Il fut en societé en plusieurs Compagnies de Libraires pour l'impression de beaucoup de bons Livres, particulierement avec le sieur DENIS BECHET qui luy succeda à son fonds de Librairie, qui estoit un des plus considerables de Paris. Ce fut luy qui fonda l'Hospital des Religieuses de Gentilly prés Paris, en leur donnant la maison qu'il y avoit, & ses dépendances qui estoient considerables.

JACQUES JACQUIN fils, fut receu Imprimeur & Libraire le deuxiéme May 1624. il fit imprimer le Bombardier Venitien, Dialogue traduit de l'Italien du sieur de Chabanes, in quarto en 1632. & autres.

MICHEL PERIER
MARTIN CHASTELLAIN son fils PIERRE receu le 23. Janvier 1659.
} receus Libraires le 28. Fevrier
MICHEL DAUPLET
JEAN SAVIGNAN

ROBERT GREGOIRE, fils de FRANÇOIS, receu le 3. Octobre

JEAN HUNGER
FRANÇOIS DUMAYS fils de FRANÇOIS.
} ces deux receus le 24. Octobre

1624. je n'ay point trouvé de Livres imprimez aux noms de tous ces Libraires.

CLAUDE BAUGE, receu le quatorze Novembre

CLAUDE BOUDINET le cinquiéme Decembre

Son fils MATHIEU, receu Libraire & Imprimeur le 4. Aoust 1650.

ET DE LA LIBRAIRIE, Liv. II. 251

Loüis Perier fut receu Libraire le septiéme Novembre 1624. il fit imprimer la Pasque Chrestienne de Mestrezat in douze en 1632. & autres, & laissa un fils nommé Nicolas, receu Libraire le vingt-huit Mars 1645.

PARIS, 1624.

Jean Martin, gendre de Pierre Berjon Libraire, fut receu Libraire le troisiéme Octobre 1624. il fit imprimer avec Jean de la Tourette le Mercure Suisse in octavo en 1634. & autres. Il laissa un fils nommé Pierre, receu Libraire le vingtiéme May 1655.

Eseienne Richer, qui est le mesme dont nous avons parlé cy-devant page 175. imprima *Historia Pontificiæ Iurisdictionis*, in folio en 1625. Stile de la Chancellerie par le sieur l'Ecuyer in octavo en 1628. les Plaidoyers de Monsieur Servin in folio en 1630. les Oeuvres de Monsieur Choppin traduites par Tournet in folio trois volumes en 1635. & r'imprimées en cinq volumes in folio chez Charles du Mesnil en 1662. qui est la meilleure édition. *Martyrologium Gallicanum Auctore du Saussay*, in folio deux volumes en 1637. les Offices de France in folio deux volumes en 1638. Sa marque estoit un Arbre verdoyant où il y a peu de fruits, avec un homme qui prend une pomme, avec ces paroles : *Assez à qui se contente* : elles se trouvent aussi en Grec dans quelques Livres expliquez ainsi : *Le content est riche*, faisant allusion à son nom. Il fut Adjoint de sa Communauté en 1622.

Claude Griset fit imprimer, *Sacræ Facultatis Theologiæ Parisiensis Censura in seditiosum Libellum qui inscribitur, Admonitio ad Ludovicum XIII. Galliæ & Navarræ Regem*, in octavo en 1635. Le Nonce du Pape au Peuple François, sur le sujet de la Guerre contre l'Espagnol, in octavo en 1636. Il fut receu Libraire le quatriéme Septembre 1631.

Denis Decay fut receu Libraire en 1621. il fit imprimer les Amours du Roy & de la Reyne, sous les noms de Jupiter & de Junon, par le sieur de la Serre in quarto en 1625. & avec Eustache Daubin Libraire, Traité des Aydes, Tailles & Gabelles, &c. par Ducrot in octavo en 1629.

Loüis Feugé receu Imprimeur & Libraire le dix-huit Janvier 1625. imprima la mesme année, *Nicolai Ianuarii Canonici & Archidiaconi Carnotensis Archidiaconus, seu de ipsius jure &*

PARIS.
1625.

Officio Liber, in douze. Travaux de Perſilis & de Sigiſmonde in octavo en 1626. Il fut Adjoint de ſa Communauté en 1632. Son neveu SEBASTIEN fut receu Imprimeur & Libraire le vingt-ſixiéme Janvier 1645. qui fut auſſi Adjoint de ſa Communauté, & un tres-habile Imprimeur pour les Uſages.

NICOLAS FREMIOT fit imprimer, *Libri duo de arte bene moriendi per Rob. Bellarminum*, in douze en 1625. *Breviarium Monaſticum*, in douze en 1632. & avec SEBASTIEN HURE' & LOÜIS BOULANGER, *Summa Divi Thomæ* in folio en 1644. Il fut Adjoint de ſa Communauté en 1643.

ANTOINE DE LA PERRIERE imprima, Recüeil des Edits concernans les Charges des Prevoſts, &c. par Bourſier, in octavo en 1628. les Oeuvres Chreſtiennes de Monſieur de la Serre in folio en 1648. Il fut receu Libraire en 1618.

OLIVIER DE VARENNES, fils d'OLIVIER dont nous avons déja parlé p. 200. fu. treceu Libraire & Imprimeur le douziéme Juin 1625. Il fit imprimer, *Tertulliani Opuſcula cum obſerv. Rigaltii*, in octavo 1628. le Mercure François des années 1636. 1637. in octavo en 1639. *Codex Medicamentarius, ſeu Pharmacopæa Pariſienſis*, in quarto en 1638. Il avoit pour marque le Vaſe d'or verſant de l'eau ſur des fleurs, avec ces mots : *Petit à petit*. Il a laiſſé un fils nommé OLIVIER, receu Libraire & Imprimeur à Paris le quatriéme May 1656.

ROLET BOUTONNE' Fondeur de caracteres d'Imprimerie, fut Adjoint de ſa Communauté en 1626. Il fit imprimer la Somme Beneficiale de Bouchel in folio en 1628. (ce Livre eſt fort eſtimé pour les matieres Beneficiales, & aſſez rare,) c'eſt ce qui a obligé les Libraires à le faire reimprimer en deux volumes in folio avec des additions de M. Claude Blondeau Avocat. Il eut quelques enfans, entr'autres ROLET, receu Libraire à Paris le vingt-un Octobre 1666. Voicy ſon Epitaphe qui ſe lit dans l'Egliſe de S. Hilaire.

Cy-devant giſt & repoſe le Corps de défunte honnorable femme MARIE ESCHARD, vivante femme de honnorable homme ROLET BOUTONNE' Marchand Libraire & Bourgeois de Paris, laquelle deceda le 28. Iuillet 1632. & a legué à l'Oeuvre & Fabrique de ceans la ſomme de cent livres tournois, à la charge de faire chanter & celebrer à perpetuité chaque année le jour de ſon de-

cez par les Marguilliers de ladite Fabrique, un Service complet, & fournir de toutes choses à ce necessaires, ainsi qu'il est porté par le contract passé pardevant Poictevin, & Cressé Nottaires au Chastellet de Paris le vingt-huitiéme Aoust 1635. Et ledit Boutonné est decedé le vingt-deuxiéme Septembre 1639. & a legué à ladite Oeuvre la somme de trente livres pour une fois payer, à la charge de faire dire tous les ans au jour de son decez une Messe basse pour le salut de son Ame.

Priez Dieu pour leurs Ames.

TOUSSAINT QUINET fut receu Libraire le quatriéme Septembre 1625. il fit imprimer l'Honneste Homme, ou l'Art de plaire à la Cour, in quarto en 1634. Apologie contre les accusations faites contre l'Abbé de Croisilles in quarto en 1643. & autres, où il mettoit pour marque un Jet d'eau, avec ces mots: *Heureux qui naist ainsi*, faisant allusion à son nom. Il laissa plusieurs enfans, entr'autres un fils nommé TOUSSAINT receu Libraire le dix-neufiéme Octobre 1651. & une fille qu'il donna en mariage à GUILLAUME DE LUYNE, qui a esté receu Libraire le dix-neufiéme Octobre 1651. & qui se fait considerer par le grand nombre de Livres qu'il fait imprimer, tant en compagnie qu'en son particulier. Il a esté Adjoint de sa Communauté en 1668.

JACQUES REBUFFE' fut receu Imprimeur & Libraire le dix-neufiéme Septembre 1624. & imprima en 1625. les Commentaires de Cesar, par Antoine de Baudole in quarto, & autres Livres. Il avoit l'Arche de Noé pour marque. Il épousa Barbe Michelle, dont il eut quelques enfans. Il est mort au mois d'Avril de l'année 1663.

NICOLAS CALLEMONT fit imprimer, l'Histoire naturelle du Balladin Mondain, par de la Barre in octavo en 1625.

GERVAIS ALLIOT fut receu Imprimeur & Libraire le 21. Janvier 1621. & fit imprimer, Notice des Dioceses de l'Eglise par Jean Tournet en 1625. le grand Poüillé de France, in quarto onze vol. en 1626. & années suivantes. Les Estats & Empires du Monde, in folio en 1627. *Ioan. de Selva de Beneficiis, cum notis Caroli Molinæi*, in quarto en 1628. (ce Livre est fort recherché pour les matieres Beneficiales, & assez rare;

il a esté r'imprimé dans la derniere édition de Dumoulin de 1681.) Arrests de Filleau in folio deux volumes en 1631. (ce Livre est estimé des Sçavans.) Histoire de Bretagne, par le Baud in folio en 1638. *Gallia Christiana*, in folio quatre volumes en 1656. Coustumes d'Angoumois, &c. par Jean Vigier in folio en 1650. & autres Livres, particulierement des Coustumes, & Livres de Droit, dont il faisoit un tres-grand commerce. Il eut plusieurs enfans de Marguerite le Blond son épouse, sçavoir GILLES né le sixiéme Janvier 1636. receu Libraire & Imprimeur le vingt-six Janvier 1662. qui luy succeda à son fonds de Librairie.

PHILIPPE GAUTIER, receu Libraire & Imprimeur le neufiéme Janvier 1625. imprima *Synopsis universæ Theologiæ Moralis, auctore Vincentio Filliacio*, in douze en 1630 Il avoit pour marque le Pelican, avec ces mots : *In me mors, in me vita*.

ROBERT FEUGE' frere de LOÜIS, fut receu Libraire Juré, il imprima la Sagesse de Charron in octavo en 1625. *Senectus Veneranda* in quarto en 1637. *Æsopi Fabulæ Gr. Lat.* in quarto en 1641. Il estoit tres-habile Imprimeur pour les Usages rouges & noirs. Il fut Adjoint de sa Communauté en 1630. Il eut plusieurs enfans de son mariage avec Françoise Durand fille de PIERRE, dont il est parlé cy-devant entr'autres ROBERT né le septiéme Octobre 1619. receu Imprimeur & Libraire à Paris le treiziéme Septembre 1644. Françoise née le douziéme Janvier 1622. & mariée à JEAN DE LA CAILLE Imprimeur & Libraire, dont nous parlerons dans la suite.

ANDRE' SOUBRON fut receu Libraire le seiziéme Janvier 1625. Il épousa en premieres nôces Perrette Quinet. Il fit imprimer le Transport du Dauphiné, fait à la Maison & Couronne de France par le Dauphin de Viennois l'an 1343. par le sieur Balesdens in octavo en 1639. Il fut Adjoint de sa Communauté en 1653. ensuite Syndic en 1667. jusqu'en 1670. Il eut pendant son Syndicat pour Adjoints les sieurs *P. Variquet, N. Pepingué, G. de Luyne, & C. Josse*. Il deceda le quatorziéme Octobre 1684. & fut enterré à saint Hilaire. Il laissa plusieurs enfans, entr'autres JEAN ANDRE' receu Libraire le deuxiéme May 1658.

NICOLAS GASSE épousa Loüise Mathieu le dix-neuf

Janvier 1620. Il fut receu Imprimeur & Libraire le sixiéme Fevrier 1625. & imprima *Petri Bensfeldii Enchiridion Pastorale, &c.* in octavo en 1627. Relation des Voyages de Monsieur de Breves in quarto en 1628. Histoire de France ; par Jean de Serres en 1631. (Nous avons de ce mesme Auteur ce beau Platon in folio, trois volumes en 1578. imprimé par HENRY ESTIENNE, dont nous avons parlé cy-devant.) Il fut Adjoint de sa Communauté en 1633. & eut quelques enfans, entr'autres LOÜIS, receu Imprimeur & Libraire le vingt-septiéme Mars 1653.

PARIS. 1625.

FRANÇOIS PIOT, receu Libraire le sixiéme Octobre 1625. fut Adjoint de sa Communauté en 1651. Il fit imprimer *Claudii le Petit de Spiritibus creatis Tractatus tres, &c.* in quarto en 1641. l'Image de la Vertu, & du Vice, &c. in octavo en 1643. Il a laissé plusieurs enfans, entr'autres JEAN, receu Libraire le vingt-deuxiéme Decembre 1644. LOÜIS receu Libraire le trentiéme Septembre 1649. & JEAN aussi receu Libraire le vingt-quatriéme Avril 1652.

JEAN GUIGNARD fut receu Libraire le seize Octobre 1625. il épousa en premieres nôces Anne Balagny le quatriéme May 1627. Il fit imprimer l'Histoire de Melun par Sebastien Roüillard in quarto en 1628. le Commentaire d'Adam Theveneau sur les Ordonnances, in quarto en 1629. Coustumes de Chauny par Vrevin in quarto en 1641. les Droits honorifiques des Seigneurs, par Mareschal in quarto en 1645. r'imprimez depuis plusieurs fois in douze, il fit aussi imprimer plusieurs Livres en Compagnie, comme les Arrests de Loüet in folio, Coustume de Paris par Brodeau in folio, les Oeuvres de Loyseau in folio, de Bacquet in folio, de Coquille en deux volumes in folio, les Opuscules de Loysel in quarto assez rares, & autres. Il mourut le dixiéme Avril 1676. & laissa plusieurs enfans, entr'autres JEAN, receu Libraire & Imprimeur le quatorziéme Novembre 1652. qui a esté Adjoint de sa Communauté en 1674. & qui se fait distinguer par le grand nombre de bons Livres qu'il a fait imprimer, tant en particulier qu'en société, comme les Oeuvres de Chopin en cinq volumes in folio, le Journal des Audiances in folio en quatre volumes, & du Palais en dix in quarto, les Oeuvres de Monsieur Ricard en trois volumes in folio, le Parfait Negociant in quarto, les Pateres in quarto, les Instituts du Droit Consulaire par M. Toubeau Libraire, in quarto, le nouveau Traité des Criées par le sieur Bruneau in quarto, Institution du Droit Romain, &c. in quarto, & autres. Il a fait aussi recevoir un de ses fils Libraire, nommé MICHEL, le seiziéme Septembre 1686.

AUGUSTIN TAUPINART fut receu Libraire le seiziéme Octobre 1625. Il fit imprimer plusieurs Livres, entr'autres, *Duo Poëmata, &c.* in quarto en 1635.

GUILLAUME LOISON fit imprimer *Psalterium Davidis Latinè ad Hebraïcam fidem, per Rodolph. le Maistre translatum*, in douze en 1625. le Secretaire des Amans par le sieur de la Serre in octavo en 1625. Diversitez naturelles de l'Univers, &c. in octavo. *Quæstiones de Bestia Arroy*, en 1634. Sa marque estoit un Embléme de l'Amour, representé par un Bucher allumé par deux Amours, sur lequel est le Globe du Monde, & sur ce Globe une Salamandre dans les flâmes, avec ces paroles : *Nous brûlons le monde, en brûlant je vis, c'est pour le conserver*. Il fut Adjoint de sa Communauté en 1631. & eut deux fils de Nicole Morel son épouse; sçavoir JEAN BAPTISTE, receu Libraire le vingtiéme Octobre 1639. & ESTIENNE, receu aussi Libraire le vingt-un Octobre 1655. Ce dernier a esté Adjoint de sa Communauté en 1670. JEAN BAPTISTE a eu un fils nommé HENRY, receu Libraire le huitiéme Octobre 1664.

LAURENT SAUNIER fils de JEAN, dont il est parlé page 183. fit imprimer *Opuscula sancti Merigonii*, in octavo en 1625. Il fut receu Imprimeur & Libraire à Paris le dix-septiéme Janvier 1628. & eut quelques enfans de Michelle Pasquer son épouse, sçavoir GABRIEL, receu Libraire le vingt-sixiéme Aoust 1666.

FRANÇOIS TARGA Imprimeur de Monseigneur l'Archevesque de Paris, imprima Apologie pour les grands Hommes accusez de Magie in octavo, par Naudé en 1625. Addition à l'Histoire de Loüis XI. par le mesme Naudé in octavo en 1630. Plaidoyers de Monsieur de Boné in octavo en 1638. Il a laissé deux fils; l'un nommé FRANÇOIS, & l'autre GABRIEL, receu Imprimeur & Libraire le dixiéme Juillet 1653.

PIERRE LAMY receu Libraire & Imprimeur le neufiéme
Decembre

Decembre 1625. il fit imprimer les Ambassades & Negociations du Cardinal du Perron in octavo en deux volumes, en 1633. *P. Athanasii Rhetoris Byfantini Opuscula Philosophica*, in quarto en trois volumes, en 1642. plusieurs Traductions de M. l'Abbé de Marolles, comme Virgile, Plaute, Terence, Seneque, Ovide, & autres, qui l'ont fait passer pour un des habiles Libraires de son temps, ayant laissé un fonds de Librairie très-considerables à sa veuve, qui fût remariée à LOUIS BILLAINE, dont nous parlerons cy-aprés.

ANTOINE DE CAY, receu Libraire le trentiéme Janvier.
CLAUDE VIMONT, receu le troisiéme Avril, & son frere MATHURIN.
JACQUES COMPAING, receu le troisiéme Juillet
Son fils PIERRE, receu le seiziéme Fevrier 1661.
JACQUES TRAVERS, receu le dix-septiéme du mesme mois.
NICOLAS CARRE' le sixiéme Octobre

1625. je n'ay point trouvé de Livres imprimez à leurs noms.

NOEL CHARLES receu Imprimeur & Libraire le dix-neufiéme Novembre 1623. imprima avec ROBERT ESTIENNE, *Synopsis Mathematica auctore Merfennio* en 1626. & pour SIMON PIGET *S. Augustini Confessiones studio Reverendi Patris Sommalii*, in octavo en 1633. & à son nom seul, Abregé de la Vie de saint Maxime, par Jean Treroude, in octavo en 1635. Divers Traitez de S. Cyprien en 1642. & autres. Il avoit pour marque trois Couronnes, avec ces paroles : *Manet ultima cœlo*, qui faisoient autrefois la devise de Henry III. Roy de France.

JEAN BOÜILLETTE fit imprimer, *Euclidis Elementa*, in octavo en 1626.

JACQUES DU GAST fut receu Imprimeur & Libraire le vingtiéme Juillet 1626. il estoit Imprimeur du Roy, il imprima Divins Mysteres de la Philosophie Platonique, par Rod. le Maistre in octavo en 1628. le Guidon des Prestres par Morestel en 1634. *Horti Ruellani*, *auct. Priezaco*, in quarto en 1640. Il avoit pour marque l'Olivier.

JACQUES DALLIN fils de RENE', dont nous avons parlé cy-devant, fut receu Libraire le 5. Novembre 1626. Il fit imprimer plusieurs livres en société, & en son nom, sçavoir *Pisonis Medicinales Observationes & Consilia*, in quarto en 1635. & autres qui l'ont fait estimer dans sa Communauté, dont il fut Adjoint en 1659. Il laissa plusieurs enfans, entr'autres trois filles, dont une fut mariée à THOMAS JOLLY, receu Libraire le treiziéme Fevrier 1648. qui a esté Adjoint de sa Communauté en 1664. une autre à SIMON BENARD, receu Libraire le vingt-cinquiéme Septembre 1659. & l'autre à BARTHELEMY RIVIERE, Libraire à Lyon.

GABRIEL CRESSONNET fit imprimer, Miracle arrivé à Nostre-Dame de Paris, in octavo en 1626.

BERNARD PICARD, fut receu Libraire en 1626. il épousa Geneviéve Michon, dont il eut ESTIENNE né le vingt-quatriéme Octobre 1632. & receu Imprimeur & Libraire le vingt-sixiéme Aoust 1666.

PIERRE DOULCEUR.
JEAN REMICHON.
JEAN DE LA HAYE.
SEBASTIEN DURANT.
PIERRE ROBIN.
Son fils JEAN, receu le quinziéme Mars 1657.
JEAN LE SUEUR.
PIERRE CHAMPENOIS receu le vingt-quatriéme May 1626.
JEAN DONY receu le 4. Juin 1626.
PIERRE FREMONT receus le dix-septiéme Septembre 1626.
NICOLAS CAVELIER le quinziéme Octobre 1626.
Son fils GUILLAUME receu Libraire le quinziéme Mars 1657. qui a eu un fils nommé aussi GUILLAUME, receu le 10. Sept. 1683. dont nous parlerons cy-aprés.

ceux-cy tous gendres de Libraires furent receus le 30. Avril 1626.

ET DE LA LIBRAIRIE, Liv. II.

JACQUES COCHART le douziéme Novembre 1626.

NICOLAS DE FORGES receu Libraire, & Fondeur de caracteres d'Imprimerie, le 23. Decembre 1626.

MICHEL BALAGNY fit imprimer les Lettres du Cardinal d'Ossat in folio en 1626. Commentaires sur les Ordres, où sont traittées les matieres Beneficiales, tant Criminelles que Civiles, par Adam Theveneau in quarto en 1629. Il eut un fils nommé MICHEL, né le vingt-deuxiéme Mars 1618.

THOMAS LE ROY fils de JACQUES, fit imprimer les Esclaves, ou l'Histoire de Perse, par le Pere du Verdier in octavo en 1627. Il fut receu Libraire le vingtiéme Juillet 1628. & son fils JEAN le dix-septiéme Septembre 1654.

JEAN GUILLEMOT imprima quelques pieces volantes, comme l'Entrée de la Reyne dans la ville de la Rochelle, in octavo en 1632. Il fut Adjoint de sa Communauté en 1637.

CARDIN BESONGNE fut receu Libraire l'onziéme Fevrier 1627. il fit imprimer le Gentil-homme parfait, &c. in octavo en 1631. l'Histoire des Dignitez honoraires de France par le sieur de saint Lazare en 1635. les Genealogies des Presidens du Parlement de Paris in folio en 1647. & autres. Il avoit pour marque des Roses, avec ces mots : *Ex dolore gaudium*, Il mourut en May 1671. & laissa plusieurs enfans de Louïse Bourdon son épouse, entr'autres NICOLAS, Aumosnier du Roy, & Auteur de l'Estat de la France, in douze deux vol. imprimé chez son frere AUGUSTIN, qui a esté receu Libraire le 15. Decembre 1661. & qui a aussi fait imprimer plusieurs autres Livres tant en compagnie qu'en son nom, comme d'Arithmetique du sieur le Gendre in quarto, le Dictionnaire Civil & Canonique in quarto, les Arrests de Monsieur Bardet in folio deux volumes, le Praticien François in quarto, & plusieurs autres.

LOUIS VANDOME fut receu Libraire le premier Juillet 1627. il fit imprimer, Histoire du Progrez du Roy en Suede & Allemagne, in octavo en 1631. Histoire de Jean II. Roy de Portugal, in octavo en 1641. & plusieurs autres Livres. Il laissa un fils nommé LOUIS, qui fut receu Libraire le deuxiéme Septembre 1650.

MATHIEU COLOMBEL fils de ROBERT cy-devant page 165. épousa Geneviéve de la Veine. Il fut receu Libraire le quatorziéme Octobre 1627. & imprima la Poursuite du sieur Mestrezat Ministre de Charenton in octavo en 1632. *Meditationes Theologi Solitarii Auctore d'Aulberoche*, in octavo en 1639.

JEAN GERMONT, & JEAN BILLAINE, l'un receu Libraire le vingt-neufiéme Juillet 1627. & l'autre receu le vingt-uniéme Fevrier 1629. ont fait imprimer ensemble *Martyrologium Ordinis Divi Benedicti. auct. Hugone Mesnard*, in octavo en 1629. *S. Bernardi opera cum notis*, in folio en 1632. *Maldonatus in Evangelia*, in folio en 1639. & au nom seul de GERMONT *Cujacii opera*, in folio six volumes en 1637. BILLAINE fit aussi imprimer plusieurs autres Livres. Il estoit le seul Libraire de tout l'Ordre de saint Benoist. Il avoit pour marque l'image de saint Augustin, avec ces mots, *D. Aurelius Augustinus Ecclesiæ Doctor*, & quelquefois deux mains tenant un cœur enflamé, avec ces paroles, *ex arduis pax & amor*. Il a laissé un fils nommé LOÜIS, qui fut receu Imprimeur & Libraire à Paris le vingt-quatriéme Avril mil six cens cinquante-deux. Il succeda à son pere dans son fonds de Librairie. Il fut comme luy le seul Imprimeur de tout l'Ordre de saint Benoist. Il se rendit illustre par son sçavoir, & par sa capacité, qui l'ont fait estimer pour un des plus habiles Libraires de ce temps, ayant mesme laissé un fonds de Librairie des plus considerables de cette ville. Il entendoit les Langues Grecque, Latine, Italienne & Espagnole, dans lesquelles il s'estoit rendu capable par les voyages qu'il avoit faits. Il avoit des correspondances, & plusieurs Magazins de Livres dans les pays estrangers, dont le principal estoit à Rome, où il a entretenu à ses gages le sieur CROZIER Libraire, à qui avant sa mort il vendit ce qui luy restoit de Livres à Rome pour la somme de 25000 liv. à quoy il s'estoit reduit par son Testament, en reconnoissance des bons services qu'il avoit receus de luy. Il s'est encore fait distinguer d'entre les autres Libraires de son temps par des Epistres dedicatoires, des Avis & Prefaces de sa composition, dont il ornoit la pluspart de ses Livres. Il fit imprimer plusieurs ouvrages considerables, entr'autres *Bibliotheca Iuris Canonici veteris Gr. Lat. cum notis Christophori Iustelli* in folio deux volumes en 1661. lequel Livre a passé aprés sa mort à

JEAN JOMBERT Libraire. *Glossarium infimæ Latinitatis, auct. du Cange*, in folio en trois volumes, qui a passé pareillement après sa mort à CHARLES OSMONT Libraire; *Familiæ Bysantinæ*, du mesme Monsieur du Cange in folio, *De re Diplomatica* du R. Pere Mabillon, in folio en 1681. qui est le dernier Livre qu'il fit imprimer, qui a passé à JEAN BOUDOT, lesquels Livres cy-dessus sont fort estimez des Sçavans. Il mourut à Paris le vingt-cinquiéme Aoust 1681. jour de sa Feste, & fut enterré à saint Severin sa Paroisse, où il a fait quelques legs pieux, de mesme qu'aux Hospitaux de cette ville de Paris.

GEORGE JOSSE Imprimeur & Libraire à Paris, fut receu le deuxiéme Septembre 1627. Il épousa Denise de Heuqueville, fille de JEAN DE HEUQUEVILLE aussi Libraire, de laquelle il eut plusieurs enfans. En 1634. il fit imprimer l'Abregé de l'Histoire des Sarazins & des Mahometans, par Pierre Bergeron : en 1641. *Annales Ecclesiastici veteris & novi Testamenti, authore Saliano*, in folio six volumes; & ensuite quantité d'autres ouvrages considerables, à tous lesquels Livres il mettoit pour marque une Couronne d'Epines, avec ces mots, *In spinis collige rosas*. Il estoit de cette grande & fameuse Compagnie choisie par le feu Roy pour l'impression des Usages reformez, & des Peres de l'Eglise. Son merite & sa probité l'éleverent en 1651. à la Charge d'Ajoint de sa Communauté, & à celle de Syndic en 1659. jusqu'en 1661. & eut pendant son Syndicat pour Adjoints *A. Courbé, Sebast. Martin, Iacq. Dallin, Est. Maucroy, Pierre le Petit, & C. Morand*. Il mourut en 1678. & laissa pour ses successeurs GEORGE & LOÜIS receus Libraires le treiziéme Septembre 1686. lesquels negocient & soustiennent aujourd'huy ensemble son fonds de Librairie avec le mesme honneur & la mesme approbation. Il a encore eu d'autres enfans, entr'autres CLAUDE né l'onziéme Novembre 1659. receu Imprimeur & Libraire l'onziéme May 1661. qui mourut en 1670. après avoir succedé fonds de Librairie de feu JACQUES QUES'NEL, & avoir esté Adjoint de sa Communauté en 1668. Et Marguerite, qu'il donna en mariage à CHARLES ANGOT, receu Imprimeur & Libraire le vingt-troisiéme Septembre 1655. & de plus Libraire Juré, lequel a esté aussi Adjoint en 1671. & Syndic

PARIS.
1627.

de sa Communauté en 1679. & qui eut pour Adjoints pendant son Syndicat jusqu'en 1687. les sieurs *Martin le Prest*, *Pierre le Mercier*, *Jean Cochart*, *Jean de la Caille*, *Nicolas Maznel*, *Robert Jean B. de la Caille*. C'est à luy qu'on a l'obligation d'avoir fait lever les défenses du Roy, de recevoir aucun Imprimeur & Libraire à Paris; de mesme que c'est luy qui a contribué au nouveau Reglement de 1686. à la diligence duquel il a esté signifié, & executé.

CLAUDE MOREL fils de CLAUDE, dont il est parlé cy-dvant page 190. acheva de faire imprimer en 1627. quelques feüilles de *Athanasii opera Gr. Lat.* deux volumes in folio en 1627. & de *Libanii Orationes Gr. Lat.* in folio, que son pere n'avoit pû mettre au jour, la mort l'ayant surpris sur la fin de ces deux ouvrages. Il fit encore imprimer en 1631. *Theophylactus in quatuor Evangelia Gr. Lat.* in folio en 1631. & autres. Il mourut le quatorziéme Juin 1634.

CHARLES ROÜILLARD receu Libraire le premier Juillet 1627. fit imprimer les Grandeurs du Cordon de la Passion de N. S. par le P. Boucher in vingt-quatre en 1632.

JEAN TOMPERE l'un des plus habiles Imprimeurs & Libraires pour les Usages, a imprimé *Breviarium Romano-Monasticum*, *Officium B. Mariæ*, in vingt-quatre rouge & noir en 1629. & autres ouvrages. Il fut Adjoint de sa Communauté en 1635. & laissa plusieurs enfans qu'il avoit eu de Françoise le Plat, entr'autres un nommé JEAN, receu Imprimeur & Libraire le huitiéme Juin 1644. un autre nommé GILLES, receu aussi Imprimeur & Libraire le vingt-neufiéme Fevrier 1652. & une fille nommée Philippe, mariée à CHARLES COIGNARD, receu Imprimeur & Libraire le huitiéme Juin 1644. qui fut Adjoint de sa Communauté en 1653. & l'un des plus excellens Imprimeurs de son temps, ayant imprimé quantité de Breviaires, de Diurnaux, & de Missels à l'usage de Rome, rouges & noirs, & plusieurs autres ouvrages. Il a laissé plusieurs enfans, entr'autres JEAN BAPTISTE & CHARLES, tous deux receus Imprimeurs & Libraires le deuxiéme May 1658. JEAN BAPTISTE a succédé à DAMIEN FOUCAULT à la Charge d'Imprimeur ordinaire du Roy, & fut choisi en 1687. avec l'agrément de Sa Majesté, pour remplir la place de feu PIERRE LE PETIT dans celle d'Imprimeur &

Libraire de l'Academie Françoise, & pour achever l'impression du Dictionnaire de cette Academie. Il se fait distinguer par les ouvrages qu'il imprime journellement, & qu'il corrige luy-mesme; & il suffit de dire que la beauté & bonté des Livres qu'il a imprimez & qu'il imprime, comme sont *S. Ambrosii opera studio Monachorum Ord. S. Benedicti*, in folio deux volumes, l'Architecture de Vitruve avec des notes de Monsieur Perrault in folio, ornée de quantité de tres-belles figures, les Edifices antiques de Rome in folio, aussi ornez de tres-belles figures, l'Histoire de France composée par Monsieur de Cordemoy, & continuée par Monsieur l'Abbé son fils en plusieurs volumes in folio, les Lettres de saint Augustin traduites en François, in folio & octavo, les Arrests de le Prestre in folio, la traduction nouvelle de Rodriguez in quarto deux volumes, *Leonis Magni opera Pasch. Quesnel*, in quarto deux volumes, les Breviaires, & autres Usages de l'Ordre des FF. Hermites de Saint Augustin en mil six cens soixante-onze, & autres à l'usage de Rome, le font passer dans sa Communauté pour un tres-habile Imprimeur & Libraire dont il a esté Adjoint, & en est presentement Syndic, ayant eu pour Adjoints *Iean de la Caille*, *Nicolas Mazuel*, *André Cramoisy*, *Pierre Trabouillet*, *Pierre Aubouyn*, & *Charles Coignard* son frere, qui outre la qualité d'Imprimeur & Libraire, y a encore joint celle de Fondeur de lettres d'Imprimerie.

PARIS.
1627.

{
MATHIEU COULOMBET, receu Imprimeur & Libraire le quatorziéme Octobre

NICOLAS LE BLANC, receu Libraire, & Fondeur de caracteres d'Imprimerie le quatriéme Fevrier

MARIN VAUGON, receu Libraire le vingt Octobre, frere de NICOLAS cy-aprés.
} 1627. { je n'ay point trouvé de Livres imprimez à leurs noms.

JEAN BELLIEN, Imprimeur receu en 1627.

LOÜIS BOULANGER a fait imprimer *Meurise de Eucharistiâ*, in octavo en 1628. Preuves des veritez Catholiques, par Fr. Veron in octavo en 1629. Lieux communs pour faire voir la volonté de Dieu, in octavo en 1630. *Riolani opera*, in octavo deux volumes en 1638. Histoire Evangelique, &c. en 1643. Il prenoit la qualité de Libraire pour les Controverses, & avoit pour marque l'image de saint Loüis, avec ces mots pour devise, *Dominus lux mea est*. Il a laissé deux fils, sçavoir ANTOINE, receu Libraire & Imprimeur le vingt-deuxiéme Aoust 1647. & LOÜIS qui s'est fait depuis Secretaire du Roy.

LAURENT SAULNIER, c'est icy le mesme dont nous avons parlé cy-devant page 256. fit imprimer par ANTOINE VITRE' *Bibliothecæ Cordesianæ Catalogus*, in octavo en 1643. Ce Livre est fort estimé par le choix des Livres qu'il contient, & est assez rare. Il seroit à souhaiter que ceux qui dressent des Catalogues, & ceux qui desirent élever des Bibliotheques, prissent exemple sur ce Livre qui marque le nom de l'Imprimeur ou du Libraire, avec la ville & la datte, ce qui le rend un Catalogue parfait.

MATHURIN DUPUIS Parisien, receu Imprimeur & Libraire le vingtiéme Janvier 1628. fit imprimer *Excerpta Polybii, Diodori Siculi, &c. Gr. Lat.* in 4. en 1634. *Tertulliani opera cum notis Rigaltii & Pamelii*, in folio deux volumes en 1641. qui est la bonne édition, & plusieurs autres Livres, qui l'ont fait distinguer entre les plus habiles Libraires de son temps. Il avoit pour marque la Couronne d'or, avec ces mots : *Donec totum ambiat orbem*. Il eut plusieurs enfans d'Adrienne Brillet son épouse, entr'autres JEAN né le quatorziéme Octobre 1633. qui fut receu Imprimeur & Libraire le quatriéme Decembre 1653. qui a succedé à son fonds de Librairie & à sa marque, qui s'est fait considerer par son habileté, & son sçavoir dans le negoce de la Librairie, & par le grand nombre de bons Livres qu'il a fait imprimer, comme *Fromondus in Paulum* in folio, *Optati Milevitani opera* in folio, *Arcudius de Sacramentis* in quarto, *Anselmi opera* in folio, *Cypriani opera* in folio, *Usserii Annales* in folio, & autres. Il estoit de la grande Compagnie de la Navire pour les éditions des Peres de l'Eglise, & des Usages reformez, comme nous l'avons dit cy-devant. Il eut de Marie Mariette, petite-fille de GUILLAUME LE NOIR Libraire, plusieurs enfans, & mourut le

vingt-un

vingt-un Novembre 1675. & enterré à saint Benoist. Il laissa un fonds de Librairie des plus considerables de Paris, auquel a succedé Antoine Dezalier, receu Imprimeur & Libraire le huitiéme Février 1679 par Arrest du Conseil d'Estat du 5. dudit mois & an, qui épousa sa veuve, & qui se fait distinguer par les grands ouvrages qu'il fait imprimer actuellement.

Guillaume Baudry fut receu Imprimeur & Libraire le vingtiéme Janvier 1628. Il fit imprimer, Traité de l'Harmonie universelle du Pere de Mersennes, in octavo, & in folio en 1627. le mesme en Latin en 1636. ces mesmes ouvrages ont esté r'imprimez en François chez Sebastien Cramoisy, & sont assez recherchez des curieux. Il laissa un fils nommé René, dont nous parlerons cy-aprés.

Jean Jost fut receu Imprimeur & Libraire le vingt-sept Janvier 1628. il épousa Claude Fournet, dont il n'eut point d'enfans, il fit imprimer Instruction Chrestienne du Cardinal de Richelieu, in octavo en 1637. *Bellarminus in Psalmos*, in quarto en 1642. *Summa Theologiæ Scholasticæ M. Becani*, in folio en 1643. *Acta Ecclesiæ Mediolanensis*, in folio en 1643. & plusieurs autres Livres, qui l'ont fait passer pour un des plus habiles Libraires de son temps. Il fut Adjoint de sa Communauté en 1641. & avoit pour marque le S. Esprit, avec ces mots: *Ubi vult, spirat*.

Denis Houssaye receu Libraire le deuxiéme Mars 1628. imprima *El camino de los Iustos*, in octavo, en 1634. *Thomæ Campanella Ord. Præd. Disputationes Physicæ realis*, &c. in folio en 1638.

Jean Gesselin fils de Jean, dont nous avons parlé cy-devant page 204. fut receu Libraire & Imprimeur le deuxiéme Mars 1628. il fit imprimer en 1634. la Methode curatoire de la Maladie Venerienne, par Thierry de Hery in octavo.

Pierre Deshayes fils, l'un des habiles Imprimeurs de son temps, imprima le Praticien François in octavo en 1628. & la Maniere universelle des Cadrans au Soleil, par Bosse in octavo en 1643.

Isaac Dedin, receu Libraire le vingtiéme Avril 1620. fit imprimer *Dictionariolum Latino-Græco-Gallicum. Fred. Morellii*, in octavo en 1628. L'usage de Mecomettre, par Henrion, in octavo en 1630. Verité du S. Sacrement, par Teophile

Ll

PARIS
1628.

Bracher, in quarto en 1641. L'on voit à la premiere page du premier Livre pour marque l'Arche de Noé, avec ces mots, *Dabit Deus his quoque finem.*

GUILLAUME PELE' fut receu Libraire & Imprimeur le sixiéme Avril 1628. il imprima le Dictionnaire de Philibert Monet in quarto en 1628. *Instauratio antiqui Episcoporum Principatus per Nicolaum le Maistre* en 1632. *Granatensis Rhetorica Ecclesiastica*, in octavo en 1635. *Marsilii Ficini opera*, in folio deux volumes en 1641. & autres ouvrages. Il eut de Marguerite Vallier son épouse un fils nommé CLAUDE né le septiéme Octobre 1631. duquel nous parlerons dans la suite de cette Histoire.

CHARLES CHASTELAIN fils fut receu Libraire le neufiéme Aoust 1628. il fit imprimer *R. D. D. Ruperti opera*, in folio en 1638. qui est la bonne édition. *Tertulliani opera, auct. de la Cerda*, in folio deux volumes, en 1642. les Conferences du Droit François avec le Droit Romain, &c. par Antoine, in folio en 1644. & autres Livres, qui l'ont fait passer pour un tres-habile & entendu au commerce de la Librairie aussi bien que son pere dont nous avons parlé cy-devant, duquel il avoit la marque & devise; il laissa plusieurs enfans qu'il avoit eus de Marguerite Foüet son épouse, entr'autres MATHURIN receu Libraire le vingt-deuxiéme Decembre 1643.

CLOVIS COTTARD fut receu Libraire le cinquiéme Octobre 1628. il épousa Marguerite Kerver, fille de Libraire le dix-septiéme Janvier 1632. il fit imprimer *Titiani Pictoris celeberrimi opera* in 8. en 1633. *Æmilii Campelongi Patavini de Vermibus, de uteri affectibus, &c.* in quarto en 1634. *Aquapendente Medicina practica edita à Petro Bourdelotio*, in quarto en 1634. & autres Livres. Il laissa un fils nommé PIERRE, qui fut receu Libraire le vingt-cinquiéme Avril 1658.

NICOLAS DE LA COSTE fut receu Imprimeur & Libraire le douziéme Octobre 1628. il estoit sçavant, & entendoit parfaitement les Langues Latines & Espagnoles, comme il paroist par la Traduction qu'il nous a donnée des Voyages d'Herrera in quarto en trois volumes, dont il reste encore sept Decades à imprimer, & plusieurs autres ouvrages. Il estoit associé avec son frere JEAN, qui fut receu Imprimeur & Libraire le vingt-quatriéme Octobre 1630. Ils imprimerent en-

ET DE LA LIBRAIRIE, Liv. II. 267

semble plusieurs Livres, entr'autres l'Histoire des Papes par Monsieur du Chesne in folio deux volumes, & autres, où ils mettoient pour marque les armes de Bretagne, avec ces deux devises, l'une representée par deux cœurs avec ces mots: *Nos connectit amor*, & l'autre par un Janus avec ces paroles: *Ditat concordia fratres*. NICOLAS fut Adjoint de sa Communauté en 1634. & son frere en 1643. qui eut plusieurs enfans de Charlotte Charlier son épouse, entr'autres une fille qui fut mariée à JEAN DE LA CAILLE, dont nous parlerons cy-aprés, & JEAN qui fut s'établir à Lisbonne, où il s'est fait distinguer d'avec les autres Imprimeurs & Libraires, où il attira son pere qui y mourut en 1671.

PARIS, 1628.

JACQUES MERCIER, receu Libraire le troisiéme Fevrier

GILLES DUBOIS } ces deux receus
JEAN HELOÜY } le dixiéme du-
} dit mois

PIERRE GRIGNAN, receu le vingtiéme Avril
RICHARD CHARLEMAGNE, le quinziéme Juin.

} 1628. { je n'ay point trouvé de Livres imprimez à leurs noms.

DENIS FOUCAULT,
CLAUDE GIRARD ceux-cy le gendre de HUBERT 6. Octobre.
VELUT.

EDMON BARROIS Libraire, receu le septiéme May

JEAN PETRINAL fut receu Libraire le quatorziéme Octobre 1628. il fit imprimer Eloges au Roy sur le succez de la Paix in octavo en 1632.

CHARLES ROULLIARD ou ROÜILLARD, fit imprimer Sermons divers d'Avendagno, traduits par le Pere du Bosc Cordelier, in octavo en 1629. Demonstration Catholique par Alexandre Regoud in octavo en 1630. Homelies de

Ll ij

Charlote des Ursins en 1634. Il avoit pour marque une Fleur de Lys couronnée avec ces mots: *Spes mea Deus.*

GABRIEL CRAMOISY fut receu Libraire le vingt-sixiéme Avril 1629. il fit imprimer en societé avec son frere SEBASTIEN, dont nous avons parlé page 193. Traité des Droits & Libertez de l'Eglise Gallicane, Preuves des Libertez de la mesme Eglise in folio quatre volumes en 1639. & 1651. Il est icy à remarquer qu'il y a eu plusieurs éditions des Traitez des Droits & Libertez de l'Eglise Gallicane, & des Preuves, la premiere fut imprimée sous le regne du Roy Henry IV. par PIERRE CHEVALIER in quarto en mil six cens neuf, la seconde en mil six cens trente-neuf en deux volumes in folio, contre laquelle édition quelques Prelats assemblez à Sainte Geneviéve sans autorité ny permission du Roy oserent reclamer par un écrit & libelle du neusiéme Janvier 1639. ce qui obligea d'en faire une troisiéme édition du Tome des Preuves augmenté & divisé en deux volumes en l'année 1651. imprimé avec Privilege du Roy, pour montrer sur quels fondemens, & sur quelles autoritez sont appuyées les libertez de l'Eglise Gallicane, & les preuves. Ainsi pour avoir ces Livres complets, il faut prendre le volume des Libertez de l'Eglise Gallicane de 1639. & les deux volumes des Preuves de 1651. Il fit encore imprimer avec son frere *Theodoreti opera Gr. Lat.* in folio quatre volumes en 1642. qui est la meilleure édition. Commentaire sur le Traité des Libertez de l'Eglise Gallicane de Pierre Pithou, par Monsieur Dupuis in quarto en 1652. (ce Livre est fort estimé des Sçavans,) & autres ouvrages considerables. Il estoit de la Compagnie des Usages reformez, & de plusieurs autres, comme nous l'avons dit cy-devant.

MATHIEU GUILLEMOT a passé pour un des plus habiles Libraires de son temps, ce qui le fit élire Syndic de sa Communauté l'an 1649. il exerça cette Charge avec beaucoup de fermeté & d'integrité, il estoit entendu dans les affaires, qu'il poussa mesme au peril de sa vie. Il eut pendant son Syndicat depuis 1649. jusqu'en 1652. pour Adjoints les sieurs *R. Ballard*, *R. Soubret*, *I. Dubray*, *E. Martin*, *G. Iosse*, *F. Piot*, *A. Sommaville*, *& I. Roger*. Il fit imprimer plusieurs Livres considerables, comme Traité de la Charge des Gouverneurs des Places, &c. par Antoine de Ville in folio en 1639. *Antonii Augustini Epitome Iuris Pontificii*, in folio en 1641. qu'il augmenta des Canons Penitentiaux de saint Charles. *Iansenius Augustinus de gratia*, in folio en 1641. *Clementis Alexandrini opera Gr. Lat.* in folio en mil six cens quarante-un. Iconologie de Ripa, traduite d'Italien par Baudoin in folio, avec figures, & autres. Il imprima avec PIERRE GUILLEMOT fils de Mathieu, dont nous avons parlé cy-devant, Histoire de France par M. Mezeray in folio trois volumes en 1643. r'imprimé depuis par les sieurs *Denis Thierry*, *Claude Barbin*, & *Iean Guignard*, en trois volumes in folio en 1684. Il eut un fils nommé PIERRE receu Imprimeur & Libraire à Paris le vingt-six Septembre 1647. Il avoit pour marque la Bibliotheque, avec ces mots pour devise: *Hæc Patrum servanda fides.*

ROBERT SARA, receu Libraire & Imprimeur le vingt-six Avril 1629. imprima *Nicol. Bordonii Opera*, in octavo en 1630. Le Cry de l'Aigle, provoquant ses petits au vol, traduit de S. Eloy par Jacques le Vasseur, in octavo en 1631. Les Annales de Noyon, in quarto en 1633. On peut juger de l'habileté & du sçavoir de SARA, par les Livres qu'il a imprimez, au commencement desquels on voit quantité d'Epistres Dedicatoires, Avis & Prefaces, qu'il a composez tant en Latin qu'en François, dont l'on pourroit faire un Recueil considerable. Il fut Adjoint de sa Communauté en 1647.

DENIS THIERRY fils de ROLIN, dont nous avons parlé cy-devant p. 177. fut receu Imprimeur & Libraire le 10. May 1629. il fit imprimer le Voyage inconnu de M. du Bellay in 8. *Digestum Sapientiæ P. Yvonis Capucini* in folio 3. vol. & ses autres ouvrages en François, qui contiennent 16. v. in 4. *Bagotii Theologia*, in fol. 1644. & plusieurs autres Livres. Il estoit de la Compagnie des Libraires & Imprimeurs, qui avoient pour marque la grande Navire, & de plusieurs autres. Il avoit pour marque l'image de saint Denis avec ces mots, *S. Dionysius Galliarum Apostolus.* Il fut Adjoint de sa Communauté en 1646. & mourut en 1657. Il laissa plusieurs enfans qu'il avoit eu de Marie Regnault son épouse, entr'autres DENIS receu Imprimeur & Libraire le dixiéme Octobre 1652. qui se fait distinguer par le grand nombre de Livres qu'il a imprimez, & qu'il imprime. Il a mis au jour avec soin, le *Corpus Iuris Canonici cum notis Pithæorum*, in folio deux volumes. *Ciceronis Orationes & Epistolæ ad usum Delphini* in 4. en trois volumes. L'Histoire de France, par Monsieur de Mezeray in folio trois volumes. Description de l'Univers par le sieur Maler en cinq volumes in octavo, enrichy d'un tres-grand nombre de figures, les Travaux de Mars, ou l'Art de la Guerre in octavo en trois volumes du mesme Auteur, la Coustume de Paris commentée par M. de Ferrieres en trois volumes in folio, le Journal du Palais en dix volumes in quarto, & plusieurs autres Livres. Il a pris beaucoup de soins pour procurer au public un troisiéme volume, ou Supplément du grand Dictionnaire Historique de M. Morery, qu'il a imprimé fort correctement. Sa marque ordinaire est la Ville de Paris, & quelquesfois celle de ROLIN THIERRY son grand-pere. Son experience dans les affaires l'a élevé au Consulat de cette Ville en 1676. dont il est presentement Grand Juge. Il a esté Adjoint de sa Communauté en 1665. & ensuite Syndic en 1671. & a eu pendant son Syndicat pour Adjoints les sieurs *Ch. de Sercy*, *E. Loyson*, *I. B. Coignard*, *F. Muguet*, *I. Guignard*, *C. Angot*, & *C. Iournel*. Il est le seul Imprimeur pour tous les Usages des trois Ordres de S. François.

GUILLAUME BENARD fit imprimer, *Franc. Archiepiscopi Rothomagensis, ad Andræam Duvallium*, &c. in octavo en 1629. *Caroli Stephani Prædium Rusticum, in quo cujusvis soli vel culti vel inculti Plantarum vocabula ac descriptiones*, &c. in octavo en 1629. ce mesme Livre a aussi esté imprimé par CHARLES ESTIENNE en 1554. Il a laissé un fils nommé SIMON, receu Libraire le quinziéme Septembre 1659.

MARIN RICHER, receu Libraire le 11. Janvier 1629.

MICHEL CARRE' le 27. Septembre 1627.

CLAUDE PREVOST Imprimeur du Roy, imprima avec PIERRE METTAYER, & ANTOINE ESTIENNE aussi Imprimeurs du Roy, les Ordonnances du Roy Loüis XIII. faites par les Deputez des Estats tenus à Paris en 1614. à Roüen en 1617. & à Paris en 1626. in octavo en 1629.

CHARLES MOREL fils de CLAUDE, fut receu Imprimeur & Libraire le dix-neuf Juillet 1629. & Imprimeur ordinaire du Roy en la place de feu son pere, par Lettres du vingt Janvier 1635. il imprima les Grandeurs & Excellences de saint Ioseph in octavo en 1627. *Clementis Alexandrini opera Gr. Lat.*

ET DE LA LIBRAIRIE, Liv. II.

en 1629. (qui est la bonne édition.) *Oecumeni Commentaria in novum Testamentum Græco-Lat.* in folio en 1630. *Theophilactus in Evangelia,&c. Gr. Lat.* en 1631. *Concilia Generalia & Provincialia Gr. Lat. auct. Binio*, in folio dix volumes en 1636. *Iustini Philosophi & Martyris opera Gr. Lat.* in folio en 1636. & plusieurs autres ouvrages Grecs & Latins, qui l'ont fait estimer pour un des plus celebres Imprimeurs & Libraires de son temps. Il avoit la mesme marque que son pere, dont il est parlé cy-devant page 190. & fut associé pour quelques ouvrages avec son frere GILLES, à qui enfin il ceda son fonds de Librairie pour se faire Secretaire du Roy.

CHARLES HULPEAU fit imprimer *Novum Testamentum*, in vingt-quatre en 1627. Histoire de Naples & de Sicile, par Monsieur Turpin in folio en 1630. Il avoit pour marque l'Envie, d'où sort un Serpent autour d'un Olivier, avec ces mots : *Pax & Prudentia vincant.*

JEAN FUSY fit imprimer quelques pieces volantes, comme Lettres du Duc de Buquinkan à Monsieur de Toyras in octavo en 1627.

CHARLES DE BRECHE fils de PIERRE, fut receu Libraire le sixiéme Septembre 1629. il fit imprimer le Memorial de la Vie Chrestienne en 1631. & autres. Il avoit un frere nommé PIERRE, qui fut aussi receu Libraire le vingt-quatriéme Janvier 1647.

HENRY LE GRAS receu Libraire le vingt-cinquiéme Octobre 1629. fit imprimer, Histoire des Turcs par Baudier in quarto en 1631. Mathias Maréchal, des Droits honorifiques des Seigneurs és Eglises in octavo en 1631. & en compagnie, Antiquitez & Annales de Paris, in folio deux volumes en 1640. il mourut en 1662. Il eut plusieurs enfans de Marie Durand son épouse, sçavoir JACQUES receu Libraire le vingt Aoust 1648. mort en 1686. qui a laissé un fils nommé JACQUES, receu Libraire le dixiéme Septembre 1683. NICOLAS aussi receu Libraire le dix-neuf Octobre mil six cens cinquante-six.

NICOLAS TRABOÜILLET fut receu Imprimeur & Libraire le douziéme Decembre 1629. il fit imprimer le Voyage d'Affrique par le sieur Razilly in octavo en 1631. & plusieurs autres Livres. Il mourut le neufiéme Novembre 1639. laissant

PARIS
1629.

plusieurs enfans de Marguerite Pasdeloup son épouse, entr'autres NICOLAS receu Libraire le quatriéme Decembre 1653. mort le premier Septembre 1671. & PIERRE receu Libraire le premier Septembre 1661. qui a fait imprimer plusieurs Livres, tant en compagnie qu'en son particulier, comme les Ordonnances de Neron in folio, les Oeuvres de Corneille en neuf volumes in douze, celles de Molier en huit volumes in douze, & celles de Monsieur de Racine en deux volumes in douze, les Dialogues de Lucien en trois volumes in douze, & plusieurs autres qui le font considerer en sa Communauté dont il est actuellement Adjoint. Il a épousé Loüise Besoigne de qui il a eu plusieurs enfans ; entr'autres ESTIENNE, receu Libraire le vingt-septiéme Janvier 1688.

LOÜIS DE HEUQUEVILLE fils, receu Libraire le vingtiéme Decembre 1629. fit imprimer *Annales Ecclesiast. vet. & Nov. Testament. Iacobi Saliani*, in folio six volumes en 1641. & autres Livres où il mettoit pour marque la Paix, avec ces mots: *Potior pax una triumphis*, & ces autres autour de son bras, *non sat rationis in armis*. Il eut de Magdelaine Hoquiquan son épouse un fils nommé LOÜIS, qui fut receu Libraire l'onziéme Septembre 1664.

CLAUDE BANQUETEAU frere d'ESTIENNE, dont nous avons parlé cy-devant, fut receu Libraire le vingtiéme Decembre 1629. il fit imprimer la *Philosophie de Scipion Dupleix* in octavo en 1632.

Il y avoit environ l'an 1629. & 1630. une Compagnie de Libraires qui avoient pour marque un Soleil avec ces mots, *Quos aspicit fovet*, qui estoit composée des sieurs Iean Petit-pas, Martin Durand, Adrian Taupinart, Michel Soly, Pierre Billaine, Iacques Quesnel, Iean Branchu, & Loüis de Heuqueville, qui firent imprimer *R. P. Baltas. Paës Opera* in folio deux volumes en 1631. *Bibliotheca Præmonstratensis Ordinis*, in folio en 1633. & autres.

ROBERT QUENET, fit imprimer le Recit de tout ce qui s'est passé entre Veillanne & Jalene, in octavo en 1630. Il laissa un fils nommé ANTOINE, receu Libraire à Paris le sixiéme Mars 1653.

NICOLAS TALON fit imprimer dés l'année 1630. Discours Funebre de Loüis XIII. par de Raconis in octavo en 1643.

1643. Il laissa un fils nommé PIERRE, receu Libraire & Imprimeur le sixiéme Juillet 1645.

JACQUES RUART fit imprimer *P. Statii opera cum Scholiis Ioannis Bernartii*, in octavo en 1630.

FRANÇOIS PELICAN fit imprimer *Theodoreti Episcopi Cyri, De Providentia, Gr. Lat.* in octavo en 1630. *Clenardi Grammatica Græca à Steph. Moquoti*, in octavo en 1638. Sa marque estoit un Pelican, faisant allusion à son nom, & pour devise ce passage de l'Ecriture : *In nomine tuo spernemus insurgentes in nos*.

SIMON LYON fit imprimer les Oracles de la France, &c. par H. Soulas, in quarto en 1630.

JEAN CUSSON, receu Libraire à Paris le vingtiéme Janvier 1630. a passé pour le plus habile Relieur de son temps, & a esté le premier qui a fait imprimer le Journal des Sçavans. Il a laissé plusieurs enfans qu'il avoit eu de Marguerite Amyart son épouse, entr'autres JEAN CUSSON, receu Imprimeur & Libraire à Paris le 20. Fevrier 1659. & auparavant Avocat en Parlement ; il se fait distinguer par la connoissance qu'il a des Langues Grecque & Latine, comme il paroist par plusieurs Traductions qu'il a données au public, & principalement celle de l'Imitation de JESUS-CHRIST, qui est reconnuë par ces lettres C. I. E. A. A. P. Il exerce aujourd'huy l'Art de l'Imprimerie avec reputation, corrigeant mesme les Ouvrages qu'il imprime. Le public luy a aussi l'obligation de l'ordre qu'il a mis aux Memoires de Nevers qu'il a imprimez pour LOÜIS BILLAINE. Il a un fils de son mesme nom, & qui a esté receu Libraire le dix-neufiéme Septembre 1686.

CLAUDE CALLEVILLE fut receu Imprimeur & Libraire le vingt-quatriéme Janvier 1630. il imprima les Usages de Paris en 1631. l'Avant-coureur de l'Eternité, traduit de Drexelius in douze en 1636. & autres. Il fut Adjoint de sa Communauté en 1639. Il a laissé un fils nommé CLAUDE, aussi habile Imprimeur en rouge & noir, qui fut receu Imprimeur & Libraire le sixiéme Fevrier 1648. & PIERRE aussi receu Libraire & Imprimeur le dix-septiéme Fevrier 1656.

JEAN LE MIRE, receu Libraire le dix-neufiéme Septembre 1630. fit imprimer, Considerations sur la Sagesse de Charron in octavo en 1643. les Oeuvres de Monsieur de S. Cyran, en plusieurs volumes, & autres.

Augustin Courbe' fit imprimer *Gastania Petri Barberousse*, &c. in octavo en 1630. Le Commentaire Royal de l'Histoire des Incas in quarto en 1633. Ce Livre est assez estimé par les Historiens, & assez rare. Il prenoit la qualité d'Imprimeur & Libraire de Monseigneur le Duc d'Orleans, & avoit pour marque un Palmier, & pour devise ces paroles : *Curvata resurgo* : faisant allusion à son nom. Son plus grand negoce estoit de Livres de galanteries & de Romans, dont il faisoit grand debit. Il eut plusieurs enfans de Jeanne le Jay son épouse. Il fut Adjoint de sa Communauté en 1657.

Robert Estienne fils d'Henry, fut Avocat en Parlement; & comme il estoit sçavant & bon traducteur, il traduisit le troisiéme Livre de la Rhétorique d'Aristote, dont les deux premiers l'avoient esté par son oncle Robert 3. & il les imprima in octavo en 1630. Il fut ensuite Baillif de saint Marcel, & eut quelques enfans de Magdelaine Limousin son épouse, entr'autres Marie née le quatorze Novembre 1629. & Jean François le douziéme Juillet 1631. Il eut un frere nommé Henry sieur des Fossez, qui estoit bon Poëte, & Interprete des Langues Grecque & Latine, dont nous avons déja parlé cy-devant.

Pierre Ciconneau, fut receu Libraire le vingt-quatriéme Avril.
François le Prest, fut receu l'onziéme Decembre
} de la mesme année 1630.

Jacques Barois Libraire, épousa Claude Noël fille de Libraire, dont il eut Christophe, qui fut receu Imprimeur & Libraire le vingt-deuxiéme Mars 1657. & Edmond, receu Libraire le neufiéme Septembre 1683. par Arrest du Conseil d'Estat.

François Sevestre fils de Loüis, dont nous avons parlé cy-devant page 197. fut receu Imprimeur & Libraire le seiziéme Janvier 1631. il imprima pour les sieurs Hervé du Mesnil, Guillaume Macé, Rolet Boutonné,

ET DE LA LIBRAIRIE, Liv. II.

MATHURIN DUPUIS, JEAN GERMONT, & GUILLAUME PELE', *Cujacii opera* in folio six volumes en 1637. & autres.

JEAN HOUSE', ou HOUZE', fils fit imprimer, les Plaidoyers & Oeuvres de Julien Peler, in folio en 1631. Il laissa un fils receu Libraire le dixiéme May 1652.

PIERRE CHARPENTIER fit imprimer la Passion & Martyre de saint Cyr & sainte Julite sa mere, in octavo en 1631. Il laissa trois fils, sçavoir CHARLES receu Libraire le vingt-huitiéme Mars 1647. PIERRE receu aussi Libraire le septiéme Aoust 1653. avec son frere THOMAS, dont le fils HENRY a esté receu Libraire par Arrest le dix Septembre 1683.

FIACRE DEHORS fils épousa le trentiéme Juillet 1616. Catherine de Courbes fille de JEROSME DE COURBES Libraire, & fit imprimer le Directeur Spirituel Desinteressé par l'Evesque du Bellay, in octavo en 1631. & plusieurs de ses ouvrages, comme saint Augustin, l'Ouvrage des Moynes in octavo en 1633. *Augustini Fulgentii & Anselmi Monimenta quædam nunc primùm è MSS. eruta studio Guillelmi Camerarii* in douze en 1634. Il a laissé un fils nommé PIERRE receu Libraire le seiziéme Decembre 1649.

Il y avoit en 1631. une Compagnie de Libraires, qui avoit pour marque la grande Navire, sans aucunes lettres au haut du Mast, & qui estoit composée des sieurs *Sebastien Cramoisy, Denis Moreau, Claude Sonnius, Iean Branchu, Gabriel Cramoisy, Denis Thierry, & Denis Bechet*, qui firent imprimer ensemble, *Mornacii opera* en 1632. *S. Bernardi opera* en 1632. *S. Cypriani opera* en 1633. *Philonis Iudæi opera Gr. Lat.* in folio en 1640. & plusieurs autres bons Livres.

PIERRE MESNARD épousa le dix-neufiéme Novembre 1623. Marie de Carroy fille de Libraire, fit imprimer les Plaidoyers de Servin in quarto en 1631. Histoire de Soissons de Melchior Regnault en 1633. la sainte Bible de la traduction des Docteurs de Louvain in folio en 1639. Il laissa un fils nommé MATHIEU, receu Libraire le quatorziéme Novembre 1652.

MICHEL BLAGEART, fut receu Imprimeur & Libraire le seiziéme Janvier 1631. il imprima les Epistres Spirituelles de saint François de Sales, in octavo en 1636. les Oeuvres de

PARIS. 1610.

Mm ij

Machiavel traduites en François, in quarto en 1637. & autres Livres, où il mettoit pour marque un Ange qui foule à ses pieds la camomile ou le saffran, avec ces mots: *Calcata resurgit*. Il laissa un fils nommé CLAUDE, qui fut receu Imprimeur & Libraire le cinquiéme Octobre 1651.

FRANÇOIS CLOUSIER, fut receu Libraire le vingt-quatriéme Juillet 1631. il fit imprimer en 1643. avec son frere GERVAIS, *Bibliotheca Patrum Concionatoria, auct. Petro Blanchot*, in quarto. Histoire des Comtes de Ponthieu, & Majeurs d'Abbeville, in folio en 1657. le Mercure Armorial de Charles Segoing in folio en 1657. *Pragmatica Sanctio Franc, Pinssonii* in folio en 1666. *Praxis Beneficiorum Pet. Rebuff.* in folio en 1664. & plusieurs autres Livres. Il mourut le huitiéme Octobre 1676. & fut enterré en la sainte Chapelle. Il a laissé plusieurs enfans qu'il avoit eus de Marie Nivelle, entr'autres FRANÇOIS, receu Libraire le quatorziéme Octobre 1666. & CHARLES aussi receu Libraire le seiziéme Septembre 1686. qui se fait estimer par la connoissance particuliere qu'il a des bons Livres.

JACOB CHEVALIER, gendre de JEAN COURBE', fut receu Libraire le sixiéme Janvier 1631. Son fils EDOÜARD receu le quatorziéme Janvier 1652.

JEROSME HAMEAU receu aussi le vingt-uniéme Aoust 1631.

PIERRE DAVID receu Libraire le vingt-quatriéme Juillet 1631. fit imprimer le Commencement de la Sagesse in douze, les Grandeurs du saint Sacrement par le sieur Auvray in quarto en 1632.

DENIS BECHET (neveu de JEROSME DROÜART, dont nous avons parlé cy-devant page 208. fut receu Imprimeur & Libraire le douziéme Fevrier 1632. il commença à faire imprimer *Concordia Regularium, Auct. Menardo* in quarto deux volumes. *Hermanus Millet de sancto Dionysio Areopagita* en 1638. *S. Francisci Assisiatis Paduani opera stud. Ioan. Haye Ord. Minor.* in fol. en 1641. *Biblia Magna* in fol. 5. vol. en 1643. qu'il fit imprimer en compagnie avec les sieurs ANTOINE BERTIER, & SIMEON PIGET, comme aussi *Biblia Magna auct. Ioan. de la Haye*, in folio en dix-neuf volumes en 1660. & plusieurs autres qui l'ont fait passer pour un des plus habiles Libraires de son temps; il s'est fait distinguer par la grande connoissance de toutes sortes de Livres dont il a fait un tres-grand commerce. Il estoit de la grande Compagnie des Usages reformez, & associé en l'impression de quantité de Péres Grecs & Latins. Il avoit pour marque le Compas, qui estoit celle de C. Sonnius, avec qui il avoit esté en societé, & de qui il acheta le fonds de Librairie qui estoit un des plus considerables de cette ville, qu'il a beaucoup augmenté. Il s'en est défait depuis entre les mains des sieurs COUTEROT, LE PETIT, ANGOT, & JOSSE. Sa capacité & son experience dans les affaires l'a fait passer par les employs les plus considerables de cette ville de Paris, où il a esté Grand Juge Consul, & est presentement Administrateur des Hospitaux. Il fut Adjoint de sa Communauté en 1647. & ensuite Syndic en 1657. jusqu'en 1659. & eut pour Adjoints pendant son Syndicat les sieurs *André Soubron, Charles Coignard, Charles du Mesnil, Augustin Courbé, Sebastien Martin, & Estienne Maucroy*. Il épousa en premieres nôces Elisabeth Mulaiz, dont il eut plusieurs enfans, sçavoir un fils nommé Denis qui est presentement Notaire au Chastelet de Paris, & une fille nommée Anne mariée à Monsieur Lienard Medecin de la Faculté de Paris, & autres; & en secondes nôces Françoise le Gendre, dont il a eu aussi quelques enfans.

HENRY DU MESNIL fils d'HERVÉ, a fait imprimer *Rabbi de Elea de fine Mundi Versus, à Gaffarello*, in octavo en 1629. il fut receu Libraire le neufiéme Decembre 1632. & son fils CHARLES le vingt-deuxiéme Decembre 1643. qui fut Adjoint de sa Communauté en 1657. & Libraire Juré. Il fit imprimer plusieurs Livres, comme les Oeuvres de René Choppin en cinq volumes in folio en 1661. qui est la bonne édition, qui fut imprimée par ANTOINE CHRESTIEN.

SEBASTIEN PICQUET fit imprimer la Metaphysique des bons Esprits, par André Dabillon in octavo quatre volumes en 1632. le Concile de la Grace, par le mesme Auteur, in quarto, les Devoirs du Chrestien in douze en 1643. le Chrestien Charitable du Pere Bonnefons in douze deux volumes en 1643. le Devoir Paroissien in douze en 1643. Cours de Philosophie en François, par du Buisson in octavo en 1643. Il avoit pour marque la Victoire, avec ces mots : *Virtute parta*

Victoria dulcis. Il fut receu Libraire le vingt-septiéme Octobre 1639.

LOUIS RHETORE' fut receu Libraire le 5. Aoust 1632. il fit imprimer Relation de tout ce qui s'est passé au Siege de Schenkemschens, in octavo en 1635.

CLAUDE RIBAUT, fut receu Libraire le vingt-deuxiéme Janvier
JEAN DENIS le premier Avril
JEAN PICARD fils de JEAN, le quinziéme Juillet } 1632.
JEAN FLAMON fils de NICOLAS, le cinquiéme Aoust
JACQUES LE CONTE le neuf Decembre

JACQUES LANGLOIS Imprimeur ordinaire du Roy, & Fondeur de caracteres d'Imprimerie, fils de DENIS, fut receu Imprimeur & Libraire le douziéme May 1631. Il imprima avec JEAN HENAULT plusieurs ouvrages considerables, comme la sainte Bible en huit volumes in seize, de la traduction de Monsieur Corbin en 1643 qui est assez estimée, & plusieurs autres ouvrages, qui l'ont fait estimer dans sa Communauté, dont il a esté Adjoint en 1643. il est mort le deuxiéme Aoust 1678. Il eut plusieurs enfans d'Anne Guerreau son épouse, entr'autres EMANUEL, & JACQUES, tous deux receus Imprimeurs & Libraires le vingt-un Novembre 1652. JACQUES LANGLOIS a succedé à son pere dans la Charge d'Imprimeur ordinaire du Roy.

PIERRE CHAUDIERE fils de RENAULD, dont nous avons parlé page 198. fut receu Libraire le dix-sept Septembre 1633. il fit imprimer les Oeuvres du Cardinal du Perron, in folio en 1633. qui est la seconde édition. Il fut Adjoint de sa Communauté en 1644. Il avoit pour marque l'Ecu de Florence, avec ces mots:

Florida florenti floret florentia flore.

JEAN BRANCHU fit imprimer, *Ioan. Gagnaüs in IV. Evangel.* in octavo en 1631. les Trophées de la Pieté in octavo en 1633. Agathophile, ou les Martyrs Siciliens in octavo en 1638. Il avoit pour marque la Bible d'or avec ces mots : *Verbum Dei in æternum.* Il fut de la Compagnie de la grande Navire depuis 1631. jusqu'à 1641.

JACQUES CHASTELAIN fit imprimer, *Rothomagensis Cathedra*, in quarto en 1633.

SIMON FEBVRIER, fils de PIERRE LOÜIS, fut receu Libraire le quatorziéme Avril 1633. il fit imprimer *Epistolæ variæ authore Iacobo Vasseurio Doct. Theolog.* in octavo en 1633. l'Homme d'Estat in octavo en 1633. Sa marque estoit un Homme qui fend du bois, representant le mois de Fevrier, pour faire allusion à son nom, avec ces mots: *Omnis arbor quæ non facit fructum bonum, excidetur, & in ignem mittetur.*

SAMUEL PETIT de la Religion Pretenduë Reformée, fit imprimer Apologie des Eglises Reformées, par Jean Daillé Ministre, in octavo en 1633. Examen de Loüis de la Milletiere sur l'accommodement des differens de la Religion, par J. Daillé Ministre, in quarto en 1637.

ESTIENNE HEBERT, receu Libraire le premier Decembre 1633. fit imprimer avec JACQUES POÜILLARD, Interrogatoire d'Urbain Grandier Curé de saint Pierre de Loudun in octavo en 1634. le Tableau des Passions Humaines, &c. par le Pere N. Coëffeteau in octavo en 1635. Il eut un frere nommé FRANÇOIS, & un fils nommé AUGUSTIN, receu Libraire le vingt-deuxiéme Mars 1657.

ANTOINE PASDELOUP fut receu Libraire le vingt-sept Janvier

Son fils NICOLAS receu le vingt-cinq Fevrier 1666.

NICOLAS GOBERT

FLORENT JOUVENEL

Son fils MARTIN receu le troisiéme Aoust 1662.

GUILLAUME DE VAUX

GILLES PREVOST

PIERRE FERRIER, gendre de SAULNIER, receu le douziéme May

Ceux-cy furent receus Libraires le 28. Avril 1633.

PIERRE CHAMPENOIS gendre d'HEUREUX BLANVILLAIN

ANTOINE FERRAULT

Son fils ANTOINE receu le troisiéme May 1666.

ces deux receus Libraires le 16. Juin 1633.

GUILLAUME BARRIE receu le quinziéme Septembre 1633.

CLAUDE GOURAULT gendre de MI-⎫ ceux-cy re-
CHEL DAUPLET. ⎬ ceus le 1. De-
JEAN HEUDE. ⎭ cembre 1633.

MATHIEU FRANÇOIS, ſes fils PIERRE ⎫ ces deux au-
receu le dix-huit Avril 1661. & AN-⎬ tres receus le
TOINE le quatriéme Decembre 1664. ⎪ 15. du meſme
NICOLAS LARMESSIN. ⎭ mois de Dec.

PIERRE TRICHARD fils de JACQUES, fut receu Libraire le neufiéme Fevrier 1634. Il fit imprimer par CHARLES SEVESTRE, l'Ouverture de l'Ecole de Philoſophie par Monſieur Campy in octavo en 1633. & autres.

SALOMON DE LA FOSSE, qui fut receu Libraire le neufiéme Fevrier 1634. fit imprimer avec ESTIENNE SAUCIE la Philoſophie de Pierre du Moulin, in ſeize en 1634. & autres.

FRANÇOIS BEAUPLET fut receu Libraire le trentiéme Mars 1634. Il imprima la meſme année, Ceremonial pour les Religieuſes de l'Ordre de ſaint Auguſtin de l'Aſſomption, rouge & noir in octavo, Recit veritable des Poſſedées de la ville de Louviers in 4. en 1643. Il épouſa la fille de HENRY BOURRIQUANT, de qui il eut un fils nommé DAVID, receu Libraire le vingt-neufiéme Aouſt 1647.

LOÜIS SEVESTRE fils de LOÜIS, dont il eſt parlé cy-devant page 198. fut receu Imprimeur & Libraire le vingt-troiſiéme Mars 1634. il a imprimé, Proportions Mathematiques du ſieur de la Leu in folio en 1638. & autres, particulierement des Livres de plain chant, & Uſages, en quoy il ſe fait diſtinguer. Il a eſté Adjoint de ſa Communauté en 1646. & enſuite Syndic en 1670. juſqu'en 1672. & a eu pour Adjoints pendant ſon Syndicat les ſieurs *Pierre Variquet, Eſtienne Loyſon, Charles de Sercy, & Nicolas Pepingué.* Il avoit un frere nommé PIERRE qui fut receu Libraire & Imprimeur le quinziéme Decembre 1643. Il a auſſi un fils nommé LOÜIS, receu Imprimeur & Libraire l'onziéme Septembre 1683.

PIERRE TARGA receu Imprimeur & Libraire le vingt-troiſiéme Mars 1634. imprima le Protecteur de la Maiſon de Dieu, par Nicolas l'Eſcalopier, in octavo en 1633. *Elogium funebre*

Eminentiſſimi Cardinalis Richelii, in quarto en 1643. Il eſtoit Imprimeur de Monſ. l'Archeveſque de Paris, & avoit pour marque le Soleil d'or, avec ces mots, *Poſt nubila Phœbus*, qui eſtoit celle de JULLIOT cy-devant, dont il avoit eu l'Imprimerie. Il a laiſſé un fils nommé PIERRE, receu Imprimeur & Libraire le vingt-huitiéme Avril 1661.

PIERRE BLAISE fils de THOMAS, fut receu Libraire le trentiéme Mars 1634. il fit imprimer l'année ſuivante, Recit du ſieur de Pybrac in octavo, la Conduite du Jugement naturel in octavo en 1637. & autres Livres.

GERVAIS CLOUSIER frere de FRANÇOIS, dont nous avons parlé cy-devant, fut receu Libraire le dix-ſeptiéme Aouſt 1634. il fit imprimer, Enſeignemens Catechiſtiques de Jean Pierre le Camus, in octavo en 1643. & pluſieurs autres Livres, particulierement des Relations & Voyages. Il mourut le dix-ſeptiéme Avril 1681. & fut enterré à ſaint Germain le vieil. Il a laiſſé pluſieurs enfans, entr'autres un nommé LOÜIS, receu Libraire le dix-neufiéme Septembre 1686.

HENRY GUENON fit imprimer les Queſtions Theologiques, Phyſiques, Morales & Metaphyſiques du Pere de Merſenne in octavo en 1634. & les Préludes de l'Harmonie univerſelle par le meſme Auteur, in octavo en 1634.

SIMON LE MOYNE fut receu Libraire le premier Juin en 1634. il fit imprimer *Iacobi Cornuti Hiſtoria Canadenſium Plantarum*, in quarto en 1635. *Gallia Purpurata*, auct. *Petr. Friſon*, in folio en 1638. & autres. Il avoit pour marque deux mains tenant un Sceptre chargé de trois Couronnes, avec ces mots: *Hic labor*, qui eſtoit celle de GILLES GILLES cy-devant.

FRANÇOIS LANGLOIS, dit CHARTRES, receu Libraire le vingt-ſixiéme Octobre 1634. fit imprimer les Eloges des Hommes Illuſtres depuis un ſiecle, traduits de Scevole de ſainte Marthe, par G. Colletet en 1644. la Perſpective Pratique du Frere du Breüil de la Compagnie de JESUS, trois volumes in quarto en 1642. Traité des cinq Ordres d'Architecture de Palladio par le ſieur le Müet, in quarto en 1645. *R. P. Ioan. Franc. Niceronis Thaumaturgus Opticus*, in folio en 1646. la Traduction en François de ce Livre avec augmentation, in folio en 1652. la Maniere de bien baſtir, par le ſieur le Müet

PARIS.
1634.

in folio en 1647. & plusieurs autres Livres en divers temps, comme la Perspective d'Aleaume, l'Horlogiographie du R. P. de sainte Magdelaine Religieux Feüillant, in octavo, l'Horographie ingenieuse & curieuse du R. P. Bobinet de la Compagnie de Jesus, deux volumes in octavo, l'Examen des Oeuvres du sieur Desargues par J. Curabelle in quarto, &c. Il mettoit pour marque à ses Livres les Colomnes d'Hercule avec cette devise, *Non plus ultra*, à cause de beaucoup de voyages qu'il avoit faits dans les pays estrangers, d'où il avoit apporté non seulement des Livres tres-curieux, mais encore des Tableaux, des Desseins & des Estampes rares dont il faisoit grand commerce. Il s'acquit par là une telle estime des Grands, & mesme du Roy d'Angleterre Charles premier, que ce Prince voulut bien luy en donner des marques, par des presens considerables qu'il luy fit à son départ de Londres. Il eut quelques enfans de Magdelaine Collemont son épouse, entr'autres NICOLAS receu Libraire le vingt-neufiéme Juillet 1655. qui continuë le mesme commerce de Livres & d'Estampes. Il fait imprimer actuellement les Fortifications du Comte de Pagan, avec les Commentaires du sieur Hebert Professeur Royal és Mathematiques, & l'Architecture de Vitruve avec des Commentaires du sieur Daviller Architecte du Roy.

GUY VIMART, fut receu le neufiéme Fevrier.
FRANÇOIS SARADIN le vingt-trois dudit mois,
PIERRE DE MONGOBERT le deuxiéme Mars,
ROBERT FEUQUERE le neufiéme Mars.
PHILIPPE ROÜILLIE' le mesme jour.
JACQUES LE LONG le trentiéme Mars.
NOEL BUQUAILLE
JEAN THOREAU } le neufiéme Aoust.   } 1634.
JEAN MAYEUR
TOUSSAINT BOULANGER { le dix-sept dudit
ANTOINE LE GUADOIS   { mois d'Aoust
PIERRE MONNIER le septiéme Septembre
FRANÇOIS HEBERT frere
  d'ESTIENNE. } le 16. Novembre
ROLIN DE LA HAYE

ET DE LA LIBRAIRIE, Liv. II.　283

JEAN DE LA TOURETTE fit imprimer Naissances, Qualitez, Mœurs, & humeurs des Heretiques de ce temps, par Leonard Thevenot, in octavo en 1635. Il avoit un fils nommé JEAN receu Libraire à Paris le 27. Octobre 1650.

SALVIEN PIGOREAU fit imprimer, *Rudimenta Latinæ Grammatices*, in octavo en 1635. Il eut plusieurs enfans d'Anne Manier son épouse.

MICHEL BRUNET receu Libraire le dix-huitiéme Janvier 1635. imprima les Oeuvres de Seneque, traduites par Chaluet, & par Jean Baudoin in folio en 1638. la France Guerriere, &c. par Jean Doüet in quarto en 1643. Il a laissé plusieurs enfans, entr'autres MICHEL receu Libraire le vingt-septiéme Juillet 1662. & AUGUSTIN receu aussi Libraire le vingtiéme Aoust 1665.

CLAUDE RIBOT fit imprimer quelques pieces volantes, comme le Recit de la Défaite de trente-trois Cornettes de Croates, par Monsieur de Rambures in octavo en 1635.

MARTIN HAUTEVILLE, receu Libraire le vingt-neuf Mars 1635. fit imprimer le Deluge universel, Tragedie de Hugues de Picou, en 1643. & eut de Jacqueline Becqueret son épouse un fils nommé MARTIN né le vingt-septiéme Avril 1636. receu Libraire à Paris le quinziéme May 1659.

JACQUES BESSIN fils de JACQUES demeurant en la Cour d'Albret, fut receu Imprimeur & Libraire le trente Mars 1635. il imprima en 1638. Arrests de la Cour, recueillis par le sieur Bouguier, in quarto. Il estoit frere de NICOLAS.

JEAN HENAULT fils de MATHURIN, dont il est parlé cy-devant page 233. fut receu Imprimeur & Libraire le vingt-septiéme Septembre 1635. il imprima la sainte Bible de la traduction de Monsieur Corbin, in seize huit volumes en 1641. estimée & recherchée des curieux, les Fleurs des Saints par le R.P. de Ribadeneira in fol. deux volumes en 1643. *Sim. de Muis Comment. in Psalmos* in folio en 1650. qui est la derniere édition & la meilleure, & autres Livres considerables. Il fut Adjoint de sa Communauté en 1661. deceda en 1673. & fut enterré à saint Estienne du Mont. Il laissa plusieurs enfans, entr'autres FRANÇOIS receu Imprimeur & Libraire le quinziéme May 1659.

PARIS, 1635.

284   HISTOIRE DE L'IMPRIMERIE

PARIS. 1635.

    FRANÇOIS LHERMITE fils, fut receu Libraire le vingt-septiéme Septembre 1635. il fit imprimer la Justification du moyen le plus favorable pour abreger les travaux des longues Estudes, par M. V. P. in douze en 1638. & autres.

    CLAUDE PRUD'HOMME, receu Libraire le vingt-neuf Novembre 1635. imprima Paraphrase sur les Pseaumes, par Guillebert in octavo en 1638. & autres.

CHARLES DE LA BARRE } receus Libraires le 1. Fevrier.
DAVID CHAMBELAN }
HENRY RUFFIN gendre de JEROSME BLAGEART, fut receu Libraire le vingt-deux Mars
LOÜIS FONTAINE, receu le trente May
PIERRE FERANT
CLAUDE BEAUSERGENT } receus le 28. Juin
JACQUES LE DOUX }
MICHEL CHANDAVOINE } receus le cinquiéme Juillet
ANTOINE COLMONT }
GUILLAUME LE SUEUR fils de NICOLAS } receus le 9. Aoust
GUILLAUME GAILLARD }
SIMON BERTEAU receu le sixiéme Septembre
JEAN PAVILLON gendre de MATHURIN HENAULT } receus le vingt-sept du mois de Septembre.
JACQUES MONNIER }
Ses fils CLAUDE, & JEAN, receus le quinziéme Decembre 1661.
LOÜIS DE LA FOSSE }
ESTIENNE LE BLANC gendre de PETRINAL } receus l'11. Octobre
NICOLAS VAULGON receu le 29. Novembre.
Son fils NICOLAS receu le deuxiéme May 1653.

} 1635.

    La Compagnie des Libraires qui avoit pour marque la grande Navire, & au bas *Typis Regiis*, estoit composée des sieurs *Estienne Richer*, *Sebastien Cramoisy*, *Denis Moreau*, *Claude*

Sonnius, *Gabriel Cramoisy*, & *Gilles Morel*, qui ont imprimé ensemble *S. Cyrilli Alexandriæ Archiepiscopi opera* in fol. *Gr. Lat.* sept volumes en 1638. *Clementis Alexandrini opera, Gr. Lat.* in folio en 1641. & autres Peres Grecs & Latins.

JEAN DU BRAY fils de TOUSSAINT, fut receu Libraire le vingt-quatriéme Janvier en 1636. il fit imprimer *Th. Campanellæ Philosophia* in quarto en 1638. *Athanasii Byfantini Opuscula Philosophica Gr. Lat.* en 1641., & plusieurs autres, tant en son nom qu'en societé. Il estoit homme de probité & intelligent, il avoit la mesme marque que son pere, sçavoir les Epics meurs, avec ces mots, *Cui tu fertilior*. Il fut Adjoint de sa Communauté en 1650. ensuite Syndic en 1661. & eut pendant son Syndicat pour Adjoints les sieurs *C. Morand*, *P. le Petit*, *N. Clopejau*, *I. Henault*, *E. Couterot*, & *F. le Cointe*.

ANTOINE BERTIER, neveu des PROSTS Libraires de Lion, fut mené par l'un d'eux en Espagne, dans un si jeune âge, & avoit tant d'esprit qu'à quatorze ans il gouvernoit leur Boutique à Madrid. Ayant eu l'occasion d'écrire à M. le Cardinal de Richelieu, pour l'avertir de la mort de son oncle qui avoit esté chargé par son Eminence de quelques negociations pour le service du Roy, son Eminence le jugea capable de poursuivre luy-mesme ces negociations. Il s'en acquita si bien, qu'estant revenu en France pour rendre compte à son oncle de Lion des affaires du Commerce; Monsieur le Cardinal le fit venir à Paris où il voulut l'establir. Et pour cet effet M. le Chancellier Seguier luy fit l'honneur de luy envoyer le premier jour de l'année 1636. chez SONNIUS Libraire où il demeuroit, des Lettres Patentes du grand Sceau, pour avoir la liberté d'exercer l'Art de Librairie comme les autres Libraires de Paris. Ce qu'il a fait avec beaucoup de reputation durant quarante-deux ans. La Reine Mere qui l'avoit aussi choisy pour son Libraire, & qui l'honora toûjours de sa protection, luy dit un jour une chose bien digne de la Mere de Loüis le Grand, & qui merite d'estre sçeuë. BERTIER luy representoit qu'ayant recüeilly avec beaucoup de soin les vrays Memoires du Cardinal de Richelieu, il n'osoit les imprimer sans une autorité & une protection particuliere de Sa Majesté, parce qu'il y avoit plusieurs personnes qui s'estoient bien remis en Cour, dont la conduite passée n'ayant pas esté reguliere, & estant marquée fort desavantageusement pour eux dans ces Memoires, ne manqueroient pas de luy susciter des affaires fascheuses. *Allez*, luy dit la Reine, *travaillez sans crainte, & faites tant de honte au vice, qu'il ne reste que de la vertu en France*. Il imprima ces Memoires avec la Vie du mesme Cardinal, écrite par M. Aubery en trois volumes in folio, & plusieurs autres ouvrages considerables, comme *Biblia Maxima* par le P. de la Haye en dix-neuf volumes in folio, qu'il imprima en societé avec les sieurs BECHET & PIGET, *Bibliotheca Concionatoria Patrum*, du P. Combesis, in folio huit volumes. *Auctuarium Bibliothecæ Patrum Græcorum*, du mesme, in folio deux volumes. *Gonet Theologia*, in folio cinq volumes, les Oeuvres Mathematiques du P. Mersenne en trois volumes in quarto, & autres Livres. Son courage, son travail, & sa reputation, pouvoient faire esperer des biens considerables à ses heritiers, mais les grandes pertes qu'il souffrit dans son commerce d'Espagne, & la concurrence fâcheuse que luy firent quelques Libraires, le mirent hors d'estat de laisser à d'autres qu'à des creanciers le soin de recueillir sa succession. Il estoit sçavant dans les Langues Latine & Italienne, & parloit parfaitement l'Espagnol, dont il a donné quelques traductions de sa façon. Il avoit beaucoup voyagé, & ne s'étoit jamais voulu donner le loisir de se marier. Il avoit pour enseigne la Fortune. Il mourut le quatriéme May 1678. & fut enterré dans l'Eglise de saint Benoist à Paris.

GUILLAUME LE BE' petit fils de GUILLAUME, dont nous avons parlé cy-devant page 215. fut receu Libraire & Fondeur de caracteres d'Imprimerie le huitiéme May 1636. & continua de perfectionner les Poinçons & Matrices, & à fondre dans la derniere perfection toutes sortes de caracteres, mesme ceux des Langues Orientales, dans lesquelles il estoit tres-entendu, & tres-souvent consulté. Sa Fonderie est une des plus considerables de Paris, qui est presentement exercée par sa veuve qui s'en acquite avec reputation. Il fit imprimer quantité d'ouvrages, entr'autres l'Abregé de la Bible in folio avec figures en taille de bois. Le Dictionnaire Historique in quarto, Traité du Dessein par Jean Cousin en 1640. les Oeuvres de saint François de Sales in folio deux volumes, par le Reverend Pere Talon en 1643. Il estoit de la Compagnie de la grande Navire, & des Usages Reformez, & avoit pour marque un B. faisant allusion à son nom. Il mourut le neufiéme Septembre 1685. & fut inhumé dans l'Eglise de S. Estienne du Mont.

JACQUES COTTIN fut receu Imprimeur, Libraire, & Fondeur de caracteres d'Imprimerie le vingt-un Fevrier 1636. il avoit apris l'Art de graver, frapper des Matrices, & à fondre des caracteres chez JACQUES DE SENLECQUE le pere, chez qui il s'estoit rendu un des plus habiles en son Art. Il mourut en Juillet 1682. & fut enterré à saint Hilaire. Il a laissé un fils nommé PHILIPPE, qui a esté receu Libraire & Fondeur de caracteres d'Imprimerie le deuxiéme Aoust 1663. & qui exerce cet Art de Fonderie avec reputation.

ANTOINE CELLIER, l'un des habiles Imprimeurs de son temps, & qui s'est fait estimer par les belles impressions qu'il a faites, fut receu le cinquiéme Juin 1636. il imprima plusieurs Livres de la Religion Pretenduë Reformée, comme de l'honneur qui est deu à Dieu, & aux Roys, par Charles Drelincourt in octavo en 1643. & autres. Il mourut en 1681. & laissa plusieurs enfans, entr'autres une fille nommée Marie Anne mariée à DANIEL HORTEMELS Hollandois, receu Libraire à Paris le dix-huitiéme Septembre 1686. un fils nommé CLAUDE receu Libraire le seiziéme Novembre 1686. & autres enfans.

LAURENT STORNAT fut receu Libraire le 24. Janvier 1636.

JACQUES BONIL, dit Dufresne, receu le vingt-un Fevrier

JACQUES PALFART qui épousa Adrienne Estienne, fille d'ADRIEN ESTIENNE fut receu Libraire le troisiéme Avril

RENE' AYMART, receu le mesme jour troisiéme Avril

} 1636.

ELOY LE VASSEUR fut receu Libraire le vingt-troisiéme May 1636. Il passe pour le plus habile Relieur de ce temps, ce qui l'a fait considerer pour estre le premier Garde de la Communauté des Relieurs & Doreurs, suivant l'Edit de 1686. de séparation des Imprimeurs & Libraires d'avec les Relieurs & Doreurs, laquelle Charge de Maistre & Garde il exerce presentement avec les sieurs Cavelier, Nion, & Maugras, qui ont esté nommez conjointement avec luy.

Jean Garse' receu le cinquiéme Juin.

Mathieu le Febvre receu le vingt-quatriéme Juillet.

Jean Guillain receu le septiéme Aoust.

Son fils Thomas, receu le dix-huitiéme Octobre 1660.

Nicolas de la Mare receu le vingt-uniéme du mesme mois d'Aoust

} 1636.

Nicolas de Laulné, frere de Leon de Laulne, Imprimeur, fut receu Imprimeur & Libraire le vingt-huitiéme Fevrier 1636. il avoit épousé le quatriéme Fevrier de la mesme année Marie Charpentier. Il imprima en 1637. Celisande Nouvelle in octavo. *Ars Digestorum Triboniaca & Anticujaciana* in quarto en 1644. Outre qu'il estoit habile Libraire, il avoit encore cet avantage d'estre le seul à Paris qui eût trouvé l'invention de faire des Spheres & des Globes, pour lesquels il estoit fort recherché. Il a laissé trois fils, sçavoir Pierre receu Libraire le huitiéme Avril 1660. Jean & François receus Libraires en 1683. De Pierre sont sortis Pierre, receu en 1683. & Florentin receu en 1686.

Jean Mejat Libraire & Fondeur de caracteres d'Imprimerie, épousa Charlote de Varenne fille de Libraire, & imprima *Lessii Opuscula*, in folio en 1636. Il avoit pour marque la bonne Foy, avec ces mots : *Melius spero, certè teneo*, qui estoit celle de Micard cy-devant.

Jacques de Senlecque Parisien, fils de Jacques dont il est parlé cy-devant page 215. fut receu Imprimeur, Libraire, & Fondeur de lettres, le quinziéme Janvier 1637. Il s'estoit appliqué dés sa jeunesse à l'estude des belles Lettres & des Langues Orientales, mais il fut obligé de la quitter pour s'attacher à la profession de son pere, auquel il succeda comme son heritier, & devint si habile Fondeur de lettres, que non seulement il les a embellies, mais mesme en a taillé & frappé pour toutes sortes de Musique & de Plein-chant, dont les épreuves sont d'un travail inconcevable. Il nous a laissé

laiſſé quantité d'ouvrages en Muſique de ſa compoſition, imprimez par luy-meſme en 1637. & pluſieurs enfans, entr'autres Loüis, receu Libraire, Imprimeur & Fondeur de caracteres d'Imprimerie le dix-ſeptiéme Novembre 1661. & un autre nommé Jean, receu le quatorziéme Decembre 1688. Il eſt mort à Paris le vingt-troiſiéme Decembre 1660. âgé de quarante-ſix ans, & ſa femme Marie Manchon le vingt-trois Septembre 1687.

Pierre Auvray fit imprimer les Confeſſions de ſaint Auguſtin, traduites en François par M. Emar Hennequin Eveſque de Rennes. Il a laiſſé pluſieurs enfans, entr'autres Jacques, receu Libraire le douziéme Juillet 1646.

Pierre Auboüin receu Imprimeur & Libraire le 2. Juillet 1637. Il fit imprimer pluſieurs Livres, entr'autres le Voyage de Moſcovie d'Olearius in quarto, le Mercure Armorial de Segoing in quarto, l'Hiſtoire de Sulpice Severe en François in douze, & autres. Il épouſa Françoiſe Gillotté, dont il eut un fils nommé Pierre, receu Libraire & Imprimeur le quatorze Octobre 1666. qui ſe fait diſtinguer tant par ſa capacité dans les Langues, comme il paroiſt par une nouvelle traduction des Fables d'Eſope, ornée de pluſieurs figures de Sadeler, in octavo; que par la connoiſſance & le bon choix qu'il ſçait faire des Livres. Il eſt preſentement Adjoint de ſa Communauté. Il a de feu Marie Gillet ſon épouſe, un fils nommé Mathieu, âgé de dix-huit à dix-neuf ans, qui ſçait les Langues Hebraïque, Grecque, Latine, & Italienne.

André Chevalier fils de Pierre, dont nous avons parlé cy-devant page 202. fit imprimer, *Conſtitutiones Fratrum Diſcalceatorum, &c.* in douze en 1637. la Vie du Bien-heureux Jean de la Croix in octavo en 1638. Il avoit pour marque le Chevalier Romain, qui eſtoit celle de ſon pere.

Jacques Bellay, receu Maiſtre le quinziéme Janvier

Ses fils, ſçavoir Nicolas receu le vingt-ſeptiéme Juillet 1662. & un autre Nicolas receu le vingt-neufiéme Octobre 1687.

Antoine Coulon receu le vingt-deuxiéme dudit mois.

PARIS.
1637.

CLAUDE BONJAN, gendre de PIERRE RO-
COLET, fut receu le vingt-cinquiéme May, il donna
une de ses filles en mariage à DAMIEN FOUCAUT.

CHARLES ABELLY receu le seiziéme Juillet
NICOLAS DU BAYS le treiziéme Aoust
ADRIAN DUMAS ⎫ ceux-cy le dix-neufiéme ⎫ 1637.
JEAN MERAULT ⎭ Novembre ⎭
Son fils ROLIN receu le huitiéme May 1664.

JEAN LE MOSNIER receu le troisiéme Decembre

LOÜIS PETIT receu le dix-septiéme du mesme
mois

ANTOINE SOREL receu Libraire le vingt-huitiéme
Janvier.

FRANÇOIS DE CARDONNAY, receu Libraire le dix-
huitiéme Fevrier 1638.

JEREMIE BOÜILLEROT fut receu Imprimeur & Libraire le troisiéme Mars 1638. & eut d'Anne Nicolas son
épouse plusieurs enfans, entr'autres PIERRE & JACQUES
receus Imprimeurs & Libraires le vingt-septiéme Novembre
1653.

LAURENT COTTEREAU, fils de JOSEPH, épousa en
premieres nôces une des filles de JEAN MEJAT, dont il
eut la Fonderie, qu'il exerça quelque temps; & en secondes
nôces Geneviéve Billaine aussi fille de Libraire. Il fut receu
Imprimeur & Libraire le vingt-neufiéme Mars 1638. & fit imprimer *Cassiani opera*, in folio en 1642. *Yvonis Carnotensis Opera*
in folio en 1647. qui est la meilleure édition & la plus ample;
& plusieurs autres Livres qui l'ont fait estimer aussi bien que
son pere. Il avoit pour marque le Mont Carmel, avec ces
mots pour devise: *Datus est mihi decor Carmeli*.

ELOY SENESCART, receu Libraire le cinquiéme May
1638. & son fils ELOY le huitiéme May 1664.

MICHEL BOBIN fut receu Libraire le cinquiéme May
1638. il fit imprimer la Sagesse Mysterieuse des Anciens, par
Franç. Bacon, traduite par Jean Baudouin, in octavo en 1641.
& autres. Il mourut le dix-septiéme Fevrier 1681. & laissa un
fils nommé HIEROSME, receu Libraire le neuf Septembre
1683. par Arrest du Conseil. Il a imprimé le Traité des Pro-

pres réels & conventionels in folio, le Traité des Subrogations in quarto, le Traité des Tutelles & Curatelles in quarto, & autres.

ADRIAN MOREAU fils de JEAN, épousa le huitiéme Fevrier 1638. Gabrielle Gasse fille de Libraire, il fut receu Imprimeur & Libraire l'onziéme May de la mesme année, fit imprimer *Leonis Magni opera* in folio en 1639. & autres.

ARNOULD COTTINET fils, fit imprimer le Gueux, ou Gusman d'Alfarache, in octavo en 1638. il eut un fils nommé JACQUES receu le neufiéme Octobre 1651.

RENE' MAZUEL fut receu Imprimeur & Libraire le 20. May 1638. il épousa Anne Alexandre dont il eut plusieurs enfans, entr'autres NICOLAS receu Imprimeur & Libraire le septiéme Novembre 1658. & qui a esté Adjoint de sa Communauté en 1682. CLAUDE receu aussi Imprimeur & Libraire l'onziéme Septembre 1683. par Arrest du Conseil d'Estat.

GUILLAUME DUPRE' fit imprimer *Simeonis de Muis Animadversiones Ioann. Morini*, &c. in octavo en 1639.

SIMEON PIGET Parisien, fut receu Imprimeur & Libraire le 30. Juin 1639. il fut un des plus celebres Libraires de son temps, tant pour la connoissance des Livres, que pour les correspondances qu'il avoit par toute l'Europe pour son commerce de Livres, dont il faisoit un tres grand trafic, ayant laissé un fonds de Librairie des plus considerables de Paris. Il imprima en 1642. *Samuelis Petiti Observationum libri quatuor*, in quarto, Vie de Madame Chantal in quarto & in octavo en 1643. *Rituale Græcorum Gr. Lat. auct. Goar.* in folio qui est fort recherché des Scavans, & assez rare; *Amphilochii opera Gr. Lat.* in folio en 1644. & plusieurs autres ouvrages considerables. Il estoit de la grande Compagnie pour l'impression des Peres & des Usages reformez. Il fit imprimer en compagnie plusieurs ouvrages considerables, comme *Biblia Magna* in folio cinq volumes, *Biblia Maxima* in folio en dix-neuf volumes, & plusieurs autres. Il avoit dans le commencement de son establissement pour marque la Fontaine, qui estoit celle de Messieurs MOREL avec lesquels il avoit esté associé, & dont il avoit mesme acheté l'Imprimerie, & le fonds de Librairie; mais quelques années aprés il prit la Prudence, qui estoit celle de JOSEPH COTTEREAU, dont il avoit aussi acheté le fonds de Librairie, lequel fonds passa après sa mort à son fils JACQUES PIGET, qui fut receu Libraire le 23. Decembre 1666. & ensuite à JEAN DE LA CAILLE son gendre, dont nous parlerons cy-après. Il fut Adjoint de sa Communauté en 1652. & ensuite Syndic en 1665. jusqu'en 1667. il eut pour Adjoints pendant son Syndicat les sieurs *I. de la Caille*, *T. Iolly*, *D. Thierry*, *L. Rondet*, *F. Leonard*, *& C. Chenault*. Il mourut le quatriéme Mars 1668.

JEAN GAILLARD fils de PIERRE, dont nous avons parlé cy-devant page 222. fut receu Libraire le 13. Octobre 1639. il fit imprimer les Erreurs des anciens Heretiques in octavo en 1643. Recueil des Nullitez survenuës dans l'Institution de la Congregation de la Doctrine Chrestienne en France, par G. de Tregoüin, in quarto en 1645. Il eut un frere nommé PIERRE, receu Libraire le quatorziéme Juillet 1661.

JEAN REMY, receu Libraire le treiziéme Octobre 1639. fit imprimer quelques années après la Clavicule, ou la Science de Raymond Lulle in octavo.

REMY SOUBRET commença en 1639. l'impression de *Hippocratis & Galeni opera*, *&c. Gr. Lat. auctore Renato Charterio*, in folio treize volumes, qui depuis a esté achevée par *Robert Iean-Baptiste de la Caille*, pour les sieurs *Guignard*, *Auboüin*, *Villery*, *& Pralard* Libraires à Paris. Le sieur AUBOÜIN a fait la Preface de cet ouvrage. Il fut Adjoint de sa Communauté en 1647.

JEAN PASLE' imprima le Roy de Suede ressuscité, in octavo en 1639. l'Art de faire des Devises par HENRY ESTIENNE Imprimeur & Libraire in octavo en 1643. les Veritez Catholiques prouvées selon les saints Peres, par Leonard Champeils, in octavo en 1643. Il fut receu Libraire & Imprimeur à Paris le quatorziéme Janvier 1640. & eut pour épouse Catherine Fremery.

FRANÇOIS PREVERE' fut receu Imprimeur & Libraire le dixiéme Novembre 1639. & Adjoint de sa Communauté en 1644. il eut de Marguerite Massiac son épouse JACQUES né le huitiéme Decembre 1635. receu Imprimeur & Libraire le trentiéme Octobre 1649.

JEAN ROGER fils, fut receu Imprimeur & Libraire le dixiéme Novembre 1639. & Adjoint de sa Communauté en

ET DE LA LIBRAIRIE, Liv. II.

PARIS 1639.

1651. il imprima les Oeuvres Morales de Bacon, in octavo en 1639. & les Oeuvres de saint François de Sales par le Reverend Pere Nicolas Talon, in folio deux volumes en 1643. Il a laissé un fils nommé JACQUES, sçavant dans les Langues Grecque & Latine, & tres-habile Imprimeur, qui fut receu Imprimeur & Libraire le deuxiéme May 1652. & depuis Adjoint de sa Communauté en 1664.

ANDRÉ MUSNIER receu Libraire le dixiéme Novembre 1639. fit imprimer la belle Fleur de Lys de la Chasteté honorable par Loüis Callon Docteur, in vingt-quatre, deux volumes, en 1643.

PIERRE DE LA HAYE fils de PIERRE, fut receu Libraire le premier Decembre 1639. il fit imprimer la maniere universelle de faire des Cadrans au Soleil par le sieur Bosse, in octavo en 1643. & autres Livres dudit Bosse, lesquels ouvrages le sieur Auboüin & compagnie ont acquis & debitent presentement.

JEROSME MUSIER fils de FRANÇOIS, fut receu Maistre le vingtiéme Octobre
    Son fils JEAN receu le 15. Decembre 1661.
JEAN PEGUEUX gendre de
receu le vingt-sept dudit mois
ESTIENNE HALÉ gendre du sieur HOUSSAYE
FRANÇOIS MILE gendre de
JEAN LE BRUN gendre du sieur MOREAU.
JACQUES MOIRE fils de JEAN
} receus le 8. Nov. 1639.

CHARLES GUILLIN, gendre d'EUSTACHE DELATE
    Son fils JEAN receu le sixiéme Septemb. 1663.
THOMAS LOZET
DENIS ALAN
} receus le 10. dudit mois de Novemb.

JACQUES BRISSET, gendre du sieur CLERGEON
    Son fils JOSEPH receu le vingt-neufiéme Octobre 1664.
JEAN DE LAUNAY fils de RICHARD,
GILLES BOULINGRE gendre de FRANÇOIS PIOT.
} receus Libraires le 1. Decembre 1639.

BARTHELEMY LORGE fit imprimer la Chimere dé-
faite, ou Refutation d'un Libelle contre les Libertez de l'E-
glise Gallicane, in quarto en 1640.

PIERRE VAUDRAN ⎫ receus Libraires le douziéme
PHILIPPES D'ARBIS ⎭ Janvier 1640.

GILLES MOREL fils de CLAUDE, fut pourveu de
la Charge d'Imprimeur ordinaire du Roy en place de CHAR-
LES MOREL son frere le dix-huitiéme Septembre 1639. il imprima *Gregorii Nysseni opera Gr. Lat.* in folio, en 1638. *Isidori
Pelusiotæ opera Gr. Lat.* in folio en 1638. *Aristotelis opera omnia
Gr. Lat.* in folio quatre volumes en 1639. il fut receu Imprimeur
& Libraire le dix-neufiéme Avril de l'année suivante 1640. &
continua d'imprimer *Magna Bibliotheca Veterum Patrum Gr. Lat.*
in folio dix-sept volumes en 1643. & autres. Il avoit la mesme marque & devise que son pere, cy-devant page 192. & fut
associé avec SIMON PIGET, à qui il vendit son fonds de
Librairie, & se fit recevoir Conseiller au Grand Conseil.

ROBERT BALLARD fils de PIERRE, fut pourveu de
la Charge d'Imprimeur du Roy pour la Musique, tant vocale
qu'instrumentale, en la place de feu son pere le 24. Octobre
1639. il fut receu Imprimeur & Libraire le quatriéme Janvier
1640. & imprima quantité d'ouvrages de notes pour la Chapelle du Roy, & autres ouvrages de Musique. Il avoit la mesme marque & devise que son grand-pere, dont nous avons
parlé cy-devant page 206. son merite, & ses belles qualitez
l'ont fait passer par les plus considerables Charges de cette
ville de Paris, ayant esté Grand Juge-Consul, Administrateur
des Hospitaux, Adjoint de sa Communauté en 1648. ensuite
Syndic en 1652. jusqu'en 1657. il eut pour Adjoints pendant
son Syndicat les sieurs *A. de Sommaville, I. Roger, Simeon Piget,
Sebastien Feugé, André Soubron, & Charles Coignard.* Il eut pour
épouse Marie Robinot, de qui il eut plusieurs enfans, entr'autres un fils nommé CHRISTOPHE, receu Imprimeur &
Libraire le dix-septiéme Juin 1666. qui a la mesme qualité de
seul Imprimeur du Roy pour la Musique.

Il y avoit environ l'an 1640. un nommé PIERRE MOREAU,
Ecrivain Juré à Paris, qui avoit inventé une sorte de caracteres
imitans l'écriture bastarde, dont il imprima quantité de Livres
de devotion, & Heures, avec Privilege du Roy, & qu'il ven-

doit luy-mesme, ce qui fit naistre une contestation entre la Communauté des Libraires & Imprimeurs de Paris & luy, sur laquelle intervint Jugement, qui fit défenses audit Moreau de se mêler de vendre ses Livres, ce qui fut executé. Ses caracteres ont ensuite passé en plusieurs mains, & sont enfin demeurez en l'Imprimerie de Denis Thierry, dont nous avons parlé cy-devant.

PARIS. 1641.

Jean Dedin imprima *Claud. Mydorgii Conicorum Libri 2. &c.* in folio en 1641.

Guy Caillou fut receu Libraire le dix-neuf Juillet 1641. il épousa Marguerite Herault, de laquelle il eut Nicolas, & Charles, tous deux receus Libraires à Paris l'onziéme Octobre 1686.

François Meuzier fils de François,
Christophle Lambin gendre de Jerosme Blageart,
Son fils Antoine, receu le huit Octobre 1664.
Remy Sebret,
Jean Riviere,
Son fils Nicolas, le sept Octobre 1666.
} receus Libraires le 19. Juillet 1641.

René Baudry a imprimé, Arrest du Conseil Privé pour les R. P. Augustins Déchaussez de France, en 1641. & autres.

Claude Pelé fils de Guillaume a fait imprimer, *Marsilii Ficini opera*, in folio deux vol. en 1641. & autres

Jean de la Caille Parisien, fut obligé dés ses jeunes années chez Jean de la Coste pour y apprendre l'Art de l'Imprimerie & de la Librairie, & s'y estant comporté avec estime par son assiduité & sa conduite. Il luy donna en reconnoissance une de ses Filles en mariage nommée Charlotte, de laquelle il n'eut point d'enfans. Il fut receu Imprimeur & Libraire le 12. Decembre 1641. commença à imprimer Essays de la Theologie Positive, &c. composé par le sieur de la Bassiere Theologal de Sées, in octavo en 1642. ensuite il imprima les Exercices & devoirs des Peres & Meres de famille envers leurs domestiques in 8. & par ordre de feuë la Reyne Anne d'Austriche, les Prieres & Meditations de M. Godeau d'un tres-gros caractere, dont il ne fut imprimé que six Exemplaires, en consideration dequoy il fut pourveu de la Charge d'Imprimeur ordinaire du Roy par Brevet, en date du dernier Fev. 1644. ensuite fut receu Libraire Juré. Il fut Adjoint de sa Communauté en 1663. & mourut le 14. Dec. 1673. & inhumé à S. Benoist. Il avoit pour marque trois Cailles par allusion à son nom, avec ces mots qui faisoient son Anagramme autour du Soleil : *Ille candela Dei*. Il épousa en seconde nôces Françoise Feugé, fille de ROBERT FEUGE', dont nous avons parlé cy-devant de laquelle il eut plusieurs enfans, entr'autres JEAN Auteur du present Livre, & ROBERT J. BAPT. qui ont esté tous deux Adjoints de leur Communauté ; sçavoir JEAN depuis 1679. jusqu'en 1688. & ROBERT J. BAPT. depuis 1680. jusqu'en 1687.

NICOLAS DE SERCY fut receu Libraire le douziéme Decembre 1641. il épousa Michelle Villery fille de Libraire, il fit imprimer Remonstrance aux peuples de Flandre, in 8. en 1642. le Tableau de la Fortune par Chevreau, in quarto, Histoire des Imperatrices in quarto, la Maison des Jeux in octavo deux volumes, Histoire de Loüis XIII. par Bernard in folio, la Genealogie de la Maison de Bourbon, par le mesme in folio, & autres. Il mourut en 1646. & laissa un frere nommé CHARLES, qui fut receu Imprimeur & Libraire le treiziéme Septembre 1649. qui se fait distinguer par le grand nombre de Livres qu'il a fait imprimer, entr'autres les Définitions de Droit Canon par le sieur Perard Castel, in folio, Paraphrase du Commentaire de du Moulin sur les Regles de la Chancelerie Romaine, par le mesme in folio, nouveau Recüeil de Questions sur les matieres Beneficiales in folio deux vol. & autres sur plusieurs Questions jugées par Arrests depuis 1650. jusqu'en 1681. par le sieur Soefve, in folio deux volumes, & plusieurs autres. Il fut Adjoint de sa Communauté en 1670. Il a eu plusieurs enfans de Geneviéve Picard son épouse, entr'autres un nommé CHRISTOPHE, qu'il a fait recevoir Libraire le dixiéme Septembre 1685.

JEAN GOUBAR } furent receus Libraires
NICOLAS POIRION } le 20. Mars 1642.

CLAUDE LE BEAU receu Libraire le vingtiéme Mars 1642. il fit imprimer, Paraphrase sur les petits Prophetes, par le Reverend Pere Maucorps, in douze, *Panegyrici Veteres* in douze deux volumes en 1643. Tableau des Incomparables perfections

perfections de Dieu, traduit de Lessius par le Reverend Pere Pierre Maucorps in douze en 1643. Elevation à la sainte Trinité in douze en 1643.

Jonas Briquegny receu Libraire le vingtiéme Mars 1642. fit imprimer Josephe, ou la Providence divine, par le sieur Cerisiers in octavo en 1642. Il avoit pour marque l'Envie terrassée, d'où sort une branche d'Olivier entourée d'un Serpent, avec ces mots, *Pax & Prudentia vincunt*, qui estoit celle de Claude Hulpeau, dont il avoit épousé la fille, & acheté le fonds de Librairie.

David Rocart fit imprimer, *Claudii Perrii S. I. Icon Regis*, in douze en 1642.

Nicolas Bessin cousin de Jean cy-devant, épousa Françoise Bacot le troisiéme Fevrier 1641. il fut receu Imprimeur & Libraire le vingtiéme Mars 1642. & imprima, Questions Historiques, &c. in octavo, & autres.

Charles Savreux fut receu Libraire le vingtiéme Mars 1642. il fit imprimer l'Oraison Funebre de Loüis XIII. par Jean de Lingendes Evesque de Sarlat, in quarto en 1643. Du Sacrifice de la Messe, par Phil. Codurc in octavo en 1643. *Acta Sanctorum Ordinis S. Benedicti, saeculum, secundum*, in folio, *Veterum Scriptorum Spicilegium, opera & studio D. Lucae Dacherii*, in quarto treize volumes, & plusieurs autres ouvrages de Messieurs de Port Royal, estant un des Libraires qui a le plus imprimé pour eux, en quoy il s'est attiré une grande reputation; auquel fonds de Librairie a succedé Guillaume Desprez receu Imprimeur & Libraire à Paris le trentiéme Mars 1651. & à la charge d'Imprimeur ordinaire du Roy en Decembre 1686. qui se fait distinguer par la continuation de l'impression des ouvrages de Messieurs de Port Royal, & particulierement par celle de la traduction nouvelle de l'Ecriture Sainte de M. le Maistre de Saci. Il a imprimé aussi la Morale Chrestienne sur le *Pater* de Monsieur Fleuriot; les ouvrages de Monsieur Paschal, de M. Rohault, de M. Nicole, & de M. de Sainte Beuve, & autres Livres. Savreux avoit pour marque les trois Vertus avec ces mots pour devise, *Ardet amans spe nixa fides*. Il mourut à Port-Royal des Champs le vingt-deux Septembre 1669. par le renversement du carosse qui l'y conduisoit. Il y fut enterré, & l'on y voit cette Epitaphe:

HIC JACET CAROLUS SAUREUX
TYPOGRAPHUS.

ESTIENNE DAVGNY, receu Libraire le troisiéme Octobre 1642. épousa la fille de DENIS MOREAU, il fit imprimer, Discours du devoir des Maistres avec leurs serviteurs, par le sieur de Cerisiers in octavo en 1643. les Oeuvres de David de Planis Campy in folio.

ADAM SAULNIER fils, fit imprimer un Traité traduit de saint Chrysostome par Pierre Basseliere de saint Germain d'Auxerre, que nul n'est offensé sinon par soy-mesme, in octavo en 1643.

EDME MARTIN, fils d'EDME dont nous avons parlé cy-devant à la page 209. fut receu Imprimeur & Libraire le troisiéme d'Octobre 1642. Il avoit esté formé dans l'Art d'Imprimerie par son pere, qui depuis ayant esté chargé de la conduite de l'Imprimerie Royale au temps de son establissement, luy laissa le soin de la sienne. Aprés la mort de son pere, luy ayant succedé dans cet employ pendant quelques mois, ses amis luy conseillerent de le quitter pour s'appliquer uniquement à l'impression des grands Ouvrages qu'on luy presentoit, & qu'il imprima avec honneur, & à la satisfaction entiere des Sçavans. Il travailla en differens temps à l'édition d'un grand nombre de Livres de toute sorte de literature, tant en son nom, que pour le compte de plusieurs Libraires qui luy en conficront l'impression : & particulierement pour SEBASTIEN & GABRIEL CRAMOISY, dont il avoit épousé la niéce, fille de CLAUDE. Et l'on peut dire que les ouvrages les plus considerables, qui composoient le fonds presque immense de ces fameux Libraires, estoient sortis de dessous les presses de cet Imprimeur. On se contentera de marquer icy seulement les principaux ouvrages qui ont passé par ses mains, comme *Hadriani Valesii de Rebus Francicis* in folio, *Andreæ du Saussay Panoplia Episcopalis, Sacerdotalis ac Clericalis*, in folio trois volumes, *Lud. Capelli Critica Sacra*, in folio, *Rigaltii Observationes, in S. Cyprianum*, in folio, les Oeuvres de M. la Mothe le Vayer, in folio deux volumes, l'Histoire Ecclesiastique de Monsieur Godeau in folio quatre volumes, Traitez des Droits du Roy, in folio, les Oeuvres de Balzac, in folio deux volumes, *Bibliotheca Iuris Canonici, Gr. Lat.* in folio deux

ET DE LA LIBRAIRIE, Liv. II.

volumes, *Loüetii notæ ad Regulas Cancellariæ Romanæ*, in quarto. Recherches des Monnoyes de France, par Bouteroüe in folio. *Bignonii Elogium* in 4. les quatre Livres de l'Architecture d'André Palladio, traduits par de Chambray in folio. *Marculfi Formulæ veteres*, in 4. Parallele de l'Architecture antique avec le moderne in folio, par de Chambray, l'Histoire de saint Loüis par le sieur de Joinville, avec les notes de M. du Cange in folio, Abregé Chronologique de M. de Mezeray in 4. 3. v. Traitez concernans la condamnation des Templiers, l'Histoire du Schisme, les Papes tenans le Siege à Avignon, par Monsieur Dupuy in quarto, L'Afrique de Marmol de la traduction de M. d'Ablancourt in 4. 3. vol. Traité de la Majorité de nos Rois, & des Regences du Royaume, avec les preuves, ensemble un Traité des Preéminences du Parlement de Paris, par le mesme M. Dupuy in 4. *S. Ioan. Chrysostomi Homiliæ* G. Lat. in 4. *Jani à Costa in Justiniani Institutiones Commentaria*, in quarto, *Concilium Duziacense* in 4. *Ioan. Launoii Paris. Theologi opera omnia*, in quarto, & in octavo, *Philippi Brietii Parallela utriusque Geographiæ* in quarto trois volumes, *Iac. Sirmondi S. I. Theodulphus, Rabanus, Servatus Lupus, Historia Prædestinatiana, &c.* & autres. Commentaire de Monsieur Pithou sur le traité des Libertez de l'Eglise Gallicane in 4.

Comme cet habile Imprimeur sçavoit non seulement les Langues Grecque & Latine, mais qu'il s'appliquoit encore avec assez de succez à connoistre le tour & le genie de la Françoise : aussi estoit-il également recherché des personnes de tout genre d'érudition, qui mesme en donnant leurs Ouvrages à leurs Libraires, leur imposoient presque toûjours cette condition, que ce seroit MARTIN qui les imprimeroit : persuadez qu'ils estoient qu'il ne se pouvoit faire que cet Imprimeur s'appliquant luy-mesme à la correction, & à la revision de ce qu'il imprimoit, ne reüssist infailliblement; & qu'en mettant la derniere main à leurs productions, il ne travaillât autant pour leur gloire que pour la sienne. C'est le témoignage qu'en rendoit autrefois le P. Sirmond Jesuite, au rapport de Monsieur Nublé ancien Avocat au Parlement, lorsqu'il disoit que cet Imprimeur, en imprimant ses ouvrages, luy fournissoit souvent des traits d'érudition, ausquels il n'auroit pas pensé. Et Monsieur de Hauteserre, Ante-

PARIS.
1642.

cesseur & Professeur de Droit en l'Université de Toulouse, parle de cet Imprimeur avec un eloge qui fait connoître la reputation que sa capacité luy avoit acquise dans les Provinces les plus éloignées ; c'est au commencement d'un petit Traité qui a pour titre : *Ecdicus Gregorii Papæ*, imprimé à Toulouse. En voicy les termes : *Legi & perlegi, Vir Clarissime*, (c'est à Monsieur Nublé qu'il adresse ce Traité) *Libellum quem in me scripsit Ioannes Launoius Presbyter & Theologus Parisiensis, non ingrato animo, quòd sit munus Edmundi Martini Typographi Regii, communis nostrûm amici, viri suâ sorte majoris. A te lætus audio, quòd ille non lubens hoc opus typis dederit: hoc enim præjudicio vincitur, qui repugnantem experitur Typographum, litis idoneum judicem.* Aussi le P. Vavasseur Jesuite ne fait point de difficulté de traiter de Sçavant cet habile homme dans la derniere de ses Epigrammes, où cachant sous le nom de *Tryphon* du Poëte Martial, cet Imprimeur, dont il vouloit ménager la modestie, il luy parle ainsi :

Docte Tryphon, quæris vacuas explere lacunas,
  Atque novum tibi ad id vis Epigramma dari, &c.

Il fut Adjoint de la Communauté des Imprimeurs & Libraires de Paris en l'année mil six cens quarante-neuf, & Syndic en 1663. & eut pour Adjoints pendant son Syndicat les sieurs E. Couterot, F. le Cointe, S. Huré, Iean de la Caille, T. Iolly, & I. Roger. Il estoit de la grande Compagnie des Libraires associez pour l'impression des Usages reformez, & des Peres de l'Eglise. Il mourut le dixiéme May 1670. fort regretté des Sçavans, & est enterré à saint Benoist.

Depuis son decés, sa veuve aidée de GABRIEL MARTIN, l'un de ses fils, que son pere avoit destiné pour luy succeder dans son Art, & qu'il y avoit élevé avec un grand soin, a imprimé tant pour elle, que pour quelques Libraires, plusieurs ouvrages qui ont paru au jour aussi corrects que s'ils l'avoient esté du vivant de son mary ; comme *S. Gregorii opera* in folio trois volumes, *Acta Sanctorum Ordinis S. Benedicti, Sæculum III. & IV.* in folio trois volumes, *Marius Mercator opera Ioan. Garnerii S. I. Gr. Lat.* in fol. *Theodoreti Episcopi Cyri Auctuarium, sive operum Tom. V. interprete Ioan. Garnerio, S. I. Gr. Lat.* in folio. Conferences Theologiques & Spirituelles du P. d'Argentan, in quarto quatre volumes,

Tani à Costa in Decretales Gregorii IX. Summaria & Commentarii, in 4. *Petiti de nova Renati Cartesii Philosophia dissertationes quatuor*, in 8. Des Jugemens Canoniques des Evesques, par M. David, in 4. *Spicilegium Lucæ Dacherii* in 4. *Mabillonii Analecta vetera*, in octavo.

En l'année 1677. le quinziéme Juin, GABRIEL MARTIN son fils fut receu Imprimeur & Libraire en consequence d'un Arrest du Conseil d'Estat, rendu en consideration des services tant de son ayeul que de son pere, & de son merite particulier. Suivant l'exemple de son pere, & marchant sur ses pas, il travaille avec assiduité, & corrigeant luy-mesme les Livres qu'il imprime, il donne au public des ouvrages aussi accomplis, que son pere les donnoit.

Quant à sa mere, comme en luy cedant son Imprimerie, elle s'estoit reservé le fonds de Librairie de son mary, elle y a associé depuis JEAN BOUDOT un de ses gendres, receu le neufiéme Septembre 1683. & ESTIENNE MARTIN son troisiéme fils, receu le dix-septiéme Septembre 1686. qui font une societé qui produit des ouvrages assez considerables.

ROBERT DE NAIN fut receu le troisiéme Octobre 1642. & fit imprimer en societé avec EDME MARTIN, le beau Cœur, ou Discours prononcé à l'Anniversaire de la tres-digne Mere de Chantal, in quarto en 1643. & autres ouvrages.

PIERRE LE PETIT fut receu Imprimeur & Libraire à Paris le quatriéme Nov. 1643. & succeda à GILLES MOREL à la charge d'Imprimeur ordinaire du Roy, avec les prerogatives & gages de deux cens vingt-cinq livres couchez sur l'Estat, par la démission dudit MOREL en date du vingt-sept Janvier 1647. & Provision le premier Fevrier de la mesme année. Il fut aussi choisi pour remplir la place d'Imprimeur & Libraire de l'Academie Françoise, qu'avoit exercée le sieur CAMUSAT son beau-pere, il commença d'imprimer leur Dictionnaire, ensuite l'Homme Criminel du R. Pere Senault, in quarto, & ses autres ouvrages, la Vie de Monsieur de Ranty, in quarto en 1643. & quantité d'autres Livres, dont la beauté & la perfection l'ont fait passer pour un des Illustres dans sa profession, comme on le peut voir par les Oeuvres de Monsieur Arnaud d'Andilly en huit volumes in folio, ceux de Monsieur Cotelier en Grec & Latin en deux volumes in folio, dont le reste de l'édition fut brûlée avec plusieurs autres dans le College de Montaigu où il fit une perte tres-considerable. Il imprima encore, *Historia Ecclesiastica Eusebii, &c.* in folio trois volumes Grec & Latin, & le mesme tout Latin avec des notes de Monsieur Valois, & autres qui seront des tesmoignages de la grande dépense qu'il faisoit pour l'impression de ses Livres, où il n'épargnoit rien tant pour la beauté des caracteres, que pour celle du papier & des autres ornemens qui l'ont fait passer pour un des plus habiles en son Art, & dont la reputation durera autant que les Livres qu'il a imprimez. Il avoit une Fonderie de caracteres d'Imprimerie, & pour marque la Croix d'or, avec ces mots, *In hoc signo vinces*. Il fut Adjoint de sa Communauté en 1660. & mourut le vingt-cinq Septembre 1686 âgé de soixante-neuf ans, & enterré à saint Benoist, où il a fait de grands legs. Il fut associé dans le commencement de son establissement avec la veuve de JEAN CAMUSAT, dont il eut le fonds de Librairie, & épousa une de ses filles nommée Denise, femme d'un rare merite, & d'une tres-grande charité, de laquelle il eut plusieurs enfans, entr'autres MICHEL LE PETIT, receu Imprimeur & Libraire le huitiéme Janvier 1660. il avoit pour marque la Toison d'or, qui estoit celle de son grand-pere, dont nous avons parlé cy-devant page 243. il a quitté la Librairie, & a acheté une charge de Secretaire du Roy en 1679. qu'il exerce actuellement avec estime & reputation, aussi bien que son frere.

GUILLAUME SASSIER, receu Imprimeur & Libraire le vingt-quatriéme Novembre 1643. a imprimé *Christinæ Succorum, Gotthorum & VVandalorum Serenissimæ Reginæ, Carmen* in quarto. Il avoit pour marque deux Tourterelles, avec ces paroles, *Tu tibi sume parem*. Il est mort le neufiéme Juillet 1685. & est enterré à saint Severin.

LAURENT FOURQUOYERE, & GERVAIS ALLIOT, ont fait imprimer, Recit véritable de ce qui s'est passé aux Exorcismes de plusieurs Religieuses possedées en la ville de Louviers, in quarto en 1643.

FRANÇOIS NOEL épousa le sixiéme Fevrier 1623. Marguerite Ricoart, il fut receu Imprimeur & Libraire le vingt-quatriéme Novembre 1643. & imprima la mesme année avec

ET DE LA LIBRAIRIE, Liv. II.   303

la veuve de GUILLAUME LE NOIR, le Martyrologe des Chevaliers de Malte par le R. Pere Gouſſancourt Celeſtin, in folio avec figures, & autres Livres.

LOÜIS FREMIOT fut receu Libraire le vingt-quatriéme Novembre 1643.

Son fils PASQUIER receu le vingt-cinquiéme Octobre 1663.

FRANÇOIS BORDIER fils de NOEL, receu Libraire le quinziéme Decembre 1643.

JACQUES QUETIER fils de Barnabé, receu Libraire le vingt-deuxiéme Decembre 1643.

JEAN BOUHOURS receu le vingt-neuf Decembre 1643.

GEOFROY LE CORDIER fut receu Libraire le vingt-neufiéme Decembre 1643. il fit imprimer Entretiens autant divertiſſans que profitables à un chacun, tirez de ſaint Cyprien in douze en 1644.

ROLET LE DUC fils de MICHEL dont nous avons parlé, fut receu Libraire le vingt-quatriéme Novembre 1643. il fit imprimer en la meſme année le *Sage Naiſſant* in octavo, & quelque temps aprés *Auguſtini Niphi Opuſcula* in quarto. Traité des Bibliotheques par le R.P. Jacob, in octavo en deux volumes, l'Avis pour dreſſer une Bibliotheque par le ſieur Naudé in octavo.

Je ne puis mieux finir cette Hiſtoire que par ces deux derniers Livres. L'un vous donne la connoiſſance des plus belles & curieuſes Bibliotheques de l'Europe ; & l'autre, une idée pour faire le choix des Livres les plus neceſſaires pour former une Bibliotheque. Il ſeroit à ſouhaiter pour ceux qui deſirent compoſer des Bibliotheques, & avoir des Cabinets de Livres que ce dernier fuſt traité plus amplement ; il faudroit pour cela ſuivre l'ordre de GESNER, faire un Catalogue alphabetique de tous les anciens Auteurs qui ont écrit juſqu'à ce ſiecle, y marquer les éditions differentes de chaques ouvrages, les diſtinguer par le nom de la ville, par celuy des Imprimeurs & Libraires. Il ſeroit bon auſſi & pour n'eſtre pas ſurpris par le titre d'un Livre, qui ſouvent ne répond point à la petiteſſe, d'en marquer la qualité du volume ; que l'on donnaſt auſſi ſommairement l'hiſtoire de la vie de

PARIS. 1643.

chaque Auteur, le lieu où il estoit quand il a composé son ouvrage, & les motifs qui l'ont porté à l'entreprendre ; à quoy les Avis & les Prefaces qui sont au commencement des Livres seront d'un grand secours: que l'on donnast aussi par le mesme ordre, les matieres que chaque Auteur, a traité afin de connoistre sur un mesme sujet tous ceux qui ont écrit sur une mesme matiere ; par exemple sous le titre general de Theologie, à la lettre P. *in Psalmos*, tous les Commentateurs sur les Pseaumes, & ainsi des autres matieres : ce que nous fait esperer une personne, qui ayant une forte passion pour les Livres, & se trouvant dans la plus riche Bibliotheque de l'Europe, a crû ne pouvoir mieux répondre aux obligations de son employ, qu'en formant le dessein d'un Catalogue Universel de toutes les Matieres, & de tous les Auteurs dont il pourra avoir connoissance. L'ordre methodique qu'il se propose dans cet ouvrage, & l'exactitude qu'il se promet d'y apporter, nous en font regarder avec quelque peine la vaste étenduë que demande plusieurs années pour le mettre dans sa perfection, & le reduire en estat de donner au public toute l'utilité qu'il en doit attendre.

LISTE

LISTE
DES IMPRIMEURS ET LIBRAIRES
receus depuis l'an 1643. jusqu'en 1689.

Sous le Syndicat
DE SEBASTIEN HURE',
Qui eut pour Adjoints
NICOLAS FREMIOT, JACQUES LANGLOIS,
PIERRE CHAUDIERE, FRANÇOIS PREVERE',
DENIS THIERRY, & LOUIS SEVESTRE.

Oüis Daumale, fils de Jean, &
Raymond Clerjon, fils de Jacques, le 15. Janvier.
Jacques Guillery, le 15. Mars.
* Claude Tonnelier.
Thomas de la Carriere.
David le Roy, &
Jacques le Roy, le 18. dudit mois.
Jean Tompere, fils de Jean, *page 262*. &
Charles Coignard, le 8. Juin, *page 262.*
Jean du Val, gendre de Guillaume Pelé, le 22. Juin.
Loüis Pousset, fils d'Adam, *page 239.* &
Jean Promé, le 30. Juin.
Nicolas Boisset, le 13. Juillet.
Alexandre Lesselin, gendre de Loüis Fremery, le 20. Juillet.
Estienne Lucas, le 7. Septembre.

Paris 1644

PARIS.
Robert Feugé, fils de Robert, page 254. &
Denis le Franc, fils de Pierre, le 13. Septembre, page 116.
Denis Langlois, fils de Denis, page 203.
Macé Boüillerot, fils de Jean.
Simon Langlois, fils de Denis, page 203.
Nicolas Portier, fils de Pierre, page 221.
Jean Gobert, fils de Jean, page 225.
Jean Piot, fils de François.
Pierre Saulnier, fils de François, page 226. &

1645.
Charles Deslouviers, gendre de Laurent Merieux, le 22. Decembre.
François de Latte, fils d'Eustache, page 225. &
Leon de Laulne, gendre de Philippe Charpentier, le 12. Janvier.
Sebastien Feugé, neveu de Loüis page 251. &
David le Roy, le 26. dudit mois.
Pierre Variquet, ancien Adjoint en 1668. &
Nicolas Perrier, fils de Loüis, le 28. Mars.
Florentin Lambert, le 30. dudit mois.
* Jean de la Ruelle.
Florimont Badiere.
François Thomas, fils de Jean, pag. 204.
Martin le Prest, ancien Adjoint en 1678.
Pierre Talon, fils de Nicolas, &
Gilles de Courbe, fils de Jean, le 6. Juillet.
Nicolas de Launay fils, &
Antoine du Hamel, fils de Jean, page 223. le 13. Juillet.

1646.
Charles Saugrain, fils d'Abraham, le 3. Aoust, page 186.
Jean Boucher, le 26. Octobre.
Michel du Han, &
Claude Huot, le 25. Janvier.
Daniel le Febvre, le 1. Fevrier.
Sebastien Huré fils, le 8. dudit mois, page 236.
Pierre Ribou, le 15. dudit mois.
Henry Estienne, fils d'Antoine, le 23. dudit mois, page 217.
Estienne Maucroy ancien Adjoint en 1659. le 5. Avril.
* Nicolas de Launay, gendre de Jacques le Long, &
* Simon Fremin, gendre de Jean Michelin, le 5. Juillet.
François le Long, fils de Pierre, page 228. &
Jacques Auvray, fils de Pierre, le 12. dudit mois.
Nicolas Jacquar, le 26. dud. qui fut s'establir à Clermont, où il est mort.
Sebastien Martin, gendre de Fr. Piot, ancien Adjoint en 1657. &
* Thomas du Puis, fils de Pierre, le 2. Aoust.
Nicolas Pellé, le 9. dudit mois.
Thomas de la Carriere, &
Nicolas Vivenay, le 23. dudit mois.
* Sebastien & Marin Mon-miral freres, le 30. dudit mois.

Syndicat
DE PIERRE ROCOLET,
Qui eut pour Adjoints
DENIS THIERRY, LOUIS SEVESTRE,
DENIS BECHET, ROBERT SARA,
ROBERT BALLARD, & REMY SOUBRET.
Sous lequel Syndicat furent receus

Pierre de Breche, fils de Pierre, le 24. Janvier, page 248.   1647.
Pierre Quenon, fils de Henry, le 7. Fevrier.
Gilles Gourault, gendre de Michel Dauplet, le 14. dudit mois.
François Julien, fils de Loüis, le 15. Mars, page 238.
Jean le Rat, &
Jean Pocquet, le 15. Mars.
Charles Charpentier, fils de Pierre, le 28. Mars.
* Jean le Rond, gendre de Jean du Hamel, &
Nicolas Helie, le 11. Avril.
Guillaume la Grive, fils de Jean le 11. Juin.
Antoine Boulanger, fils de Loüis, le 22. Aoust, page 263.
Denis Moreau, fils de Denis, page 231.
David Beauplet, fils de François, &
Jean Harel, gendre de Jacques Villery, le 29. dudit mois.
François Pousset, fils d'Adam, le 12. Septembre, page 239.
Robert Quenet, le 19. dudit mois.
Pierre Guillemot, fils de Mathieu, le 26. dudit mois, page 268.
Nicolas Pardessus, fils d'Adam, le 5. Decembre, page 238.
Claude Calleville, fils de Claude, page 273. &
Claude Cochon, le 6. Février.   1648.
Jacques Laisné,
Pierre du Pont, &
Thomas Jolly, gendre de Jacques Dallin, le 13. Février, page 258.
Pierre Gourault, gendre de Michel Dauplet, le 12. Mars.
Gabriël & Nicolas Clopejau, fils de Gabriël, le 2. Avril, page 280.
Jacques Camusat, fils de Jean, le 2. Juillet, page 243.
Jacques le Gras, fils de Henry, page 271. &
Loüis Chamhoury, gendre d'André Soubron, le 20. Aoust.
Loüis de la Tour, gendre de Nicolas Pillon, le 10. Decembre.
Noël de Hacqueville, fils de Leger, le 17. dudit mois, page 216.
Jean Julien, &
Guillaume Buneau, le 22. Avril.   1649.
Marin Leché, le 14. May.

Syndicat
DE MATHIEU GUILLEMOT,

Qui eut pour Adjoints

ROBERT BALLARD, REMY SOUBRET, JEAN DUBRAY, EDME MARTIN, GEORGE JOSSE, FRANÇOIS PIOT, ANTOINE DE SOMMAVILLE, & JEAN ROGER,

Sous lequel Syndicat furent receus

1649.

Pierre Josse, le 27. May.
André Chouqueux, gendre de Jean Brunet.
Jean d'Houry, gendre de François Beauplet, &
Loüis Gontier, gendre de Nicolas Beffin, le 26. Aouft.
Laurent Nivin, gendre de Jean Brunet, le 2. Septembre.
Pierre Moëte, gendre de Mathurin Henault, *page* 233.
Jean Gandoüin, fils de Leger, & gendre de Robinot, &
Claude Nicod, fils d'Antoine, le 23. dudit mois.
Charles de Sercy, *page* 296.
Pierre Beffin, fils de Nicolas, *page* 227.
Denis David, gendre d'Eftienne Sauffier.
Pierre Dorguillé.
Gilles André.
Hugues Seneufe, gendre de François Beauplet, &
Jean Bazin, fils de Claude, le 23. Septembre.
Edme Couterot, gendre de Denis Moreau, le 7. Octobre, *page* 231.
Gilles Chiconneau, le 14. dudit mois.
François Joron, fils de François, le 21. dudit mois.
Guillaume Branchu.
Jean Huart.
Robert du Caftin, &
Eftienne Gaudreau, le 29. dudit mois.
Jean Denis, fils de Mathurin.
Loüis Piot, fils de François.
Jacques Preveré, fils de François, *page* 291. &
Pierre Marga, fils de Pierre, le 30. dudit mois.
Nicolas Foucault, le 4. Novembre.
Claude Hanocque, fils de Jean, &
Pierre Dubors, fils de Fiacre, le 16. Decembre.
Antoine Vimar, fils de Maurice, le 30. dudit mois.

Florent Fournet, &
Nicolas Hugot, gendre de Gervais Alliot, le 20. Janvier.
François le Cointre, le 17. dudit mois, ancien Adjoint en 1662.
Pierre Baudouin, le 3. Février.
Claude Boudeville.
René Dupré, &
Denis Pelé, le 10. dudit mois.
Antoine Bouriquant, fils d'Antoine, le 7. Juillet, *page* 220.
Nicolas Biefckens, gendre de Charles Chaftelin, le 21. dudit mois.
Mathieu Boudinet, fils de Claude, le 4. Aouft.
Loüis Vendofme, fils de Loüis, le 2. Septembre.
Eftienne Pepingué, *page* 238.
Nicolas Pepingué, fils de Theodore, *page* 238. &
Jean de la Tourette, fils de Jean, le 27. Octobre.
Jean d'Incourt.
Samuel Perrier, &
Guillaume Defprez, le 30. Mars, *page* 297.
Pierre Colet, fils de Claude, le 13. Avril.
Jean Cochart, fils de Jean, le 20. Mars, ancien Adjoint en 1679.
Nicolas Fillette, fils de Nicolas, le 11. May, *page* 297.
Antoine Chreftien, le 7. Juin.
Claude Blageart, fils de Michel, &
Claude Gueffier, fils de Claude, le 5. Octobre.
Touffaint Quinet, fils de Touffaint, *page* 253.
Julien Jacquin, fils de Julien.
Jacques Cottinet, fils d'Arnould.
Loüis Fremery, fils de Loüis, &
Guillaume de Luynes, le 19. dudit mois, *page* 253.
Claude Brinon, le 9. Novembre.
Charles Villery, fils de Jacques, le 16. dudit mois, *page* 247.
* Charles Deftunes, gendre de Jean Guillain, le 23. dudit mois.
Antoine Emery, le 29. dudit mois.
Nicolas Gallot, gendre de Pierre Grignon, le 7. Decembre.
Jacques Bauche, fils de Claude, le 29. dudit mois.
Gilles Tompere, fils de Jean, le 29. Février, *page* 262.
Damien Foucault, *page* 228.
Jacques Gentil, &
Jean Plicot, le 7. Mars.
Loüis Billaine, fils de Jean, *page* 260.
Claude Joffe, fils de George, *page* 261.
Jean Piot, fils de François, &
Jacques Roger, fils de Jean, le 24. Avril, *page* 292.
Jean Houzé, fils de Jean, le 10. May.

Syndicat
DE ROBERT BALLARD,
Qui eut pour Adjoints

ANTOINE DE SOMMAVILLE, JEAN ROGER, SIMON PIGET, SEBASTIEN FEUGE', ANDRE' SOUBRON, & CHARLES COIGNARD,

Sous lequel Syndicat furent receus

1652.
Jean Goglain, gendre de Jean Michelin, le 10. May.
Antoine Mericux, fils de Laurent, le 4. Juillet.
Denis Thierry, fils de Denis, le 10. Octobre, *page* 269.
Antoine le Rond, fils de George, le 17. dudit mois.
Jean Guignard, fils de Jean, *page* 25.
Mathieu Ménard, fils de Pierre, &
Edoüard Chevalier, fils de Jacob, le 14. Novembre.
Emanuël & Langlois,
Jacques Langlois, fils de Jacques, *page* 203. & 278.
Claude Thiboust, fils de Samuël, *page* 219. &
Jean Collet, fils de Martin, le 21. dudit mois.

1653.
Charles le Roy, fils de Jacques, le 6. Février.
* Estienne du Bois, gendre de Pierre le Maire, le 20. dudit mois.
Frederic Leonard, le 27. dudit mois, *page* 236.
Thierry le Chasseur.
Antoine Quenet, fils de Robert.
Antoine Varangue, fils de Jacques.
Jacques le Conte, &
Loüis Heurtevant, le 6. Mars.
Pierre Lamoureux.
Loüis Gassé, fils de Nicolas, &
Nicolas Michelin, fils de Jean, le 27. dudit mois.
Nicolas Vaugon, fils de Nicolas, &
Pierre Gueque, fils d'Alin, le 2. May.
Pierre Baudoüin, fils de Pierre, le 15. dudit mois.
François Targa, &
Gabriel Targa, fils de François, *page* 256. &
*. François Maurice, gendre de François Targa, le 10. Juillet.
Thomas Charpentier, &
Pierre Charpentier, fils de Pierre, le 7. Aoust.
Marin Clerjon, fils de Jacques, le 11. Septembre.

Jacques Boüillerot, &
Pierre Boüillerot, fils de Jeremie.
Christophe Journel, ancien Adjoint en 1676.
Edme le Redouté, &
* David de Latte, fils d'Eustache, le 27. Novembre.
Antoine Clement, gendre de Gervais Alliot.
Nicolas Traboüillet, fils de Nicolas, page 271.
Nicolas Bessin, fils de Jean, &
Jean Dupuis, fils de Mathurin, le 4. Decembre, page 264.
* Jean l'Espicier, fils de Claude, le 18. dudit mois.
Estienne Sauvage, gendre de Pierre Viné.
* Michel Vaugon, gendre de François Joron.
François Coustelier, gendre de Pierre Trouvain, &
Laurent Jacquin, le 13. Janvier.
Claude Herissant, gendre de François de Hancy.
François Drou, gendre d'Eustache de Latte, &
Jean Dettunes, le 5. Février.
* Jean Varangue, fils de Jacques, &
François Berton, gendre de Thomas le Roy, le 12. dudit mois.
Jean-Baptiste Nego.
Jacques Rolin, &
Denis Senelle, le 5. Mars.
Olivier Mayeux, fils de Jean.
* Jacques le Bouc gendre de Jean Mayeux.
Claude Barbin, ancien Adjoint en 1677. &
Nicolas Souchet, le 19. dudit mois.
Nicolas Dupin.
Jacques Honervogt.
Thomas l'Esguillon.
Simon Monet.
Sebastien Fremery, fils de Loüis, &
* Pierre Merville, le 30. Avril.
Jean le Roy, fils de Thomas, le 16. Septembre.
Denis Alexandre, fils de Nicolas, le 29. Octobre.
Jean Bussier, gendre de Guillaume Maréchal, &
Marin Boullingre, fils de Jacques, le 5. Novembre.
Robert la Carriere, fils de Jacques, le 7. Janvier.
André Cramoisy, fils de Claude, le 21. dudit mois, page 226.
Laurent Rondet, ancien Adjoint en 1665.
Pierre Mauger, &
Antoine Bernard, le 4. Mars.
Jean de la Carriere, le 11. dudit mois.
Jean Villette, gendre de Richard de Launay.
Jean Miraut, fils d'Antoine.
Jean le Mogen, gendre de Jean Pasquier.
Charles du Bourg, gendre de Jean Peguieu &

PARIS.

1654.

1655.

PARIS. Nicolas l'Espicier, le 18. dudit mois.
Gervais Pochet.
Charles Becqueret, fils de Charles, &
Pierre Martin, fils de Jean, le 20. May.
Gabriel Quinet, &
Nicolas Langlois, fils de François, le 29. Juillet, *page* 281.
Robert Pillastre, gendre de   Compain, le 9. Septembre.
Robert de Ninville, fils de Robert.
Estienne Seigneur, gendre de Jean Gobert, &
Antoine Nogent, le 16. dudit mois.
Charles Angot, gendre de George Josse, le 23. dudit mois, *page* 261.
Guillaume Macé, fils de Guillaume, le 30. dudit mois.
Estienne Loyson, fils de Guillaume, le 21. Octobre, *page* 256.

1656. Pierre Calleville, fils de Claude, &
Mille de Beaujeu, gendre de Claude Calleville, le 17. Février.
Geoffroy Marcher.
Jean Boullard, &
Mathurin Ponthis, le 2. Mars.
Olivier de Varenne, fils d'Olivier, le 4. May.
Blaise Pilorget, gendre de Nicolas Guerard, le 10. dudit mois.
Pierre le Mercier, le 28. Septembre, ancien Adjoint en 1678.
Nicolas le Gras, fils de Henry, *page* 271.
François du Val, fils de Jacob, &
Nicolas Asseline, gendre de Jacques Roger, le 19. Octobre.
* Guillaume Cavelier, fils de Nicolas.

1657. * Jean Robin, fils de Pierre.
René Rousseau, gendre de Loüis Vandosme.
Jacques Auvray, fils de Pierre, &
* Gilles Ninin, le 15. Mars.
Denis Langlois, fils de Denis.
Loüis Baudoüin, gendre de Denis Langlois.
Augustin Hebert, fils d'Estienne, &
Christophe Barrois, fils de Jacques, le 22. dudit mois *page* 203.
Sebastien Eschart, &
Claude Eschart, fils de Sebastien, le 5. Avril.

Syndicat

Syndicat
DE DENIS BEGHET,
Qui eut pour Adjoints
ANDRÉ SOUBRON, CHARLES COIGNARD, CHARLES DU MESNIL, PIERRE TARGA, AUGUSTIN COURBÉ, & SEBASTIEN MARTIN,

Sous lequel Syndicat furent receus

Jerome Estienne, fils d'Adrian, le 29. Novembre, page 147.	1657.
Nicolas Chevalier, gendre de Jacques Bessin.	1658.
Simon Deslouviers.	
Jacques Bertrand, &	
Paul Chevrol, le 28. Mars.	
Pierre Cottard, fils de Clovis, &	
* Jean Baillet, gendre de Jacques du Breüil, le 25. Avril.	
Jean André Soubron, fils d'André, le 2. May, page 234.	
Jean Baptiste Coignard, page 262. &	
Charles Coignard, fils de Charles, le 2. May, page 262.	
François Muguet, gendre de Jean Pilé, page 145. &	
Guillaume Adam, gendre de Jeremie Boü. Herot, le 22. Aoust.	
Nicolas Mazuel, fils de René.	
Nicolas Joly-bois, gendre de René Mazuel, &	
Charles Cabry, gendre de Richard de Launay, le 7. Septembre.	
Denis Crevier, gendre de Jacques Palfart, le 28. Novembre.	
Pierre Chatelain, fils de Martin, le 23. Janvier.	1659.
Simon le Sourd, gendre de Nicolas Fremiot, le 6. Février.	
Jacques Grou, Gendre de Jean Riviere, le 13. dudit mois.	
Jean Cusson, fils de Jean, page 275. &	
* Jacques Hubert, gendre de Robert Fuquier, le 20. dudit mois.	
Sebastien Mabre-Cramoisy, page 193.	
Jean Charmot, &	
Julien Allart, le 6. Mars.	
François Henault, fils de Jean, page 283.	
Martin Haureville, fils de Martin.	
Claude de Hency, fils de François.	
Laurent du Val, fils de Jean, &	
Loüis Prignard, gendre de François de Hancy, le 15. May.	

Syndicat
DE GEORGE JOSSE,
Qui eut pour Adjoints
AUGUSTIN COURBE', SEBASTIEN MARTIN, JACQUES DALLIN, ESTIENNE MAUCROY, PIERRE LE PETIT, & CLAUDE MORAND,

Sous lequel Syndicat furent receus

1659.
CLAUDE Burray, gendre de Maréchal, le 10. Juillet.
Claude du Flau, gendre de Jean Guilain, le 21. Aouſt.
Sebaſtien Martin, gendre d'Antoine de Cay, le 18. Septembre.
Gilles Blaizot, fils de Gilles.
Simon Benard, fils de Guillaume, &
Pierre Colin, gendre de Guillaume Saſſier, le 25. dudit mois.
Thomas Moëte, fils de Pierre, le 12. Octobre, *page* 233.

1660.
Michel le Petit, fils de Pierre, le 8. Janvier, *page* 301.
Pierre Bien-fait, gendre de   Clouſier le 15. dudit mois.
Helie Joſſet.
Laurent Raveneau, &
Nicolas de Bures, le 11. Mars.
Pierre de Laulne, fils de Nicolas, le 8. Avril.
Claude Mayeux, fils de Jean, &
François Maugé, le 29. May.
* Pierre Vauclin, &
Pierre Quillot, le 15. Juillet.
Antoine Robinot, fils d'Antoine, *page* 233.
André de Rome, gendre de Nicolas Helie, &
Rolland Houdan, fils de Jean, le 18. Aouſt.
Thomas Guillain, fils de Jean, &

1661.
* Jean de la Fontaine, fils de Jeroſme, le 18. Octobre.
Pierre Compain, fils de Jacques, le 16. Février.
Charles Foſſet, gendre de Claude le Groult, le 10. Mars.
Daniel du Freſne. Antoine de Raflé, & Jacques Talon, le 17. dud.
Clement Gaſſe.
Mathurin Lamy, gendre de Denis Houſſaye, &
Thomas Gallois, Gendre de Jacques Clergeon, le 7. Avril.
Pierre Targa, fils de Pierre, *page* 280. &
* Pierre François, fils de Mathieu, le 18. dudit mois.
Pierre Joſſe, fils de George.
Theodore Girard, gendre de Henry le Gras, &
Pierre Gaillard, fils de Pierre, le 14. Juillet.

Syndicat
DE JEAN DUBRAY,
Qui eut pour Adjoints
PIERRE LE PETIT, CLAUDE MORAND, NICOLAS CLOPEJAU, JEAN HENAULT, EDME COUTEROT, & FRANÇOIS LE COINTE,

Sous lequel Syndicat furent receus

George Solly, fils de Michel, page 234.   1661.
Claude Audinet.
Pierre Traboüillet, fils de Nicolas, page 272.
* Pierre Bradel, gendre   Perier, &
* Pierre Auvray, fils de Jacques, le 1. Septembre.
Jacques du Brüeil, fils de Jacques, page 190. &
* Charles Dupin, fils de Nicolas, le 15. Septembre.
Loüis de Senleque, fils de Jacques, le 17. dudit mois, page 288.
Augustin Besongne, fils de Cardin, page 259.
Jean Musier, fils de Jerôme, &
* Claude & Jean Monnier, fils de Jacques, le 15. Decembre.
* Laurent Boucher, gendre de Guy Caillou, le 22. dudit mois.   1662.
Gaspard Meturas, fils de Gaspard, page 236.
Gilles Alliot, fils de Gervais, page 253. &
* Jean Plavi, gendre de Nicolas Pilon, le 16. Janv.
Antoine de Saint-Aubin, &
Charles Gorrand, le 16. Mars.
Pierre l'Esclapart, le 22. dudit mois.
Marin Vitré, fils de Barthelemy, le 17. May, page 240.
Jean Guillery, fils de Jacques.
* Jean Chastaignon, gendre de Jean Cusson, &
Pierre de Bas, gendre de Jacques Guillery, le 27. Juin.
Michel Brunet, fils de Michel, &
Nicolas Pellé, fils de Jacques, le 27. Juillet.
Martin Jouvenel, fils de Florent, le 3. Aoust.
* Geoffroy & Denis Nion, fils de Jean, le 9. Novembre.
Jean Badiere, fils de Florimond, le 25. Janvier.   1663.
Robert Chevillon, le 8. Mars.
* Jacques l'Esguillon, & Claude de Rome, le 15. dudit mois.
* Laurent de S. Marie gendre de Ch. Dessouviers, le 19. dudit mois.
Lambert Roulland, gendre de Jean Sujet, le 21. Juin.
Charles Saugrain, fils de Charles, le 28. Juin,

PARIS.

HISTOIRE DE L'IMPRIMERIE

Syndicat

DE EDME MARTIN,

Qui eut pour Adjoints

EDME COUTEROT, FRANCOIS LE COINTE, SEBASTIEN HURE', JEAN DE LA CAILLE, THOMAS JOLLY, & JACQUES ROGER,

Sous lequel Syndicat furent receus

1663.
Loüis Vaugon, fils de Nicolas.
Philippe Cottin, fils de Jacques, *page 287*. &
Loüis Vaugon, fils de Michel, le 2. Aoust.
Jean Jost, gendre de Sebastien Martin, le 23. dudit mois.
Sebastien Cramoisy, fils de Claude, le 30. dudit mois, *page 226*.
Vincent du Moustier, gendre de Hierome Blageart.
Charles Blosset, & Jean Guilain, fils de Charles, le 6. Septembre.
Christophe Remy, gendre de Jean le Rond, le 10. dudit mois.
* Jean du Hamel, fils d'Antoine, le 27. dudit mois.
Pierre Bessin, fils de Pierre, le 11. Octobre.
Pasquier Fremiot, fils de Loüis, &
* Marin Maugras, gendre de Loüis Fremiot, le 25. dudit mois.

1664.
Leon de Laulne, fils de Leon, le 13. Decembre.
Jean Couterot, le 13. Mars.
Jean Pardessus, fils d'Adam, le 20. dudit mois.
* Eloy Senecar, fils d'Eloy.
Eloy Helie fils, Rolin, Merault, & Pierre Promé, le 8. May.
Arnoul Seneuze, fils de Hugues, le 26. Juin.
René Guignard, fils de Jean, le 10. Juillet.
Loüis de Heuqueville, fils de Loüis, le 11. Septembre.
Antoine Warin, gendre d'Antoine Pas-de-loup, le 18. dudit mois.
François Promé, fils de Jean, le 8. Octobre.
Antoine Lambin fils, & Henry Loyson fils, le 8. Octobre.
* Joseph Bricet, fils de Jacques, le 29. dudit mois.
Jean & Robert J. B. de la Caille, fils de Jean, le 17 Nov. *page 292. & 295.*
Antoine François, fils de Mathieu, le 4. Decembre.

1665.
Jean Bruneau, fils de Nicolas, & Pierre Michon, le 18. dudit mois.
Nicolas Oudot, gendre de   Promé, le 29. Janvier.
Charles Guillery fils, Jean Soubret, & Jacques François, le 17. Mars.
Pierre la Carriere fils, & Jacques de Courbe fils, le 13. May.
Gaspard Pageois, &
* Guillaume Remy, gendre de George le Rond, le 21. dudit mois.
François Eschart fils, & Augustin Brunet fils, le 20. Aoust.

Syndicat
DE SIMEON PIGET,
Qui eut pour Adjoints
JEAN DE LA CAILLE, THOMAS JOLLY,
DENIS THIERRY, LAURENT RONDET,
FREDERIC LEONARD, & CHARLES CHESNAULT,
Sous lequel Syndicat furent receus

Martin Couſtelier, fils de François, &   1665.
Claude Marais, gendre de Pierre Chiconeau, le 1. Octobre.
Jean Colin, fils d'Eſtienne, le 16. dudit mois.
* Jean Baillet, gendre de Thibault du Val, le 12. Novembre.
Claude Nego, fils de Jean-Baptiſte, Jean Bertet, fils de François, &
Philippe Roulier, fils de Philippe, le 10. Decembre.
Jacques Bordier, fils de François, le 18. Février.
Nicolas Pas-de-Loup, fils d'Antoine, le 25. dudit mois.   1666.
Pierre Eſclaſſant, Simon Deſprez, & Nicolas l'Eſclapart, le 1. Mars.
Daniel de la Ville, gendre de Robert de Courbe, le 8. Avril.
Jean & Michel Vaugon, fils de Michel.
* Nicolas Hude fils, & Antoine Ferrault fils, le 3. May.
Jacques de Laize de Breche, le 20. dudit mois.
Chriſtophe Ballard, fils de Robert, le 17. Juin, *page* 294.
François du Caſtin, fils de Robert, le 8. Juillet.
Eſtienne Picard, fils de Bernard, &
Gabriel-Saunier, fils de Laurent, le 26. Aoûſt.
Jean Chardon, gendre   Denis, Nicolas Riviera fils, &
Thomas le Gentil, fils de Jacques, le 7. Octobre.
Pierre Auboüin, fils de Pierre, *page* 289. 292. & 293.
François Clouzier, fils de François, le 14. dudit mois, *page* 276.
André Boutonné, fils de Rolé, le 21. dudit mois.
Jacques Piget, fils de Simeon, le 23. Decembre, *page* 291. *fut le dernier receu, ayant eſté ſignifié à Monſieur ſon Pere pour lors Syndic, & à Meſſieurs les Adjoints un Arreſt du Conſeil d'Eſtat, portant deffences de recevoir aucuns Imprimeurs & Libraires. Ainſi tous ceux-cy aprés ne furent receus qu'en vertu d'Arreſt du Conſeil, comme nous le dirons.*

    Il eſt à remarquer que l'on a mis cy-devant à pluſieurs Libraires une étoile, pour faire connoiſtre qu'ils ont renoncé à la Librairie & Imprimerie, pour exercer la Relieure & Dorure ſeulement ſuivant la ſeparation qui a eſté faite par l'Edit du Roy de 1686. des Imprimeurs & Libraires d'avec les Relieurs & Doreurs.

PARIS.
1668.

Syndicat

D'ANDRÉ SOUBRON,

Qui eut pour Adjoints

PIERRE VARIQUET, NICOLAS PEPINGUÉ,
GUILLAUME DE LUYNE, & CLAUDE JOSSE,

Sous lequel Syndicat fut receu

1669.

André Pralard, gendre d'Antoine Chrestien, le 13. Aoust par *Lettre de Cachet du Roy, signé le Tellier, en datte du 7. Aoust 1669.*

1670.

Syndicat

DE LOUIS SEVESTRE,

Qui eut pour Adjoints

PIERRE VARIQUET, NICOLAS PEPINGUÉ,
CHARLES DE SERCY, & ESTIENNE LOYSON,

Sous lequel Syndicat ne fut receu aucun Imprimeur & Libraire, attendu les deffences.

Syndicat

DE DENIS THIERRY,

Qui eut pour Adjoints

CHARLES DE SERCY, ESTIENNE LOYSON, JEAN B. COIGNARD, FRANÇOIS MUGUET, JEAN GUINARD, CHARLES ANGOT, & CHRISTOPHE JOURNEL,

Sous lequel Syndicat furent receus

PARIS.
1671.

Jacques Villery, fils de Jacques, le 17. Janvier *par Arrest du Conseil d'Estat du 24. Novembre 1673. page 247.* — 1674.

Estienne Michallet, le 27. Octobre *par Arrest du Conseil d'Estat du 26. Iuin 1662.* — 1676.

Gabriël Martin, fils d'Edme, le 15. Juin *par Arrest du Conseil d'Estat du 1. Iuin 1677. page 59. & 298.* — 1677.

Syndicat

D'EDME COUTEROT,

1677.

Qui eut pour Adjoints

J. B. COIGNARD, CHRISTOPHE JOURNEL, CLAUDE BARBIN, SEBASTIEN MABRE-CRAMOISY, MARTIN LE PREST, & PIERRE LE MERCIER,

Sous lequel Syndicat furent receus

Laurent d'Houry, fils de Jean, le 10. Octobre *par Arrest du Conseil d'Estat du 5. Septembre 1678.* — 1678.

Antoine Dezalier, le 8. Février *par Arrest du Conseil d'Estat du 5. Février 1679. page 265.* — 1679.

Syndicat
DE CHARLES ANGOT,

Qui eut pour Adjoints

MARTIN LE PREST, PIERRE LE MERCIER, JEAN COCHART, JEAN DE LA CAILLE, NICOLAS MAZUEL, ROBERT J. B. DE LA CAILLE,

Sous lequel Syndicat furent receus

PARIS.
1679.

1681. GEORGE Angot, fils de Charles, le 1. Février *par Arrest du Conseil d'Estat du 25. Ianvier 1681.*

En 1683. *fut rendu un Arrest du Conseil d'Estat le 30. Aoust 1683. en vertu duquel furent receus les Sieurs*

1683. Amable Auroy, gendre de François Maurice, le 6 Septembre.
Robert Pepie, Jacques Herissant, fils de Claude, Loüis Guerin,
Maurice Villery, fils de Jacques, *page 247.* &
Estienne Huré, le 7. dudit mois.
Jean François du Bois, gendre de Emanuël Langlois.
Hierome Bobin, fils de Michel, *page 290.*
Edmont Barrois, fils de Jacques, Jacques Morel.
Jean Boudot, gendre d'Edme Martin, *page 298.*
Pierre Emery, fils d'Antoine.
Gabriël Huart, fils de Jean, Pierre de Launay, fils de Richard.
Claude Herissant, fils de Claude, &
Jean de Laulne, fils de Nicolas, le 9. dudit mois.
Michel Guerout.
Guillaume Saugrain, fils de Charles.
François Nivelle, gendre de Gilles Gourault.
Jacques le Gras, fils de Jacques, *page 271.* &
Christophe de Sercy, fils de Charles, le 10. dudit mois, *page 296.*
Urbain Coustelier, fils de François.
Julien Gandoüin, gendre de Gervais Clouzier.
Guillaume Cavelier, fils de Guillaume.
Henry Charpentier, fils de Thomas, &
François de Laulne, fils de Nicolas, le 10. Septembre.
Pierre de Laulne, fils de Pierre.
Seraphin Laisné, fils de Jacques, Jacques Bailly.
Augustin Pillon, gendre de J. Baptiste Loyson.
Loüis Sevestre, fils de Loüis, *page 280.*
Claude Mazuel, fils de René,
Estienne Chardon, fils de Jean, & Charles Chesnault fils, le 11 Sep.
Joseph Bertier, le 18. Novembre.

Le Roy

Noms des Imprimeurs & Libraires receus en vertu de l'Edit du Roy en forme de Réglement du mois d'Aoust 1686. verifié en Parlement le 21. du mesme mois & an.

PARIS.

GEORGE Josse, fils de George, &
Loüis Josse, son frere, le 13. Septembre, *page* 261.
Theodore Muguet, fils de François, le 14. dudit mois,
Charles Clouzier, fils de François, *page* 276.
Michel Guignard, fils de Jean, *page* 255.
Florentin de Laulne, fils de Pierre, &
Hilaire Foucault, fils de Damien, le 16. dudit mois, *page* 228.
Jean Pocquet, fils de Jean.
Loüis Lucas, fils d'Estienne.
Michel David, fils de Denis.
Jean Villette, fils de Jean, &
Estienne Martin, fils d'Edme, le 17. dudit mois, *page* 301.
Charles Osmont, gendre de Jacques Compain.
Charles Camus.
Jean Jombert, gendre de Jean d'Houry.
Jean Pohyer, gendre de Claude Audinet.
Jacques le Febvre, gendre de Nicolas Pepingué, &
Daniel Hortemels, gendre d'Antoine Cellier, le 18. dud. *page* 287.
Guillaume Crevier, fils de Denis, le 19. dudit mois.
Claude Prignard, fils de Loüis.
Jean Cusson, fils de Jean, *page* 273.
Loüis Clouzier, fils de Gervais, &
Estienne du Castin, fils de Robert, le 19. Septembre.
Simon Langronne.
Antoine du Bourg, fils de Charles, &
François Michon, fils de Guillaume, le 8. Octobre.
Jerosme Boüillerot, fils de Pierre.
Nicolas Caillou, fils de Guy &
Charles Caillou, son frerre, le 11. Octobre.
François Husson, fils de Robert, le 20. Decembre.
Pierre Herissant, fils de Claude, le 24. dudit mois.
Pierre Augustin le Mercier, fils de Pierre.
Gilles Paulus du Mesnil, gendre de Pierre le Mercier, &
Jean Cochart, fils de Jean, le 22. Janvier.
Christophe David, fils de Denis, &
Daniel Jollet, gendre de Clement Gasse, le 18. Fevrier.

1686.

1687.

Syndicat
DE JEAN BAPTISTE COIGNARD,
Qui a eu pour Adjoints
JEAN DE LA CAILLE, NICOLAS MAZUEL, ANDRE' CRAMOISY, PIERRE TRABOUILLET, PIERRE AUBOUYN, CHARLES COIGNARD,

Sous lequel Syndicat furent receus

1687.
Nicolas le Clerc, le 0. Avril.
Elie Jean-Baptiste Coignard, fils de J. B. le 28. Juillet.
Edme Couterot, fils d'Edme, le 19. Aouſt, *page* 232.
Loüis Roulland, fils de Lambert, le 20. dudit mois.
Loüis Pilorget, fils de Blaiſe, le 21. Octobre.
Nicolas Bellé, fils de Jacques, &
Jacques Beſſin, fils de Nicolas, le 29 dudit mois.
Pierre Giffart, fils de George, *page* 183.
Simon Langlois, fils de Denis, &
Jean de Saint Aubin, fils d'Antoine, le 10. Decembre.

1688.
Eſtienne Traboüillet, fils de Pierre, *page* 271.
Sebaſtien Cramoiſy, fils de Sebaſtien, *page* 226.
Loüis Denis de la Tour, fils de Loüis, &
Jean Baptiſte Langlois, le 17. Janvier.
Loüis Poirion, fils de Nicolas, le 13. Février.
Frederic Leonard, fils de Frederic, *page* 236. &
Charles Oſmont, fils de Charles, le 17. Aouſt.
Antoine Chreſtien, fils d'Antoine, le 7. Septembre.
André Pepingué, fils d'Eſtienne, le 8. Octobre.
Claude Cellier, fils d'Antoine, le 16. Novembre.
Claude Bauche, fils de Jacques, le 3. Decembre.
Jean de Senlecque, fils de Jacques, le 14. dudit mois, *page* 283.

1689.
Loüis François Clouzier, fils de François, &
Charles Robuſtel, le 18. Janvier.
Henry Soubret, gendre de Jean Huart, le 8. Février.
Pierre de Laulne, fils de Leon, le 18. Février 1689.

TABLE

Alphabetique des Villes où l'on a imprimé jusqu'en 1500. avec les noms des Imprimeurs & Libraires qui ont exercé cet Art, dont il est parlé dans le premier Livre de cette Histoire.

A

ABBEVILLE.
Dupré Jean, *page* 45.
Gerard Pierre, *ibid.*
ALCALA, page 52.
ALOST, page 50.
ANGOULESME, page 48.
ANVERS.
Leeu Gerard, *page* 46.
Cœsar Martin, *ibid.*
Plantin Christophe, *ibid.*
Moret Baltazar, *ibid.*
AQUILE'E, page 50.
ARAGON, page 52.
AUGSBOURG.
Schüsler Jean, *page* 28.
Zainer Gunther, *ibid.*

B

BASLE.
Wensler Michel, *page* 32.
Amerbach Jean, *ibid.*
Richel Bernard, *ibid.*
Kellers Nicolas, *page* 33.
Froben Jean, *ibid.*
ses fils Jerosme & Jean, p. 34.
Langendorf Jean-Pierre de, *ibid.*
Levesque Nicolas, *page* 35.
son frere Eusebe, *page* 37.
Oporin Jean, *ibid.*
BAMBERG, page 49.
Pfeit Jean, *ibid.*
BARCELONE, *ibid.*
BERGAME, page 50.
BOIS-LE-DUC, *ibid.*
BOULOGNE.
Azzoguidis Baldeseron, *page* 29.
Cologne Henry, de *ibid.*
Harlem Henry, de *ibid.*
Walbech Jean, *ibid.*
Jarziam Abraham, *ibid.*
Benedictis Planton de, *page* 30.
Hethoris Benoist, *page* 29.
Bazaler Balthazard, *page* 30.
BOURGES, page 50.
Sartieres Pierre de, *ibid.*
BRUGES, page 44.
Mansion Colart, *ibid.*
Goltzius Hubert, *ibid.*
BRESSE en Italie, page 42.
Boninis Boniman de, *ibid.*
Britannicus Jacques, *ibid.*
son frere Ange, *page* 43.
Misintam Bernard, *ibid.*
BRUXELLE, page 42.
BURGOS, page 49.
Rey Jean de, *ibid.*

C

CAEN.
Regnault Pierre, *page* 49.
Angier Michel, *ibid.*
Mace Richard, *ibid.*
COLLA.
Bonum Galle, *page* 29.
COLOGNE.
Koelhoff Jean, *page* 26. 27.
Quentel Henry, *page* 26.
son fils Pierre, *page* 27.
son petit fils Arnold, *ibid.*
son associé Krepsius Jean, *ib.*
Guldemschayff Jean, *Ibid.*
Guldem Jean, *ibid.*
Brickman François, *ibid.*
son fils Arnold, *ibid.*

TABLE

COSENCE, page 50.
CRACOVIE, page 52.
CREMONE, page 44.

D

DELFT, page 50.
DEVENTER.
Pafraer Richard, page 49.
DOLE.
Hebertin Jean, page 48.

E

EISTAD ou AICHSTAC.
Reifer Michel, page 46.
ERFORD, page 44.
ESSTINGEN dans le Duché de Vvirtembreg.
Fyner Conrand, page 32.

F

FERRARE.
Gallus André, page 45.
Rubeus Laurent, ibid.
FLORENCE.
Mifchomini Antoine, page 43.
Alopa Laurent François de, ibid.
Morgiani Laurent, ibid.
FRIBOURG.
Kilianus, page 49.

G

GANT, page 50.
GENEVE.
Arnollet Jacques, page 42.
GENZANO, page 50.
GOUDE.
Leeu Girard, page 42.
GRENADE, page 49.

H

HAGUENAU.
Gran Henry, page 49.
Rynnan Jean, ibid.
HAMBOURG, page 51.
HARLEM.
Coſter Laurent, page 1. & 5.
HASSELT, page 51.
HEIDELBERG, page 44.
Commelin Jerofme, page 45.

I

INGOLSTAD.
Appian Pierre, page 48.
Ederius, page 48.
Angenman André, ibid.

L

LANGRES, page 43.
LEYDE, page 51.
Raphelingius François, page 46.
LEYDE, page 51.
LIGNIS, page 43.
LIPSE.
Brand Marc, page 44.
LONDRE, page 51.
LOUVAIN.
Veſtphalia Jean, page 30.
Refius Rutger, ibid.
Venderheerſtraten Gilles, page 31.
LUBECK, page 51.
LUNEBOURG.
Luce Jean, page 48.
LYON.
Le Roy Guillaume, page 40.
Topie Michelet, page 41.
Carcaigni Janon, page 40.
Trechfel Jean, ibid.
Dupré Jean, page 41.
Clein Jean, ibid.
Maréchal Pierre, ibid.
Fontaine Jean de la, ibid.
Labillonis Antoine, ibid.
Vingle Jean de, ibid.
Dyamantier Jean, ibid.
Ortum Gafpard, ibid.
Schenck Pierre, ibid.
Bachelier Jean, ibid.
Herenbedt Jacques, ibid.
Buyer Bartholomé, page 41.

M

MADRIT, page 52.
MAINTZ, page 52.
MANTOVE.
Buttchbachplaul Jean de, pag. 42.
Berthochus Vincent, ibid.
MAYENCE.
Guſtemborg Jean, page 9.
Faufte, ou Fuſt Jean, ibid.
Schoëffer Pierre, ibid.
ſon fils Jean, page 15.
Henlif Conrand, page 14.
MEMININGNE en Suede, p. 45.
MESSINE, page 51.
MILAN.

ALPHABETIQUE.

Zorat Antoine, page 31.
Lavagnia Philippe de, page 31.
Valdarpher Christophe, ibid.
Sciczenzelerd Ulderic, page 32.
Pachel Leonard, ibid.
Antonien Benoist, ibid.
& son frere Jean, ibid.
MIRANDE, page 51.
MODENNE.
Richizola Dominique, page 47.
MONT-FERAT.
Manfredo, M. page 49.

N

NAPLE.
Rusinger Sixte, page 29.
Moran Mathias, ibid.
NVREMBERG.
Koburger Antoine, page 27.
Sensenschmid Jean, page 28.
Hochfeder Gaspard, ibid.
Koler Henry, ibid.
Frisner André, page 28.
Creusner Frederic, ibid.

O

OXFORT, page 51.

P

PARIS.
Crancz Martin, page 26.
Gering Ulric, ibid.
Friburger Michel, ibid.
PADOVE.
Mauser Pierre, page 31.
Herbet Jean, ibid.
Carcano Antoine de, ibid.
Cerdonis Mathieu, ibid.
Castello Comensis Moïse, ibid.
Comensem Alois, ibid.
Trossis Barthelemy de, ibid.
PANPELONE.
Brocario Guillaume de, page 49.
PARME.
Corallum Estienne, page 29.
Manzolium Michel, ibid.
Caprafo Mathieu, ibid.
PAVIE.
Sainte Pierre François de, pag. 40.
Bonetis André de, ibid.
Birretis Jean Antoine de, ibid.

Gyrardonghis François, ibid.
Grassis Grabriel de, ibid.
PHORCHEIM.
Anshelmus Thomas, page 50.
PISE, page 43.
PIGNEROL.
Rubeis Jean de, page 42.
PROVINS.
Tavernier Guillaume, page 49.

Q

QVILAMBOVRG, page 51.

R

RATISBONNE, page 28.
REGIO.
Bruschiüm Barthelemy, page 43.
Mazalum François, ibid.
RENNES.
Mace Jean, page 49. voy. CAEN.
REVTLINGE.
Amerbach Jean de, page 26.
Zeiner Jean, ibid.
Othmas Jean, ibid.
RIMINI, page 51.
ROVEN.
Mauser Pierre, page 39.
Morin Martin, ibid.
Bourgeois Jean le, ibid.
Olivier Pierre, ibid.
Forestier Jacques le, ibid.
Macé Richard, ibid.
ROME.
Suvenhein Conrad, page 16.
Parmartz Arnold, ibid.
Luca Simon Nicolas de, page 18.
Le Cocq Uldaric, page 17.
Pflugl Leonard, page 18.
Laver George, ibid.
Gensberg Jean, ibid.
Sachsel George, ibid.
Golsel Bartholemy, ibid.
Planneck Estienne, ibid.
Silbert Eucher ou Franck, ibid.

S

SALONIQVE, page 51.
SEVILLE.
Pegniczer Jean, page 48.
Cologne Paule de, ibid.
Le Grand, ibid.

TABLE.

Thomas, *ibid.*
Ungut Maynard, *ibid.*
SIENNE en Italie, page 47.
SPIRE.
Drach Pierre, *page 28.*
Breydembach Bernard de, *ibid.*
Schot Jean, *page 18.*
STRASBOURG.
Mentel ou Mentelin Jean, *page 12. 18. & 22.*
Eggestein Henry, *page 19.*
Pistoris Nicolas, *ibid.*
Remhardi Marc, *ibid.*
Philippi Nicolas, *ibid.*
Flaccus Martin, *ibid.*
Remhardi Jean, *page 20.*
Knoblouchi Jean, *ibid.*

T

TOLEDE.
Hagembach Pierre, *page 45.*
Gozricii Malchior, *ibid.*
TOULOUZE.
Colomiez Jean Jacques, *page 47.*
Colomiez Guillaume Loüis, *ibid.*
TREVISSE.
Manzolo Michel, *page 40.*
TUBINGE.
Meynberger Frederic, *page 46.*
Ottmair Jean, *ibid.*
TURIN.
Benedictis Nicolas de, *page 48.*
Suigus Jacques, *ibid.*

V

VALENCE.
Gumief Dieque, *page 44.*
VENISE.
Windenus Jean, *page 20.*
Janson Nicolas, *page 21.*
Rubeis Jean de, *ibid.*
Bologne Antoine de, *ibid.*
Pinzius Philippe, *ibid.*
Cologne Jean de, *page 22.*
Manthen Jean, *ibid.*
Franckfordia Nicolas de, *ibid.*
Renner François, *ibid.*
Barthelemy Antoine, *ibid.*
Rossy Jacques de, *ibid.*
Fivizano Jacques de, *ibid.*

Wild Leonard, *ibid.*
Scoti Octave, *ibid.*
Herbort Jean, *ibid.*
Benedictis Planton de, *page 23.*
Strata Antoine de, *ibid.*
Bertochis Dominique de, *ibid.*
Paganinus Paganinus de, *ibid.*
Pasqualibus Peregrin de, *ibid.*
Tridino Guillaume de, *ibid.*
Acala André de, *ibid.*
Alexandria Thomas de, *ibid.*
Vercellensem Jean, *ibid.*
Hammani Jean, *ibid.*
Emerich Jean, *ibid.*
Saraceni Martin, *ibid.*
Arinabino George, *ibid.*
Forlivio Jean, & son frere George, *ibid.*
Renatis Bernardin de, *ibid.*
Regazonibus Theodore de, *ibid.*
Locatel Benoist, *pag. 22. & 23.*
Maisson Perrin, *page 24.*
Jean Boniface, *ibid.*
Villa Veteri Jean de, *ibid.*
Bevilaquam Simon, *ibid.*
Manuce Alde, *ibid.*
son fils Paul, son petit-fils, *p. 25.*
Gregoriti Jean, & son frere Gregoire, *page 26.*
VERONNE.
Maufer Pierre, *page 30.*
VIENNE en Dauphiné.
Schenc Pierre, *page 44.*
VINCENCE.
Harlem Pierre de, *page 39.*
Desevilapide Hermand, *ibid.*
Koblinger Estienne, *ibid.*
Lichtenstein Herman, *ibid.*
Librarius Henry, *ibid.*
Visio Jerosme à Santo. *ibid.*
ULME en Suisse, page 31.
Zeiner Jean de, *page 31.*
UTRECHT, page 51.
WESTMUNSTER, *ibid.*
VIENNE en Austriche, *p. 52.*

Z

ZURICH, page 52.
ZUVOLL, page 42.

TABLE

Alphabetique des noms des Imprimeurs & Libraires de Paris, dont il est parlé dans le second Livre de cette Histoire.

A

ABelly Charles, *page* 290.
Adam Guillaume, *page* 313.
Adam Jean, *page* 88.
Alan Denis, *page* 293.
Alazart Antoine, *page* 245.
Alexandre Clement, *page* 95.
Alexandre Nicolas, *page* 181.
Alexandre Denis, *ibid.*
Aliate Alexandre, *page* 76.
Allart Julien, *page* 313.
Alliot Gervais, *page* 253.
Alliot Gilles, *ibid.*
Amazeur Jean, *page* 127.
Ameson Habert, *page* 254.
Anabat Guillaume, *page* 78.
André Jean, *page* 101. & 107.
André Gilles, *page* 308.
Anffray Estienne, *page* 95.
Angot Charles, *page* 261.
Angot Georges, *page* 320.
Argentoracensis Jean, *page* 83.
Asseline Nicolas, *page* 312.
Attaignant Pierre, *page* 114.
Auboüyn Pierre, *page* 289.
Auboüyn Pierre, *p.* 289. 292. & 293.
Aubray Sebastien, *page* 200.
Aubray Simeon, *ibid.*
Aubry Benard, *page* 88.
Audinet Claude, *page* 315.
Augé Jean, *page* 240.
Augereau Antoine, *page* 104.
Augrain Roger, *page* 77.
Avril René, *page* 120.
Auroy Amable, *page* 120.
Aury Jean, *page* 234.
Aussurd Antoine, 90.
Auvray Guillaume, *page* 163.

Auvray Pierre, *page* 289.
Auvray Jacques, *ibid.*
Auvray Pierre, fils de Jacques, *page* 315.
Auvray Jacques, *page* 312.
Aymart René, *page* 287.

B

BAaleu Claude, *page* 174.
Bacot Adrian, *page* 248.
Bacquelier Pierre, *page* 79.
Badius Josse, *page* 71. & 72.
Badius Conrard, *page* 75. & 130.
Badius Jean, *page* 88.
Badiere Florimont, *page* 306.
Badiere Jean, *page* 315.
Baffet Nicolas, *page* 132.
Ballet Pierre, *page* 193.
Baillet Jean, *ibid.*
Baillet Jean, *page* 317.
Bailler Jean, *page* 313.
Bailleur Jean, *page* 169.
Bailly Jacques, *page* 320.
Balagny Michel, *page* 259.
Baligault Felix, *page* 70.
Ballard Robert, *page* 127.
Ballard Pierre, *page* 206.
Ballard Robert, *page* 294.
Ballard Christophe, *ibid.*
Ballin Jean, *page* 166.
Banqueteau Estienne, *page* 239.
Banqueteau Claude, 172.
Banville Loüis de, *page* 140.
Baragues Rolin, *ibid.*
Barbé Guillaume, *page* 143.
Barbe-dorge Jean, *page* 108.
Barbé Jean, *page* 120.

TABLE.

Barbier Jean, page 71. 79. & 82.
Barbin Claude, page 311.
Barbon Nicolas, page 117.
Barbote Nicolas, page 207.
Barois Edmon, page 267.
Barois Jacques, page 274.
Barois Christophe, ibid.
Barois Edmont, ibid.
Barrie Guillaume, page 279.
Barthelemy François, page 134.
Bauche Claude, page 250.
Bauche Jacques, page 309.
Bauche Claude, page 322.
Baudijon Loüis, page 312.
Baudoüin Pierre, page 309.
Baudoüin Pierre, page 310.
Baudry Guillaume, page 265.
Baudry René, page 295.
Bazin Jean, page 308.
Beaujeu Mille de, page 312.
Beauplet François, page 280.
Beauplet David, ibid.
Beausergent Claude, page 284.
Beauvais Romain, page 227.
Bechet Denis, page 276.
Becqueret Charles, page 311.
Begat Loüis, page 125.
Bègue Jean le, page 222.
Beguet Jean, page 170.
Beguin Pierre, page 137.
Belot Thomas, page 150.
Bellé Jacques, page 289.
Bellé Nicolas, ibid.
Bellé Nicolas, page 312.
Bellien Jean, page 263.
Benard Guillaume, page 270.
Benard Simeon, page 2, 8. & 270.
Bequet Jean, page 170.
Ber Pierre le, page 102.
Berjon Jean, page 205.
Bernard Antoine, page 311.
Berthault Pierre, page 196.
Berthault Robert, page 240.
Berthault Loüis, page 196.
Berthault Julien, page 219.
Berteau Simeon, page 284.
Berret Jean, page 317.
Berthelin André, page 110.

Bertier Antoine, page 283.
Bertier Joseph, page 320.
Berton François, page 311.
Bertrand Jacques, page 313.
Besogne Cardin, page 259.
Besogne Augustin, ibid.
Bessault Thibault, page 149.
Bessault Jean, page 178.
Bessin Jacques, page 227.
Bessin Jacques, ibid.
Bessin Nicolas, ibid.
Bessin Pierre, ibid.
Bessin Pierre, ibid.
Bessin Jean, page 243.
Bessin Nicolas, page 244.
Bessin Nicolas, page 297.
Bessin Jacques, page 322.
Beys Gilles, page 264.
Beys Adrian, page 202.
Beys Denis, ibid.
Bezart Claude, page 148.
Bially Jean de ou Billy, page 95.
Bichon Guillaume, page 178.
Bien-aysé Jean, page 86.
Bien-fait Pierre, page 314.
Bien-né Jean, page 153.
Biermart George, page 82.
Biestkens Nicolas, page 309.
Bignier François, page 77.
Bignon Jean, page 105.
Billaine Pierre, page 235.
Billaine Jean, page 260.
Billaine Loüis, ibid.
Binart Antoine, page 242.
Binet Denis, page 187.
Birkman Arnoult, page 119.
Bladis Antoine de, page 103.
Blageart Ieroſme, page 214.
Blageart Michel, page 275.
Blageart Claude, ibid.
Blaise Gilles, page 159.
Blaise Thomas, page 205.
Blaise Pierre, page 281.
Blaisot Gilles, page 208.
Blaisot Gilles, ibid.
Blanvilain Heureux, page 216.
Blihart Claude, page 148.
Blosset Charles, page 316.

Bobin

ALPHABETIQUE.

Bobin Michel, *page* 290.
Bobin Jerôme, *ibid.*
Boccard André, *page* 68.
Bogard Jacques, *page* 118.
Boingne Charles le, *page* 98.
Boisset Nicolas, *page* 305.
Bonfons Jean, *page* 122.
Bonfons Nicolas, *page* 162.
Bonfons Pierre, *page* 187.
Bon-homme Pasquier, *page* 61.
Bon-homme Jean, *page* 62.
Bon-homme Jolande, *page* 103.
Bon-homme Jean, *page* 128.
Bonjean Claude, *page* 290.
Bonil (dit du Fresne) Jacques, *page* 287.
Bonne-mere Antoine, *page* 81.
Bonne-mere Guillaume, *page* 144.
Bordeaux Jean de, *page* 155.
Bordier François, *page* 303.
Bordier Jacques, *page* 317.
Borel Jean, *page* 152.
Bossozel Guillaume de, *page* 97.
Boccard André, *page* 68. & 89.
Boucher Guillaume, *page* 68.
Boucher Nicolas, *page* 118.
Boucher Martin, *page* 228.
Boucher Jean, *page* 306.
Boucher Laurent, *page* 315.
Boudeville Claude, *p.* 309.
Bouchet Jacques, *page* 93.
Boudinet Claude, *page* 250.
Boudinet Mathieu, *ibid.*
Boudot Jean, *page* 261. 301. & 320.
Bouhours Jean, *page* 303.
Boüillerot Joseph, *page* 246.
Boüillerot Jeremie, *page* 290.
Boüillerot Jacques, *ibid.*
Boüillerot Pierre, *ibid.*
Boüillerot Jeremie, *page* 321.
Boüillerot Macé, *page* 306.
Bouillete Jean, *page* 257.
Boulanger Loüis, *page* 263.
Boulanger Antoine, *ibid.*
Boulanger Toussaint, *page* 282.
Boulay Yves, *page* 257.
Boullard Jean, *page* 312.
Boullé Guillaume, *page* 98. & 102.
Boulle Jean, *page* 118.
Boullingue Gilles, *page* 293.
Boullingue Marin, *page* 311.
Bourdin Nicolas, *page* 233.
Bouriquant Flery, *page* 201.
Bouriquant Antoine, *page* 220.
Bouriquant Antoine, *ibid.*
Bouriquant Jean, *page* 223.
Boursette Magdelaine, *page* 133.
Boutellier Toussaint, *page* 201.
Boutonné Rolet, *page* 252.
Boutonné Rolet, *ibid.*
Bouyer Jean, *page* 68.
Bradel Marin, *page* 179.
Bradel Pierre, *ibid.*
Brailly Jean de, *page* 125.
Branchu Jean, *page* 278.
Branchu Guillaume, *page* 308.
Brasseur François, *page* 249.
Brayer Lucas, *page* 1, 2. & 153.
Brayer Jean, *page* 216.
Brêche Pierre de, *page* 248.
Brêche Charles de, *page* 271.
Brêche Pierre de, *ibid.*
Bresse Honoré de, *page* 247.
Bret Guillaume le, *page* 89.
Bret Pierre le, *page* 122.
Bretet René, *page* 217.
Bretet François, *page* 217.
Breton Ricard, *p.* 141.
Breton François le, *page* 311.
Breville Mathurin, *page* 146.
Breyer Lucas, *page* 153.
Bridier Jean, *page* 139.
Brie Eustache de, *page* 78.
Briens Jean de *ou* Bric, *page* 83.
Brierre Annet, *page* 134.
Brierre Jean, *page* 211.
Brixman François, *page* 84.
Brixman Arnolde, *page* 119.
Brinon Claude, *page* 309.
Briquegny Jonas, *page* 197.
Brisset Jacques, *page* 293.
Brisset Joseph, *ibid.*
Brisson Jacques, *page* 182.
Brodeux Pierre le, *page* 94.
Broigne Charles de, *page* 95.
Broüilly Jean de, *page* 117.

Tt

TABLE

Bruges Nicolas de ; page 118.
Brulé Nicolas , page 156.
Brument Thomas, page 149.
Brun Jean le, page 293.
Bruneau Jeanne, page 152.
Bruneau Lucas, page 201.
Bruneau Nicolas , ibid.
Bruneau Jean , page 316.
Brunet Jean , page 222.
Brunet Michel , page 283.
Brunet Michel , ibid.
Brunet Augustin , ibid.
Bruflé Nicolas , page 156.
Beguin Pierre , page 137.
Buffet Michel , p. 156.
Buisard Abdias , page 242.
Buneau Guillaume , page 307.
Buon Gabriël, page 141.
Buon Nicolas, page 191.
Buquaille Noël, page 282.
Buray Claude , page 314.
Burges Nicolas de , page 118.
Bussiere Jean , page 311.

C

Cabiller Jean , page 82.
Cabry Charles , page 313.
Caillaut Antoine , page 62.
Callemont Nicolas , 253.
Calleville Claude , page 273.
Calleville Claude , ibid.
Calleville Pierre, ibid.
Caillou Guy , page 295.
Caillou Nicolas , ibid.
Caillou Charles , ibid.
Calvarin Prigent, page 94.
Calvarin Simeon, page 142.
Camus Charles le , page 321.
Camusat Jean , page 243.
Camusat Jacques ; ibid.
Canivet Jean , page 155.
Capot Pierre , p. 107.
Carchagni Jean , page 63.
Cardonnay François de , page 290.
Caron Pierre le , page 61.
Carré Nicolas, page 257.
Carré Michel , page 270.
Carroy Jean du, page 164.

Carroy François du ; page 199.
Carroy Jean du, page 211.
Caveiller Estienne , page 110.
Caveiller Jean , page 138.
Caveiller Nicolas, page 258. & 288.
Caveiller Guillaume , ibid.
Caveiller Guillaume , ibid.
Cavellat Pierre, page 163.
Cavellat Guillaume , page 131.
Cavellat Leon , page 164.
Cavellat Denise , page 207.
Cavellat Denis , page 230.
Celerier Samuël, page 242.
Cellier Antoine , page 287.
Cellier Claude , ibid.
Cœsaris Pierre, page 61.
Challange Mathurin , page 159.
Chambelan David , page 284.
Chamhoudry Loüis, page 307.
Champenois Antoine , page 246.
Champenois Pierre , page 258.
Champenois Pierre , page 279.
Chancelier Laurent , page 148.
Chandavoine Michel, page 284.
Chappelet Claude, page 179.
Chappellet Sebastien, page 224.
Chappelain Charles , page 221.
Chapüis Claude , page 117.
Chardon Jean, page 317.
Chardon Estienne , page 320.
Charlemagne Ricard, page 267.
Charles Noël , page 257.
Charmot Jean , page 313.
Charpentier Pierre , page 275.
Charpentier Charles, ibid.
Charpentier Thomas, ibid.
Charpentier Pierre, ibid.
Charpentier Henry , page 320.
Charron Thibaud , page 116.
Charron Jean , page 153.
Charron le jeune , Jean , page 176.
Chastagnon Jean , page 315.
Chastelain Charles , page 207.
Chastelain Martin ; page 250.
Chastelain Jacques , ibid.
Chastelain Charles, page 266.
Chastelain Mathurin , ibid.
Chastellain Pierre , page 313.

ALPHABETIQUE.

Chaudiere-Regnault, page 89.
Chaudiere Claude, page 127.
Chaudiere Guillaume, page 155.
Chaudiere Regnault, page 198.
Chaudiere Guillaume, ibid.
Chaudiere Pierre, page 278.
Chaffart Nicolas, page 236.
Chemin Josué, page 228.
Chesneau Nicolas, page 138.
Chesneau Thomas, page 139.
Chesneau Nicolas, ibid.
Chenault Pierre, page 249.
Chenault Charles, ibid.
Chenault Charles, ibid.
Chevalier Pierre, page 189.
Chevalier Pierre, page 202.
Chevalier André, page 289.
Chevalier Jacob, page 276.
Chevalier Edoüard, ibid.
Chevalier Nicolas, page 313.
Chevallon Claude, page 84.
Chevallon Gervais, page 111.
Chevillon Robert, page 315.
Chevillot Pierre, page 166.
Chevrol Paul, page 313.
Chiconneau Gilles, page 308.
Chouqueux André, page 308.
Chrestien Nicolas, page 128.
Chrestien Antoine, page 309.
Chrestien Antoine, page 322.
Ciconeau Pierre, page 274.
Cisterne Guillaume, page 237.
Clement Antoine, page 311.
Clerjon Raymond, page 305.
Clerjon Marin, page 310.
Clopejau Michel, page 169.
Clopejau Gabriel, p. 200. & 230.
Clopejau Gabriel, page 307.
Clopejau Nicolas, ibid.
Clouzier François, page 276.
Clouzier François, ibid.
Clouzier Loüis François, p. 322.
Clouzier Charles, ibid.
Clouzier Gervais, page 281.
Clouzier Loüis, ibid.
Cobelens Jean, page 64.
Cochart Jacques, page 259.
Cochart J... ...ge 244.

Cochart Jean, page 309.
Cochart Jean, page 321.
Cochon Claude, page 307.
Codoré Olivier, page 157.
Coignard Charles, page 162.
Coignard Jean-Baptiste, ibid.
Coignard Charles, ibid.
Coignard Helie J. B. page 321.
Colin Estienne, page 196.
Colin Jean, ibid.
Colin Pierre, page 314.
Colines, ou Colinet Simeon, p. 92.
Collet Claude, page 231.
Collet Pierre, ibid.
Collet Martin, page 239.
Collet Jean, page 310.
Collier Geofroy, page 170.
Colmont Antoine, page 284.
Colombel Robert, page 165.
Colombel Mathieu, page 259.
Cominin Vincent, page 64.
Compain Jacques, page 257.
Compain Pierre, ibid.
Coquerel Jean, page 155.
Corbon Jean, page 119.
Corbon Jean, page 180.
Cordier Geoffroy, page 303.
Cornilleau Jean, page 93.
Corrozet Gilles, page 107.
Corrozet Galliot, page 165.
Corrozet Jean, page 225.
Corrozet Gilles, ibid.
Cotinet Denis, page 179.
Cotinet Arnould, page 188.
Cotinet Arnould, page 188. & 291.
Cotinet Jacques, ibid.
Cottard Clovis, page 266.
Cottard Pierre, ibid.
Cottereau Joseph, page 204.
Cottereau Laurent, page 290.
Cottin Jacques, page 187.
Cottin Philipe, ibid.
Coudret Laurent du, page 175.
Coulombet Mathieu, page 263.
Coulon Antoine, page 289.
Courbé Augustin, page 274.
Courbin Gilles, page 158.
Cousin Pierre, page 104.

Tt ij

TABLE

Cousin Jean, *page* 236.
Coustelier François, *page* 311.
Coustelier Martin, *page* 317.
Coustelier Urbain, *page* 320.
Couterot Edme, *page* 231.
Couterot Edme, *ibid.*
Couterot Jean, *page* 316.
Couteau Gilles, *page* 89.
Couteau Nicolas, *page* 101.
Couteau Antoine, *page* 95.
Coypel Henry, *page* 176.
Cramoisy Sebastien, *page* 193.
Cramoisy Gabriel, 268.
Cramoisy Claude, *page* 226.
Cramoisy André, *ibid.*
Cramoisy Sebastien, *ibid.*
Cramoisy Sebastien, *page* 322.
Crants Martin, *page* 54.
Cressonnet Gabriel, *page* 258.
Crevier Denis, *page* 147.
Crevier Guillaume, *page* 321.
Crispin Nicolas, *page* 95.
Crispin Jean, *page* 148.
Cuirot Dominique le, *page* 249.
Cusson Jean, *page* 275.
Cusson Jean, *ibid.*
Cusson Jean, *ibid.*
Custode André, *page* 121.
Cyancus Loüis, *page* 103.

D

Dagrenat Isaac, *page* 239.
Dallin Remy, *page* 223.
Dallin Jacques, *page* 258.
Dallier Jean, *page* 120.
Dampierre Jacques, *page* 248.
Danfrie Philipe, *page* 141.
Dangny Estienne, *page* 298.
Daniel Michel, *page* 235.
Darbis Philipe, *page* 294.
Daubin Eustache, *page* 248.
Davergne Noël, *page* 185.
Daufresne Robert, *page* 238.
David Mathieu, *p.* 124.
David Jean, *page* 244.
David Pierre, *page* 276.
David Denis, *p.* 308.
David Michel, *p.* 321.
David Christophe, *p.* 321.
Daumalle Jean, *page* 239.
Daumalle Loüis, *ibid.*
Daunel Abraham, *p.* 170.
Davost Guillaume, *page* 103.
Dauplet Michel, *p.* 250.
De Bas Pierre, *page* 315.
De Bays Nicolas, *page* 290.
De Beaujeu Mille, *p.* 312.
De Brye Eustache, *p.* 78.
De Burges Nicolas, *page* 118.
De Burres Nicolas, *page* 314.
De Cay Antoine, *p.* 257.
De Cay Denis, *p.* 251.
De Courbe Gilles, *p.* 306.
Courbe Jacques, *page* 316.
Dedin Isaac, *p.* 265.
Dedin Jean, *page* 295.
De Forges Pierre, *page* 226.
De Forges Nicolas, *p.* 259.
Dehors Fiacre, *page* 275.
Dehors Pierre, *ibid.*
D'Houry Jean, *page* 308.
D'Houry Laurent, *p.* 319.
Dincourt Jean, *p.* 309.
De la Barre Nicolas, *p.* 77.
De la Barre Charles, *page* 284.
De la Caille Nicolas, *p.* 216.
De la Caille Jean, *page* 295.
De la Caille Jean, *ibid.*
De la Caille J. B. Robert *ib.*&292.
De la Cariere Jacques, *page* 248.
De la Cariere Robert, *p.* 248.
De la Cariere Thomas, *p.* 305.
De la Cariere Thomas, *p.* 306.
De la Cariere Jean, *page* 311.
De la Coste Jean, *p.* 266.
De la Coste Nicolas, *ibid.*
De la Fontaine Jean, *page* 314.
De la Fosse Salomon, *p.* 280.
De la Fosse Loüis, *p.* 284.
De la Garde Jean, *p.* 85.
De la Haye Jean, *p.* 258.
De la Haye Rolin, *p.* 282.
De la Haye Pierre, *page* 293.
De Laize Jacques, *p.* 317.
De la Mare Nicolas, *p.* 288.
De la Mote Guillaume, *p.* 116.

ALPHABETIQUE.

De la Nouë Guillaume, page 161.
De la Nouë Denis, p. 219.
De la Perrier Antoine, p. 252.
De la Porte Jean, p. 88.
De la Porte Maurice, p. 104.
De la Porte Ambroise, p. 139.
De la Porte Maurice, p. 139.
De la Riviere Guillaume, p. 226.
De la Roche Jean, page 83.
De la Ruelle Thomas, p. 210.
De la Ruelle Jean, p. 306.
De Las Leger, p. 180.
De Lastre Jean, p. 162.
De la Tour Claude, p. 210.
De la Tour Loüis, p. 307.
De la Tour Loüis Denis, p. 322.
De la Tourette Jean, p. 283.
De la Tourette Jean, ibid.
De Latte Eustache, p. 225.
De Latte François, ibid.
De Latte David, ibid.
De la Vigne Nicolas, p. 249.
De la Ville Daniel, p. 317.
De Laulne Nicolas, p. 288.
De Laulne Pierre, ibid.
De Launay Richard, p. 68.
De Laulne Pierre, ibid.
De Laulne Florentin, ibid.
De Laulne Jean, ibid.
De Laulne François, ibid.
De Laulne Leon, p. 306.
De Laulne Leon, p. 316.
De Laulne Pierre, p. 322.
De Launay Jean, p. 293.
De Launay Pierre, page 320.
De Launay Nicolas, p. 306.
De Launay Nicolas, ibid.
De Lon Pierre, p. 224.
De Lon François, p. 306.
Deslouviers Charles, ibid.
Deslouviers Simeon, p. 314.
De Luyne Guillaume, p. 253.
De Nain Robert, p. 301.
Denglibert Yves, p. 94.
De Nidel Antoine, p. 69.
Denis Toussaint, p. 86.
Denis Mathieu, p. 245.
Denis Denis, ibid.

Denis Jean, p. 278.
Denise Estienne, p. 138.
De Rome André, p. 314.
De Rome Claude, p. 315.
Des Bois Guillaume, p. 145.
Des Hayes Pierre, p. 160.
Des Hayes Pierre, p. 265.
Despansier Mathurin, p. 244.
Desplanis Guillaume, p. 91.
Desprez Germain, p. 64.
Desprez Nicolas, p. 84.
Desprez Guillaume, p. 297. & 109.
Desprez Simeon, p. 317.
Des Ruës Guillaume, p. 189.
Dethunes Jean, p. 311.
Dethunes Charles, p. 309.
De Vaux Guillaume, p. 279.
Dezalier Antoine, p. 265. & 319.
Diart Jean, p. 69.
Dincourt Jean, p. 309.
Dodu Lambert, p. 128.
Dongois Morion Jean, p. 160.
Dolet Estienne, p. 112.
Dony Jean, p. 258.
Dorgueiller Pierre, p. 308.
Douceur David, p. 201.
Douceur Denis, p. 202.
Douceur Jacques, p. 221.
Douceur Pierre, p. 258.
Driart Jean, p. 69.
Drou François, p. 311.
Drouard Pierre, p. 131.
Drouard Ambroise, p. 172.
Drouart Jerosme, p. 208.
Droüot Germain, page 245.
Du Bays Nicolas, p. 290.
Du Bois Simeon, p. 95.
Du Bois Gilles, p. 267.
Du Bois Estienne, p. 310.
Du Bois Jean François, p. 329.
Du Bourg Charles, p. 311.
Du Bourg Antoine, p. 321.
Du Bray Toussaint, p. 200.
Du Bray Jean, p. 285.
Du Bruëil Antoine, p. 184.
Du Bruëil Claude, p. 190.
Du Bruëil Jacques, ibid.
Du Bruëil Jacques, ibid.

Tt iij

TABLE.

Du Carroy François, *page* 199.
Du Carroy Jean, *page* 211.
Du Castin Robert, *page* 308.
Du Castin François, *page* 317.
Du Castin Estienne, *page* 321.
Du Chemin Nicolas, *page* 81. & 137.
Du Chesne François, *page* 187.
Du Clou Jacques, *page* 225.
Du Coudret Laurent, *page* 175.
Dude Charles, *page* 77. & 86.
Du Flau Claude, *page* 314.
Du Fossé Nicolas *page* 199.
Du Fresne Daniel, *page* 314.
Du Gast Jacques, 257.
Du Hamel Richard, *page* 106.
Du Hamel Jean, *page* 213.
Du Hamel Anthoine, *ibid.*
Du Hamel Jean, *ibid.*
Du Han Michel, *page* 306.
Du Mas François *page* 250.
Du Mas Adrien, *page* 290.
Du Mesnil Hervé, *page* 225.
Du Mesnil Henry, *page* 277.
Du Mesnil Charles, *ibid.*
Du Mesnil Paulus Gilles, *pag.* 321.
Du Mont Nicolas, *page* 156.
Du Moutier Vincent, *page* 316.
Dun Jean, *page* 122.
Du Pin Nicolas, *page* 311.
Du Pin Charles, *page* 315.
Du Pont Pierre, *page* 307.
Du Pré Jean, *page* 66.
Du Pré Galiot, *page* 85.
Du Pré Galliot, *page* 150.
Du Pré Pierre, *ibid.*
Du Pré Denis, *page* 157.
Du Pré Philippe, *page* 185.
Du Pré Guillaume, *page* 291.
Du Pré René, *page* 309.
Du Puis Mathurin, *page* 111.
Du Puis Jean Baptiste, *ibid.*
Du Puis Jacques, *page* 133.
Du Puis Pierre, *page* 248.
Du Puis Thomas, *ibid.*
Du Puis Mathurin, *page* 264.
Du Puis Jean, *ibid.*
Durand Pierre, *page* 218.

Durand George, *page* 216.
Durand Sebastien, *page* 251.
Durand Martin, *page* 222.
Du Val Denis, *page* 132.
Du Val Denis, *page* 201.
Du Val Jacob, *page* 246.
Du Val Denis, *ibid.*
Du Val François, *ibid.*
Du Val Thibault, *page* 226.
Du Val Jean, 244.
Du Val Jean, *page* 305.
Du Val Laurent, 313.

E

Emery Antoine, *page* 309.
Emery Pierre, *page* 320.
Engellier Jean *page* 92.
Eschart André, *page* 181.
Eschart Claude, *ibid.*
Eschart Sebastien, *ibid.*
Eschart Sebastien, *ibid.*
Eschart Claude, *ibid.*
Eschart François, *ibid.*
Estienne Henry, *page* 77.
Estienne Robert, *pag.* 75. 78. 87. & 91.
Estienne François, *page* 78. & 109.
Estienne Charles, *page* 78. & 173.
Estienne Henry, *page* 136.
Estienne Robert, *page* 144.
Estienne François, 147.
Estienne Gervais, *ibid.*
Estienne Andrien, *ibid.*
Estienne Paule, *page* 182. & 134.
Estienne Antoine, *page* 217.
Estienne Joseph, *page* 182.
Estienne Robert, *page* 187.
Estienne Henry, *ibid.*
Estienne Robert, *page* 274.
Estienne Henry, *page* 217.
Estienne Herôme, *page* 147.
Eve Nicolas, *page* 165.
Eve Clovis, *ibid.*
Eustache Guillaume, *page* 81.
Estoc Antoine, *page* 240.

ALPHABETIQUE

F

Faucher Estienne., page 108.
Faucheur Pierre le, page 228. & 234.
Faucheur Remond, page 245.
Febvrier Jean, page 167.
Febvrier Pierre Loüis, page 192.
Febvrier Simeon, page 278.
Ferant Pierre, page 284.
Ferant Antoine de, page 279.
Ferant Antoine, ibid.
Ferrebouc Jacques, page 86.
Ferrier Pierre page 279.
Feugé Loüis, page 251.
Feugé Sebastien, ibid.
Feugé Robert, page 254.
Feugé Robert, ibid.
Fauquere Robert, page 282.
Fazandat Michel page 116.
Fillastre Robert, page 312.
Filleste Nicolas, page 247.
Filleste Nicolas, ibid.
Fizelier Robert le, page 170.
Flamon Jean, page 278.
Foillet Robert, page 203.
Fontaine Loüis, page 284.
Forge Pierre de, page 226.
Forge Nicolas de, page 259.
Fosset Charles, page 314.
Foucault Eustache page 198.
Foucault Nicolas, page 308.
Foucault Denis, page 267.
Foucault Damien, page 230.
Foucault Hilaire, ibid.
Foucher Jean, page 115.
Foucher Jean, page 146.
Foüet Robert, page 185.
Foüet François, ibid.
Foüet Jean, page 220.
Fournet Florent, page 309.
Fourquoyer Laurent, page 302.
Fradin Constan, page 85.
François Mathieu, page 380.
François Antoine, ibid.
François Pierre, ibid.
François Jacques, page 316.

Frellon Jean, page 84.
Fremery Loüis, page 309.
Fremery Sebastien, page 311.
Fremin Claude, page 134.
Fremin Simeon, page 306.
Fremiot Nicolas, page 252.
Fremiot Loüis, page 303.
Fremiot Pasquier, ibid.
Fremy Claude, page 131.
Fremont Pierre, page 257.
Freval Jean de, page 234.
Friburger Michel, page 54.
Froment Pierre, page 235.
Fuitte Pierre, page 228.
Fusy Jean, page 271.

G

Gadoulleau Michel, page 166.
Gaillard Pierre, page 222.
Gaillard Jean, 292.
Gaillard Pierre, ibid.
Gaillard Guillaume, page 284.
Gainin Claude, page 189.
Gallois Thomas, page 314.
Gallot Nicolas, page 309.
Gandoüin Jean, page 308.
Gandoüin Jean, page 320.
Garramont Claude, page 76. & 81.
Garsé Jean, page 288.
Gasse Nicolas, page 254.
Gasse Loüis, ibid.
Gasse Clement, page 314.
Gaudoul Pierre, page 84. & 88.
Gaudreau Estienne, page 308.
Gaultier Pierre, page 81. & 120.
Gaultier Philippe de Roüille, page 147.
Gaultier Rolin, page 150.
Gaultier Claude, page 157.
Gaultier Philippe, page 254.
Gautherot Vinant, page 116.
Gazeau Jacques, page 117.
Gentil Jacques, page 309.
Gentil Thomas, page 317.
Gerard Antoine, page 62.
Gering Ulric, page 54.

TABLE

Gerlier Durand, *page* 65. 68. & 79.
Gerlier Jean, *page* 68.
Gerlier Durand, p. 144.
Germont Jean, p. 260.
Gesselin Jean, p. 204.
Gesselin Thomas, *ibid.*
Gesselin Jean, p. 265.
Giffard Guido, p. 183.
Giffard George, *ibid.*
Giffard René, p. 226.
Giffard Loüis, p. 238.
Giffard Pierre, p. 322.
Gilles Gilles, p. 152.
Gilles Nicolas, p. 178.
Gilles David, p. 211.
Gilles David, *ibid.*
Girard Guillaume, p. 149.
Girard Claude, p. 267.
Girard Theodore, p. 314.
Girault Ambroise, p. 101.
Girault François p. 125.
Gobert Jean, 225.
Gobert Jean, *ibid.*
Gobert Nicolas, p. 279.
Gobert Martin, p. 221.
Godec Prigent, p. 157.
Goglain, ou Gauquelin Jean, p. 310.
Gontier Loüis, p. 308.
Goltherot Vincent, p. 119.
Gorbin Gilles, p. 140.
Gorrand Charles, p. 315.
Goubar Jean, p. 295.
Gourault Claude, p. 289.
Gourault Gilles, 307.
Gourault Pierre, *ibid.*
Gourmont Robert p. 77.
Gourmont Gilles de, p. 77. & 80.
Gourmont Jean, p. 80. & 89.
Gourmont Jerôme de, 117.
Gourmont Benoist, p. 142.
Gourmont Jean, p. 169.
Gourmont François, *ibid.*
Grandin Loüis, p. 117.
Granjon Jean, p. 78. 79. & 81.
Granjon Robert, p. 76 & 128.
Gregoire Gabriel, p. 137.
Gregoire Arnoult, p. 137.
Gregoire Jacques p. 181.
Gregoire Robert, p. 216.
Grenet Lazare, p. 125.
Grignan Pierre, p. 267.
Grimault Antoine, p. 236.
Griset Claude, p. 251.
Gromors Pierre, p. 90.
Grou Jacques, p. 313.
Groulleau Estienne, p. 97. & 121.
Grout Claude, p. 244.
Gryph François, p. 103.
Gryph Sebastien, p. 112.
Gadois Antoine, p. 282.
Gueffier François, p. 171.
Gueffier François, *ibid.*
Gueffier Claude, *ibid.*
Gueffier Claude, *ibid.*
Gueffier François, p. 211.
Gueffier Pierre, p. 224.
Gueque Pierre, p. 310.
Guenon Henry, p. 281.
Guerard Nicolas, p. 244.
Guernier Thomas du, p. 72.
Guerin Loüis, p. 320.
Guerout Michel, *ibid.*
Guerreau Joseph, p. 222.
Gueuliard Jean, p. 132.
Guignard Jean, p. 255.
Guignard Jean, *ibid.*
Guignard Michel, *ibid.*
Guignard René, p. 316.
Guignard Michel, p. 221.
Guillain Jean, p. 288.
Guillain Thomas, *ibid.*
Guillain Charles, p. 293.
Guillain Jean, *ibid.*
Guillard Charlotte, p. 59. & 111.
Guillard Guillaume, p. 137.
Guillard Michel, p. 152.
Guillard Alexandre, p. 153.
Guillery Jacques, p. 315.
Guillery Jean, *ibid.*
Guillery Charles, p. 316.
Guillemot Mathieu, p. 179.
Guillemot Pierre, *ibid.*

Guillemot

ALPHABETIQUE.

Guillemot Daniel, page 170.
Guillemot Mathieu, p. 268.
Guillemot Jean, p. 259.
Guillemot Pierre, p. 268.
Guingant Nicolas, page 128.
Guinguant Nicolas de, page 117.
Guiot Estienne, page 128.
Guiry Nicolas, page 181.
Guiton Innocent, page 214.
Guymier Pierre, page 128.
Guyot Guillaume, page 222.

H

Hacqueville Leger, page 116.
Hacqueville Noël, ibid.
Hadrot Simeon, page 97.
Halé Estienne, page 293.
Hameau Nicolas, p. 228.
Hameau Jerosme, p. 276.
Haimon Pierre, p. 146.
Hancy François, p. 244.
Hancy Claude, p. 244.
Hanocque Jean, p. 228.
Hanocque Claude, ibid.
Hardoüin Guillaume, p. 78.
Harsy Olivier de, p. 122.
Harel Jean, p. 307.
Hauteville Martin, p. 283.
Hauteville Martin, ibid.
Hautin Pierre, page 124.
Hebert Estienne, p. 279.
Hebert Augustin, ibid.
Hebert François, p. 282.
Helie Nicolas, p. 307.
Helie Eloy, p. 316.
Helouy Jean, page 267.
Henault Mathurin, p. 233.
Henault Jean, ibid. & 283.
Henault François, ibid.
Herault Jean, page 216.
Herissant Claude, p. 311.
Herissant Jacques, p. 320.
Herissant Claude, ibid.
Herissant Pierre, p. 321.
Hermier Pierre, page 110.
Herouf Jean, page 95.
Hesselin Jean, p. 207.

Heude Jean, p. 280.
Heude Nicolas, ibid.
Heuqueville Jean, p. 166.
Heuqueville Loüis, p. 272.
Heuqueville Loüis, ibid.
Heurtevant Loüis, p. 310.
Hickman Damien, p. 93.
Higman Jean, p. 69.
Hittorpi Godefroy, p. 83.
Honetvog Jacques, p. 311.
Hongot Jean, p. 82.
Honorat François, p. 339.
Hopyl Wolgang, p. 65.
Hornken Loüis, p. 83.
Hottemels Daniel, p. 287. & 321.
Hotot Saturnim, p. 163.
Houdan Jean, p. 235.
Houdan Rolland, ibid.
Honic Antoine, p. 151.
Houssaye Denis, p. 265.
Houzé Jean, p. 269.
Houzé Jean, page 275.
Houzé Jean, ibid.
Huart Jean, p. 308.
Huart Gabriël, p. 320.
Hubert Jacques, p. 315.
Huby François, p. 137.
Huby François, p. 197.
Huet Pierre, p. 172.
Hugot Nicolas, p. 309.
Hulpeau Jean, p. 137.
Hulpeau Claude, p. 242.
Hulpeau Charles, p. 271.
Hunger Jean, p. 250.
Hunot Hubert, p. 193.
Huot Claude, p. 306.
Hucqueville Bertrand, p. 244.
Hurché Jean, p. 181.
Huré Sebastien, p. 236.
Huré Sebastien, ibid.
Huré Estienne, p. 320.
Hury Pierre, p. 181.
Husson François, p. 321.
Hutin Pierre, p. 76. & 119.

I

Jacquar Nicolas, p. 306.
Jacquin François, p. 186.

TABLE

Jacquin Jacques, p. 250.
Jacquin Julien, p. 228.
Jacquin Julien, ibid.
Jacquin Laurent, p. 311.
Jammar Claude, p. 67.
Jamnon, Jean, p. 205.
Janot Eſtienne, p. 68.
Janot Denis, p. 62.
Janot Denis, p. 106.
Joachin Jean Antoine, p. 235.
Joly-bois Nicolas, p. 313.
Jolly Jacques, p. 239.
Jolly Thomas, p. 258.
Jollet Daniel, p. 321.
Jombert Jean, p. 261. & 321.
Joron François, 308.
Joſſe George, p. 261.
Joſſe Claude, ibid.
Joſſe Pierre, p. 314.
Joſſe George, ibid.
Joſſe Loüis, ibid.
Joſſe Pierre, p. 308.
Joſſet Elie, p. 314.
Joſt Jean, p. 265.
Joſt Jean, page 316.
Journel Chriſtophe, page 311.
Joüan Thimothée, page 172.
Joüin Michel, page 181.
Jouvenelle Florent, page 279.
Jouvenelle Martin, ibid.
Judet Jean, page 107.
Julien Michel, page 125.
Julien Guillaume, p. 125. & 140.
Julien Alard, page 159.
Julien Loüis, page 238.
Julien François, ibid.
Julien Jean, page 307.
Julliet François, page 205.
Juriani Antoine, page 117.

K

Kees Thomas, page 82.
Kerbriant Jean, page 83.
Keryer Thielman, page 76. & 82.
Kerver Jean, page 91.
Kerver Jacques, page 105.
Kerver Thielman, page 113.
Kuicx Burchere, page 206.

L

La Carriere Robert, page 3
La Carriere Pierre, page
La Grive Guillaume, page 30
Laiguillon Jacques, page 31
Laiſné Jacques, page 307.
Laiſné Seraphin, page 320.
Laize de Brêche Jacques, p. 3
Lalyſeau Jean, page 86.
Lambert Jean, page 67. & 7
Lambert Paſcale, page 88.
Lambert Florentin, page 306.
Lambin Chriſtophe, page 29
Lambin Antoine, ibid.
La Motte Radolphe, page 1
Lamoureux Pierre, page 310.
Lamy Pierre, page 256.
Lamy Mathurin, page 314.
Langelier Arnoult, page 109
Langelier Charles, page 11
Langelier Abel, page 173.
Langlois Jean, page 131.
Langlois Denis, page 203.
Langlois Denis, ibid.
Langlois Simeon, ibid.
Langlois Jacques, p. 203. 27
Langlois Jacques, page 278
Langlois Emanuël, ibid.
Langlois Denis, page 203.
Langlois Simon, p. 322.
Langlois François, dit de C
tres, page 281.
Langlois Nicolas, ibid.
Langlois J. B. p. 322.
Langre Pierre de, page 149.
Langronne Simeon, p. 321.
Laquchay Jean, page 219.
Larmeſſin Nicolas, page 28
Laſnier Martin, p. 239.
Le Bé Guillaume, p. 76. 87. &
Le Bé Henry, p. 169.
Le Bé Guillaume, page 21
Le Bé Guillaume, page 286
Le Beau Claude, page 296.
Le Begue Jean, page 222.
Le Ber Pierre, page 102.

ALPHABETIQUE.

Le Blanc Jean, page 149.
Le Blanc Jean, page 164.
Le Blanc Antoine, page 181.
Le Blanc Mathieu, page 236.
Le Blanc Nicolas, page 263.
Le Blanc Estienne, page 284.
Le Blé Henry, p. 164.
Le Bouc Hilaire, p. 166.
Le Bouc Jean, page 171.
Le Bouc Jean, page 211.
Le Bouc Jacques, p. 221.
Le Bouc André, ibid.
Le Bouc Gilbert, ibid.
Le Bouc Jacques, p. 311.
Le Brasseur François, page 249.
Le Ber, page 102.
Le Bret Guillaume, p. 89.
Le Bret Pierre, page 199.
Le Bret Isaac, ibid.
Le Brun Jean, page 293.
Le Chasseur Thierry, p. 310.
Leché Marin, p. 307.
Le Clerc Antoine, p. 221.
Le Clerc Jean, page 158.
Le Clerc David, p. 176.
Le Clerc David, p. 200.
Le Clerc Nicolas, p. 322.
Le Clerc Jean, page 243.
Le Cointe François, p. 309.
Le Conte Jean, p. 278.
Le Conte Jacques, page 310.
Le Coq Noël, p. 156.
Le Court Pierre, p. 216.
Le Croux Mahier, p. 158.
Lecuyer Sebastien, p. 226.
Lecuyer Denis, p. 90.
Le Doux Jacques p. 284.
Le Dru Pierre, page 67. & 77.
Le Duc Michel, p. 165.
Le Duc Rolet, p. 303.
Le Faucher Pierre, page 228.
Le Febvre Simeon, page 238.
Le Febvre Daniel, p. 306.
Le Febvre Mathieu, p. 288.
Le Febre Jacques, p. 321.
Le Fevre Hemond, p. 83.
Le Fevre Abraham, p. 223.
Le Franc Pierre, p. 216.

Le Franc Denis, ibid.
Le Gras Henry, p. 271.
Le Gras Jacques, ibid.
Le Gras Nicolas, ibid.
Le Gras Jacques, ibid.
Le Groult Claude, page 244.
Le Jeune Mathieu, page 153.
Le Jeune Martin, p. 124.
Le Jeune François, 180.
Le Long Pierre, page 228.
Le Long François, ibid.
Le Long Jacques, p. 282.
Le Maire Pierre, page 249.
Le Marié Antoine, page 185.
Le Maistre Mathieu, 224.
Le Mercier Pierre, page 312.
Le Mercier Pierre Augustin, p. 324.
Le Mire Jean, page 273.
Le Mogen Jean, page 312.
Le Moine Simeon, page 281.
Le Mur Pierre, page 226.
Le Noir Michel, page 64.
Le Noir Philippe, p. 91.
Le Noir Guillaume, p. 136.
Le Noir Guillaume, p. 198.
Leonard Frederic, p. 237.
Leonard Frederic, ibid. & 322.
Le Petit Pierre page 301.
Le Petit Michel, ibid.
Le Prest François, p. 274.
Le Prest Martin, p. 306.
Le Preux Poncet, p. 81.
Le Preux Jean, p. 146.
Le Preux François, ibid.
Le Rat Jean, p. 307.
Le Riche Nicolas, page 121.
L'ermite François, 210.
Lermite François, p. 284.
Le Rond Jean, page 307.
Le Rond George, p. 242.
Le Rond Antoine, ibid.
Le Rouge Pierre, page 64.
Le Roux Richard, p. 138.
Le Rouge Guillaume, p. 83.
Le Roy Pierre, p. 88.
Le Roy Adrian, p. 127.
Le Roy Jacques, p. 189.
Le Roy Thomas, p. 189. & 259.

TABLE

Le Roy Pierre, page 189.
Le Roy Claude, ibid.
Le Roy Charles, ibid.
Le Roy Victoire, page 235.
Le Roy Nicolas, page 244.
Le Roy David, page 305.
Le Roy David, page 306.
Le Roy Jean, page 2,9.
Lescallier Jean, page 137.
Lesclancher Michel, page 90.
Lesclapart Pierre, page 315.
Lesclapart Nicolas, page 317.
L'Esclaffant Pierre, ibid.
Lescuyer Denis, page 90. & 110.
Lescuyer Nicolas, page 190.
Lescuyer Sebastien, p. 129. & 190.
Le Sourd Simeon, ibid.
Lespicier Jean, page 311.
Lespicier Nicolas, page 312.
Lesguillon Thomas, p. 311.
Lesguillon Jacques, page 315.
Le Sueur Jean, page 128.
Le Sueur Lienard, p. 118. & 160.
Le Sueur Jean, page 258.
Le Sueur Guillaume, page 284.
Lesselin Alexandre, page 305.
Le Vasseur Eloy, page 287.
Le Veau Gilbert, page 221.
Levesque Guillaume, page 234.
Levesque Jean, page 242.
Levet Pierre, page 64.
L'Hermite François, page 284.
L'Heritier Nicolas, page 116.
L'Huillier Pierre, page 152.
L'Huillier Pierre, page 211.
Linious Jacques, page 183.
Libert Jean, page 214.
Linocier Guillaume, page 174.
Lombart George, page 197.
Lommé Martin, page 143.
Logis Jean, page 97.
Loquenculx Marc, 160.
Lorge Barthelemy, page 294.
Lotrian Alain, page 89.
Louvain Nicolas de, page 188.
Loys Jean, page 110.
Loyson Guillaume, page 256.
Loyson Jean Baptiste, ibid.

Loyson Estienne, page 256.
Loyson Henry, ibid.
Lozet Thomas, page 293.
Lucas Estienne, page 305.
Lucas Loüis, page 321.
Lyon Simeon, p. 273.

M

Mabre-Cramoisy Sebastien, page 185. 195.
Macé Robinet, page 62.
Macé Jean, page 108.
Macé Jacques, page 149.
Macé Charles, page 157.
Macé Guillaume, page 223.
Macé Guillaume, ibid.
Macé Barthelemy, page 177.
Magnier Felix le, 173.
Maheu Dedier, page 101.
Maillard Olivier, page 109.
Mailler Jacques, page 96.
Maillard Jean, page 112.
Mallard Thomas, page 186.
Mallot Gervais, page 156.
Mamarel Antoine, page 190.
Mancelet Jean, page 169.
Mangnier Robert le, page 157.
Manian Paul, page 224.
Mansion Robert, page 140.
Marais Claude, p. 317.
Marchand Guyot du, p. 66. & 73.
Marchant Jean, page 78.
Marchet Geofroy, page 312.
Marechal Jacques, page 88.
Marechal Guillaume, p. 222.
Marette Guillaume, p. 203.
Marette Claude, page 231.
Marga Pierre, page 308.
Marié Antoine, page 185.
Marnef Enguilbert de, p. 68. & 93.
Marnef Geoffroy de, p. 66. & 70.
Marnef Jean de, page 70.
Marnef Jeanne de, page 110.
Marnef Jerosme, p. 125.
Marnef Denis de, page 127.
Marquan Simon, p. 181.
Marsinon Loüis, page 62.
Martin Mathurin, page 158.

ALPHABETIQUE.

Martin Edme, *page* 209.
Martin Edme, *page* 298.
Martin Gabriel, *ibid.* & 59.
Martin Estienne, *ibid.*
Martin Bertrand, *page* 228.
Martin Jean, *p.* 245.
Martin Jean, *page* 251.
Martin Pierre, *p.* 251.
Martin Sebastien, *page* 314.
Martin Sebastien, *page* 306.
Masnier Isaac, *page* 225.
Masselin Robert, *page* 126.
Masselin Marin, *page* 139.
Masuyer René le, *page* 245.
Mathoniere Nicolas de, *page* 247.
Mathoniere Alain de, *page* 150.
Maucroy Estienne, *page* 236.
Maugier Gilles, *page* 166.
Mauger Pierre, *p.* 311.
Maugé François, *page* 314.
Maugras Marin, *page* 288. & 316.
Mauperlier Mathurin, *page* 236.
Maurand Jean, *page* 67.
Maurice François, *page* 310.
Maucroy Jean de, *p.* 236.
Mayeur Jean, *page* 282.
Mayeux Olivier, *page* 311.
Mayeux Claude, *page* 314.
Maynial Guillaume, *p.* 57.
Mazuél René, *page* 291.
Mazuél Nicolas, *ibid.*
Mazuel Claude, *ibid.*
Meaux Abraham de, *page* 221.
Mejat Jean, *page* 288.
Melaine Guillaume, *p.* 193.
Menard Thomas, *page* 181.
Menard Pierre, *page* 275.
Menard Mathieu, *ibid.*
Menier Maurice, *page* 115. & 120.
Menier Pierre, *page* 178.
Menier Adrien, *ibid.*
Merault Jean, *ibid.*
Merault Rolin, *ibid.*
Mercier Pierre, *pag.* 181.
Mercier Jacques, *page* 267.
Mercier Pierre le, *page* 312.
Mercier Pierre Augustin, *p.* 321.

Meronget Sulpice, *page* 122.
Merieux Antoine, *page* 310.
Merlin Guillaume, *page* 127. 133. & 142.
Merville Pierre, *page* 311.
Mesnier Isaac, *page* 225.
Messier Jacque le, *page* 93.
Mestais Jean, *page* 230.
Methuras Gaspart, *page* 236.
Methuras Gaspart, *ibid.*
Mettayer Jean, *page* 159.
Mettayer Jamet, *page* 175.
Mettayer Pierre, *page* 193.
Meuzier François, *page* 295.
Micard Claude, *page* 141.
Micard Jean, *page* 197.
Michalet Estienne, *page* 319.
Michellain Jean, *page* 247.
Michellain Nicolas, *ibid.*
Michon François, *page* 183.
Michon Estienne, *ibid.*
Michon François, *ibid.*
Michon Guillaume, *ibid.*
Michon François, *page* 183. & 321.
Michon Pierre, *page* 316.
Mille François, *page* 293.
Millot Didier, *page* 178.
Millot Jean, *page* 208.
Mirault Antoine, *page* 185.
Mirault Estienne, *ibid.*
Mirault Jean, *ibid.*
Mittelhus George, *page* 65.
Moëtte Pierre, 253.
Moëtte Thomas, *ibid.* & 14.
Mogen Jean, *p.* 311.
Moire Jacques, *p.* 293.
Mondierre Melchier, *p.* 220.
Monet Simeon, *p.* 311.
Mongobert Pierre de, *p.* 282.
Monmiral Sebastien, *p.* 306.
Monmital Marin, *ibid.*
Monnier Pierre, *p.* 282.
Monnier Jacques, *p.* 284.
Monnier Claude, *ibid.*
Monnier Jean, *ibid.*
Monoyer Antoine, *p.* 234.
Montreüil Claude, *p.* 165.
Moreau Sylvestre, *p.* 223.

TABLE

Moreau Jean, p. 143.
Moreau Denis, p. 23.
Moreau Denis, ibid.
Moreau Jean, p. 238.
Moreau Adrian, p. 233. 238. & 291.
Morel Guillaume, p. 123.
Morel Jean, p. 124.
Morel Frederic, p. 142.
Morel Frederic, p. 167.
Morel Claude, p. 190.
Morel Balthasar, p. 167.
Morel Charles, p. 270.
Morel Claude, p. 262.
Morel Gilles, p. 270. & 294.
Morel Jacques, p. 320.
Morini Michel, p. 64.
Morlot Claude, p. 238.
Morrhy Gerard, p. 95.
Mosnier Jean, p. 290.
Moulin Sebastien, p. 174.
Muguet François, p. 245.
Muguet Theodore, p. 321.
Musier Hierôme, p. 293.
Musier Jean, ibid.
Musnier André, p. 293.
Musar Jean, p. 182.

N.

Nego Jean Bap. p. 321.
Nego Claude, 317.
Neobarius Conrard, p. 110.
Nicod Claude, p. 308.
Nicole Jacques, p. 178.
Nigaud Jean, p. 216.
Nidet Antoine de, p. 69.
Ninin Gilles, p. 312.
Ninville Thomas, p. 246.
Ninville Robert, ibid.
Nion Guillaume, p. 167.
Nion Michel, ibid.
Nion Jean, ibid.
Nion Geoffroy, ibid. & 288.
Nion Denis, ibid.
Nivelle Sebastien, p. 132.
Nivelle Nicolas, p. 156. & 172.
Nivelle Robert, p. 182.

Nivelle Michel, p. 208.
Nivelle François, p. 320.
Nivin Laurent, p. 308.
Noyau Julien, p. 171.
Niverd Guillaume, p. 86.
Nyverd Jacques, p. 91.
Nyverd Guillaume de, p. 146.
Noël François, p. 302.
Nogent Antoine de, p. 312.
Normand Vincent le, p. 150.

O.

Olivier Jean, p. 91.
Orry Marc, p. 179.
Osmont Charles, p. 261. & 321.
Osmont Charles, p. 322.
Oudot Nicolas, p. 316.

P.

Pacard Abraham, p. 222.
Pageois Gaspart, p. 316.
Palfart Jacques, p. 147. & 287.
Pacquet Jean, p. 216.
Paquot Henry, p. 111. & 104.
Paquot Gilles, p. 116.
Parant Jean, page 167.
Par-dessus Adam, 238.
Par-dessus Nicolas, p. 238.
Par-dessus Jean, p. 238.
Pas-de-loup Antoine, p. 279.
Pas-de-loup Nicolas, ibid.
Passé Jean, p. 262.
Patcló Abel, p. 239.
Patisson Mammert, p. 161.
Patisson Philippe, p. 202.
Pavillon Jean, p. 284.
Paulin Estienne, p. 223.
Pautonier Pierre, p. 197.
Pegueux Jean, p. 293.
Pelé Guillaume, p. 266.
Pelé Claude, p. 295.
Pelé Nicolas, p. 306.
Pelé Denis, 309.
Peletier Nicolas, p. 146.
Pelican François, p. 273.
Pepie Robert, p. 320.

ALPHABETIQUE.

Pepingué Theodore, *page* 238.
Pepingué Edme, *ibid.*
Pepingué Eſtienne, *ibid.*
Pepingué Nicolas, *ibid.*
Pepingué André, *p.* 322.
Pegueux Jean, *page* 293.
Percheron Claude, *p.* 209.
Perinet Jean, *page* 181.
Perrier Charles, *p.* 125.
Perrier Thomas, *page* 174.
Perrier Adrian, *page* 176.
Perrier Simeon, *ibid.*
Perrier Jeremie, *page* 185.
Perrier Chriſtophe, *ibid.*
Perrier Michel, 250.
Perrier Loüis, *page* 251.
Perrier Nicolas, *ibid.*
Perrier Samuel, *page* 309.
Perrin Eſtienne, *page* 221.
Petrinal Jean, *page* 267.
Petit Jean, *p.* 71.
Petit Pierre, *p.* 83.
Petit Eſtienne, *page* 115.
Petit Oudin, *page* 114.
Petit Eſtienne, *page* 148.
Petit Jean, *page* 240.
Petit Samuel, *page* 279.
Petit Loüis, *p.* 290.
Petit-pas Jean, *page* 213.
Petit André, *ibid.*
Philippi Nicolas, *page* 62.
Philippi Jean, *page* 68 & 83.
Philippe Gaſpard, *page* 77.
Picard Jean, *p.* 169.
Picard Jean, *ibid.*
Picard Jerôme, *ibid.*
Picard Eſtienne, *page* 258.
Picard Bernard, *ibid.*
Picard Eſtienne, *ibid.*
Picquet Claude, *p.* 140.
Picquet Sebaſtien, *p.* 277.
Pierre, Jean, *page* 103.
Piget Simeon, *p.* 291.
Piget Jacques, *ibid.*
Pigoreau Salvien, *page* 283.
Pigouchet Philippe, *page* 65. 66. & 77.
Pilé Jean, *p.* 145.

Pillorget Blaiſe, *page* 312.
Pillorget Loüis, *p.* 322.
Pillon Julian, *page* 202.
Pillon Auguſtin, *page* 320.
Pinart Jean, *page* 165.
Poinſot Samuel, *page* 247.
Piot François, *page* 255.
Piot Jean, *ibid.*
Piot Loüis, *ibid.*
Piot Jean, *ibid.*
Planchon Jacques, *p.* 211.
Plantin Baltazar, *page* 114.
Plavy Jean, *p.* 315.
Pleau Nicolas, *page* 160.
Plicot Jean, 309.
Plumion François, *page* 180.
Pochet Gervais, *page* 312.
Pochet Jean, *page* 321.
Pohier Jean, *ibid.*
Poirion Nicolas, *p.* 296.
Poirion Loüis, *p.* 322.
Pomeray François, *page* 224.
Ponthis Mathurin, *page* 312.
Portier Pierre, *p.* 221.
Portier Nicolas, *ibid.*
Pouchin Jacques, *p.* 85.
Poulliac Pierre, *page* 68.
Poullart Jacques, *p.* 243.
Poupy Jean, *p.* 159.
Pouſſet Adam, *page* 239.
Pouſſet Loüis, *ibid.*
Pouſſet François, *ibid.*
Pouſſy Jean, *p.* 167.
Pralard André, *p.* 132. & 318.
Prevel Jean, *p.* 94.
Preveray François, *page* 292.
Prevoſt Nicolas, *page* 101.
Prevoſt Benoiſt, *page* 119.
Prevoſt Mathurin, *page* 150.
Prevoſt Fleury, *page* 152.
Prevoſt Claude, *page* 270.
Prevoſt Gilles, *page* 279.
Preveré Jacques *p.* 292.
Prevoſteau Eſtienne, *page* 171.
Preux Jean le, *page* 146.
Prignard Loüis, *page* 313.
Prignard Claude, *page* 321.
Promé Jean, *page* 249.

TABLE

Promé François, *ibid.*
Promé Jean, *page* 305.
Promé François, *p.* 316.
Prud-homme Claude, *p.* 284.

Q

Quenet Robert, *page* 272.
Quenet Antoine, *ibid.*
Quenet Robert, *page* 307.
Quenon Pierre, *ibid.*
Quesnel Jacques, *page* 232.
Questier Jacques, *page* 303.
Quillot Pierre le, *page* 314.
Quinet Nicolas, *p.* 236.
Quinet Barthelemy, *ibid.*
Quinet Toussaint, *p.* 253.
Quinet Toussaint, *ibid.*
Quinet Gabriel, *p.* 312.

R

Rassé Antoine, *page* 314.
Ramier Pierre, *page* 176.
Rathoire Pierre, *p.* 128.
Raveneau Laurent, *page* 314.
Real Jean, *page* 89. & 119.
Rebuffé Jacques, *page* 253.
Redouté Edme le, *page* 311.
Rées Thomas, *p.* 84.
Regnault François *p.* 77. & 79.
Regnault Pierre, *page* 103.
Regnault Jacques, *p.* 80.
Regnault Robert, *ibid.*
Regnault Barbe, *p.* 141.
Regnoul Jean, *page* 207.
Reinhardy Marc, *p.* 62.
Rembolt Bertholde, *p.* 57. & 59.
Remichon Jean, *page* 258.
Resch Conrad, *p.* 90. & 92.
Resch Conrad, *p.* 172.
Remy Claude, *p.* 157.
Remy Jean, *page* 292.
Remy Christophe, *p.* 316.
Remy Guillaume, *ibid.*
Rezé Jacques, *p.* 189.
Rezé Pierre, *page* 207.
Rhetoré Loüis, *p.* 278.

Ribault Claude, *ibid.*
Ribot Claude, *p.* 283.
Ribou Pierre, *p.* 306.
Ricard Thomas, *p.* 123.
Richard Jean, *page* 70.
Richard Guillaume, *p.* 103.
Richard Pierre, *p.* 143.
Richard Emanuel, *p.* 165.
Riche Nicolas le, *p.* 121.
Richer Jean, *p.* 118. & 244.
Richer Estienne, *page* 173. & 251.
Riche Marin, *p.* 270.
Rigaud Claude, *p.* 210.
Rimiere Thomas, *p.* 163.
Rithoüe Philippe, *p.* 134.
Riviere Jean, *p.* 295.
Riviere Nicolas, *ibid.*
Robin Pierre, *page* 238.
Robin Jean, *ibid.*
Robinot Gilles, *p.* 136.
Robinot Gilles, *page* 206.
Robinot Antoine, *page* 233.
Robustel Charles, *p.* 322.
Rocard David, *p.* 297.
Roce ou Rosse Denis, *p.* 67. & 72.
Rocolet Pierre, *p.* 228.
Roffet Pierre, *p.* 97.
Roffet Estienne, *p.* 108.
Roffet Ponce, *p.* 118.
Roffet André, *ibid.*
Roffet Nicolas, *page* 158.
Rogard Jacques, *p.* 120.
Roger Charles, *p.* 170.
Roger Jean, *p.* 292.
Roger Jacques, *ibid.*
Roigny Jean, *p.* 97. & 105.
Roigny Michel, *page* 161.
Royer Jean le, *p.* 146.
Roland Guillaume, *page* 118.
Rollin Jacques, *p.* 311.
Rondet Laurent, *ibid.*
Roüillard Charles, *page* 267.
Roulier Philippe, *p.* 282.
Roulier Philippe, *page* 317.
Roulland Lambert, *page* 315.
Roulland Loüis, *page* 322.

Roulland

ALPHABETIQUE.

Roulliard Charles, p. 262.
Rousseau René, p. 312.
Rousset Antoine, p. 200.
Rousset Nicolas, p. 200 & 212.
Roussel Nicolas, p. 83.
Rousselet François, p. 211.
Rouville Philippe Gautier de, p. 147.
Roux Richard, p. 138.
Ruart Jacques, p. 273.
Ruelle Jean, p. 119.
Ruelle Jean, p. 157.
Ruelle René, p. 207.
Ruelle Thomas de la, 210.
Ruelle Jean de la, ibid.
Ruette Macé, p. 213.
Ruette Antoine, ibid.
Ruffin Henry, p. 284.

S

Saint - Aubin Antoine de, p. 315.
Saint-Aubin, Jean, page 322.
Saint-Denis, Jean, p. 91.
Sainte-Marie Laurent de, p. 315.
Salis Dominique, p. 190.
Sara Jean, p. 235.
Sara Henry, p. 248.
Sara Robert, p. 269.
Saradin François, p. 282.
Sassier Guillaume, p. 302.
Saucie Estienne, p. 280.
Sauetier Nicolas, p. 94.
Sauetier Jean, p. 132.
Saugrain Abraham, p. 180.
Saugrain Charles, ibid.
Saugrin Charles, ibid.
Saugrin Guillaume, ibid.
Savignan Jean, p. 250.
Saulnier Adam, p. 117.
Saulnier Jean, p. 183.
Saulnier Jean, ibid.
Saulnier François, 226.
Saulnier Pierre, p. 306.
Saulnier Laurent, p. 256. & 264.
Saulnier Gabriel, p. 256.
Saulnier Adam, p. 298.

Savreux Charles, p. 297.
Sauvago Estienne, p. 311.
Scabelerii Jean, p. 82.
Sebret Remy, p. 295.
Seigneur Estienne, p. 312.
Senant Olivier, p. 78. & 80.
Senecar Eloy, p. 290.
Senecar Eloy, ibid.
Senelle Denis, p. 311.
Seneuze Hugues, p. 308.
Seneuze Arnoul, p. 316.
Senlecque Jacques de, p. 215.
Senlecque Jacques, ib. & 288.
Senlecque Loüis, p. 289.
Senlecque Jean, ibid.
Senneton Claude, p. 149.
Sercy Nicolas de, p. 296.
Sercy Charles, ibid.
Sercy Christophe, ibid.
Sergent Pierre, p. 103.
Sertenas Vincent, page 109
Severin Jean, p. 88.
Seurre Jean, p. 77.
Sevestre Pierre, p. 171.
Sevestre Thomas, p. 197.
Sevestre Loüis & Gilles, ibid.
Sevestre François, p. 274.
Sevestre Charles, p. 109.
Sevestre Charles, ibid.
Sevestre Thomas, p. 209.
Sevestre Loüis, p. 280.
Sevestre Loüis, ibid.
Sevestre Pierre, ibid.
Sirach Agnian, p. 64.
Sittart Arnaud, p. 172.
Sittart André, p. 235.
Soldat Nicolas, p. 66.
Soly Michel, p. 234.
Soly George, p. 234.
Sommaville Antoine de, p. 237.
Sonnius Michel, p. 151.
Sonnius Laurent, p. 184.
Sonnius Michel, page 188.
Sonnius Jean, page 199.
Sonnius Claude, p. 249.
Soquand Guicard, p. 93.
Sorel Antoine, p. 290.
Soubret Remy, p. 292.

TABLE

Soubret Jean, page 316.
Soubret Henry, page 322.
Soubron Thomas, page 196.
Soubron André, page 254.
Soubron Jean, ibid.
Souchet Nicolas, page 311.
Stol Jean, page 61.
Stornat Laurent, page 287.
Strasbourg Jean, page 83.
Subjet Jean, page 244.
Sueur Lienard de, page 118.

T

Tabart François, page 174.
Talon Nicolas, page 272.
Talon Pierre, ibid.
Talon Jacques, page 314.
Targa François, p. 256.
Targa François, ibid.
Targa Gabriel, ibid.
Targa Pierre, page 280.
Targa Pierre, page 314.
Taupinard Andrien, page 245.
Taupinard Augustin, page 256.
Taurroy Jean du, page 164.
Tellier Pasquier le, page 121.
Terpeau François, page 142.
Thevenin Michel, page 234.
Thibault Guillaume, page 138.
Thiboult Guillaume, page 118.
Thiboult Samuël, page 229.
Thiboult Claude, ibid.
Thierry Pierre, page 121. & 134.
Thierry Henry, page 163.
Thierry Rolin, p. 177. & 203.
Thierry Denis, ibid. & 269.
Thierry Denis, ibid. & 295.
Thomas Jean, page 205.
Thomas Jean, ibid.
Thomas François, ibid.
Thoreau Jean, page 282.
Tifaine Adrian, page 225.
Tiletain Jean Loüis, page 115.
Tompere Jean, page 262.
Tompere Jean, ibid.
Tompere Gilles, ibid.
Tonnelier Claude, page 305.

Toubeau Jean, page 100.
Touchart Pierre, page 244.
Toury ou Tory Geofroy, page 76. & 98.
Touffart Nicolas, page 220.
Tauffart Rolland, ibid.
Traboüillet Nicolas, page 271.
Traboüillet Nicolas, ibid.
Traboüillet Pierre, ib.
Traboüillet Estienne, ibid.
Travers Iacques, page 257.
Treperel Iean, page 67.
Trichart Jacques, page 216.
Trichart Pierre, page 280.
Trouvain Jean, page 183.
Trouvain Pierre, ibid.
Trouvain Simeon, ibid.
Turnebe Adrien, page 129.
Turrisan Bernard, page 137.

V

Valet Estienne, page 180.
Vandosme Loüis, page 259.
Vandosme Loüis, ibid.
Varangue Jacques, page 219.
Varangue Antoine, ibid.
Varangue Jean, ibid.
Varennes Olivier de, page 100.
Varennes Olivier, page 232.
Varennes Olivier, ibid.
Variquet Pierre, page 306.
Vasçosan Michel, page 75. & 162.
Vauclin Pierre, page 314.
Vaudran Pierre, page 294.
Vaugon Marin, page 263.
Vaugon Nicolas, page 284.
Vaugon Nicolas, ibid.
Vaugon Loüis, page 316.
Vaugon Michel, page 311.
Vaugon Loüis, page 316.
Vaugon Jean, page 317.
Vaugon Michel, ibid.
Veirat Jean, page 196.
Velut Hubert, p. 224.
Veruë Martin, p. 213.
Verard Antoine, page 65.
Vezé Jacques, p. 204.

ALPHABETIQUE.

Viala Jean, page 181.
Viart Pierre, page 67. & 93.
Vidoüe Pierre, p. 67. 80. & 90.
Vignon Jean, page 201.
Vilac Loüis de, page 242.
Villery Jacques, page 247.
Villery Charles, ibid.
Villory Jacques, ibid.
Villery Maurice, ibid.
Villette Jean, page 311.
Villette Jean, page 321.
Vimar Antoine, p. 308.
Vimont Claude, page 257.
Vimont Mathurin, page 270.
Vimant Guy, page 282.
Viné Pierre, page 244.
Vitré Pierre, page 207.
Vitré Antoine, page 240.
Vitré Barthelemy, ibid.

Vitré Marin, page 240.
Vivenay Nicolas, page 306.
Vivian Thielman, page 110.
Warin Antoine, page 316.
Warencore Amaulri, p. 146.
Waterloes Jean, p. 82.
Waultier Nicolas, page 77. & 86.
Wechel Chrestien, p. 94.
Wechel André, page 114. & 126.
Wettenschire Jean, page 82.
Woirrier Pierre le, page 162.
Wolff George, p. 66.
Wolff Nicolas, p. 76.
Wostre Simeon, p. 65. & 67.
Vostre Nicol, page 97.

Y

Yvernel Jean, page 106.

Fin de la Table.

ERRATA.

PAge 29. ligne 33. *lisez* Savonarola. page 31. ligne 35. *lisez de* Seneff. page 37. lig. 22. *lisez* Allemand. page 44. lig. 36. *lisez* Prioratis. page 74. lig. 22. *lisez Laude Auctorem arte legentem.* page 81. lig. 33. *lisez* ebriosi. page 82. lig. 32. *lisez Quintiliani.* page 87. ligne derniere, *lisez Grallierii.* page 92. lig. 2 ou *lisez multivibus.* page 101. lig. 38. *lisez* Vignier. page 102. lig. 3. *lisez Alberstatensis.* page 107. lig. 30. *lisez* Rossignol. page 128. lig. 37. *lisez Provinciale Coloniense.* page 133. lig. 35. *lisez Ioachimô.* page 138. lig. 30. *lisez* Turrianus. page 147. lig. 25. *lisez* Auge. page 148. lig. 21. *lisez* Boaistuau. pag. 153. lig. 23. *lisez du* Troncher. page 157. lig. 18. *lisez* Guevare. page 159. lig. 33. *lisez Scrutamini.* page 167. lig. 8. *lisez* Menin. page 171. lig. 8. *lisez non incipienti, sed perseveranti.* ibid. lig. 28. *lisez* Minois. page 179. lig. 3. *lisez Nunc.* page 180. lig. 13. *lisez* Minœm. page 185. lig. 1. *lisez* Vigneres. ibid. lig. 34. *lisez venatione.* page 186. lig. 36. *lisez Strategeticus.* page 189. lig. 12. *lisez Strategeticus.* page 191. lig. 30. *lisez* Villemomble. page 219. lig. 2. *lisez* Malingre. ibid. lig. 34. *lisez* VARANGUES. page 221. lig. 1. *lisez* Favin. ibid. lig. 25. *lisez du* Saussay. page 222. lig. 26. *lisez* Gagnaus. page 223. lig. 19. *lisez Crassotij.* page 224. lig. 24. *lisez doctrina.* page 225. lig. 20. *lisez* JEAN. page 227. lig. 30. *lisez* Instrumens. page 228. ligne 23. *lisez* l'Escornay. page 229. *lisez* marques. page 231. lig. 33. *en place de* qui, *lisez* il. page 232. lig. 1. *en place de* Coignard, *lisez* Angot. ibid. lig. 22. *lisez Concordia Gignit amorem.* ib. lig. 25. *lisez* Baullery. page 245. lig. 10. *lisez* Lælius. page 285. lig. 11. *lisez Cultu.*

EXTRAIT DU PRIVILEGE du Roy.

Par Lettres Patentes du Roy données à Paris le 5. Mars 1689. Signées, BOUCOT, & scellées du grand Sceau de cire jaune, il est permis à JEAN DE LA CAILLE l'aisné, Imprimeur & Libraire en nostre bonne Ville de Paris, de faire imprimer un Livre qui a pour titre *Histoire de l'Imprimerie & de la Librairie, &c.* composé par luy, & qui a esté veû, lû, & approuvé par M. le President Cousin; & ce durant le temps & espace de huit années: avec deffences à toutes personnes d'imprimer, ou faire imprimer ledit Livre sans le consentement dudit de la Caille, sous les peines portées par lesdites Lettres.

Registré sur le Livre de la Communauté des Imprimeurs & Libraires de Paris, le 9. Mars 1689.

Signé, J. B. COIGNARD.
Syndic.

Achevé d'imprimer pour la premiere fois, le 10. Mars 1689.

Imprimé par PIERRE LE MERCIER aux dépens de JEAN DE LA CAILLE.

109ᵉ Année, 2ᵉ Série — N° 35 — 27 Août 1920

BIBLIOGRAPHIE DE LA FRANCE
JOURNAL GÉNÉRAL
DE L'IMPRIMERIE ET DE LA LIBRAIRIE
Publié sur les Documents fournis par le Ministère de l'Intérieur

PARAISSANT TOUS LES VENDREDIS

II. — CHRONIQUE

SOMMAIRE. — Communication : Tarif officiel d'affranchissement des cartes postales. — Renseignements corporatifs : Participation aux bénéfices. — Variétés : Les libraires tenant boutique au Palais, par M. Paul Delalain. — Bureau français du timbrage des estampes (suite).

COMMUNICATION

TARIF OFFICIEL D'AFFRANCHISSEMENT DES CARTES POSTALES

pour la circulation intérieure
jusqu'au 31 décembre 1920

(Application de la notification de M. le Sous-Secrétaire d'État des postes, télégraphes, téléphones du 6 août 1920.)

Affranchir à 0 fr. 05

1° Les *cartes postales illustrées* sur lesquelles — si elle existe — la mention *carte postale* sera biffée ;

2° Les cartes portant la mention « imprimé illustré ».

Ces divers types, pour bénéficier de ce tarif réduit, ne doivent contenir comme indications manuscrites, que les noms, professions et adresses des envoyeurs et des destinataires, la date d'expédition et la signature de l'expéditeur.

Affranchir à 0 fr. 15

Les cartes postales illustrées comportant au plus cinq mots de correspondance.

Affranchir à 0 fr. 20

Les cartes postales illustrées comportant plus de cinq mots de correspondance.

En aucun cas l'affranchissement d'une carte postale circulant à découvert ne doit dépasser 0 fr. 20.

Pour le Syndicat des Imprimeurs phototypeurs,
Le Président :
D.-A. LONGUET.

Pour la Chambre syndicale française
de la Carte postale illustrée,
Le Président :
R. PIPNOT.

Chronique. 1920. — 35

RENSEIGNEMENTS CORPORATIFS

PARTICIPATION AUX BÉNÉFICES

Le *Journal officiel* du 22 août 1920 a publié aux annexes : Documents parlementaires du Sénat, feuille 19, page 304, n° 297 :

RAPPORT SOMMAIRE, fait au nom de la quatrième commission d'initiative parlementaire, sur la proposition de loi de M. Jean Codet, ayant pour objet la participation obligatoire des ouvriers et employés des deux sexes aux bénéfices de l'entreprise dans le commerce et dans l'industrie, et la création des conseils du travail, par M. Perreau, sénateur.

Messieurs, la commission d'initiative parlementaire de mai 1920, tout en rendant hommage à la généreuse pensée qui a guidé l'auteur de la proposition de loi ci-dessus énoncée, estime qu'il n'y a pas lieu de la prendre en considération.

L'idée de participation aux bénéfices seulement n'est pas équitable et en faire une obligation serait porter une grave atteinte à la liberté commerciale et industrielle de ce pays ; de plus, la création de tout un nouvel organisme de contrôle, de conseils ne peut que compliquer les affaires et, de ce fait, en retarder la marche.

Les choses simplement organisées sous l'initiative individuelle, en intéressant le producteur à l'affaire par des actions de travail, des primes, etc., est le seul remède à la situation, qui nous donnera un regain de production et des avantages réels aux travailleurs.

C'est pour toutes ces raisons que la commission a repoussé la prise en considération.

VARIÉTÉS

LES LIBRAIRES TENANT BOUTIQUE AU PALAIS

Au cours de mes recherches sur l'histoire des imprimeurs et des libraires parisiens, j'ai eu l'occasion de relever de nombreuses adresses des libraires qui tenaient boutique dans l'enclos du Palais. J'ai dès lors cherché à en dresser une liste aussi complète que possible. La collection de marques du Cercle de la librairie, les ouvrages importants de MM. Ph. Renouard, Jean Poche, baron Pichon et G. Vicaire, Lepreux [1], m'ont fourni de précieux renseignements; j'ai également puisé à deux sources utiles : les documents que j'ai pu consulter au département des manuscrits de la Bibliothèque nationale, et les notes qu'a bien voulu me communiquer M. E. Clairin, avocat, qui avait entrepris l'histoire du Palais de justice, au point de vue des boutiques que les libraires et autres commerçants avaient eu, de la fin du quinzième au milieu du dix-neuvième siècle, l'autorisation d'occuper dans les diverses parties de son enclos. L'étude des différents ouvrages sur Paris, dans les chapitres consacrés à l'ancien palais du Roi et à ses modifications successives, m'a permis de situer exactement la plupart des emplacements dont le signalement est parfois formulé d'une manière douteuse ou variée. C'est après avoir assemblé ainsi un assez grand nombre d'indications que j'ai pu établir le travail suivant [2].

Paul DELALAIN.

Voici, par ordre chronologique d'exercice, la liste des libraires qui tenaient boutique dans les salles du Palais de justice et dans l'enclos du Palais :

I. — GRANDE SALLE

La Grande Salle de l'ancien palais du Roi (aujourd'hui salle des Pas Perdus du Palais de justice) était supportée par *sept* forts piliers lors de la construction primitive sous Philippe le Bel, qui l'inaugura en 1313. Le 7 mars 1618, elle fut détruite par un violent incendie. Elle fut reconstruite par Jacques des Brosses, de 1620 à 1622, mais avec *huit* piliers. Toutefois sept seulement des nouveaux piliers continuèrent à être entourés de boutiques; c'étaient les quatre premiers depuis la chapelle élevée à l'extrémité de la salle du côté de la rue de la Barillerie (aujourd'hui boulevard du Palais) et les trois derniers, le cinquième pilier étant réservé aux bancs des procureurs. Dans l'indication de l'emplacement des boutiques, il ne fut pas tenu compte de ce cinquième pilier, et les sixième, septième et huitième piliers conservèrent, à ce point de vue, comme à l'époque antérieure à l'incendie, la désignation de cinquième, sixième et septième piliers.

1. Premier pilier

[Devant la chapelle où l'on chante la messe de Messeigneurs les Présidents [1]; proche les Consultations, ou joignant la Chambre des Consultations, ou devant les Consultations, ou vis-à-vis des Consultations.]

Vérard (Antoine Ier), 1480-1512. Domicile : 1° sur le Pont Notre-Dame; 2° près le carrefour Saint-Séverin, ou près le Petit Pont; 3° devant la rue Neuve-Notre-Dame, à l'image de Saint-Jean l'Évangéliste. Au Palais, de 1488 à 1510.

Du Pré (Galliot Ier), 1512-1560. Domicile, avec l'enseigne de la Galée : 1° sur le Pont Notre-Dame; 2° rue des Marmousets, près de la Magdeleine; 3° près du Palais ou devant le Palais, rue des Arcis. Au 1er pilier, de 1523 à 1560. — Voir 2e et 3e piliers.

Vérard (Barthélemy), 1514. Domicile : devant la rue Neuve-Notre-Dame, à l'enseigne de Saint-Jean l'Évangéliste.

De la Garde (Jean), 1514-1535. Domicile : sur le pont Notre-Dame, 21e maison, à l'enseigne de Saint-Jean l'Évangéliste. Son emplacement est désigné également ainsi : auprès de la porte de la Grande Salle de Palais par les petits degrés.

Le Brodeux (Pierre), 1516-1528. Domicile : rue de la Vieille-Pelleterie, à l'enseigne du Crescent ou Croissant.

Vérard (Antoine II), 1518-1527. Domicile : devant la rue Neuve Notre-Dame, à l'image de Saint-Jean l'Évangéliste. Marguerite Vérard céda l'emplacement à Gilles Corrozet.

Janot (Denys Ier), 1529-1545. Domicile : 1° en la rue du Marché-Pallu à l'enseigne de la Corne de cerf devant la rue Neuve-Notre-Dame; 2° rue Neuve-Notre-Dame contre Sainte-Geneviève des Ardents.

Langelier (Arnould), 1535-1553. Domicile : près de Saint-Landry. — Voir aussi 2e pilier.

Langelier (Charles), 1535-1560. Domicile : rue de la Vieille-Draperie, près de Sainte-

---

1. Je dois, avec reconnaissance, mentionner ici les notes intéressantes qui m'ont été remises par un de mes parents, M. Avrivetz, dont le père avait réuni, dans sa bibliothèque, une collection très importante d'ouvrages relatifs à l'histoire et aux monuments de la Ville de Paris.

2. Cf. *Bibliographie de la France*, Chronique, année 1913, n°s 34 et 35 : *Les boutiques de libraires et autres commerçants au palais du Roi, puis de justice.*

---

1. « À l'un des bouts [de la Grande Salle] était placée une chapelle, qu'avait fait faire Louis XI, en 1477, qu'il borda de deux colonnes, où étaient sur l'une la figure de Charlemagne, et sur l'autre celle de Saint-Louis. » SAUVAL, *Histoire et recherches des antiquités de la Ville de Paris*, tome II, p. 3 (3 vol. in-folio, Paris, Ch. Moette et J. Chardon, 1724).

Croix. Les deux frères formaient une association sous le titre « Les Angeliers », auquel leur marque faisait allusion (*deux anges liés*).

André (Jean), 1536-1551. Domicile : rue de la Calandre, à l'enseigne de la Boule.

Hermier (Pierre), 1538-1541.

Corrozet (Gilles Ier), 1537-1568. Domicile : 1° rue de la Juiverie, à l'enseigne du Chasteau ; 2° en 1549, rue de la Vieille-Draperie, près l'église Sainte-Croix en la Cité ; 3° en 1561, rue des Marmousets, à l'enseigne de la Lévrière.

Le Clerc (Antoine), 1547-1568. Domicile : rue de la Harpe, à l'enseigne de la Giboscière. — Voir 2e pilier.

Prévost (Guillaume), vers 1550-1561. Il avait épousé Catherine Langelier, héritière d'Arnould Langelier.

Du Pré (Pierre Ier), 1561-1569, fils de Galliot Ier du Pré.

Du Pré (Galliot II), 1561-1576, fils de Galliot Ier du Pré. Les deux frères restèrent associés au Palais jusqu'en 1565 ; Galliot II se sépara de Pierre Ier et alla s'établir rue Saint-Jacques ; il reparut au Palais, après la mort prématurée de son frère pour assister sa belle-sœur et ses enfants, puis se retira définitivement lorsque Françoise de Louvains, veuve de Pierre Ier, épousa Abel Langelier.

Bonfons (Nicolas), 1575-1618. Domicile : rue Neuve-Notre-Dame, à l'enseigne Saint-Nicolas.

Corrozet (Galliot), 1578-1612. Domicile : rue Vieille Pelleterie.

Langelier (Abel), 1579-1610. Domicile : 1° au Marché neuf de l'Herberie ; 2° en 1596, dans l'enclos du Palais. Avait acquis le droit d'occuper l'emplacement des du Pré par son mariage avec la veuve de Pierre Ier du Pré. Avait pour marque : Au sacrifice d'Abel.

Corrozet (Jean), 1606-1645. — Voir *Sainte-Chapelle*.

Rocolet (Pierre), 1610-1662. Domicile : rue de la Vieille-Draperie. — Voir *Galerie des Prisonniers*.

Langelier (veuve d'Abel), 1610-1620. Conserva la marque : Au Sacrifice d'Abel.

Targa (François Ier), 1612-1652. Avait pour marque : Au Soleil d'or.

Cramoisy (Claude), 1618-1680. Succéda à l'emplacement qu'avaient occupé Abel Langelier et sa veuve, et conserva leur marque : Au Sacrifice d'Abel. Domicile : en 1633, rue Saint-Jacques, Au Sacrifice d'Abel, où il se retire.

Guignard (Jean Ier), 1625-1676. Occupa de 1634 à 1666 l'emplacement d'Abel Langelier avec usage de la marque : Au Sacrifice d'Abel, lorsque Claude Cramoisy quitta le Palais.

Le Ché (Marin), 1649-1668. Avait pour marque : Au Soleil d'or. Occupa l'emplacement du 1er pilier de 1653 à 1656 ; il y fut remplacé par Nicolas Pépingué. Il s'installa ensuite au 7e pilier.

Pépingué (Nicolas), 1650-1681. Conserve la marque : Au Soleil d'or. Domicile : au bout du pont Saint-Michel, à l'entrée de la rue de la Huchette.

Trabouillet (Pierre), 1661-1708. Occupait l'emplacement qui lui permettait de se servir de la marque Au Sacrifice d'Abel, à laquelle il substitua celle de : A la fortune et à l'image Saint-Louis. Domicile : rue de la Calandre. — Voir *Salle Dauphine* et *Galerie des Prisonniers*. Sa présence au 1er pilier est constatée de 1677 à 1680. Son fils Jérôme, demeurant chez son père, n'avait point d'établissement en 1702.

Guignard (René), 1664-1694. Occupait en 1669-1670 la boutique d'Abel Langelier.

Pépingué (veuve de Nicolas), 1681-1705. Marque : Au Soleil d'or. Domicile : au bout du pont Saint-Michel, à l'entrée de la rue de la Huchette.

Lefebvre (Jacques), 1686-1715. Marque : Au Soleil d'or. Domicile : rue Saint-Séverin, près de la rue de la Harpe. Était le gendre de Nicolas Pépingué. Occupe l'emplacement de sa belle-mère en 1705, et quitte sa boutique précédemment installée au dernier pilier. — Voir 8e (7e) pilier.

Beugnié (Damien), 1699-1723. Marque : Au Lion d'or. Domicile : rue de la Pelleterie.

Paulus-Dumesnil (Pierre-Augustin), 1706-1757. Marques : Au Lion d'or, puis A l'Envie. Domicile : rue de la Vieille-Draperie. Succède en 1724 à l'emplacement de Damien Beugnié, dont il épouse la veuve.

Lefebvre (veuve de Jacques), 1714-1726, fille de Nicolas Pépingué. Marque : Au Soleil d'or.

Mesnier (René-Alexis-Xavier), 1723-1750. Marque : Au Soleil d'or. Domicile : rue Saint-Séverin.

Beugnié (veuve de Damien), 1723-1724. Marque : Au Lion d'or. Epouse en secondes noces Pierre-Augustin Paulus-Dumesnil.

D'Houry (Laurent-Charles), 1741-1786. Marque : Au Soleil d'or. Domicile : rue de la Vieille-Bouclerie, à l'enseigne du Saint-Esprit. Occupe le 1er pilier en 1768.

Hochereau le jeune (Barthélemy-François), 1745-1782. Domicile : quai des Augustins, paroisse Saint-André.

Paulus-Dumesnil (veuve de Pierre-Augustin), née Geneviève Le Breton, veuve en premières noces de Damien Beugnié, 1757-1758. Marque : Au Lion d'or, et A l'Envie.

Chenault (Charles-Etienne), 1758-1778. Marque : Au Lion d'or ; ancien prote de Paulus-Dumesnil.

D'Houry (Laurent-Nicolas), 1768-1770.

Salé, 1771 (Bibl. nat. Mss., 22114, pièce 28). En 1771, un nommé *Salé* exerçait dans la Grande Salle du Palais sous le nom de d'Houry fils (Laurent-Nicolas), mort il y avait quelque temps.

2. *Second ou Deuxième pilier.*

Désigné au dix-huitième siècle sous le titre de « La Prudence » à cause de la marque « A la Prudence », qui signalait l'emplacement occupé à ce pilier par le libraire Jacques-Nicolas Leclerc. L'emplacement occupé à ce second pilier est quelquefois précisé par la mention : « du côté de la chapelle » ou bien « près de ou vis-à-vis des Requêtes de l'Hôtel ».

Du Pré (Jean Ier), 1486-1504; présence constatée au Palais en 1489. Sa veuve lui succéda probablement.

Le Fèvre (Hémon), 1511-1535. Domicile : rue Saint-Jacques, auprès de Saint-Benoît, à l'enseigne du Croissant d'argent. Occupait le 2e pilier en 1521. — Voir 3e pilier.

Du Pré (Galliot Ier), 1512-1560. Emplacement « vers la chapelle où l'on chante la messe de Messeigneurs les présidents ». Occupe le second pilier de 1512 à 1519. — Voir 1er et 3e piliers.

Du Pré (Jean II), qui semble être le frère aîné de Galliot Ier du Pré revient en 1519 occuper le 2e pilier, que Galliot du Pré quitte alors pour le 3e. Domicile : rue des Porées à l'image Saint-Sébastien jusqu'en 1522; il y exerçait auparavant la profession d'imprimeur, en association avec Jacques le Messier.

Langelier (Arnould), 1535-1553; occupe le 2e pilier en même temps que le 1er. — Voir 1er pilier.

Langelier (Charles), 1535-1560; associé avec son frère Arnould. — Voir aussi 1er pilier.

Du Pré (Jean III), 1539-1549, peut-être fils de Galliot du Pré.

Roffet (Ponce), dit le Faulcheur, 1542-1554. Domicile : rue Neuve-Notre-Dame à l'enseigne de l'Ecu de France; puis en 1552, sur le Petit Pont. — Voir Petits ou seconds Degrés, où il tenait boutique en 1542.

Le Clerc (Antoine), 1547-1568. Domicile : rue de la Harpe, à l'enseigne de la Gibecière. Occupait un emplacement au 2e pilier en 1552. — Voir aussi 1er pilier.

Brayer (Lucas), 1567-1610. Domicile : au bout du pont Saint-Michel, en allant au Marché neuf. Tenant boutique au 2e pilier au moins jusqu'en 1580, il occupait un emplacement à la Galerie des Prisonniers en 1589.

Gautier (Claude), 1571-1582. Occupait la boutique d'Arnould Langelier dont il avait épousé une descendante.

Baragues (Rolin), 1614-1631, aurait occupé un emplacement au 2e pilier en 1630; il tenait précédemment boutique sur les Degrés. — Voir Degrés.

Guignard (Jean Ier), 1625-1676; tint plus longtemps boutique au 1er pilier, après avoir occupé le 2e pilier en 1628-1629. — Voir 1er pilier.

Lamy (Pierre), 1625-1661, à l'enseigne du Grand César. Domicile : rue Neuve-Notre-Dame. Présence au 2e pilier, constatée de 1643 à 1660.

Hulpeau (Charles), 1628-1638.

Villery (Charles), 1651-1694, à l'enseigne du Janséniste.

Billaine (Louis), 1652-1681, à la Palme et au Grand César. Il occupait l'emplacement du Grand César, dont il n'employait plus que la seule marque, de 1666 à 1677.

(*A suivre.*)

BUREAU FRANÇAIS
DU
Timbrage des Estampes
ET PUBLICATIONS DE LUXE
ÉTABLI SOUS LES AUSPICES DU CERCLE DE LA LIBRAIRIE EN 1889

Nomenclature des estampes et volumes timbrés, classés par noms d'éditeurs en ordre alphabétique (*suite* [1]).

HAUTECŒUR FRÈRES ET Cie,
172, RUE DE RIVOLI, PARIS

1416. Le Vieux Clocher, eau-forte originale en couleurs, de LOUIS DAUPHIN, de 0,49 h. × 0,59 l. — Sans remarque. — Tirage : 250 exemplaires, sur papier à la forme, à 70 francs.

LECAPLAIN ET Cie, 5, BOULEVARD DE LA MADELEINE, PARIS

1406. Auteuil, Le Mur en pierre, héliogravure originale en couleurs, de TAQUOY, de 0,20 h. × 0,50 l. — Tirage : 25 exemplaires, sur papier Whatmann. — Avec remarque, à 150 francs. — Tirage : 250 exemplaires, sur papier vélin d'Arches. — Sans remarque, à 75 francs.

1407. Chantilly, l'Entraînement, héliogravure originale en couleurs, de TAQUOY, de 0,20 h. × 0,60 l. — Tirage : 25 exemplaires sur papier Whatmann. — Avec remarque, à 150 francs. — Tirage : 250 exemplaires sur papier vélin d'Arches. — Sans remarque, à 75 francs.

1. Voir les *Chroniques* de la *Bibliographie de la France*, des années 1906, 1907, 1908, 1910, 1911, 1912, 1913, 1914, 1915, 1919 et 1920.

Le Directeur-Gérant : J. LOBEL.

douanes et rattaché au livre d'expédition du vendeur, ou au cas d'expédition par l'intermédiaire d'un commissionnaire, au livre d'expédition tenu par ce dernier.

Art. 16. — Les exportations par la voie postale de pierres gemmes brutes ou taillées, de perles fines, de métaux précieux, de bijouterie, de joaillerie, d'orfèvrerie et d'autres ouvrages en métaux précieux, doivent faire l'objet d'une déclaration au bureau de garantie où, après vérification, le service assure, de concert avec les déclarants, la remise des boîtes et paquets à l'administration des postes.

Pour les envois de toutes autres marchandises effectuées par la poste, les fonctionnaires des postes peuvent, au moment du dépôt des plis, paquets ou boîtes, appeler le service local des douanes ou des contributions indirectes, à procéder à la vérification du contenu, en présence de l'intéressé ou de son représentant. Les reçus de la poste doivent, en toute hypothèse, être rattachés au livre d'expédition tenu par le vendeur, ou, au cas d'exportation, par l'intermédiaire d'un commissionnaire, au livre d'expédition tenu par ce dernier.

Les formalités prévues par le présent article ne dispensent pas de se conformer à celles qui sont prévues aux articles 12 et 13 du présent arrêté.

Art. 17. — Les dispositions des articles 12 à 16 sont applicables aux taxes de 1,10 p. 100 ou de 10 p. 100 sous réserve des exceptions prévues à l'article 60 de la loi du 25 juin 1920 et au tableau G annexé au décret du 26 juin suivant.

Art. 18. — Est abrogé l'arrêté ministériel du 1er juillet 1920.

Fait, à Paris, le 28 août 1920.
F. François-Marsal.

*

ARRÊTÉ

relatif à la liquidation de l'impôt sur le chiffre d'affaires dû par les commerçants en gros.

Le *Journal officiel* du 1er septembre a publié l'arrêté ci-dessous en date du 31 août 1920 :

Le Ministre des Finances,

Vu les deux premiers alinéas de l'article 9 du décret du 24 juillet 1920 portant règlement d'administration publique pour l'application des articles 61, 62, 67 et 69 de la loi du 25 juin 1920, relatifs à l'impôt sur le chiffre d'affaires, ainsi conçu :

« Toute personne soumise à l'impôt sur le chiffre d'affaires, en vertu de l'article 69 de la loi du 25 juin 1920, établit, à la fin de chaque mois, soit d'après sa comptabilité, si cette comptabilité permet de déterminer son chiffre d'affaires, soit d'après le livre dont la tenue est prescrite par l'article 66 de la loi du 25 juin 1920, un relevé du montant total des affaires auxquelles chacune des taxes de 1, de 3 ou de 10 p. 100 doit être appliquée dans le mois.

« En vue de l'établissement du relevé, chaque affaire doit être inscrite, soit dans la comptabilité du redevable, soit sur le livre ci-dessus visé, à la date du payement, à moins d'autorisation, donnée par l'administration, d'inscrire certaine catégorie d'affaires à une date antérieure à raison des convenances commerciales ».

Arrête :

Art. 1er. — Les redevables dont le commerce consiste, à titre principal, dans la vente en gros de marchandises ou objets, sont autorisés, pour l'acquittement de l'impôt sur le chiffre d'affaires, à inscrire les affaires qu'ils effectuent, soit sur le livre dont la tenue est prescrite par l'article 66 de la loi du 25 juin 1920, à la date à laquelle ils débitent l'acheteur du montant de la facture.

Art. 2. — Les redevables qui adoptent ce mode d'inscription sont tenus de continuer de s'y conformer jusqu'à ce qu'ils aient reçu de l'administration compétente l'autorisation d'inscrire les affaires à la date du payement.

VARIÉTÉS

LES LIBRAIRES TENANT BOUTIQUE AU PALAIS

(Suite)

3. *Troisième ou tiers pilier.*

L'emplacement est précisé, s'il y a lieu, par la mention « du côté de la Chapelle ».

Bonhomme (Jean 1er), 1486-1537.

Eustace (Guillaume), 1493-1520, « du côté de la Chapelle ». Domicile : rue de la Juiverie, à l'enseigne des Deux Sagittaires ; puis (1514), rue Neuve-Notre-Dame, à l'enseigne de l'Agnus Dei. Il est également signalé sur les Grands Degrés. — Voir Grands Degrés.

Le Fèvre (Hémon), 1511-1535. Occupa le 3e pilier en 1520. — Voir 2e pilier où il était installé en 1521.

Du Pré (Galliot 1er), 1512-1560. Occupa le tiers pilier de 1519 à 1522, après avoir occupé le 2e pilier de 1512 à 1518 ; puis il s'installa pour le reste de son exercice au 1er pilier en 1521. — Voir 1er pilier.

Kerver (Jean), 1521-1584. Domicile : rue Saint-Jacques, à l'enseigne du Gril.

Bonhomme (Jean II), 1539-1551. Présence constatée au 3ᵉ pilier en 1539 et 1540.
Le Gras (Henri), 1629-1662, A l'L couronnée.
Mesnard (Pierre), 1631-1651.
Bobin (Michel), 1638-1681, occupa le 3ᵉ pilier en 1650 et durant son association avec Nicolas Legras, au moins jusqu'en 1667 ; il fut ensuite établi au 5ᵉ pilier. — Voir 5ᵉ pilier.
Le Gras (Nicolas), 1653-1723, à l'L couronnée. Domicile : rue de la Calandre. On le trouve à partir de 1684 à la Galerie des Prisonniers. — Voir *Galerie des Prisonniers*.
Mazuel (Thomas-Nicolas), 1696-1748, « du côté de la Chapelle », A la Croix d'or. Domicile : rue de la Vieille-Bouclerie.
Le Gras (Théodore Iᵉʳ), 1699-1759, à l'L Couronnée (à partir de 1722). Domicile : Cours du Palais, paroisse de la basse Chapelle.
Grangé (Jean-Augustin), 1730-1791, « du côté de la chapelle ». Domicile : Hôtel des Ursins, chez Mme de Saint-Etienne, au troisième ; puis rue de la Parcheminerie. Vint occuper un emplacement au 3ᵉ pilier vers 1753 ; précédemment il se tenait à la Galerie des Prisonniers. — Voir *Galerie des Prisonniers*.
Le Gras (Jean-Baptiste-Louis), 1737-1749.
Le Gras (Veuve de Jean-Baptiste-Louis), 1749-1780, « près de la boutique de Grangé ». Domicile : quai des Augustins, paroisse Saint-André. Se retire le 3 mai 1765.
Knapen (André-François), 1747-1791, à l'L couronnée ou au Bon Protecteur. Domicile : au bas du pont Saint-Michel, rue Saint-André-des-Arts, au Bon Protecteur et à la Justice.

4ᵉ Quatrième pilier.

Désigné au dix-huitième-siècle sous le titre de « L'Épée herminée », a cause de la marque à l'Épée royale herminée qui signalait l'emplacement occupé par la veuve de Jean Rouy.
Trepperel (Jean). — Voir Claudin, *Hist. de l'Imprim.*, t. I, p. 250.
Bonfons (Pierre), 1598-1605. Domicile : rue Neuve-Notre-Dame.
Mauger (Pierre), 1655-1678, Au Grand Cyrus. Sa veuve lui aurait succédé au même emplacement.
Mazuel (Nicolas), 1658-1703, « du côté de la Chapelle », A l'Écu de Venise.
Mauger (François), 1660-1685, Au Grand Cyrus, en 1669.
Mauger (Veuve de François), 1686-1708, au Grand Cyrus. Domicile : rue de la Calandre.
Morel le jeune (Léonard-Marie) (1716-1764), au Grand Cyrus. Domicile : rue de la Licorne (1752), puis rue de la Calandre (1764). En 1752, il était âgé de soixante-six ans.

Rouy (veuve de Jean), 1749-1768, A l'Épée royale herminée. Domicile : Cour du Palais. Son mari occupait un emplacement au 7ᵉ pilier — Voir 7ᵉ pilier.
Vallat-la-Chapelle (veuve de Pierre), 1773-1791, Au Grand Cyrus.

5ᵉ Cinquième pilier

Le cinquième pilier, depuis la reconstruction de la Grande Salle après l'incendie de 1618, était réservé aux bancs des procureurs ; il n'admettait donc aucune boutique ; mais, par tradition, en ce qui concerne l'attribution de boutiques autour des piliers de la Grande Salle, les 6ᵉ, 7ᵉ et 8ᵉ piliers conservèrent la dénomination de 5ᵉ, 6ᵉ et 7ᵉ piliers.

6ᵉ Sixième pilier (Cinquième pilier pour l'emplacement des boutiques).

C'était le premier du côté de la Cour des Aides ; il se trouvait vis-à-vis des Enquêtes.
Marette (Claude), 1605-1650. Domicile : rue des Lavandières, près de la place Maubert.
De Sommaville (Antoine II), 1620-1665, A l'Écu de France. Occupait un emplacement au 5ᵉ pilier en 1665 ; avait été précédemment installé dans la Galerie des Merciers. A l'Écu de France de 1623 à 1656, puis au 2ᵉ perron allant à la Sainte-Chapelle en 1656 et 1657.
Bobin (Michel), 1638-1681, A l'Espérance ; il y vint s'établir à l'expiration de son association avec Nicolas Le Gras, vers 1667. — Voir 3ᵉ pilier.
Loyson (Jean-Baptiste I), 1639-1694, A la Croix d'or. Domicile : rue Saint-Jacques, A la Croix d'or. Il est signalé en 1669 au 5ᵉ pilier de la Grande Salle ; son adresse au Palais était, de 1645 à 1648, en la Salle Dauphine, A la Croix d'or ; en 1652, sur le Perron royal, près la porte de la Grande Salle, A la Croix d'or ; en 1652-1653 et en 1673, dans la Galerie des Merciers, proche la Sainte-Chapelle ; A la Croix d'or et Au Bon Marché.
Cochart (Jean II), 1652-1697, Au Saint-Esprit.
Collin (Jacques), en 1668, A l'Écu de France.
Bobin (veuve de Michel), 1681-1696, A l'Espérance. Domicile : sous l'horloge du Palais, chez le sieur Marinier.
Bobin (Jérôme), 1683-1695, A l'Espérance.
Saugrain (Guillaume I), 1683-1708, « vis-à-vis des Enquêtes », A la Croix d'or, en 1697 et 1698.
Cochart (veuve de Jean II), 1697-1719, Au Saint-Esprit. Domicile : rue de la Vieille-Draperie. En 1702, Jean III Cochart fils demeurait chez sa mère et n'avait pas d'établissement. (*A suivre.*)

Le *Directeur-Gérant*: J. LOBEL.

BIBLIOGRAPHIE DE LA FRANCE
JOURNAL GÉNÉRAL
DE L'IMPRIMERIE ET DE LA LIBRAIRIE

Publié sur les Documents fournis par le Ministère de l'Intérieur

PARAISSANT TOUS LES VENDREDIS

II. — CHRONIQUE

SOMMAIRE. — Distinction honorifique : Légion d'honneur. M. Pierre Nathan. — Variétés : Les libraires tenant boutique au Palais (suite).

DISTINCTIONS HONORIFIQUES

LÉGION D'HONNEUR

Le *Journal officiel* du 1ᵉʳ septembre 1920 publie l'arrêté suivant :

MINISTÈRE DE LA GUERRE

Vu la loi du 15 juin 1920, sont inscrits aux tableaux spéciaux de la Légion d'honneur, pour chevalier, à compter du 16 juin 1920, les militaires de la réserve et de l'armée territoriale dont les noms suivent :

Infanterie

Cahen dit Nathan (Pierre), sous-lieutenant à la disposition du commissaire résident général de France au Maroc : officier dont le sentiment du devoir et la foi patriotique l'ont conduit aux plus belles actions militaires. Une blessure. A été cité.

M. Pierre Nathan est le fils de notre confrère, M. Fernand Nathan, auquel nous adressons, en même temps qu'au nouveau chevalier, l'expression de plus sympathiques félicitations.

VARIÉTÉS

LES LIBRAIRES TENANT BOUTIQUE AU PALAIS

(Suite)

6° *Sixième pilier* (suite et fin)

Brunet (Médard-Michel), 1697-1727, A l'Espérance. Domicile : Cour du Palais.

Morin (André-Jean), 1721-1758, Au Saint-Esprit. En 1724, a quitté le Palais pour aller rue Saint-Jacques, à l'Image Saint-André.

Brunet (Pierre-Michel), 1721-1730, Au Saint-Esprit.

Dupuis (Grégoire-Antoine), 1729-1769, Au Saint-Esprit, en 1733.

Chéron (Charles-Barthélémy), 1748-1769, Au Saint-Esprit en 1757.

Chéron (Mlle), en 1771 (Bibl. Nat. Manuscrits français, 22114, 28.)

7° *Septième pilier*

(*Sixième* pilier, pour l'emplacement des boutiques.)

[C'était le *second* du côté de la Cour des Aides ; il se trouvait « vis-à-vis de l'escalier de la montée de la Cour des Aides¹ ». Au dix-huitième siècle, il était désigné sous le titre de « La Bonne Foi », à cause de la marque de ce nom qui signalait la boutique de Charles de Sercy, puis de son neveu Claude II Prudhomme.]

Rousset (Nicolas), 1605-1633, « du côté de la Conciergerie ». Domicile : rue de la Pelleterie, près l'horloge du Palais, devant la Chaise de fer, A l'Image Saint-Jacques.

Pépingué (Edme), 1643-1654 « du côté de la Cour des Aides, proche la porte de la Salle Dauphine ».

De Sercy (Charles), 1649-1703, « vis-à-vis de l'escalier de la Cour des Aides », A la Bonne Foi couronnée. Précédemment, il avait été en la Salle Dauphine.

Langlois (Emmanuel), 1652-1683, « au 6° pilier, vis-à-vis de la Grand'Chambre, A la Reine de Paix ».

Guignard (Jean II), 1652-1709, « du côté de la Cour des Aides, à l'entrée de la Grande Salle [par le Perron royal], A l'Image Saint-Jean.

Barbin (Claude), 1654-1698, « du côté de la Salle Dauphine », Au Signe de la Croix ; il occupa un emplacement au 6° pilier jusqu'en

---

1. « L'escalier suspendu en l'air qui conduit à la Cour des Aides est généralement estimé ». (Sauval, t. II, p. 3.)

1661, puis alla s'installer sur le perron de la Sainte-Chapelle. — Voir Sainte-Chapelle.

Bienfait (Pierre), 1660-1691, « du côté de la Cour des Aides », A l'Image Saint-Pierre.

Besongne (Augustin), 1661-1710, « vis-à-vis la Cour des Aides », Aux Roses vermeilles; vint, en 1687, occuper le 6ᵉ pilier; il était précédemment au 2ᵉ pilier. — Voir 2ᵉ pilier.

Girard (Théodore), 1661-1697, « du côté de la Salle Dauphine », A l'Envie, il était le gendre de Henri Le Gras (au 3ᵉ pilier).

Cavelier (Guillaume II), 1683-1727, « du côté de la Cour des Aides, A l'Écu de France et A la Palme. Domicile : rue de la Pelleterie. — En 1702, Guillaume III Cavelier fils demeurait chez son père et n'avait point d'établissement.

Osmont (Charles Iᵉʳ), 1686-1690, « du côté de la Cour des Aides », A l'Écu de France.

Osmont (Charles II), 1688-1728, « du côté de la Cour des Aides », A l'Écu de France.

Osmont (veuve de Charles Iᵉʳ), 1690-1703, « du côté de la Cour des Aides », A l'Écu de France. Elle était la fille de Jacques Compaing.

Filleau (Pierre Iᵉʳ), 1698-1701, au second pilier, vis-à-vis la Cour des Aides, A la Clef de Saint-Pierre.

Filleau (Pierre II), 1701-1748, au second pilier vis-à-vis la Cour des Aides, A la Clef de Saint-Pierre. Domicile : rue de la Verrerie.

Gosselin (Nicolas), 1698-1728, « du côté de la Cour des Aides », A l'Envie. Domicile : rue Gervais-Laurent.

Prudhomme (Claude II), 1700-1737, « vis-à-vis de l'escalier de la montée de la Cour des Aides », A la Bonne Foi couronnée. Domicile : rue des Carmes. Neveu de Charles de Sercy, il en adopta la marque.

Cavelier (veuve de Guillaume II), 1727-1737, « du côté de la Cour des Aides ».

Saugrain (Guillaume-Claude), 1724-1762, « du côté de la Cour des Aides », A la Providence et A la Bonne Foi couronnée. Domicile : rue de la Calandre en 1747, puis rue de Savoie, paroisse Saint-André-des-Arcs. Il était gendre de Claude Prudhomme. (Voir ci-dessus.)

De Nully (Jean-Jacques), 1728-1761, n'occupait pas précisément un emplacement au 6ᵉ pilier, mais dans le voisinage « au bas de l'escalier de la Cour des Aides », contre le mur de la petite galerie (des Merciers), A l'Écu de France et A la Palme, marque de Cavelier. Domicile : rue de la Calandre. Il était gendre de Paulus Dumesnil (au 1ᵉʳ pilier).

Clément (Pierre), 1729-1772, « du côté de la Cour des Aides », A la Croix blanche.

Prudhomme (veuve de Claude II), 1737-1766, la Bonne Foi couronnée.

Brunet (Bernard), 1738-1760, 3ᵉ fils de Michel III Brunet, A l'Envie. Domicile : rue Basse-des-Ursins.

Saugrain (Joseph II), 1739-1751, A la Bonne Foi couronnée. Domicile : rue de la Calandre.

Saugrain (Antoine-Claude), 1748-1797, A la Bonne Foi couronnée. Domicile : rue du Jardinet (en 1788). Fils de Guillaume-Claude Saugrin. (Voir ci-dessus.)

Cellot (Louis), 1756-..., « au bas de l'escalier de la Cour des Aides », A l'Écu de France et A la Palme. Domicile : rue Dauphine, la seconde porte cochère à droite en entrant par le Pont-Neuf, même maison que M. Jombert, libraire du roi pour l'artillerie et le génie; il y avait un atelier d'imprimerie.

Brunet (veuve de Bernard), 1760-1763, A la Providence. Domicile : rue Basse-des-Ursins.

Brunet (Jacques-Bernard), 1760-1774, A la Providence. Domicile : rue Basse-des-Ursins. Exerça avec sa mère et son beau-père, puis, seul, à partir de 1772.

De Nully (veuve de Jean-Jacques), 1761-1771, A l'Écu de France et A la Palme. (Voir *Cellot* ci-dessus.)

Regnard (Antoine-Louis), 1763-1767, épousa la veuve de Bernard-Brunet, A la Providence. Domicile : rue Basse-des-Ursins.

Guénard de Monville (Antoine), 1769-1800, A la Providence. Avait épousé Angélique-Catherine, fille de Bernard Brunet. Domicile : d'abord rue Saint-Séverin, Aux Armes de Dombes; puis, à la date de 1780, rue Christine, où il avait son atelier d'imprimerie; il avait été nommé imprimeur le 2 août 1774. Sa boutique au Palais avait été supprimée pendant la Révolution.

8ᵉ Huitième pilier

(Septième pilier, pour l'emplacement des boutiques.)

[Ce 8ᵉ pilier, le dernier, qui datait de la reconstruction de la Grande Salle après l'incendie de 1618, se trouvait « à côté des Eaux et Forêts », « vis-à-vis des Requêtes du Palais », vis-à-vis la Grand'Chambre, [et dans le voisinage de la Cour des Aides.]

Le Ché (Marin), 1649-1665, « vers la Cour des Aides ». De 1653 à 1656, il avait occupé un emplacement au 1ᵉʳ pilier (voir 1ᵉʳ pilier). Sa présence est constatée en 1665 au 7ᵉ pilier.

Journel (Christophe), 1653-1705, « au dernier pilier, vis-à-vis des Requêtes ».

Le Febvre (Jacques), 1686-1714, « au dernier pilier, à côté des Eaux et Forêts, vis-à-vis des Requêtes du Palais ». Au dernier pilier, en 1689 et 1691, il vint prendre en 1705 l'emplacement de son beau-père et de sa belle-mère au 1ᵉʳ pilier; il était gendre de Nicolas Pépingué. — Voir 1ᵉʳ pilier.

Langlois (Jean-Baptiste), 1688-1705, « vis-à-vis de la Grand'Chambre » A l'Ange gardien. Domicile : Cour du Palais.

De Blegny, « vis-à-vis de la Grand'Chambre » ; il y vendait, en 1692, tous les quinze jours, les livres d'Avis à 15 deniers la pièce.

Saugrain (veuve de Guillaume Ier), née F. Charpentier, 1708-1734, « vis-à-vis de la Grand'Chambre, A l'Ange gardien.

Girard (Claude II), 1727-1785, « vis-à-vis de la Grand'Chambre ».

De Bats (Pierre-André), 1731-1754, « vis-à-vis de la Cour des Aides », A Saint-François.

Rouy (Jean), 1735-1749, « vis-à-vis de la Grand'Chambre », A l'Ange gardien. Domicile : Cour du Palais.

De Bats (veuve de Pierre-André), 1754-1758, « vis-à-vis de la Cour des Aides », à Saint-François.

ANNEXE

GRANDE SALLE DU PALAIS,
sans désignation plus précise.

Le Mur (Pierre), 1606-1634. Domicile : rue Traversière, près de la porte Saint-Victor.

Pignon (Charles), 1627.

Le Mur (veuve de Pierre), 1644 (proche la porte, mais laquelle?)

Le Gras (Jacques Ier) 1648-1691.

Le Gras (Jacques II), 1683.

Du Castin (Etienne), 1686-1719. Domicile : rue de la Pelleterie en 1702.

Le Gras (veuve de Jacques Ier), 1691-1705. Domicile : rue de la Pelleterie en 1702.

Brunet (Michel III), 1692-1745, Au Mercure galant. Domicile : rue de la Juiverie, en 1702.

Saugrain (Claude-Marin), 1700-1750, « au milieu de la Grande Salle », A la Fleur de Lys.

Loyson (Jean-Baptiste II), 1701-1737. Gendre d'Etienne Du Castin.

Morel l'aîné (Jean-Raoul), 1705-1757. Domicile : rue Saint-Eloi, paroisse Saint-Pierre-des-Arcis.

Huart (Pierre-Michel), 1717-1764. Domicile : rue Galande, paroisse Saint-Séverin.

Amaury (veuve de Gabriel), née Louise Lomain, 1735-1771, A l'Annonciation.

Robustel (veuve de Jean-François), 1755-1776. En 1771, la boutique était tenue sous son nom par la demoiselle Bleseau.

Morel (veuve de Jean-Raoul), née Marie-Elisabeth Caboche, 1757-1775.

Lemoine (Etienne), 1768. En 1771, d'après Bibl. Nat. Mss. f°, 22114, pièce 28. Il était gendre de Gabriel Amaulry.

Le Doux (demoiselle), fille d'un ancien imprimeur, 1771. (D'après Bibl. Nat. Mss. f°, 22114, pièce 28.)

II. — SALLE DAUPHINE.

[Cette salle, qui n'existe plus, était parallèle à la Grande Salle du Palais le long de la cour ; on y pénétrait par deux portes, l'une au haut des petits Degrés, côté de la rue de la Barillerie, presqu'en face du second pilier, l'autre près du Perron royal, faisant communiquer la salle des Merciers avec la Grande Salle.]

Robinot (Antoine I), 1618-1694.

Villery (Jacques I), 1623-1674. Domicile : rue Clopin, près le petit Navarre, A l'Ecu de France. Il tenait boutique à l'entrée de la Salle, du côté de la Salle des Merciers, puisque l'on désignait ainsi son emplacement « en la Galerie des Prisonniers, allant à la Chancellerie » ; ce qui indique que l'emplacement qu'il occupait se trouvait au croisement de la Salle des Merciers et de la Galerie des Prisonniers.

Hénault (Jean), 1635-1673, A l'Ange gardien.

Loyson (Jean-Baptiste Ier), 1639-1694, A la Croix d'or. Domicile : rue Saint-Jacques, A la Croix royale. En la Salle Dauphine, de 1645 à 1648, il semble modifier son emplacement, désigné en 1652, « sur le Perron royal, près de la porte de la Grande Salle », A la Croix d'or. De 1652 à 1673, il indique son adresse dans la Salle des Merciers (voir plus loin) ; d'autre part, en 1669, il occupait un emplacement au 5e pilier de la Grande Salle. — Voir 5e pilier.

Moreau (Pierre), 1640-1648, A l'enseigne de la Vérité. Domicile : rue Saint-Barthélemy, devant l'horloge du Palais. La traduction latine de son adresse, « In Palatii porticu, cui à Delphino nomen est », semble indiquer que la Salle Dauphine avait, au point de vue architectural, la forme d'un portique.

Pasté (Jean), 1640-1658, en la Salle Dauphine, à l'entrée, sans préciser le côté, A la Pomme d'or couronnée.

De Sercy (Nicolas), 1641-1646, A la Bonne Foi couronnée.

Denain (Robert), 1642-1648, A l'Annonciation.

Briquegny (Jonas), 1643, A l'Envie.

Rouvelin (François), 1643, A la Vérité.

Le Cordier (Geoffroy II), 1643-1644, au bout de la Salle Dauphine, près le Perron royal.

Mirault (Etienne), 1643-1680, A la Toison d'or. Sa présence y est constatée en 1645 ; mais il dut quitter bientôt le Palais ; car une sentence du lieutenant civil, le 14 octobre 1662, le condamna à fermer une des deux boutiques qu'il avait ouvertes rue des Mathurins et rue de la Harpe.

De Sercy (veuve de Nicolas), 1646, A la Bonne Foi couronnée.

De Sercy (Charles), 1649-1703, occupa d'abord au Palais l'emplacement de Nicolas de Sercy et de sa veuve, en la Salle Dauphine,

A la Bonne Foi couronnée, puis alla, vers 1680, s'installer au 6ᵉ pilier de la Grande Salle, sous la même marque. — Voir 6ᵉ pilier.

Trabouillet (Pierre), 1661-1708, en la Salle Dauphine, A la Fortune, près la porte (probablement du côté du Perron royal). Domicile : rue de la Calandre en 1702. Il occupa d'abord au Palais une boutique dans la Galerie des Prisonniers, A la Tulipe (1662, 1663) ; on le trouve en 1666-1669, en la Salle Dauphine, près la porte, c'est-à-dire dans les environs de la Galerie des Prisonniers, où il est de nouveau signalé de 1672 à 1697, mais cette fois « A la Fortune », puis aussi avec cette précision « proche le greffe des Eaux et Forêts », et à l'image Saint-Hubert et « à la Fortune ». De 1677 à 1680, il aurait occupé un emplacement au 1ᵉʳ pilier de la Grande Salle. — Voir 1ᵉʳ pilier.

Loyson (Henri), 1664-1694, dans la Salle Dauphine en 1669. En 1674, il était établi au bout de la Galerie des Prisonniers, Aux Armes de France.

III. — GALERIE OU SALLE DES MERCIERS, OU GALERIE MARCHANDE, OU PETITE SALLE

[S'étendait, de la Sainte-Chapelle à la Grande Salle, le long de la façade principale du Palais, au haut des grands Degrés. Les boutiques y étaient sur deux côtés.]

Thierry (Pierre Iᵉʳ), 1534-1551, Salle des Merciers, près la Sainte-Chapelle.

Thierry (Pierre II), 1554-1566, en la Salle des Merciers, près la Sainte-Chapelle.

De Sommaville (Antoine II), 1620-1665, dans la Galerie des Merciers, ou dans la Petite Salle, A l'Écu de France, jusqu'en 1656. En 1656, son adresse est formulée « 2ᵉ perron allant à la Sainte-Chapelle ». En 1665, il est établi au 5ᵉ pilier. — Voir 5ᵉ pilier.

Courbé (Augustin), 1623-1662, dans la Petite Salle du Palais ou en la Galerie des Merciers, ou en la Petite Salle des Merciers, A la Palme (en 1637).

Quinet (Toussaint Iᵉʳ), 1625-1647, dans la Petite Salle, sous la montée des Aides (côté de la Grande Salle du Palais) ; son emplacement est ainsi désigné : « à la première boutique de la Petite Galerie des Prisonniers ».

David (Pierre), 1631-1653, en la Galerie des Merciers, proche la Palme, Au roi David. Il est signalé en 1651 « à l'entrée de la Galerie des Prisonniers » avec formule du même emplacement. D'autre part, il est signalé « sur le perron des Degrés de la Sainte-Chapelle, A la Belle Image, en 1650, puis « sur le perron de la Sainte-Chapelle, Au Roi David ». — Voir Sainte-Chapelle. Enfin Jean Poche lui attribue, sans date, l'adresse suivante : « Sur le petit perron de la Grande Salle, du côté des consultations (par les Petits Degrés) ; ce que semble confirmer l'extrait suivant (Bibl. Nat. Mss f° 22067, pièce 100) : « Pierre David, fils de Michel David, avait épousé en premières noces la veuve d'un nommé Bessin, en son vivant, marchand libraire, qui avait fait sa demeure fort longtemps et levé sa boutique sur les Degrés et proche la porte de la Grande Salle du Palais du côté de la Chapelle. » Ses déplacements seraient alors expliqués.

Loyson (Jean-Baptiste Iᵉʳ), 1639-1694, « à l'entrée de la Petite Salle, du côté de la Sainte-Chapelle, ou dans la Salle des Merciers, proche la Sainte-Chapelle », Au Bon Marché et A la Croix d'or. Il y était installé en 1653, et dans la suite, après avoir quitté son emplacement « sur le Perron royal, près la porte de la Grande Salle, A la Croix d'or », où sa présence est constatée en 1652. Antérieurement, il avait occupé un emplacement dans la Salle Dauphine (1645-1648). — Voir Salle Dauphine. — D'autre part, en 1669, il donne l'adresse du 5ᵉ pilier de la Grande Salle. — Voir 5ᵉ pilier.

Ribou (Pierre Iᵉʳ), 1646-1679, « en la galerie des Merciers, proche la Palme, Au roi David ; il occupait la boutique de Pierre David, dont il était le gendre.

Quinet (veuve de Toussaint Iᵉʳ), 1647-1651, « en la Salle des Merciers ».

Quinet (Toussaint II), « sous la montée de la Cour des Aides », côté de la Grande Salle, 1652.

Joly (Thomas), 1648-1681, « dans la Salle des Merciers, au coin de la Galerie des Prisonniers » ou « dans la Petite Salle, A la Palme et Aux Armes de Hollande ». Domicile : rue Saint-Jacques, au coin de la rue de la Parcheminerie, puis rue de la Calandre, Aux Armes de Hollande.

De Luynes (Guillaume), 1651-1715, « en la Galerie ou Salle des Merciers, sous la montée de la Cour des Aides », ou « au bout de la Galerie des Merciers », côté de la Grande Salle, A la Justice. Domicile : dans un appartement au 3ᵉ étage d'une maison sise rue du Harlay. En 1702, il n'avait plus d'établissement au Palais et se trouvait au Pont-au-Change.

Pohier (Jean), 1686-1696, « en la Salle des Merciers, sous l'escalier de la Cour des Aides, A la Vérité royale ».

Mouchet (Denys), 1711-1755, à l'entrée de la Grande Salle, A la Justice. Domicile : rue aux Fèves, paroisse Saint-Pierre-des-Arcis.

Mouchet (veuve de Denys), 1755-1768, Salle des Merciers, A la Justice. Domicile : rue aux Fèves.

(A suivre.)

Le Directeur-Gérant : J. LORBI.

BIBLIOGRAPHIE DE LA FRANCE
JOURNAL GÉNÉRAL
DE L'IMPRIMERIE ET DE LA LIBRAIRIE
Publié sur les Documents fournis par le Ministère de l'Intérieur

PARAISSANT TOUS LES VENDREDIS

II. — CHRONIQUE

SOMMAIRE. — Document officiel : Loi relative à l'exportation des œuvres d'art. — Variétés : Les libraires tenant boutique au Palais (suite). — Renseignements commerciaux : France-Norvège. Colis postaux.

DOCUMENT OFFICIEL

LOI
relative à l'exportation des œuvres d'art

Le *Journal officiel* du 7 septembre a publié la loi, en date du 31 août 1920, dont nous donnons ci-dessous les passages essentiels :

Les objets présentant un intérêt national d'histoire ou d'art ne pourront être exportés sans une autorisation du ministre de l'Instruction publique et des Beaux-Arts, qui devra se prononcer dans le délai d'un mois à partir de la déclaration fournie à la douane par l'exportateur.

Ces dispositions sont applicables aux objets d'ameublement antérieurs à 1830, aux œuvres des peintres, graveurs, dessinateurs, sculpteurs, décorateurs, décédés depuis plus de vingt ans à la date de l'exportation, ainsi qu'aux objets provenant de fouilles pratiquées en France.

Les objets auxquels l'autorisation d'exporter aura été refusée seront, par dérogation à l'article 16 de la loi du 31 décembre 1913, inscrits d'office sur la liste de classement.

Ce classement sera valable pour une période de cinq années et renouvelable.

L'État a le droit de retenir, soit pour son compte, soit pour le compte d'un département, d'une commune ou d'un établissement public, au prix fixé par l'exportateur, les objets proposés à l'exportation.

Ce droit pourra s'exercer pendant une période de six mois.

Les objets antérieurs à 1830 et les œuvres de peintres, sculpteurs, graveurs, dessinateurs, décorateurs, décédés depuis plus de vingt ans et dont l'exportation aura été laissée libre, seront frappés à l'exportation d'un droit de :

15 p. 100 de leur valeur jusqu'à 5 000 francs ;
20 p. 100 pour la valeur comprise entre 5 000 et 20 000 francs ;
25 p. 100 pour une valeur supérieure à 20 000 francs.

Cette taxe, non plus que les autres dispositions de la présente loi, ne s'appliqueront aux œuvres d'art importées qui auront été déclarées à l'entrée, toute justification devant être fournie par l'importateur.

Tout commerçant pourra obtenir l'autorisation d'exporter les objets entrés en France postérieurement au 1er janvier 1914, à condition de justifier de la date d'entrée dans un délai d'un mois à dater de la promulgation de la présente loi.

VARIÉTÉS

LES LIBRAIRES TENANT BOUTIQUE AU PALAIS
(Suite)

IV. — PERRON ROYAL, OU PERRON DE LA SALLE DES MERCIERS, JOIGNANT LA PORTE DE LA GRANDE SALLE

De Louvain (Nicolas), 1597-1600, « sur le Perron de la Grande Salle du Palais, vis-à-vis de la Galerie par où on va à la Chancellerie (Galerie des Prisonniers).

Langetier (Charles), 1535-1560, au Perron de la Salle des Merciers, contre la porte de la Grande Salle. Il quitta, pour cet emplacement, en 1556, les boutiques qu'il tenait précédemment avec son frère aux premier et deuxième piliers de la Grande Salle. — Voir 1er et 2e piliers.

Richer (Etienne Ier), 1586-1613, « sur le Perron royal, vis-à-vis la Galerie des Prisonniers. »

Gilles (Nicolas II), 1588-1597, sur le Perron, vis-à-vis de la Galerie par où on va à la Chancellerie (Galerie des Prisonniers). Domicile : rue Saint-Jacques, Aux Trois Couronnes.

Du Breuil (Antoine), 1596-1612, sur les Degrés de la Grande Salle du Palais. Domicile : Au mont Saint-Hilaire, rue d'Ecosse, A la Couronne. En 1610, il occupait un emplacement à la Galerie des Prisonniers.

Richer (Jean II), 1606-1643 et *Richer* (Etienne II), frères, sur le Perron royal, vis-à-vis la Galerie des Prisonniers. Domicile : rue Saint-Jean-de-Latran, A l'Arbre verdoyant.

Du Val (Jean), 1608-1648, sur les Degrés de la Grande Salle, devant la porte de la Salle Dauphine.

Loyson (Jean-Baptiste Ier), 1639-1694, sur le Perron royal, près la porte de la Grande Salle, A la Croix d'or. Telle est l'adresse indiquée de sa boutique en 1652, entre l'occupation d'un emplacement dans la Salle Dauphine (1645-1648) et d'un autre emplacement dans la Salle des Merciers, proche la Sainte-Chapelle (1653 et suite). — Voir Salle des Merciers, et aussi 5e pilier où on le trouve signalé en 1669. Domicile : rue Saint-Jacques, A la Croix royale.

V. — GALERIE DES PRISONNIERS, OU GALERIE PAR OU ON VA A LA CHANCELLERIE

[Galerie, allant, ou par laquelle on va à la Chancellerie ; elle porta aussi le nom de Galerie des Libraires, à cause du nombre considérable de commerçants de cette profession qui étaient autorisés à y tenir boutique ; elle comportait au moins douze étalages. En latin, elle était ainsi désignée : « In deambulatorio, quo itur ad Cancellariam. » A son extrémité, se trouvait la *Salle Royale*, du côté de la place Dauphine.]

Trepperel (veuve de Jean), 1502-1512, « en la Galerie comme on va à la Chancellerie ». Domicile : rue Neuve-Notre-Dame, à l'enseigne de l'Écu de France.

Du Pin (Jehan), 1512-1543, « en la Galerie en allant à la Chancellerie, près la porte de la Chancellerie ».

Lotrian (Alain), 1518-1539, « en la Galerie par où on va à la Chancellerie, près l'huys de la Chancellerie ». Domicile : rue Neuve-Notre-Dame, à l'enseigne de l'Écu de France.

Saint-Denis (Jehan), 1521-1531, « en la première boutique de la Galerie par où on va à la Chancellerie », ou « en la Galerie comme on va à la Chancellerie, joignant la première porte » ; c'était à l'entrée de la Galerie, du côté de la Salle des Merciers et du Perron royal. Domicile : rue Neuve-Notre-Dame, A l'Image Saint-Nicolas. Il était associé avec Jehan Longis, qui suit.

Longis (Jehan), 1524-1556, même adresse que pour Jehan Saint-Denis. Domicile : à la première porte du Palais ; puis sous la seconde porte du Palais. Associé d'abord avec Jehan Saint-Denis, il resta associé avec la veuve de celui-ci (1531), puis il fut avec Vincent Sertenas (1534-1543). L'adresse de son domicile est également indiquée ainsi : « en la maison de Jehan Longis, près la chapelle Saint-Michel ». Ces trois désignations de son domicile témoignent qu'il avait sa demeure dans l'enclos même du Palais.

Chupin (Jean), 1528-1561, relieur, « en la Galerie par où on va à la Chancellerie ». Domicile : Au mont Sainte-Geneviève, A la Fleur de Lys.

Saint-Denis (veuve de Jehan), 1531, « en la Galerie par où on va à la Chancellerie ». Elle était associée avec Jehan Longis.

Sertenas (Vincent), 1537-1562, « en la Galerie par où l'on va à la Chancellerie » ou « en la Galerie des Prisonniers ». Domiciles : rue Neuve-Notre-Dame, A la Corne de Cerf (1544) ; Au mont Saint-Hilaire, hôtel d'Albret (1550-1554) ; rue Neuve-Notre-Dame, A Saint-Jean l'Évangéliste (1560).

Hervault (Etienne), 1539, « en la Galerie par où on va à la Chancellerie ».

Guilbert ou *Guybert* (Félix), 1539-1543, « en la Galerie par où on va à la Chancellerie ».

Colinet (Symon), 1539-1542, « en la Galerie par où on va à la Chancellerie ».

Lhéritier (Nicolas), 1542-1544, « en la Galerie par où on va à la Chancellerie ».

Bruneau (Laurent), 1543, « en la Galerie des Prisonniers ».

Robinot (Gilles Ier), 1554-1578, « en la première Galerie par où on va à la Chancellerie ».

Bonnemère (Guillaume), 1556-1560, « en la Galerie par où on va à la Chancellerie ».

Sertenas (veuve de Vincent), qui reprend son nom de naissance, *Jeanne Bruneau*, 1563-1567, « en la Galerie par où on va à la Chancellerie ». Domicile : rue Neuve-Notre-Dame, A l'Image Saint-Jean l'Évangéliste. Elle s'associa avec son gendre, Vincent Norment.

Norment (Vincent), 1564-1579, « en la Galerie par où on va à la Chancellerie ». Domicile : rue Neuve-Notre-Dame, A l'Image de Saint-Jean l'Évangéliste. Il fut associé avec sa belle-mère, Jeanne Bruneau, veuve de Vincent Sertenas.

Borel (Jean), 1567-1580, « près la Chancellerie ». Domicile : rue Saint-Jean-de-Latran.

Brayer (Lucas), 1567-1610, « en la Galerie par où on va à la Chancellerie ». Domicile : rue de la Juiverie, paroisse de la Magdeleine (1595), à l'enseigne de la Ville de Jérusalem. En 1580, il était au second pilier de la Grande Salle. — Voir 2e pilier.

Le Mangnier (Robert), 1567-1582, « en la

Galerie par où on va à la Chancellerie ». Domicile : rue Neuve-Notre-Dame, A l'Image Saint-Jean l'Évangéliste. En 1567, Jeanne Bruneau, veuve de Vincent Sertenas lui vend une place sise en la « Galerie des Prisonniers ».

Houzé (Jean Ier), 1581-1627, « en la Galerie des Prisonniers, allant à la Chancellerie, près de la Chancellerie, au douzième étalage ». Domicile : rue Pelleterie, paroisse Saint-Jacques-la-Boucherie, à l'enseigne du Plat d'étain.

Le Mangnier (Félix), 1582-1594, « en la Galerie allant à la Chancellerie ». Domicile : rue Neuve-Notre-Dame, A l'Image Saint-Jean-Baptiste.

De Sommaville (Simon), 1582-1627, « en la Galerie des Prisonniers » ou « en la Galerie des Libraires, près la Chancellerie ». Domicile : rue des Sept-Voies, à l'enseigne de la Croix blanche ; puis rue et cour Saint-Eloi, paroisse Saint-Pierre-d'Arcis.

Robinot (Gilles II), 1582-1627, « à la Galerie des Prisonniers ». Domicile : rue Saint-Jean-de-Latran (1587) ; puis rue de la Draperie, Au Plat d'étain.

Mettayer (Jamet), 1586-1602, « en la Galerie par où on va à la Chancellerie ». Domicile : près des boucheries Sainte-Geneviève.

Guillemot (Mathieu Ier), 1585-1612, « à la Galerie par où on va à la Chancellerie » ou « à la Galerie des Prisonniers ».

Drobet ou *De Robet* (Georges), libraire et relieur, 1590-1597, « en la Galerie des Prisonniers ». Domicile : rue Saint-Jacques, Au Soleil d'or.

Du Breuil (Antoine), 1596-1612, « en la Galerie des Prisonniers ». Domicile : Au mont Saint-Hilaire, rue d'Ecosse, A la Couronne. Précédemment, il tenait boutique sur les Degrés de la Grande Salle. — Voir Perron royal.

De Label (Pierre), 1597-1607, « en la Galerie par où on va à la Chancellerie ». On trouve aussi l'adresse suivante (1598) : « Sur les Degrés de la porte du milieu des Degrés de la Grande Salle », ce qui indique le commencement de la Galerie par où on va à la Chancellerie.

Huby (François II), 1601-1614, « en la Galerie des Prisonniers ». Domicile : rue Saint-Jacques, Au Soufflet verd (1612) ; puis, A la Bible d'or (1614).

Mettayer (Pierre), 1602-1639, « en la Galerie par où on va à la Chancellerie ». Domicile : près des boucheries Sainte-Geneviève, A l'Image Saint-Jean.

Gesselin (Jean Ier), 1603-1629, « en la Galerie des Prisonniers ». Domicile : rue Saint-Jacques, A l'Image Saint-Martin, puis A l'Aigle d'or, enfin A la Belle Image (1627).

Du Bray (Toussaint), 1605-1631, « à l'entrée de la Galerie des Prisonniers ». Domicile : rue Saint-Jacques, Aux Epis meurs.

Collet (Claude), 1606-1627, « en la Galerie des Prisonniers », A l'Étoile d'Or.

Guillemot (Mathieu II), 1607-1649, « en la Galerie des Prisonniers ». Domicile : rue Saint-Jean-de-Beauvais, Au Cheval volant.

Berjon (Jean), 1608-1620, « en la Galerie des Prisonniers ».

Boutonné (Rolet), 1610-1639, « en la Galerie des Prisonniers, près la Chancellerie ».

Rocolet (Pierre), 1610-1662, d'abord au 1er pilier de la Grande Salle (Voir 1er pilier), vient, à partir de 1621, s'installer « en la Galerie des Prisonniers », Aux Armes de la Ville, puis Aux Armes du Roi et de la Ville (il était imprimeur et libraire ordinaire du roi et de la ville). Domicile : rue de la Vieille-Draperie.

Estoc (Antoine), 1611-1623, « en la Galerie des Prisonniers ».

Pommeray (François), 1612-1632, « petite Galerie des Libraires », près de la Chancellerie, A la Pomme d'or.

Guillemot (veuve de Mathieu Ier), 1612-1618, « en la Galerie des Prisonniers ». Associée à son gendre, Samuel Thiboust (1612).

Thiboust (Samuel), 1612-1636, « à la Galerie des Prisonniers ».

Loyson (Guillaume), 1618-1652, « à l'entrée de la Galerie des Prisonniers », Au Nom de Jésus.

Collet (Martin), 1619-1652, « dans la Galerie des Libraires » ou « en la Galerie des Prisonniers », A l'Image Saint-Martin.

Sara (Henri), 1621-1628, « en la Galerie des Prisonniers, proche de la Chancellerie (Petite Galerie) ». Domicile : rue Saint-Jean-de-Latran, à l'enseigne de l'Alde (1623) ; rue Saint-Jean-de-Beauvais (1625).

Daubin (Eustache), 1622-1628, « en la Galerie des Prisonniers ».

De Varennes (Olivier II), 1625-1677, « en la Galerie des Prisonniers, près la Chancellerie », Au Vase d'or. En 1653, il était à la Petite Porte.

Soubron (André), 1625-1684, « à l'entrée de la Galerie des Prisonniers », A l'Image Notre-Dame.

Besongne (Cardin), 1627-1671, « dans la Galerie des Prisonniers, au haut de la montée de la Sainte-Chapelle », Aux Roses vermeilles.

Trabouillet (Nicolas Ier), 1629-1639, « en la Galerie des Prisonniers » ou « en la Galerie des Libraires », A la Tulipe.

Guillemot (Pierre), 1635, « A la Galerie des Prisonniers ».

Trabouillet (veuve de Nicolas Ier), 1639-1640, « en la Galerie des Prisonniers ».

Picquet (Sébastien), 1639-1643, « dans la Galerie des Prisonniers », A la Victoire.

Loyson (veuve de Guillaume), 1652-1655, « à l'entrée de la Galerie des Prisonniers », Au Nom de Jésus.

Foucault (Damien), 1652-1676, « en la Galerie des Prisonniers », Aux Armes du roi et de la ville. Domicile : rue de la Vieille-Draperie. Petit gendre de Pierre Rocolet, auquel il succéda dans sa boutique en 1662.

Ribou (Jean), 1653-1696, « au bout de la Galerie des Prisonniers » ; « dans la Salle royale (côté de la place Dauphine) », A l'Image Saint-Louis. Sa présence y est constatée en 1675 et 1677. En 1667-1670, et plus tard en 1692, il tenait boutique au second perron de la Sainte-Chapelle. — Voir *Sainte-Chapelle.*

Quinet (Gabriel), 1655-1683, « à l'entrée de la Galerie des Prisonniers », A l'Ange Gabriel.

Loyson (Étienne), 1655-1708, « à l'entrée de la Galerie des Prisonniers », Au Nom de Jésus. Domicile : rue de la Pelleterie.

Le Gras (Nicolas), 1656-1723, « à l'entrée de la Galerie des Prisonniers », A la Vérité royale. Domicile : rue de la Calandre (1702). Jusqu'en 1684, il tenait boutique au 3ᵉ pilier de la Grande Salle. — Voir *3ᵉ pilier.*

Du Pin (Charles) 1661-1694, « près la porte de la Chancellerie ».

Audinet (Claude), 1661-1697, « à l'entrée de la Galerie des Prisonniers », A l'Ange Gabriel, à partir de 1684 ; c'était la boutique de Gabriel Quinet.

Trabouillet (Pierre), 1661-1708, « en la Galerie des Prisonniers », A la Tulipe (1662-1663) ; « dans la Galerie des Prisonniers », A la Fortune (1672) ; « en la Galerie des Prisonniers, proche la greffe des Eaux et Forêts », A l'Image Saint-Hubert et A la Fortune (1682, 1697). Domicile : rue de la Calandre (1702). — Voir *Salle Dauphine* et *1ᵉʳ pilier de la Grande Salle.*

Loyson (Henri), 1664-1694, « dans la Salle royale, au bout de la Galerie des Prisonniers, à l'entrée, en montant par le grand escalier qui regarde la place Dauphine », Aux Armes de France. En 1669, il avait boutique dans la Salle Dauphine ; en 1674, il se trouvait à l'adresse ici indiquée. Il est d'ailleurs le dernier signalé à l'ancienne Salle Dauphine.

Foucault (veuve de Damien), 1675-1710, « en la Galerie des Prisonniers », Aux Armes du roi et de la ville.

De Varennes (veuve d'Olivier II), 1677-1680, « dans la Salle royale, à l'extrémité de la Galerie des Prisonniers, près de la Chancellerie », Au Vase d'or.

Du Castin (Étienne), 1686-1719, « Galerie des Prisonniers », Au Bon Pasteur en 1689. — Voir *Grande Salle, Annexe.* Domicile : rue de la Pelleterie (1702).

Audinet (veuve de Claude), 1697-1707, « à l'entrée de la Galerie des Prisonniers », A la Vérité royale. Elle était associée avec Nicolas Le Gras.

Le Gras (Théodore II), fils de Jacques II Le Gras, 1700-1748, « Galerie des Prisonniers ». En 1702, chez son père, il n'a point d'établissement ; il meurt paroisse Saint-Jacques-du-Haut-Pas.

Trabouillet (Jérôme), 2ᵉ fils de Pierre Trabouillet, 1701-1740, « Galerie des Prisonniers ». En 1702, chez son père, il n'a point d'établissement.

Febvrier (François), 1702-1727, « Galerie des Prisonniers ».

Le Gras (veuve de Nicolas), 1723-1725, « à l'entrée de la Galerie des Prisonniers », A la Vérité royale.

Flahaut (François), 1723-1752, « Galerie des Prisonniers ».

Carouge (Jean), 1725-1737, « Galerie des Prisonniers ». Il était le libraire du Grand Prévôt.

Grangé (Jean-Augustin), 1730-1791, « Galerie des Prisonniers », A la Sainte-Famille. Domicile : hôtel des Ursins, chez Mme de Saint-Étienne, au troisième. Il quitta en 1753 la Galerie des Prisonniers pour aller dans la Grande Salle occuper un emplacement au 3ᵉ pilier. — Voir *3ᵉ pilier.*

Le Gras (veuve de Théodore II), née Marie-Anne Langlet, 1748-1771, « Galerie des Prisonniers ».

Dufresne (Julien-Nicolas), 1787-1800, « Galerie des Prisonniers ».

Dufresne (veuve de Julien-Nicolas), 1800-1809, « Palais de Justice, Galerie des Prisonniers ».

Warée (Barnabé), 1809-1841, « Palais de Justice, Galerie des Prisonniers », successeur de la veuve Dufresne. Avait son domicile dans la Cour de la Sainte-Chapelle, n° 13. En juillet 1841, il s'était retiré au quai aux Fleurs, n° 19.

Souchon et Leblanc (Mesdemoiselles), 1810-1812, « Palais de Justice, Galerie des Prisonniers », n° 4. *(A suivre.)*

RENSEIGNEMENTS COMMERCIAUX

FRANCE — NORVÈGE
Colis postaux
(Limites de poids et de dimensions)

On nous informe que le service normal des colis postaux a été rétabli avec la Norvège.

L'acceptation au transport des envois de l'espèce à destination de ce pays est, dès lors, reprise dans les conditions de poids et de dimensions suivantes :

Poids : jusqu'à 5 kilogrammes.
Limites de dimensions : 1 m. 50.
Limites de volume (sans).

Le Directeur-Gérant : **J. LOBEL.**

Nous adressons aux bénéficiaires de ces promotions et nominations l'expression de nos plus sympathiques félicitations.

VARIÉTÉS

LES LIBRAIRES TENANT BOUTIQUE AU PALAIS

(Suite)

VI. — LES GRANDS ET LES PETITS DEGRÉS

[Deux escaliers donnaient accès à la Grande Salle du Palais. L'un, du côté de la rue de la Barillerie, à droite de la première grande porte, désigné sous le nom de *Petits Degrés*, aboutissait dans la Grande Salle, près de l'autel « où l'on disait la messe de Messeigneurs les Présidents »; l'autre, qui se dressait devant la façade principale du Palais, montait à la Galerie, dite des Merciers, qui communiquait, par le Perron royal, avec la Grande Salle; c'étaient les *Grands Degrés*.]

1° *Eustace* (Guillaume), 1493-1520, « sur les Grands Degrés, du côté de la Conciergerie », A l'Image Saint-Jean l'Évangéliste. Domicile: rue de la Juiverie, à l'enseigne des Deux Sagittaires; puis, en 1514, rue Neuve-Notre-Dame, à l'enseigne de l'Agnus Dei. Il tenait aussi boutique au 3° pilier de la Grande Salle. — Voir 3° pilier.

De Label (Pierre), 1598, « sur les Degrés de la porte du milieu des Degrés de la Grande Salle ». — Voir Galerie des Prisonniers.

Bourdin (Nicolas), 1606-1627, « sur la montée pour aller à la Grande Salle ». Domicile: à l'île du Palais, au coin de la rue Traversante, vis-à-vis des Augustins, Au Brouge. Antérieurement, on trouve son adresse ainsi formulée : en l'île du Palais, place Dauphine, Au Grand Saphir bleu (1613).

Julliot (François), 1606-1627, « au pied des Grands Degrés du Palais », Au Soleil d'or. Domicile : rue du Paon, près la porte Saint-Victor. L'adresse de sa boutique est aussi indiquée : « Sur le premier perron de la Grande Salle du Palais ».

Millot (Jean), 1606-1655, « sur les Degrés de la Grande Salle du Palais », Aux Trois Couronnes. Domicile : rue et devant Saint-Barthélemy, Aux Trois Couronnes; en 1615, au coin de la rue de Harlay, vis-à-vis les Augustins.

Baragues (Rolin), 1614-1631, « sur les Degrés de la Grande Salle ». Domicile : en l'île du Palais, vis-à-vis les Augustins, A Saint-Claude. En 1630, il était établi au second pilier de la Grande Salle. — Voir 2° pilier.

Viret (Jean), 1656, « au haut des Degrés du Palais ».

2° *Roffet* (Ponce), dit le Faulcheur, 1542-1554, « sur les seconds Degrés du côté de la Grande Salle ». Domicile : rue Neuve-Notre-Dame, à l'enseigne de l'Écu de France. C'est là qu'il débuta au Palais (1542); puis il alla dans la Grande Salle au 2° pilier. — Voir 2° pilier.

Périer (Jérémie), 1597-1619, « sur les petits Degrés de la Grande Salle » ou « sur la petite montée du Palais ». Domicile : rue Saint-Jacques, à l'enseigne du Bellérophon.

Vallet (Godefroy ou Geoffroy), 1605-1613, « au coin de la petite Montée ».

Guillemot (veuve de Jean), 1650-1655, « boutique au Palais, en la petite allée devant Saint-Barthélemy, sur la Montée de la Grande Salle, à l'enseigne de la Camisole royale ». Domicile : rue des Marmousets, proche l'église de la Magdeleine.

Méquignon (Claude-Charles), 1774-1808, « perron Saint-Barthélemy, vis-à-vis la Salle Dauphine (1775). Domicile : rue de la Calandre. — Voir : Cour du Palais.

VII. — SAINTE-CHAPELLE

[L'ensemble de la Sainte-Chapelle comprend deux chapelles superposées : l'une, la chapelle basse, de niveau avec la Cour du Palais; l'autre, la chapelle haute, dont le portail était de plain-pied avec le prolongement de la Salle des Merciers. M. Henri Stein[1] explique ainsi les motifs de cette disposition architecturale : « En construisant un édifice à deux étages, l'architecte avait trouvé le moyen de permettre au roi, à sa famille et à sa suite, de venir de plain-pied jusqu'à leur oratoire réservé (chapelle haute), tandis que la partie basse, correspondant au rez-de-chaussée du Palais, demeurait à l'usage du personnel inférieur et des gens de service. Mais, tandis qu'aujourd'hui la communication se fait uniquement entre les deux étages par les escaliers fort étroits qui ont été ménagés dans les tourelles de la façade, il y avait autrefois un *escalier extérieur*, large et élevé de quarante-quatre marches, qui servait d'introduction à la chapelle haute; cet escalier, reconstruit à plusieurs reprises et la dernière fois en 1811, a été définitivement supprimé en 1850. » Ces indications peuvent aider à préciser les emplacements, occupés par des libraires, pour lesquels nous reproduisons les formules imprimées sur les titres des éditions.]

De la Ruelle (Thomas), 1606-1630, « sur le perron devant la Sainte-Chapelle » ou « sur les Degrés de la Sainte-Chapelle, sous une

---

[1]. HENRI STEIN. Le Palais de Justice et la Sainte-Chapelle. Notice historique et archéologique. (Paris, D.-A. Longuet, éditeur, 250, faubourg Saint-Martin, 1912. In-12, 2 ffnc, 252 pages, avec 26 planches hors texte, 11 illustrations dans le texte et 3 plans.)

arcade en face de la porte de la Sainte-Chapelle ».

Corrozet (Jean), fils de Gailliot Corrozet, 1606-1645, « sur le perron de la Sainte-Chapelle ». En 1616, il tenait boutique au 1ᵉʳ pilier de la Grande Salle. (Voir 1ᵉʳ pilier); en 1644-1645, il occupait l'adresse ci-dessus.

Rousselet (François), 1610-1627, Au Palais, devant la grande porte de la Sainte-Chapelle.

Jacquin (Julien Iᵉʳ), 1614-1651, « en la cour du Palais, au bas des Degrés de la Sainte-Chapelle », en 1629.

De Sommaville (Antoine II), 1620-1665, « sur le deuxième perron montant [ou allant] à la Sainte-Chapelle », A l'Écu de France. Il y était établi en 1656-1661. Auparavant, il occupait un emplacement dans la Salle des Merciers (jusqu'en 1656); plus tard, on le trouve au 5ᵉ pilier de la Grande Salle en 1665.

David (Pierre), 1631-1653, « sur le perron des Degrés de la Sainte-Chapelle », A la Belle Image en 1650; « sur le perron de la Sainte-Chapelle », Au roi David, en 1653. Il occupa aussi un emplacement A la Galerie des Merciers. — Voir Galerie des Merciers.

Clousier (Gervais), 1634-1675, « sur les Degrés de la Sainte-Chapelle », sous une arcade en face de la porte de la Sainte-Chapelle (1651-1661).

De la Ruelle (Jean), 1645-1680, « sur les Degrés de la Sainte-Chapelle ».

Chamhoudry (Louis), gendre d'André Soubron, 1648-1655, donne, en 1652, son adresse « proche la Sainte-Chapelle », Au Bon Marché, qui semble désigner un emplacement à l'extrémité de la Salle des Merciers; de 1653 à 1655, il est établi « vis-à-vis de la Sainte-Chapelle », A l'Image Saint-Louis ou « près la porte de la Sainte-Chapelle », ou « devant la Sainte-Chapelle ».

Ribou (Jean), gendre de Pierre David, 1663-1696, « vis-à-vis la porte de l'église de la Sainte-Chapelle », A l'Image Saint-Louis « sur le grand perron » ou « au deuxième perron de la Sainte-Chapelle ». Il eut son domicile sur le quai des Augustins au-dessus de la grande porte de l'église, à la descente du Pont-Neuf (1682), A l'Image Saint-Louis. — Voir aussi Galerie des Prisonniers.

Barbin (Claude), 1654-1698, qui avait d'abord occupé un emplacement au 6ᵉ pilier de la Grande Salle jusqu'en 1661, vint s'installer sur le perron de la Sainte-Chapelle. Voici les diverses mentions recueillies alors sur ses livres : « sur le Degré devant la Sainte-Chapelle », Au Signe de la Croix; « vis-à-vis le grand portail de la Sainte Chapelle », Au Signe de la Croix; « sur le second perron de la Sainte-Chapelle ».

Le Monnier (Pierre), 1671-1672, « vis-à-vis la porte de l'église de la Sainte-Chapelle », A l'Image Saint-Louis et Au Feu divin. En 1672, il ne mentionne plus le Feu divin.

Clousier (veuve de Gervais), 1679-1714, « sur les Degrés en montant pour aller à la Sainte-Chapelle », Au Voyageur. Domicile en 1702 : rue de la Calandre.

Jombert (Jean Iᵉʳ), 1686-1706, « sur le second perron de la Sainte-Chapelle », a l'ancienne boutique de Claude Barbin.

Ribou (Pierre II), fils de Jean, 1698-1718, « vis-à-vis la porte de l'église de la Sainte-Chapelle ». Domicile : sur le quai des Augustins, à la descente du Pont-Neuf, près des Augustins; ou à la quatrième boutique en descendant du Pont-Neuf.

Barbin (veuve de Claude), 1698-1703, « sur le second perron de la Sainte-Chapelle », Au Signe de la Croix. Domicile, en 1702 : rue de la Calandre.

Dehors (Jean), 1701-1737, « perron de la Sainte-Chapelle ».

Jombert (veuve de Jean), 1706-1727, « sur le second perron de la Sainte-Chapelle ».

Ricœur (veuve de Jean), 1705-1712, « sur le second perron de la Sainte-Chapelle ».

Huet (Pierre II), 1711-1737, « sur le second perron de la Sainte-Chapelle », en la boutique de la veuve Barbin (1712); Au Soleil levant (1714).

Mazuel (Jean-Baptiste), 1712-1759, « dans l'escalier près de la Sainte-Chapelle ».

Ribou (veuve de Pierre II), 1719-1737, « vis-à-vis la porte de l'Église de la Sainte-Chapelle ». Domicile : quai des Augustins, à la descente du Pont-Neuf.

Mazuel (veuve de Jean-Baptiste), 1759-1772, « dans l'escalier près de la Sainte-Chapelle ».

Vallat-la-Chapelle (Pierre), 1709-1772, « sur le perron de la Sainte-Chapelle », Au Château de Champlatreux. Domicile : cour du Palais.

ANNEXE

Frémont (Jean), 1596, « en l'enclos du Palais, échoppe au bas des Degrés sortant du Palais, tournant vers la Chambre des comptes ».

Lottin de Saint-Germain, 1814, cour de la Sainte-Chapelle.

Hezard, 1823, cour de la Sainte-Chapelle, n° 11.

Louis de Villac, marchand libraire, 1621-1652, cour du Palais, au logis de la Trésorerie de la Sainte-Chapelle.

(*A suivre.*)

109ᵉ Année, 2ᵉ Série — N° 40 — 1ᵉʳ Octobre 1920

BIBLIOGRAPHIE DE LA FRANCE
JOURNAL GÉNÉRAL
DE L'IMPRIMERIE ET DE LA LIBRAIRIE

Publié sur les Documents fournis par le Ministère de l'Intérieur

PARAISSANT TOUS LES VENDREDIS

II. — CHRONIQUE

SOMMAIRE. — Distinction honorifique : Légion d'honneur. M. H. Dupuy-Mazuel. — Renseignements corporatifs : Réouverture des cours gratuits de l'Ecole professionnelle de la Chambre syndicale du papier. — Variétés : Les libraires tenant boutique au Palais (suite et fin), par M. Paul Delalain.

DISTINCTION HONORIFIQUE

LÉGION D'HONNEUR

MINISTÈRE DE L'INSTRUCTION PUBLIQUE
ET DES BEAUX-ARTS

Nous avons eu le plaisir de relever au *Journal officiel* du 22 septembre 1920, la nomination au grade de chevalier dans l'ordre national de la Légion d'honneur de :

M. Dupuy (Joseph-Henri), dit Henri Dupuy-Mazuel, directeur du *Monde illustré*.

Nous sommes heureux d'adresser au nouveau légionnaire nos plus sincères félicitations.

RENSEIGNEMENTS CORPORATIFS

ÉCOLE PROFESSIONNELLE
DE LA
CHAMBRE SYNDICALE DU PAPIER
ET DES INDUSTRIES QUI LE TRANSFORMENT

Cours gratuits

La réouverture des cours gratuits d'enseignement technique et professionnel, organisés par le Conseil d'administration de l'Ecole professionnelle de la Chambre syndicale du papier et des industries qui le transforment, en faveur des apprentis papetiers et cartonniers et des jeunes employés des deux sexes appartenant au commerce et à l'industrie du papier, aura lieu le dimanche 3 octobre 1920, en l'hôtel des Chambres syndicales, 10, rue de Lancry, où l'on peut se procurer le programme des cours.

Les demandes d'admission seront reçues ledit jour, dans le local des cours, à neuf heures du matin. Il sera ensuite procédé au classement des élèves.

VARIÉTÉS

LES LIBRAIRES TENANT BOUTIQUE AU PALAIS

(Suite et fin)

VIII. — COUR DU PALAIS

Pouy ou *Poy* (veuve de Pierre), née Jacqueline Duhamel, 1546-1547, « dans la grande Cour du Palais, joignant les murs du cimetière de la Sainte-Chapelle ». Il est probable que son mari avait exercé au même endroit.

De Monstrœil (Claude), 1578-1604, « en la Cour du Palais », Au Nom de Jésus. Il était gendre de Guillaume II Nyverd.

Soubron (Claude), 1579-1610, « dans la Cour ». C'était un colporteur.

Maligot (Pierre), 1584, colporteur en la Cour du Palais.

De Monstrœil (Michel), 1593, « en la Cour du Palais », Au Nom de Jésus.

Moreau (Silvestre), 1606-1620, « en la Cour du Palais, près la Chambre des Comptes » ou « devant l'escalier de la Cour des Comptes », ou encore « devant la grande Porte du Palais ».

De Monstrœil (veuve de Claude), née Charlotte Nyverd, 1604-1618, « en la Cour du Palais », Au Nom de Jésus.

Mondière (Melchior), 1612-1645 « en la Cour du Palais, *in area Palatii* », Aux Deux Vipères (*ad insigne viperarum*). Domicile : rue Saint-Jacques.

Atazert (Antoine), 1622, « tenant sa boutique dans la Cour du Palais, proche Saint-Michel ».

Vendôme (Louis), 1627-1679, « en la Cour du Palais, proche le Trésor ».

Hénault (Mathurin), 1618-1646, « tenant sa boutique en la Cour du Palais ».

Clousier (François Iᵉʳ), 1631-1676, « dans la

Cour du Palais, proche l'Hôtel du premier Président ».

Bouilleroi (Jérémie Ier), 1638-1657, « dans la Cour du Palais, vis-à-vis de la Conciergerie », à l'enseigne de l'Imprimerie.

Petit (veuve de Samuel), 1652, « dans la Cour du Palais; *in area Palatii* », A la Bible d'Or, *ad insigne Bibliorum aureorum*.

Aubouyn (Pierre II), 1666-1704, « en la Cour du Palais, *in area Palatii*, à l'enseigne du Lys, *ad insigne Lilii* ». Domicile : en la Cour du Palais, paroisse de la Sainte-Chapelle.

Jombert (Michel), 1706-1758, « Cour du Palais ».

Prault (Laurent), 1752-1793, « Cour du Palais ».

Prault de Saint-Martin (Laurent-François II), 1783-1793, « Cour du Palais, Hôtel de la Trésorerie » ou « Cour de la Trésorerie, au Palais ». En 1793, on le trouve sous cette adresse : « Au Dépôt des Décrets, Cour de la Sainte-Chapelle ».

Méquignon (Claude-Charles), 1774-1808, « Cour du Palais de Justice, n° 19 ». Domicile : rue de la Calandre. En 1790, son adresse est ainsi formulée : « Au Palais Marchand ». En 1775, il tenait boutique « perron Saint-Barthélemy, vis-à-vis la Salle Dauphine ». Voir : Petits Degrés.

Grault, 1790, « Cour du Palais, Hôtel du Trésorier ».

Méquignon (veuve de Claude-Charles), 1809, « Cour du Palais de Justice ».

IX. — LES GRANDES PORTES DU PALAIS

[Il y avait deux Grandes Portes donnant accès à la Cour du Palais, l'une voisine du bâtiment de la Grande Salle, l'autre du côté de la chapelle Saint-Michel.]

Le Caron (Pierre), 1474-1498, « A la première Porte du Palais » ou « près la première Porte », ou « Ouvroir à l'entrée de la Porte du Palais ». Domiciles : Grant rue du Temple joignant à Sainte-Avoye, faisant le coin de la rue Geoffroy-Langevin (1489); rue Quinquempoit, A l'enseigne de la Croix blanche (1493); rue de la Juiverie, A l'enseigne de la Rose.

Le Caron (veuve de Pierre), vers 1500, « A la première Porte du Palais », Domicile : rue de la Juiverie, A l'enseigne de la Rose. Née Marion de Malaunoy, elle était appelée La Caronne.

Hardouyn (Germain), 1505-1540, « entre les Deux Portes » ou « empres la Grande Porte », A l'Image ou enseigne Sainte-Marguerite. Domicile : rue de la Barillerie. Sa veuve y exerçait en 1541-1543.

Hardouyn (Jean), même adresse (1546).

Nyverd (Guillaume Ier), 1510-1516, « A la première Porte du Palais ». Domicile : rue de la Juiverie, A la Rose et A l'Image Saint-Pierre.

Longis (Clément), 1516, « sous la Porte du Palais, près la chapelle Saint-Michel ».

Nyverd (Jacques), 1521-1550, « tenant sa boutique joignant la première Porte du Palais du côté de la Grande Salle » ou « A la première Porte ». Domicile : rue de la Juiverie. A l'Image Saint-Pierre, (1540), ou A l'Image Saint-Pierre et Saint-Jacques (1546).

Nyverd (veuve de Jacques), 1550-1554, même adresse. Domicile : rue de la Juiverie, A l'Image ou enseigne Saint-Pierre et Saint-Jacques, près le pont Notre-Dame.

Nyverd (Guillaume II), 1552-1573, « tenant sa boutique en la Cour du Palais, joignant la première Porte du côté de la Grande Salle », ou « sur les Degrés par où on va à la Grande Salle du Palais ». Domicile : en son Hôtel, rue de la Tannerie, près le pont Notre-Dame, où pend pour enseigne la Tête de Bœuf. Il était libraire ordinaire du roi en langue française et imprimeur.

Du Crocq (Pierre), 1610, « tenant sa boutique dessous la Grande Porte du Palais ».

X. — LA CHAPELLE SAINT-MICHEL

[Située au bord de la rue de la Barillerie, après la seconde Grande Porte d'entrée.]

Le Coq (Noël), 1571-1578, « tenant sa boutique contre la chapelle Saint-Michel ». Domicile : rue Judas.

Chevillot (Pierre), 1579-1588, « en l'allée de la chapelle Saint-Michel, au Palais » (1588). Domicile en 1579, rue Saint-Jean-de-Latran, A l'enseigne de la Rose rouge, devant le Petit Navarre. En 1594, il s'établissait à Troyes comme imprimeur.

Rigaud (Claude Ier), 1606-1625, « en la chapelle Saint-Michel ». Domicile : rue Saint-Jean-de-Latran (1609); puis rue Saint-Jacques, Au Chêne vert. En 1626, il va s'établir à Lyon.

Alliot (Gervais), 1621-1652, « dans la Cour du Palais, proche la chapelle Saint-Michel ». Domicile : rue Saint-Jean-de-Latran, A l'Arbre verdoyant.

Bessin (Nicolas Ier), 1642-1679, « Au Palais, en l'allée de la chapelle Saint-Michel, vis-à-vis la Porte du Palais ». Domicile : rue Saint-Jean-de-Beauvais.

Alliot (veuve de Gervais), 1653-1658, « A l'entrée du Palais, en face de la chapelle Saint-Michel » ou « dans la Cour du Palais, proche la chapelle Saint-Michel ».

Fournet (Antoine), 1680-1702, « en l'allée Saint-Michel, vieille Cour du Palais », ou « sous l'allée et proche l'Eglise Saint-Michel », A l'Ecrevisse. Domiciles : 1° rue de la Huchette, A l'enseigne de la Bannière de

France ; 2° sur le pont Saint-Michel, côté du Marché neuf, A l'Ecrevisse royale.

Pelé (Denys), 1650-1680, « en sa boutique, à l'entrée de la *Galerie* Saint-Michel ».

XI. — Petite Porte du Palais
[Du côté du quai actuel des Orfèvres.]

Saugrain (veuve d'Abraham), née Espérance Cellier, 1622-1640, « ayant sa boutique à la Petite Porte du Palais ». Domicile (1622) en l'Ile du Palais, rue de Harlay.

De Varennes (Olivier II), 1625-1676, « en sa boutique proche la Petite Porte du Palais, sur le quai des Orfèvres » en 1653. Il alla ensuite s'installer dans la Galerie des Prisonniers. — Voir : Galerie des Prisonniers.

De la Coste (Nicolas), 1628-1651, et (Jean) 1630-1671, « A la Petite Porte du Palais, rue de M. le Président » ou « A la Petite Porte du Palais qui regarde les Augustins », Aux Trois Hermines, ou « en leur boutique au Palais, proche M. le Président ou proche le logis de M. le premier Président », ou encore « A la Petite Porte du Palais, devant les Augustins », A l'Écu de Bretagne. Domicile : Au mont Saint-Hilaire, A l'Écu de Bretagne.

Blageart (Michel), 1631-1646, « rue Neuve-Saint-Louis, vis-à-vis la Petite Porte du Palais ».

De la Coste (veuve de Jean), 1671-1674, « A la Petite Porte du Palais qui regarde le quai des Augustins », A l'Écu de Bretagne.

XII. — Cour Lamoignon, Cour Neuve, Salle Neuve
[Dans la partie du Palais qui s'étend du côté de la place Dauphine[1].]

1° Cour Lamoignon

Bureau d'adresses, « dans l'enclos du Palais, Cour de Lamoignon, du côté du quai des Morfondus ».

2° Cour Neuve ou Galerie Neuve
« qui regarde la place Dauphine »

Blageart (veuve de Jérôme), née Françoise Blanvillain, 1633-1658, « Cour Neuve du Palais », Au Dauphin.

Blageart (Claude), 1651-1658, « Cour Neuve du Palais », Au Dauphin. Imprimerie et domicile, rue Saint-Jacques, à l'entrée de la rue du Plâtre.

Blageart (veuve de Claude), 1686-1687, « Cour Neuve du Palais », Au Dauphin.

Guéroult (Michel), 1683-1692, « Cour Neuve du Palais », ou « dans la Galerie Neuve », Au Dauphin. Il occupait, à partir de 1687, la boutique où avait exercé la veuve Blageart. Du Pradel (p. 193) donne son adresse « dans la Galerie Neuve ».

---
1. Voir, dans l'ouvrage de M. Stein, page 58, le plan du Palais vers 1700, d'après le plan du Terrier du Roi.

Guéroult (veuve de Michel), 1692, « Au Palais, dans la Galerie Neuve ».

Brunet (Michel II). En 1692, le nom de la veuve de Michel Guéroult est remplacé par celui de Michel Brunet.

3° *Salle Neuve*, à l'extrémité de la *Galerie des Prisonniers*, du côté de la place Dauphine ; ce qui lui fit donner le nom de *Salle Dauphine* (nouvelle).

Vente (Mademoiselle), 1790, « Au Palais marchand, Salle Dauphine, n° 1 », ou « près la place Dauphine ».

Gourié (Gaudefroy), 1790, « Palais de Justice, Salle Dauphine, n° 9 ».

Gourié (Mlle), 1801-1804, même adresse.

Aubry (Antoine-Angélique), 1791-1813, « Au Palais de Justice, Salle Neuve, n° 37 », puis « n° 36, 37, 38 et 39 ».

Nève (Félix-Joseph), 1811-1839, « Palais de Justice, Salle Neuve, n° 9, puis n° 19 (1839) ». Il était le libraire de la Cour de cassation.

Peut-être convient-il d'ajouter ici, vu les dates et le n° :

Jannet (Jean-Philippe), 1801, « Au Palais de Justice », *Salle Mercière*, n° 40.

Jannet (veuve), 1826, même adresse.

XIII. — Simple mention « Au Palais »
(Sans désignation précise de l'emplacement.)

Couteau (Gilles), 1492-1520, « Au Palais ». Domicile : rue des Petits-Champs, près Saint-Julien.

Couteau (Nicolas), fils aîné de Gilles, succéda à son père.

Micard (Jean), 1603, « en sa boutique, Au Palais ».

Gobert (Martin), 1614-1627, libraire, « Au Palais ».

Petitjean (Pierre), 1625, « tenant sa boutique, Au Palais ».

Du Guast (Jacques), 1625-1645, « Au Palais près de la table des changeurs, *ad Palatii telonium* ». Domicile : rue Saint-Jean-de-Beauvais, A l'Olivier de Robert Estienne.

Roger (Jean), 1639-1651, « en sa boutique, Au Palais ». Domicile : devant le collège des Grassins, A la Vérité royale.

Le Petit (Pierre), 1642-1686, « Au Palais ».

Vivenay (Nicolas), 1646-1651, « en sa boutique, Au Palais ».

Compagnie des marchands libraires, 1665, « Au Palais ».

Poirier, 1692, « Au Palais ».

Pépingué (veuve d'Etienne). En 1702, domicile : rue du Cimetière-Saint-André.

Pétil (François), 1710-1737, « Au Palais ».

Ribou l'aîné (Jacques Ier), 1710-1750, « Au Palais ». Domicile : quai des Augustins.

Grangé (Jean-François), 1711-1727, « Au Palais ».

Valleyre (Gabriel), 1713-1772, « Au Palais ». Domicile : rue de la Bouclerie.

Bienvenu (Pierre-Jacques), 1717-1742, « Au Palais ».

Le Parfait (Nicolas-Julien), 1719-1752, « Au Palais ».

David (Guillaume-Denys), 1720-1742, « Au Palais ».

Grangé (veuve de Jean-François), 1727-1730, « Au Palais ».

Pétil (veuve de François), 1737-1762, « Au Palais ».

Coustelier (Antoine-Urbain II), 1741-1763, « Au Palais ».

Auclou (veuve de Jean-Pierre), 1754-1776, « Au Palais ». Domicile : rue de la Calandre, paroisse Saint-Germain-le-Vieil, A l'Image Sainte-Geneviève. En 1759, on trouve l'adresse suivante : « Au bas du Palais ».

Poirée (veuve de Pierre), 1778, « Au Palais de Justice ».

Guillaume (Laurent-Mathieu), 1785-1796, « Au Palais de Justice ».

Baudouin, 1790, « Au Palais ».

XIV. — AUX ENVIRONS DU PALAIS

Godard (Guillaume), 1523-1524, « sur le Pont-au-Change, devant l'Horloge du Palais. » Domicile : rue Saint-Jacques, au-dessus de Saint-Benoît, A l'enseigne de l'Image Sainte-Marguerite.

Merlin (Guillaume), 1538-1570, « sur le Pont-au-Change, devant l'Horloge du Palais », à l'enseigne de l' « Homme sauvage ». Il était le gendre de Guillaume Godard, ci-dessus.

De Bordeaux (Jean), 1569-1634, « devant le Palais, près la Fontaine, au Lion d'argent ». Domicile : au coin Bruneau, A l'enseigne de l'Occasion, rue du Mont-Saint-Hilaire.

Messance (Jean), 1578, « au bout du Pont-aux-Meuniers, près l'Horloge du Palais ».

De Heuqueville (Jean), 1579-1629, « devant le Palais, entre les Deux Portes », A la Fleur de Lys. Domicile : rue Saint-Jacques, A la Paix.

Roffet (veuve de Nicolas), née Jeanne Leroy, 1581-1629, « au long de l'Horloge du Palais, vis-à-vis le Pont de Bois ».

Perrichet (Geoffroy), 1588, « tenant sa boutique contre les murs du Palais », Au Chef Saint-Jean.

Saugrain (Abraham), 1596-1622, « A l'entrée de l'Ile du Palais, allant par le Pont de Bois ».

Charpentier (Pierre Ier), 1606-1633, « contre l'Horloge du Palais », Au Paradis.

Bourriquant (Fleuri), 1606-1627, « en l'Ile du Palais, rue Traversante », Aux Fleurs royales.

Vitray ou *Vitré* (Antoine), 1609-1674, « proche l'Horloge du Palais ». Domicile : au Collège Saint-Michel.

Champenois (Antoine), 1614-1646, « rue de la Vieille-Draperie, devant la Grand'Porte du Palais », Au Chapeau royal.

Brunet (Jean), 1614-1654, « près le Palais », Au Canon royal, rue Neuve-Saint-Louis.

Citerne (Guillaume), 1616-1661, « sous l'Horloge du Palais », A l'Espérance.

Chatonneau (Antoine), 1620, « vis-à-vis la Fontaine du Palais ».

Barbote (Jean), 1625-1628, « rue de Harlay, en l'Ile du Palais », A l'Alloze, en 1625 ; A la Fleur de Lys couronnée, en 1628.

Colombel (Matthieu), 1627-1649, « rue Neuve-Sainte-Anne-du-Palais », A la Colombe royale.

Brunet (Michel Ier), 1635-1686, « rue Neuve-Saint-Louis, près le pont Saint-Michel ».

Gourault (Gilles), 1647-1679, « sous l'Horloge du Palais », A l'Espérance.

De Hansy (Claude III), 1715-1742, « rue Saint-Barthélemy, sous l'Horloge du Palais ».

Paul DELALAIN.

NOTE

Il faut ajouter à la liste des libraires tenant boutique au Second ou Deuxième pilier, liste publiée dans la Chronique n° 35, du 27 août 1920, page 192 :

Besongne (Augustin), 1661-1710, Aux Roses vermeilles ; occupait un emplacement au 2e pilier en 1684 ; en 1687, il se trouvait au 6e pilier. — Voir 6e pilier.

Lamy (veuve de Pierre), 1661, Au Grand César. Domicile : rue Neuve-Notre-Dame. En 1662, elle se remarie avec Louis Bilaine qui jouit alors de la marque Au Grand César.

Morel (Jacques), 1683-1708, occupa la boutique de Bilaine, Au Grand César. Domicile (en 1702), rue de la Pelleterie.

Charpentier (Henri), 1684-1735, occupait un emplacement près de ou du côté de la Chapelle, à l'enseigne du Bon Charpentier. Domicile : rue de la Vieille-Bouclerie. Il était le premier fils de Thomas Charpentier.

Charpentier (veuve de Thomas-Jacques Charpentier, deuxième fils de Thomas Charpentier), 1703-1725, A la Couronne d'or. Domicile : rue de la Calandre.

Morel (veuve de Jacques), 1708-1712, Au Grand César.

Leclerc (Jacques-Nicolas), 1722-1754, A la Prudence ; il était gendre de Prault.

Leclerc (Charles-Guillaume), 1741-1793 ; il était le gendre de Jean-Baptiste-Louis Le Gras. Domicile : quai des Augustins.

Leclerc (Laurent-François), 1754-1788. Domicile : quai de l'Horloge.

Le Directeur-Gérant : J. LOBEL.

www.ingramcontent.com/pod-product-compliance
Lightning Source LLC
Chambersburg PA
CBHW050257170426
43202CB00011B/1719